수정증보판

하나님의 오묘한 섭리 속에 담긴
영원한 언약의 약속

The Promise of the Eternal Covenant in the
Profound Providence of God

Revised and Supplemented Edition

The Genealogy of Jesus Christ
Viewed Through God's Administration
in the History of Redemption

THE PROMISE OF THE ETERNAL COVENANT IN THE PROFOUND PROVIDENCE OF GOD

Huisun
Seoul, Korea

| 추천사 |

임승안 박사(Ph.D.)
Korea Nazarene University
한국 나사렛종합대학교 총장

 안녕하십니까? 나사렛대학교 총장 임승안 목사입니다. 최근에 저는 우리 학교를 방문하신 일본 나사렛교회의 담임목사님과 성도님들을 통역해 주기 위하여 동행하신 한국 목사님을 뵙게 되었습니다. 그때 우리 학교를 많이 사랑하시는 이 분은 저에게 박윤식 목사님이 저술하신 책들을 주셨습니다. 그리고 며칠 후 제가 평소에 매우 존경하는 한 분을 통하여 최근에 출판되는 책을 위한 추천서를 의뢰받게 되었는데 그 책이 다름이 아니라 동일한 저자가 이어서 출판하실 책이었습니다.
 저는 이 책이 한국 교회의 신학자와 목회자와 평신도 모두에게 여러 면에 있어서 매우 유익할 것으로 판단될 뿐만 아니라 지성과 영성과 인성을 구비하신 저자를 보다 자세하게 이해할 수 있게 되어서 하나님께 깊은 감사를 드리게 되었습니다.

 독자 여러분들이 아시는 바대로 이 책은 예수님의 족보에 관한 연구서입니다. 마태복음 1장 1절부터 17절에 이르는 구절들에 관한 내용을 구속사적으로 분석하고 정리한 연구서의 마지막 판입니다.

예수 그리스도의 십자가의 대속 은총에 의하여 구원 역사가 완성되었음을 학문적으로 밝힐 뿐만 아니라 신앙적으로도 확신을 갖게 하고 있습니다. 이처럼 이 책은 예수님의 족보에 관한 단순한 이론적 연구서가 아니라 저자 개인의 신앙적 체험서이기도 합니다.

이러한 측면에서 저는 이 책이 성경과 예수님의 기독론과 구속론에 관하여 관심 있는 분들이 반드시 읽으셔야 할 책이라고 생각합니다. 특별히 성도님들을 구원에 이르게 하고 성숙한 삶을 살도록 양육하기를 소원하는 모든 목회자 여러분들에게 매우 유익하리라고 믿습니다.

이 책의 특징은 성경의 역사를 통하여 세상의 역사를 간파할 수 있도록 돕고 있는 점입니다. 성경의 말씀이, 교회 안에 있는 사람들만이 아니라 세계 역사에 관심이 있는 모든 사람들이 반드시 읽어야 할 책이라는 것을 강하게 시사하고 있습니다.

이 책은, 성경이 세상의 시작과 과정과 종말에 관한 역사서이며 예언서라는 것을 신뢰성 있게 드러내고 있습니다. 이러한 측면에서 이 책은 기독교 신자들뿐만 아니라 인류의 역사에 관하여 관심이 있는 일반인들에게도 매우 귀중한 것입니다. 고대 근동의 열강의 역사, 특별히 북 이스라엘과 남 유다의 멸망 시기부터 예수 그리스도의 성육신의 시점에 이르는 역사를 저자가 도표로 정리한 것은 성경과 세계 역사 연구에 지대하게 공헌한 점이라고 평가할 수 있을 것입니다.

끝으로, 저자에 대하여 개인적으로 존경과 감사의 뜻을 표하고 싶습니다. 한 권의 책을 쓴다는 것이 결코 쉽지 않음을 익히 알고 있는 저를 포함한 모든 사람들에게 저자는 사표가 되심에 틀림이 없기 때문입니다. 산수(傘壽, 80세)를 훌쩍 넘긴 노령에도 불구하고 이처럼 대작을 집필하셨다는 것은 이분의 삶이 우리에게 본이 되신다는 것이 아니겠습니까? 저자에게 오랜 영육 간의 건강 관리, 시간 사용, 사명감, 근면성, 교회와 나라 사랑, 말씀과 기도의 영성 훈련 등이 없었다면 어떻게 이와 같은 책이 출판될 수 있겠습니까? 더욱 강건하시기를 기도드립니다.

이 책을 통하여 예수 그리스도의 복음이 더욱 힘 있게 전파되고, 성령님의 권능의 역사에 의한 새 생명의 역사가 더욱 창궐하여지며, 하나님의 놀라우신 영광과 위대하심이 한국 교회와 이 나라에 더욱 드러나기를 간절히 소원합니다.

캔자스 나사렛 신학대학원(M.Div.)
예일대학교(Yale University) 신학대학원(S.T.M.)
드루대학교(Drew University) 대학원(Ph.D.)
한국 나사렛종합대학교(Korea Nazarene University) 총장

임승안 박사
임승안

| 추천사

나채운 박사(Ph.D., Litt.D.)
(前) 장로회신학대학교 대학원장
대한성서공회 성서 번역·개정·성서 원문 연구위원

저는 이번에 박윤식 목사님이 저술하신 「하나님의 오묘한 섭리 속에 담긴 영원한 언약의 약속」에 나오는 '예수 그리스도의 족보 제3기와 세계사의 변천'이라는 도표를 보고 참으로 놀랐습니다. 신학자들도 해내지 못한 일을 목회자이신 박 목사님이 해내셨기 때문입니다. 앗수르, 바벨론, 메대·바사, 헬라, 로마에 이르는 세계사의 방대한 변천 과정을 일일이 성경 구절을 대면서 정리한 것은, 실로 저자의 웅대한 신앙의 표현이며 이 분야에서 단연코 압권적(壓卷的)입니다. 이 도표를 보면 세계사가 곧 구속사(Heilsgeschichte)임을 한눈에 알 수 있으며, 세계사와 성경의 역사를 연결하였다는 점에서 참으로 중요한 신학적인 의미를 가지고 있습니다.

저자의 「구속사 시리즈」 제5권인 <영원한 언약의 약속>은 이 도표를 자세히 풀어서 설명한 것입니다. 지금까지 세계적으로 예수 그리스도의 족보 제3기에 대한 책은 거의 전무한 상태입니다. 그런데 박 목사님은 목회자의 한 사람으로서 예수 그리스도의 족보 제3기를 무려 546페이지에 이르는 분량으로 정리하였습니다. 어떻게 저자가 이러한 대작업을 해내었을까 의아스러울 정도입니다.

그런데 저자에게는 이미 50여 년 전에 써 놓은 원고가 있다는 사실을 알고 모든 의아심이 풀렸습니다. 산더미 같은 원고가 다 해어지고 바래어 손으로 만지면 부서질 정도라는 말을 듣고서, 저는 그것이 무슨 의미인지를 제 자신의 경험으로 단번에 실감할 수 있었습니다. 그 이유는 저에게도 56년 전에 써 놓은 그러한 원고가 있기 때문입니다. 그것은 제가 1954년에 쓴 두 번째 장편소설「초가집」의 원고로, 당시 400자 원고지 1,048매로 쓴 것입니다. 이것은 제가 자손들에게 전해 줄 유물 중 가장 소중히 여기는 소장품이지만, 지금은 누렇게 바래어서 손으로 만지면 부서질 정도입니다. 이 원고에 대한 저의 애착을 생각할 때, 박 목사님이 50여 년 전에 써 놓았다는 원고 역시 얼마나 소중히 여길 것인지를 넉넉히 짐작이 갑니다.

박윤식 목사님의 이번 책은 예수 그리스도의 족보 제3기에 나오는 인물들을 정리하고 있습니다. 성경에 거의 기록이 없는 인물 14명에 대하여, 성경 원문에 입각하여 구속사적으로 삶을 조명한 것은 대단한 연구 업적입니다. 나아가 박 목사님은 예수 그리스도의 족보 제3기에 기록되지 않은 대수까지도 밝히고 있습니다. 우리는 지금까지 예수님의 족보 제3기에 빠진 부분이 있다는 것은 생각지도 못했는데, 박 목사님은 성경만을 가지고 아주 명쾌하고 쉽게 풀어내셨고, 그 속에 담긴 하나님의 구속사적 경륜과 구약에 예언된 메시아의 탄생을 밝히 드러내셨습니다.

성경의 역사는 결코 세계사와 분리된 것이 아닙니다. 하나님께서는 세계사를 주관하셨으며, 그 세계사 가운데 인간의 구속사를 중심으로 성경을 기록하셨습니다. 박 목사님은 예수 그리스도의 족보 제3기에 나오는 세계의 역사를 일목요연하게 정리하였는데, 이 책 한 권으로 주전 750년 이후의 성경 역사와 격변하는 세계 역사를 하나로 연결함으로써, 머릿속에서 명료하게 그려지도록 한 것입니다. 참으로 성령님이 역사하시지 않고서는 도저히 이룰 수 없는, 교회사에 길이 남을 큰 유산이라 여겨집니다.

학자들이 많은 책을 써서 내므로 오늘날은 가위(可謂) '책의 홍수 시대'라고 할 만하며, 유사한 책이 많아 '책의 공해'라고도 합니다. 어떤 저작의 진정한 가치는 그 수량에 있지 않고 그 질에 있는 것으로서, 그것은 그 내용의 창의성, 독자성, 희소성 등에 있는 것인데, 그러한 점에서 본 서는 높이 평가를 받을 만한 것입니다. 아무쪼록 고령이신 저자께서 강건하신 가운데 계속하여 독창적인 연구에 매진하여 우수한 저서를 출간함으로써 한국 교회에 크게 공헌할 수 있기를 바랍니다.

(前) 장로회신학대학교 대학원장
대한성서공회 성서 번역·개정·성서 원문 연구위원

나 채 운 박사

| 추천사

이일호 박사(Ph.D.)
(前) 이스라엘 선교사, 유럽총회 부총회장
이스라엘 히브리대학교에서 회당 연구의 세계적 석학인
레빈(Levine) 교수의 지도하에 유대인 민족역사학과 회당 연구
영국 웨일즈대학교 철학박사[누가-행전에 나타난 회당들: 역사와 유대교 전통
(The Synagogues in Luke-Acts: History and the Jewish Tradition)]
「강소국 이스라엘과 땅의 전쟁」(삼성경제연구소, 2007년)의 저자
(現) 이스라엘 연구소 소장

　박윤식 목사님의 <하나님의 구속사적 경륜으로 본 예수 그리스도의 족보Ⅲ 하나님의 오묘한 섭리 속에 담긴 영원한 언약의 약속>을 읽고서, 성경을 연구하고 또 설교하는 한 사람으로서 필자는 성경에 나오는 이름이 갖는 구속사적 의미에 깊이 공감합니다. 뿐만 아니라 박윤식 목사님의 해박한 성경 지식은, 오늘날 예수님을 닮고 싶어서 성경을 배우려는 예수님의 제자들에게 눈을 열어 주는 믿음을 일깨우고 있어 부럽기조차 합니다.
　저자는 본 서에서 족보에 나타난 이름들을 중심으로 시대를 조망하고 있습니다. 하나님의 구속사의 점진성과 완성을 보여 주고 있습니다. 예수 그리스도의 오심과 그 준비와 기다림을 멋지게, 그리고 알기 쉽게 가르쳐 줍니다. 참으로 성경 족보는 구속사의 압축판이며 점진적 이정표가 됩니다. 이 책은 예수 그리스도의 족보를 통하여 하나님의 구속사를 해석해 나가는 저자의 성경 중심의 신학과 신앙을 보여 주고 있습니다.

저자가 밝힌 대로 신약성경을 시작하는 마태복음 1:1은 '예수 그리스도의 족보'로 시작하고 있습니다. 이것은 신구약의 중심이 예수 그리스도이시며, 구약과 신약을 연결하는 다리가 예수 그리스도이심을 알려 줍니다. 예수 그리스도의 족보는 하나님의 경이로운 구속사적 경륜이 담겨 있는 축도(縮圖)입니다. 구약의 모든 역사는 예수 그리스도의 족보 속에 압축되어 있으며, 신약의 모든 역사는 예수 그리스도의 족보로 시작이 되었습니다. 예수 그리스도의 족보는 신구약의 모든 역사가 구속사의 중심에 계신 예수 그리스도에 초점이 맞추어져 있음을 선명하게 선포하고 있습니다.

성경의 모든 언약의 최종 목표는 예수 그리스도의 초림과 재림을 통한 구속사의 완성입니다. 족보는 하나님의 영원한 언약의 약속과 예수 그리스도가 오시는 통로를 기록하고 있기 때문에 밀접한 연관성을 가집니다. 족보에 대한 바른 연구는 신구약성경을 꿰뚫는 지혜와 영적 전망을 열어 줍니다. 그러므로 본 서는 여러 모로 한국 교회 성도들에게 영적인 유익을 제공하고 있습니다.

먼저, 본 저서를 통하여 저자는 새로운 성경 해석의 통찰력을 일깨워 주고 있습니다.

교육 설교의 방법으로 논리정연하게 서술해 나감으로, 글을 읽을 줄 아는 사람이면 누구나 쉽게 이해할 수 있도록 썼다는 것이 돋보입니다. 성경을 접하는 많은 사람은, 족보가 기록된 부분에서 흥미를 잃어버리고 성경을 덮어 버리곤 합니다. 하지만 저자의 표현대로, 족보는 빨리 읽고 넘어가야 하는 재미 없는 부분이 아니라 간절한 마음으로 세밀히 살펴야 하는 요긴한 부분입니다.

족보에 기록된 이름들을 통하여 각 시대마다 죄인 구원이라는 구속사의 경륜이 밝히 나타나고 있다는 지적은 틀리지 않습니다. 이름은 존재, 인격, 명성, 구속 역사를 나타냅니다. 족보에 기록된 이름을 대하며 우리 모두는 자신의 이름이 하나님의 가족의 명부, 족보인 생명책에 기록되어 있음을 알게 될 때 잔잔한 감동을 받게 됩니다. 그리고 그 기록 속에 어떤 사실을 담고 있어야 할지를 생각하며 상급에 대한 책임감, 영적 각성을 가지게 됩니다.

둘째로, 마태복음의 족보를 따라 14대씩 나누어 1기에서 3기로 나눈 체계를 따름으로, 예수 그리스도 중심의 원리를 고수하고 있다는 점입니다.

그렇습니다! 예수 그리스도의 족보는 '구속사의 축소판'이요, '구속 성취의 절정'입니다. 구속 역사의 중심은 틀림없이 예수 그리스도입니다. 그러나 예수 그리스도를 통한 구속사의 경륜을 무너뜨리려는 사단의 방해는 교묘하게 진행되어 왔습니다. 즉 에덴동산에서의 옛 뱀 곧 사단의 유혹 이후 여자의 후손을 없애려는 공격은 끊이지 않았습니다. 가인이 아벨을 살해한 것도 이러한 연장선상에서 볼 수 있을 것입니다. 아합왕의 아내로 들어온 시돈 왕 엣바알의 딸인 이세벨, 아합왕과 이세벨 사이의 딸 아달랴를 통한 남 왕국 유다와의 결혼 동맹과 '다윗의 씨' 진멸 음모(왕하 11:1, 대하 22:10), 아각 사람 함므다다의 아들 하만을 통한 유다 민족 몰살 음모(에 3:6-15),

헤롯 대왕에 의한 두 살 아래의 영아 집단 학살(마 2:16-18) 등 사단의 공격은 계속되었습니다. 나아가 성육신하신 예수 그리스도를 십자가에 못 박혀 죽게 만든 일은 사단이 회심의 미소를 짓는 일이었습니다만, 결국은 사단이 자신의 머리를 상하게 만든 결정적인 패배 사건이 되고 말았습니다.

셋째로, 누가복음 족보와 비교 연구를 병행함으로 더욱더 풍부한 구속사의 넓이와 깊이와 높이를 제공한다는 점입니다.

마태복음은 아브라함부터 예수님까지 기록한 반면에, 누가복음은 예수님으로부터 아담과 하나님께로 연결하고 있습니다. 그리고 저자는 족보에 빠져 있는 잃어버린 고리들을 찾아서 설득력 있게 서술하고 있습니다.

더욱이 세속사와 구속사의 갭(gap)을 메우고, 신앙인이든지 비신앙인이든지 역사와 연대기에 맞추어 성경을 이해할 수 있도록 연결 고리를 잘 이어 주고 있습니다. 이집트와 앗수르, 바벨론, 바사, 그리스, 로마 제국 등 강대국의 왕들과 성경에 나오는 이름들을 역사적 사건과 더불어 설명하고 있습니다. 세계사에 대한 지식이 없는 사람이라 할지라도 별 거리낌 없이 성경을 읽을 수 있도록 성경 본문과 세상 역사를 무리 없이 연계하고 있습니다. 특별히 칼라로 부착된 연대기 도표는 성경과 세계사를 관통하는 독보적인 나침반 역할을 함으로, 성경을 열린 책으로 이 시대 사람들의 손에 쥐어 주고 있습니다.

넷째로, 신구약성경과 신구약 중간사를 망라하고 있기 때문에, 영적 암흑기에도 하나님의 구속사는 지속되고 있었음을 강조해 줍니다.

바로 '예수 그리스도의 족보 Ⅲ - 바벨론 포로 이후의 역사'를 다룸으로 하나님의 구속사를 더욱 선명하게 드러내고 있는 것입니다. 어둠의 시대에서 탄식하며 고통스럽게 살고 있는 하나님의 자녀들을 향하여, 하나님의 영원한 약속이 주의 재림으로 완전히 이루어질 때까지 끝까지 참고 견디라는 저자의 외침은 이 시대를 향한 광야의 소리라 하겠습니다.

성경에서 연대는 굉장히 중요하지만, 정확한 연대를 확정짓는 것은 지극히 어려운 작업입니다. 왜냐하면 고대 달력에서 각국의 달력이 비슷한 용어로 겹쳐 표현되고 있으며, 윤달이 끼여 있어서 두부 모 자르듯 시간적 선을 긋기란 쉽지 않기 때문입니다. 그러나 저자는 '역사적 상황이 산술적인 계산처럼 다 맞아 떨어지지는 않으나 대략적인 산술적 수치를 전혀 무시할 수는 없을 것입니다'(232쪽)라고 천명하고 있습니다. 저자는 연대 계산의 어려움을 솔직하게 고백하면서도, 그 어렵고 복잡한 연대 작업을 끈질기고 성실하게 동원 가능한 모든 자료와 요소들을 고려하여, 감히 그 어떤 사람도 시도하지 않은 부분까지 집요하게 연구함으로 하나의 이론으로 정립하고 있습니다. 이 점은 독자들의 연대 연구에 대단한 도전과 도움이 될 것이라 확신합니다.

필자는 저자 박윤식 목사님의 역작 제5권을 읽고서, 기도와 성경 연구로 땀을 흘린 흔적과 땀 냄새를 느껴 보았습니다. 귀한 달란트를 통하여 하나님께서 영광을 받으시길 기도합니다. 성경을 연구하고자 하는 한국 교회는 물론 세계 교회의 모든 성경학교 제자들에게 이 책의 필독을 권합니다. 성경의 족보에 기록된 이름들에 대한 세심한 연구를 통하여 새롭게 하나님의 구속사를 이해할 수 있기를 바랍니다. 하나님의 구원을 받은 사람들의 족보(생명책)에 기록된 우리 각자의 이름을 기억하면서 말입니다. 할렐루야!

Soli Deo Gloria!

(前) 이스라엘 선교사, 유럽총회 부총회장
(現) 이스라엘 연구소 소장

이 일 호 박사

| 추천사 |

이학재 박사(Ph.D.)
개신대학원대학교 교수 / 바른성경 번역위원

　신학자 골딩게이는 "구약해석의 접근"(1985)에서 구약성경이 '신앙 체계, 생활 방식, 경전, 그리스도에 대한 증거, 구속사'로서 유익을 준다고 지적한 바 있습니다. 그는, 예수 그리스도는 구약과 신약의 연결점이며, 구약은 그리스도에 대한 예표적인 약속의 구속사라고 평가함으로, 신구약성경의 연속성을 강조하였습니다. 이번에 박윤식 목사님께서 발간한 「구속사 시리즈」 제5권은 예수 그리스도의 족보 제3기 역사를 다루고 있는데, 이 책 역시 구약 신학의 중요한 주제인 언약이라는 관점으로 구약과 신약을 서로 잘 연결해 주고 있으며, 마태복음 예수 그리스도의 족보를 통하여 구약을 잘 설명하고 있습니다.

　또한, 신학자 반 그로닝겐은 "구약과 메시아 사상"에서 구약성경의 계시를 무엇보다 예수 그리스도에 대한 예표라는 면으로 설명하고 있는데, 이 책 역시 영원한 언약이라는 면과 구속사로써 신구약을 잘 연결해 주고 있는 것을 그 구성과 내용에서 찾아볼 수 있습니다. 이 책은 신구약의 연속성(continuity)과 불연속성(dis-continuity)의 관계 속에서, 구약성경에서 시작된 언약이 신약성경 마태복음의 족보에서 연속적으로 성취된 것을 강조하고 있습니다.

　이 책 「영원한 언약의 약속」은 6장으로 구성되어 있습니다. 1장은 「구속사와 하나님의 언약」이며, 2장은 「성경 족보에 대한 고찰」이며, 3장은 「예수 그리스도의 족보 제3기의 인물」이며, 4장은 「예수 그리스도의 족보 제3기의 공백」이며, 5장은 「바벨론 포로와 귀환」이고 6장은 「바벨론 포로 후 예수 그리스도까지의 역사」입니다. 본 서는 창세기에서 타락한 인간들에게 하나님께서 언약을 주신 것으로 시작합니다(1장). 그리고 구약에서 나타난 수많은 족보뿐만 아니라 예수 그리스도의 족보 역시 구속사임을 보여 주며(2장), 여기에 예수님의 족보 제3기 14대의 인물들(3장)과 공백 시대(4장), 그리고 바벨론의 포로 시대(5장)와 그 후의 역사(6장)를 통하여 하나님의 영원한 언약은 마침내 예수 그리스도를 통하여 이루어진다는 것을 강조하고, 예수 그리스도만이 영원한 언약의 성취자라고 서술하고 있습니다. 이러한 면에서 이 책은 기독론적인 관점과 연속성의 관점에서 저술된 굉장히 복음주의적인 책이라고 평가할 수 있습니다.

　혹자는 '신학은 학문이 아니다'라고 주장하기도 합니다. 이 말은 신학은 '학문으로서만 이해해서는 안 된다'는 것을 의미합니다. 따라서 신학적인 책은 학문적인 접근뿐만 아니라, 사람들에게 이해를 주고 변화를 주는 책이 되어야 합니다. 이 책은 학문적으로서만 아니라 목회적으로도 상당한 유익을 주는 책입니다. 그 이유는 다음과 같습니다.

첫째, 성경의 어려운 내용을 쉽게 해설하고 있습니다.
　성경을 깊이 이해하지 못하는 사람은 어렵고 복잡하게 설명할 수밖에 없습니다. 그러나 저자의 책을 읽다 보면, 모든 면에서 내용을 아주 쉽게 설명하는 것에 놀라게 됩니다. 어려운 히브리어와 헬라어를 쉽게 설명하고 그 뜻을 풀이해서 평신도들까지도 성경을 가까이할 수 있도록 해 줍니다. 이런 일은 저자가 원문에 대한 깊은 이해나 성경에 대한 깊은 통찰력을 갖지 않고서는 이룰 수 없는 일입니다.

둘째, 성경의 어려운 신학적인 내용이나 주제를 쉬운 본문 주해를 통해 해결하고 있습니다.
저자의 책 곳곳에서 본문에 대한 주해나 해석이 나타나고 있습니다. 그는 성경의 난해한 내용들까지도 쉽게 이해하도록 간단명료하게 저술함으로 성경을 읽는 사람들에게 정말 큰 도움을 주고 있습니다. 이것은 이 책의 큰 강점으로, 예를 들어 다니엘, 에스겔, 예레미야, 학개, 스가랴, 에스라, 느헤미야에 나타난 메시지를 그 상황과 배경 속에서 전함으로, 성경의 내용을 너무도 명쾌하게 해설해 주고 있습니다.

셋째, 구약의 어려운 연대기를 쉽게 해설하고 있습니다.
저자는 성경에 나타난 모든 역사를 일반 역사의 연도와 함께 한눈에 볼 수 있는 경이로운 도표를 만들어 냈습니다. 그는 이것을 통하여 성경의 역사가 실제적이며, 세상 역사와 어떤 관계를 가지고 있는지 일목요연하게 설명하고 있습니다. 구약 역사에 관련된 책들 가운데 이러한 내용을 부분적으로 설명하고 있는 책들이 많이 있지만, 박윤식 목사님처럼 성경 전체의 내용과 연대기를 통시적으로 한눈에 볼 수 있도록, 그리고 성경신학적으로 잘 정리하고 설명한 책은 찾아보기 어렵습니다. 이런 면에서 이 책은 가히 독보적인 책으로, 학문적이면서 동시에 목회적이며, 저자의 뜨거운 열정(파토스)의 산물입니다. 하나님의 말씀을 향한 열정과 또한 이 말씀을 성도들에게 전달하려는 열정이 이렇게 귀한 저작을 가능케 했던 것입니다.

여호수아는 처음에 모세의 시종 혹은 보좌관(메샤레트)에 불과했습니다(수 1:1). 그는 사람들에게도 그렇게 인정받는 사람이 아니었습니다. 그러나 그는 백성을 가나안으로 이끌고 그의 사명을 다한 후에는 "하나님의 종"(에벧 야웨)(수 24:29)이라는 평가를 듣게 되었습니다. 사역을 다하고 마지막에 가장 존귀한 칭호를 받고 인정을 받게 되었던 것입니다.

우리는 사람을 평가할 때 그 사람의 마지막을 보아야 합니다. 야곱의 마지막(창 49장), 모세의 마지막(신 34장), 여호수아의 마지막(수 24장)을 통하여 볼 때, 인생은 처음이나 과정도 중요하지만 마지막이 더 중요함을 알 수 있습니다. 대부분의 사람들은 자신의 단편적인 관점에서 사람을 함부로 평가하는 경향이 있습니다. 그러나 어떤 사람의 평가는 그 사람의 모든 것 특히 그의 마지막으로 평가되어야 합니다. 때론 오해를 받을 수 있지만 사람들의 오해보다도 하나님의 최종 평가가 더욱 중요한 것입니다. 이 책을 비롯한 「구속사 시리즈」는 저자의 모든 목회 사역의 마지막 작업으로, 이제까지 가르치고 목회한 내용들, 그리고 성경에 대한 그의 관점과 신학이 다 드러나는 책으로서, 저자가 가르친 모든 것을 바르게 평가 받는 중요한 도구가 될 줄 확신합니다.

저는 개인적으로 박 목사님을 저희 학교를 통하여 알게 되었습니다. 그 과정에서 지금까지 저술한 「구속사 시리즈」 책들을 읽어 보고, 박 목사님은 정말 말씀을 사랑하는 목회자로서 원문에 해박한 지식을 가지고 있음을 알게 되었습니다. 그리고 그의 설교와 책을 통해서 노년에도 변함없이 더욱 왕성하게 말씀에 대한 열정과 성도들에 대한 목회자적인 열정을 쏟고 계심을 느낄 수 있었습니다. 부디 앞으로 발간될 「구속사 시리즈」를 통하여 더욱 이러한 열정과 사명들을 계속 이루어 가시기를 소망합니다(딤후 4:6-8). 저자의 '천국 가는 나그넷길'이라는 표현을 보고, 저는 원로 목회자를 통하여 '우리의 삶을 어떻게 살아가야 하는가?'를 생각하게 되었습니다.

"아브라함은 늙어 아름다운 노년을 보내며"(바른성경 창 25:8)

אַבְרָהָם בְּשֵׂיבָה טוֹבָה זָקֵן

이 말씀으로 박 목사님께 위로를 드리고 싶습니다. "아름다운 노년", 즉 성숙된 신학과 목회적 통찰력으로 계속 「구속사 시리즈」를 집필하며 연륜이 더할수록 더 아름다워지는 삶이 되시길 소망합니다.

다시 한 번 이 책을 반드시 읽어야 할 필독서로 모든 분들께 추천합니다. 그리고 이 책을 읽을 때 구약의 어려운 부분들의 내용과 연대기들이 쉽게 풀리며 이해될 줄로 확신합니다.

개신대학원대학교 교수 / 바른성경 번역위원

이 학 재 박사

Hakjae Lee

저자 서문
AUTHOR'S FOREWORD

박윤식 목사

성경은 하나님의 작정을 따라, 타락한 인류를 구원하시기 위하여 주권적으로 세우신 영원한 언약의 약속으로 가득 차 있습니다(창 9:16, 17:7, 출 31:16, 겔 37:26, 히 9:15).

사람이 타락한 이후 처음 세우신 영원한 언약의 약속은 '여자의 후손'(창 3:15)에 대한 약속입니다. 이 약속은 거룩한 생명수의 강을 이루며 온갖 역사의 질곡(桎梏)과 사단의 방해를 뚫고 중단 없이 흘러왔습니다. 이제 그 생명수의 강은 골고다 언덕에 세워진 십자가로 승화되어, 모든 죄악과 칠흑같이 캄캄한 절망과 사망으로부터 택하신 백성을 구원하시는 '새 언약'으로 꽃을 피웠습니다(눅 22:20, 고전 11:25). '새 언약'의 중보이시며(히 9:15, 12:24), 선한 목자요 양의 큰 목자이신 예수 그리스도께서 양들을 위하여 목숨을 버리사 십자가에서 보배로운 피를 흘려 주셨으니(요 10:11, 히 13:20), 그 피는 구속 곧 죄 사함의 피요(엡 1:7), 영원한 언약의 피(참고-출 24:8, 슥 9:11, 히 10:29)요, 세상의 모든 장벽을 제거하고 서로 화평케 하는 언약의 피가 되었습니다(사 54:10, 엡 2:13-19).

영원한 언약의 약속과 그 성취를 구속사적 입장에서 이름과 이름으로 압축하고, 핵심적으로 요약한 것이 바로 '족보'입니다. 성경에서 족보를 중요하게 다루고 있는 이유는, 여자의 후손(창 3:15)을 통해 구주를 보내시려는 하나님의 구속 경륜이 족보의 계통 속에 흐르고 있기 때문입니다. 그래서 성경에는 구속사의 중요한 순간마다 족보가 분수령을 이루면서 기록되어 있습니다. 족보로써 구속사의 한 시대를 마무리 짓고, 족보로써 구속사의 한 시대를 새 출발하였습니다. 특별히 마태복음 1장에 나오는 족보는 전 구속사의 축소판으로, 모든 영원한 언약의 약속이 예수 그리스도 안에서 성취되었음을 선포하고 있습니다. 바라옵기는, 마태복음 족보를 깊이 연구하여 그 주인공인 구주 예수 그리스도의 은혜가 넘치고, 그분을 아는 지식에서 자라 감으로(벧후 3:18) 오직 예수님의 이름만이 높여지고(행 19:17) 또 영광 받으시기를(살후 1:12) 간절히 소망합니다.

바야흐로 세상은 어둠이 깊어 가고 일모도궁(日暮途窮: 날은 저물고 길은 막혀 있음, 늙고 쇠약하여 앞날이 얼마 남지 않음)의 혼란에 빠져 있습니다. 이러한 때, 날마다 주의 재림을 사모하는 모든 이에게 필요한 것은 '거룩함'입니다. 히브리서 12:14에서 "모든 사람으로 더불어 화평함과 거룩함을 좇으라 이것이 없이는 아무도 주를 보지 못하리라"라고 말씀하고 있습니다. 이 구절의 원어적 의미는 '거룩함이 없이는 아무도 주를 보지 못한다'(without holiness no one will see the Lord)라는 것입니다. 여기에서 특히 강조되고 있는 것은 '거룩함'입니다. '거룩함'은 헬라어로 '하기아스모스'(ἁγιασμός)인데, 성화(sanctification)를 의미합니다. 성화는 예수 그리스도의 마음을 품고(빌 2:5), 예수 그리스도의 형상을 이루며(갈 4:19), 예수 그리스도를 닮아 가는 것입니다. 주의 재림을 사모하는 성도라면 반드시 거룩함이 있어야 합니다.

'거룩함'에 이르는 가장 중요한 방편은 바로 하나님의 말씀입니다. 디모데전서 4:5에서 "하나님의 말씀과 기도로 거룩하여짐이니라"라고 말씀하고 있으며, 에베소서 5:26에서 "이는 곧 물로 씻어 말씀으로 깨끗하게 하사 거룩하게 하시고"라고 말씀하고 있습니다(요 17:17, 19). 우리는 하나님의 말씀인 성경을 읽고, 듣고, 지키는 삶을 통해 거룩함에 이를 수 있는 것입니다(계 1:3).

성경은 완전 무오한 하나님의 말씀으로, 세상에 존재하는 모든 책들 중에 가장 으뜸입니다. 아무리 고상한 문학 작품도 성경과는 견줄 수가 없습니다. 저는 성경 말씀의 신묘막측(神妙莫測)함에 매료되어, 어디에서 무엇을 하든지 늘 성경을 가까이하고 떠나지 않았습니다. 이것이 외적으로는 지난 인고(忍苦)의 세월을 감사와 은혜로 승리케 하는 원동력이 되었고, 내적으로는 거룩함을 향하여 한 걸음씩 정진하여 그리스도의 장성한 분량에 이르게 하는(엡 4:13) 원천(源泉)이 되었습니다.

최근 계속하여 발간되고 있는 불초한 종의 「구속사 시리즈」는 바로 성경 사랑의 결정체입니다. 책은 결코 저자의 신앙 인격과 분리될 수 없는 것이기에, 「구속사 시리즈」는 한마디로 저의 모든 신학과 신앙과 사상과 인격의 압축입니다. 이 「구속사 시리즈」가 성경의 길잡이가 되어, 오직 성경을 드러내는 선한 도구로 쓰임 받기를 간절히 소망합니다.

저는 2009년 3월 7일 예수 그리스도의 족보 Ⅰ「영원히 꺼지지 않는 언약의 등불」을, 2009년 10월 3일 예수 그리스도의 족보 Ⅱ「영원한 언약 속의 신비롭고 오묘한 섭리」를 발간하였습니다. 이제 드디어 그 완결편인 예수 그리스도의 족보 Ⅲ「하나님의 오묘한 섭리 속에 담긴 영원한 언약의 약속」을 발간하고, 예수 그리스도의 족보 마지막 제3기에 담긴 구속사적 경륜을 밝히게 되니 실로 감개가 무량합니다.

이번 졸저에는 '예수 그리스도의 족보 제3기와 세계사의 변천'(이해도움 1)이라는 제목 하에, 예수 그리스도의 족보 제3기에 해당하는 세계 열강의 흥망성쇠와 그 열강의 틈바구니에서 하나님의 도구로 사용된 이스라엘, 그리고 여러 시대마다 세우신 선지자들의 활동 등을 종합하여 하나의 도표로 완성하였습니다.

특히 다니엘에게 보여 주신 인류 미래에 대한 계시를 중심으로, 급변하는 세계사의 변천 속에서 하나님의 신비롭고 오묘한 섭리가 어떻게 펼쳐져 왔는지를 구속사적으로 정리하였습니다. "역대의 연대를 생각하라"(신 32:7)라는 말씀에 따라, 성경에 기록된 사건과 그 연대를 정확하게 정립하기 위해 많은 시간을 투자하였습니다. 전인미답(前人未踏)의 방대한 작업이 너무도 힘에 겨워, 성경을 붙잡고 눈물로 기도하며 관련 서적을 일일이 찾아 가며 원고와 함께 밤을 지새운 것이 하루 이틀이 아니었습니다. 해산하는 수고 끝에 옥동자가 태어나듯 이렇게 오랜 연찬(研鑽) 끝에 졸저가 완성되어 세상에 나오게 되었으니, 이 모두가 살아 계신 하나님의 은혜요, 오직 하나님의 선하신 손의 도우심(스 7:9, 8:18, 22, 31, 느 2:8, 18)일 뿐입니다.

하나님의 나라가 가까워질수록, 타락한 세상은 바다와 파도의 우는 소리를 인하여 혼란한 중에 곤고해지고 있습니다(눅 21:25). 이러한 시대에 지상의 교회는 날마다 개혁(改革)되어야 합니다. 교회가 개혁되지 않으면 노도(怒濤)같이 밀려드는 세속화의 물결 속에 침륜(沈淪)해 버리고 말 것입니다(히 10:39).

교회의 참된 개혁은 날마다 태초의 세계로 돌아가는 것뿐입니다. 태초에(ἐν ἀρχῇ) 하나님의 말씀이 계셨기에(요 1:1), 그 태초의 말씀으로 돌아가야 교회의 참개혁이 이루어지는 것입니다. 하나님께서는 구속사 속에서, 각 시대마다 말씀 운동을 통하여 교회를 개혁시키곤 하셨습니다. 칼빈은 "하나님의 말씀으로 돌아가야 한다. 왜냐하면 말씀 속에서 하나님께서 분명히 자기를 계시하고 있기 때문이다"라고 외치며 종교 개혁을 진행하였습니다. 저는 감히 이 「구속사 시리즈」가 교회의 개혁에 조금이라도 일조함으로, 기독교 역사에 새로운 물결을 일으키는 말씀 운동의 작은 도구로 쓰임 받기를 간절히 소망합니다. 「구속사 시리즈」는 앞으로 12권 완성을 목표로 진행되고 있습니다. 하나님께서 노(老)종에게 맡기신 「구속사 시리즈」 완간이라는 위대한 역사적 대과업을 반드시 이룰 수 있도록, 여러분 모두가 기도로 후원해 주시기를 간절히 부탁드립니다.

저는 "만일 누구든지 무엇을 아는 줄로 생각하면 아직도 마땅히 알 것을 알지 못하는 것이요"(고전 8:2)라는 말씀 앞에 항상 저의 부족함을 발견하며, 두렵고 떨리는 마음을 금할 수 없습니다. 그러나 "오직 우리가 어디까지 이르렀든지 그대로 행할 것이라"(빌 3:16)라는 격려의 말씀 앞에서 용기를 얻어, 앞으로도 저에게 주신 은혜를 하나님 앞에서 모든 교회에게 다 전하고자 합니다.

진리의 복음 수호를 위해 오직 은혜로 여기까지 인도하여 주신 주님께서, 오늘 영원한 언약의 약속이 있는 하나님의 자녀와 교회를 친히 보존하시고 끝까지 지켜 주시기를 간절히 기도드립니다. 우리 안에서 자기의 기쁘신 뜻을 위하여 소원을 두고 행하게 하시는 평강의 하나님께서, 지상의 모든 교회와 함께 계시기를 간절히 소망합니다(롬 15:33, 빌 2:13, 히 13:20-21).

  마지막으로 이 책이 나오기까지 기도와 물질로 힘을 다하여 헌신하신 사랑하는 평강제일교회 성도님들과 장로님들, 그리고 함께 사역하는 교역자님들 모두에게 진심으로 감사를 드립니다. 또한, 부족한 종의 원고가 한 권의 책이 되어 나오기까지 일일이 활자화하고, 편집, 교정, 인쇄, 제본 등을 맡아 수고하신 모든 손길에게도 깊은 감사를 드립니다. 모든 영광을 오직 살아 계신 하나님께 돌립니다.

2010년 7월 17일
천국 가는 나그넷길에서
예수 그리스도 안에 있는 작은 지체 **박 윤 식**

| 차례

이해도움 1 · 예수 그리스도의 족보 제3기와 세계사의 변천

추천사 · 5
저자 서문 · 22

제 1 장 구속사와 하나님의 언약 · 33

Ⅰ. 존귀한 사람의 창조 · 36

1. 태초에 천지를 창조하신 하나님
2. 사람의 창조는 모든 창조 사역의 중심
3. 하나님의 아가페 사랑으로 창조
4. 하나님의 형상과 하나님의 모양대로 창조
5. 생명이 있는 산 사람
6. 에덴동산
7. 존귀한 아담의 돕는 배필, 존귀한 여자의 창조

Ⅱ. 비참한 타락 · 62

1. 행위 언약과 불순종
2. 타락의 결과

Ⅲ. 구원과 언약 · 76

1. '여자의 후손' 약속
2. 새 언약의 성취자 예수 그리스도
3. 영원한 언약의 약속

제 2 장 성경 족보에 대한 고찰 · 99

Ⅰ. 족보의 의미 · 102
1. 족보의 일반적 의미
2. 족보의 성경적 의미

Ⅱ. 성경 족보의 특징과 기능 · 124
1. 성경에 나오는 족보의 특이한 점
2. 족보의 기능

Ⅲ. 성경 족보와 구속사의 관계 · 129
1. 성경 족보는 구속사의 압축판이자 점진적인 이정표입니다.
2. 성경 족보는 언약 자손의 흐름을 나타냅니다.
3. 성경 족보는 예수 그리스도께서 오시는 길을 보여 줍니다.

Ⅳ. 성경 족보와 이름 · 137
1. 이름은 존재(存在)를 나타냅니다.
2. 이름은 인격(人格)을 나타냅니다.
3. 이름은 명성(名聲)을 나타냅니다.
4. 이름은 구속사(救贖史)를 나타냅니다.

제 3 장 예수 그리스도의 족보 제3기(期)의 인물 · 145
- 바벨론으로 이거한 후부터 예수 그리스도까지 14대

이해도움 2 · 마태복음 족보의 42대 인물 개요<제3기> · 148

1 여고냐 / 2 스알디엘 / 3 스룹바벨 / 4 아비훗 / 5 엘리아김
6 아소르 / 7 사독 / 8 아킴 / 9 엘리웃 / 10 엘르아살
11 맛단 / 12 야곱 / 13 요셉 / 14 예수

| 차례 |

제 4 장 예수 그리스도의 족보 제3기(期)의 공백 · 209

이해도움 3 · 한눈에 보는 예수 그리스도의 족보 42대 · 212

Ⅰ. 예수 그리스도의 족보 제1, 2기에서 생략된 대(代) · 215

1. 예수 그리스도의 족보 제1기에서 생략된 대(代)
2. 예수 그리스도의 족보 제2기에서 생략된 대(代)

Ⅱ. 예수 그리스도의 족보 제3기에서 생략된 대(代) · 220

1. 제3기에 생략된 부분이 있다는 여러 증거
2. 바벨론으로 이거할 때를 전후하여 족보에 기록되지 않은 세 왕
3. 스룹바벨과 아비훗 사이에 생략된 대(代)
4. 아비훗과 예수 그리스도 사이에 생략된 대(代)

Ⅲ. 마태복음 족보 제3기에 기록되지 않은 왕들의 역사 · 234

1. 여호아하스 / 2. 여호야김 / 3. 시드기야

제 5 장 바벨론 포로와 귀환 · 261

Ⅰ. 바벨론 포로의 원인 · 265

1. 남 유다의 비참한 최후
2. 예레미야 선지자가 끊임없이 선포한 말씀, "바벨론에 항복하라"
3. 이스라엘이 바벨론 포로 생활을 하게 된 원인

Ⅱ. 바벨론 포로의 역사 · 286

제1차 포로(주전 605년)
 / 왕하 24:1-4, 대하 36:6-7, 단 1:1-3

　　　　제2차 포로(주전 597년) - 제1차 포로 후 8년째
　　　　　/ 왕하 24:8-17, 대하 36:9-10
　　　　제3차 포로(주전 586년) - 제2차 포로 후 11년째
　　　　　/ 왕하 25:1-21, 대하 36:11-21, 렘 39:1-10, 52:1-27

　Ⅲ. 바벨론 포로 귀환의 역사 · 342
　　　　제1차 귀환(주전 537년)　/　스 1-6장
　　　　제2차 귀환(주전 458년)　/　스 7-10장 - 제1차 귀환 후 79년째
　　　　제3차 귀환(주전 444년)　/　느 1-13장 - 제2차 귀환 후 14년째
　　　　결언: 바벨론 포로 귀환의 구속사적 경륜

제 6 장　바벨론 포로 귀환 후 예수 그리스도까지의 역사 · 445

　Ⅰ. 느헤미야 후 바사 지배 시대(주전 432-331년) · 450
　　　　1. 앗수르의 전성시대와 멸망
　　　　2. 신바벨론의 등장과 멸망
　　　　3. 바사 제국의 등장과 멸망

　Ⅱ. 헬라 지배 시대(주전 331-164년) · 472
　　　　1. 알렉산더 대왕과 제국의 분열(주전 331-320년)
　　　　2. 프톨레미 왕조의 지배 시대(주전 320-198년)
이해도움 4 · 프톨레미 왕조와 셀류쿠스 왕조 · 478
　　　　3. 셀류쿠스 왕조의 지배 시대(주전 198-164년)

차례

Ⅲ. 마카비 혁명(주전 167-142년) · 492

1. 맛다디아(Mattathias: 167-166 BC)
2. 유다 마카비(Judas Maccabeus: 166-160 BC)
3. 요나단 아푸스(Jonathan Apphus: 160-142 BC)
4. 시몬(3세) 타시(Simon III Thassi: 142-134 BC)

Ⅳ. 하스몬 왕조 시대(주전 142-63년) · 495

1. 요한 힐카누스 1세(John Hyrcanus I: 134-104 BC)
2. 아리스토불루스 1세(Aristobulus I: 104-103 BC)
3. 알렉산더 얀나(Alexander Jannaeus: 103-76 BC)
4. 살로메 알렉산드라(Salome Alexandra: 76-67 BC)
5. 아리스토불루스 2세(Aristobulus II: 67-63 BC)

Ⅴ. 로마 지배 시대(주전 63-주전 4년 예수 그리스도의 탄생) · 498

1. 요한 힐카누스 2세(John Hyrcanus II: 63-40 BC)
2. 안티고누스(Antigonus: 40-37 BC)
3. 헤롯 대왕(Herod the Great: 37-4 BC)

이해도움 5 · 4대 제국의 영토(바벨론, 바사, 헬라, 로마) · 505

결론 - 구속사적 경륜의 성취자 예수 그리스도와 영원한 언약의 약속 · 507

각 장에 대한 주(註) · 532
찾아보기 · 538

제 **1** 장
구속사와 하나님의 언약
The History of Redemption and the Covenant of God

구속사와 하나님의 언약
The History of Redemption and the Covenant of God

　신구약성경은 '천지 창조'라는 큰 역사적 사건을 시발점으로 '새 하늘과 새 땅'의 완성에 이르기까지, 예수 그리스도를 중심으로 한 하나님의 구속사를 기록한 하나님의 말씀입니다. 구속사란, 창세전부터 정하신 하나님의 작정에 따라 예수 그리스도의 죽으심과 부활을 중심으로 타락한 죄인들을 구원하는 전 역사를 가리킵니다.

　구속사의 중요한 주제는 크게 '창조'와 '타락'과 '구원'으로 나눌 수 있습니다. 하나님의 형상대로 창조된 사람이(창 1:26-27) 창조주 하나님의 말씀에 불순종함으로 타락하였습니다(창 3:6). 하나님께서는 이 타락한 사람을 구원하시기 위하여 졸지도 아니하시고 주무시지도 아니하시면서(시 121:3-4), 구원 역사를 진행해 오셨습니다.

　창조와 타락과 구원의 역사 속에서, 중단 없이 전진하는 하나님의 구속사를 이어 온 것은 하나님의 언약입니다. 말하자면 하나님의 구원 역사를 시대마다 연결해 주고 있는 고리가 언약과 그 언약의 성취인 것입니다. 그러므로 우리는 창조와 타락과 구원이라는 주제 아래 이 언약이 실제 역사 속에서 어떻게 성취되어 왔는지 구체적으로 살펴보아야 합니다.

I
존귀한 사람의 창조
The Creation of the Honorable Man

    성경을 시작하는 창세기는 이 세상과 그 가운데 존재하는 모든 것들의 기원(起源)을 알려 주며, 나아가 죄와 구원 그리고 선민 이스라엘의 시작을 보여 주고 있습니다. 특히 창세기 1-3장은 우주(宇宙)와 인생(人生)과 구원(救援)의 기원을 다루는 성경의 서막이며, 구속의 근원과 본질을 깨닫게 해 주고 있습니다. 구체적으로는, 하나님께서 우주와 천지 만물을 창조하신 일(창 1장), 아담을 흙으로 창조하신 일(창 2:7), 동방의 에덴에 동산을 창설하신 일(창 2:8), 아담과 행위 언약을 맺으신 일(창 2:16-17), 아담의 갈빗대로 돕는 배필을 지으신 일(창 2:18-23), 아담과 그 아내 두 사람이 한 몸을 이루고, 벌거벗었으나 부끄러움이 없던 세계(창 2:24-25), 그리고 뱀의 유혹과 선악을 알게 하는 나무의 실과를 따먹고 타락한 일(창 3:1-7) 등을 기록하고 있습니다.

    창세기 초반부에 기록된 이와 같은 말씀들은, 결코 전설이나 신화가 아니라 실제 있었던 역사적 사실입니다. 신약성경에서도 창조의 전 과정과 인간의 타락이 실재했던 일임을 증거하고 있습니다(롬 5:12-19, 고후 11:3, 딤전 2:13-14).

1. 태초에 천지를 창조하신 하나님
God who created the heavens and the earth in the beginning

성경에서 창조의 역사는 이렇게 시작되고 있습니다.

창세기 1:1 "태초에 하나님이 천지를 창조하시니라"

이 말씀은, 신구약성경 66권 중에 가장 깊은 여운을 남기는 최고로 압축된 표현입니다. 이 속에, 온 세상과 인류 역사 그리고 우리 각자의 삶의 시작이 들어 있습니다. 여기에서 주목할 것은, 태초에 하나님께서 그냥 '계셨다' 하지 않고 '창조하셨다'라고 말씀한 것입니다. 창세기 1:1에 나오는 "창조하시니라"는 히브리어 '바라'(בָּרָא)의 '칼'(기본)형으로, 이것은 오로지 하나님의 창조 행위를 나타내는 데 사용되고 있습니다. 태초부터 하나님께서는 행동하시는 하나님, 일하시는 하나님(요 5:17), 없는 것을 있게 하시는 전능(全能)하신 하나님으로 계시되고 있습니다(사 44:24, 롬 4:17).

(1) 말씀으로 창조

천지는 우연히 발생한 것이 아니라 모두가 하나님의 말씀으로 창조된 것입니다(히 11:3). 창세기 1:3에서 "하나님이 가라사대 빛이 있으라 하시매 빛이 있었고"라고 말씀하고 있습니다. 시편 33:6에서 "여호와의 말씀으로 하늘이 지음이 되었으며 그 만상이 그 입 기운으로 이루었도다", 시편 33:9에서 "저가 말씀하시매 이루었으며 명하시매 견고히 섰도다", 시편 148:5에서 "그것들이 여호와의 이름을 찬양할 것은 저가 명하시매 지음을 받았음이로다"라고 말씀하고 있습니다. 하나님의 입에서 나온 말씀은 즉시 천지 만물을 조성하는 위대한 능력을 가지고 있습니다(사 45:12).

하나님께서 말씀으로 모든 것을 창조하신 후에, 창세기 1:31에서 "하나님이 그 지으신 모든 것을 보시니 보시기에 심히 좋았더라"라고 말씀하고 있습니다. 여기 '심히'에 해당하는 히브리어 '메오드'(מְאֹד)는 '굉장히, 엄청나게, 대단히'라는 뜻으로, 최고의 정도를 나타내는 표현입니다. 하나님께서는 지금까지 지으신 모든 것을 보시면서 최고의 만족을 나타내셨던 것입니다. 하나님께서 지으신 모든 것이 부족함 없이 완벽할 뿐만 아니라, 그 창조 세계의 질서가 온전한 조화와 균형을 이루었기 때문입니다. 하나님께서 지으신 모든 것은, 반드시 있어야 할 것들이 제자리에서 그 역할과 기능을 수행하도록 완벽하게 창조되었던 것입니다.[1]

(2) 우주 만물을 창조하신 삼위일체의 하나님

우주 만물을 창조하신 분은 삼위일체의 하나님이십니다. 성경에는 삼위(位, person)의 구별 없이 단순히 '하나님'께서 창조하셨다는 말씀이 여러 번 등장하고 있습니다(창 1:1, 21, 27, 2:3, 5:1, 신 4:32, 사 40:28). 여기 '하나님'이란 단어는 히브리어 '엘로힘'(אֱלֹהִים)입니다. 이 단어는 문법상으로 복수형이지만, 실제로는 단수의 동사가 따르므로 단수의 개념으로 사용되었습니다. 그러므로 이 엘로힘은 바로 삼위일체의 하나님을 나타내며, 하나님의 창조 사역은 삼위일체 하나님의 공동 사역이었습니다.[2]

첫째, 만물이 성부 하나님에게서(from God the Father) **창조되었습니다.**

성부 하나님께서는 직접적인 창시자(Originator)이십니다. 고린도전서 8:6에서 "그러나 우리에게는 한 하나님 곧 아버지가 계시니 만물이 그에게서 났고"라고 말씀하고 있습니다. 여기 '에게서' 라는 헬라어 '에크'(ἐκ, from)는 '... 로부터, ... 로 말미암아'라는 뜻으로, 만물의 출처와 기원이 성부 하나님이심을 나타내고 있습니다 (시 136:5-9).

둘째, 만물이 성자 하나님으로 말미암아(through God the Son) 창조되었습니다.

성자 하나님께서는 창조의 수행자(Executor)이십니다. 고린도전서 8:6에서 "... 또한 한 주 예수 그리스도께서 계시니 만물이 그로 말미암고 우리도 그로 말미암았느니라"라고 말씀하고 있습니다. 여기 '말미암고'는 헬라어로 '디아'(διά, through, by)인데 '통하여, 말미암아'라는 뜻이며, 만물이 성자 하나님을 통하여 창조되었음을 의미합니다.

성자 하나님의 다른 한 이름은 '말씀'이십니다(계 19:13). 이 말씀이 태초에 하나님과 함께 계셨으니 이 말씀은 곧 하나님이십니다 (요 1:1-2). 요한복음 1:3에서 "만물이 그로 말미암아 지은 바 되었으니 지은 것이 하나도 그가 없이는 된 것이 없느니라"라고 말씀하고 있으며, 요한복음 1:10에서는 "그가 세상에 계셨으며 세상은 그로 말미암아 지은 바 되었으되 세상이 그를 알지 못하였고"라고 말씀하고 있습니다(골 1:16, 히 1:2). 이 말씀이 육신이 되어 우리 가운데 거하셨으며, 우리가 그 영광을 보니 아버지의 독생자의 영광이요 은혜와 진리가 충만하였습니다(요 1:14). 실로, 성자 하나님께서 모든 창조의 수행자이셨으며, 성부 하나님과 함께 우주 만물을 창조하셨습니다.

셋째, 만물이 성령 하나님에 의해서(by God the Holy Spirit) 창조되었습니다.

성령 하나님께서는 창조의 완성자(Completer)이십니다. 창세기 1:2에서 성령 하나님께서는 창조 사역 시 수면에 운행하셨습니다.

시편 33:6에서 "여호와의 말씀으로 하늘이 지음이 되었으며 그 만상이 그 입 기운으로 이루었도다"라고 말씀하고 있습니다. 여기 '기운'은 히브리어로 '루아흐'(רוּחַ)이며, 창세기 1:2의 '(하나님의) 신'(Spirit)과 똑같은 단어입니다. 이 말씀을 볼 때, 우주 만물은 성령 하나님에 의해(by God the Holy Spirit) 창조되었습니다. 시편 104:30에서도 "주의 영을 보내어 저희를 창조하사 지면을 새롭게 하시나이다"라고 말씀하고 있습니다. 성령 하나님께서는 사람 창조 시에 하나님의 기운을 넣으시고 새롭게 하셨던 것입니다(창 2:7, 욥 27:3, 33:4).

이상에서 보듯이, 만물의 창조가 삼위일체 하나님의 공동 사역이었습니다. 그러므로 사람의 창조 역시 삼위일체 하나님의 공동 사역이라 할 수 있습니다(창 1:26-27, 2:7, 욥 33:4, 고전 8:6).

2. 사람의 창조는 모든 창조 사역의 중심
The creation of man was the center of the entire creation work.

하나님의 창조 사역 가운데 사람의 창조는 참으로 오묘합니다. 세익스피어는 "사람은 얼마나 위대한 작품인가, 이성(理性)은 얼마나 고귀하고 능력은 얼마나 무한한가, 그 형상과 동작은 얼마나 명확하고 훌륭한가, 행동은 마치 천사와 같고 이해력은 신과 같다. 세계의 미(美)요, 만물의 영장이다"라고 말하였습니다. 영장(靈長)은

'만물 중에서 가장 뛰어난, 신령하고 기묘한 능력을 지닌 존재, 가장 빼어나고 뛰어난 존재'를 뜻합니다. 그러므로 사람은 피조물 가운데 하나님의 창조의 뜻을 성취해야 할 책임과 의무가 주어진 으뜸가는 존재인 것입니다.

사람의 창조는 결코 우연이나 진화를 통해 이루어진 것이 아니며, 거기에는 하나님의 깊고 오묘한 경륜이 담겨 있습니다. 그래서 시편 기자는 "나를 지으심이 신묘막측하심이라 주의 행사가 기이함을 내 영혼이 잘 아나이다"(시 139:14)라고 노래하였습니다. 여기 '나를 지으심이 신묘막측하심이라'는, 히브리어로 두 단어인 '노라오트 니플레티'(נוֹרָאוֹת נִפְלֵיתִי)입니다. '노라오트'는 '두려워하다, 경외하다'라는 뜻을 가진 '야레'(יָרֵא)의 수동 분사형이며, '니플레티'는 '놀랍다, 경이롭다'라는 뜻을 가진 '팔라'(פָּלָה)의 수동 완료형입니다. 따라서 '노라오트 니플레티'는 원어로 '나는 경외(敬畏)스럽고 경이(驚異)롭게 만들어져 있습니다'(I am fearfully and wonderfully made: KJV)라는 의미입니다. 신묘막측(神妙莫測)은 한자어로 '신통하고 묘하여 감히 측량할 수 없음'이라는 뜻입니다. 하나님께서 사람을 창조하신 솜씨는 인간의 능력으로 감히 헤아릴 수 없을 정도로 위대하고 놀라운 것입니다. 실로, 사람은 하나님의 위대한 걸작품입니다.

사람의 창조는 창세기 1장과 2장에 크게 두 번 나타나는데, 창세기 1:26-28에서는 전 우주와 만물에 포함된 사람의 기원과 위치를, 창세기 2:7-25에서는 언약의 대상이 되는 사람의 상태를 보여 주고 있습니다.

하나님께서는 전 우주 만물 가운데 사람을 가장 나중에 창조하셨습니다. 이는, 마지막에 창조하신 사람에게 가장 큰 관심과 기대를 두셨다는 사실과 이제까지의 모든 창조가 오직 사람을 위한 것이었음을 나타냅니다(사 45:18, 51:13, 렘 27:5). 사람은 분명 다른 피조물과 구별된 존귀한 존재입니다(시 49:12, 20).

사람의 존귀성은, 창세기 1장과 2장에 나타난 창조의 과정에서, 선명하게 그리고 지속적으로 드러나고 있습니다. 이것은 사람의 창조를 말씀하고 있는 창세기 1:27에서, 하나님의 주권적인 창조 행위를 가리키는 '바라'(בָּרָא)가 세 번이나 쓰인 것을 통해서도 알 수 있습니다.

창세기 1:27 "하나님이 자기 형상 곧 하나님의 형상대로 사람을 창조하시되 남자와 여자를 창조하시고"

וַיִּבְרָא אֱלֹהִים אֶת־הָאָדָם בְּצַלְמוֹ בְּצֶלֶם
베첼렘 베찰모 하아담 에트 엘로힘 바이브라

אֱלֹהִים בָּרָא אֹתוֹ זָכָר וּנְקֵבָה בָּרָא אֹתָם
오탐 바라 우네케바 자카르 오토 바라 엘로힘

여기 원문을 그대로 번역하면, '하나님께서 그 사람을 창조(בָּרָא)하시되, 자기 형상 곧 하나님의 형상대로 그를 창조(בָּרָא)하시니, 그들을 남자와 여자로 창조(בָּרָא)하시니라'입니다.

하나님께서 단독으로 창조하신 행위에만 쓰이는 히브리어 '바라'가 창세기 1:27에서 세 번이나 쓰인 것은, 인간 창조를 통해 하나님의 영광스러움이 이날 최고 절정에 이르렀음을 강렬하게 표현한 것입니다. '바라'는 창세기 1장에 다섯 번 나오는데, 나머지 두 번은 창세기 1:1, 21에서 쓰였습니다. 이처럼 하나님의 관심은 사람에게 집중되어 있었고, 사람의 창조는 창조 중의 창조요, 모든 창조의 면류관이며, 초절정이었습니다.

3. 하나님의 아가페 사랑으로 창조
God created man through His agape love.

요한복음 3:16에서 "하나님이 세상을 이처럼 사랑하사"라고 말씀하고 있습니다. 여기 '사랑하사'는 헬라어 '에가페센'(ἠγάπησεν) 으로, 하나님의 무조건적이며 자기 희생적이고 무한한 사랑을 의미하는 '아가페'(ἀγάπη)의 동사형입니다. 또한 '세상'은 모든 종류의 인종(all kinds of mankind), 곧 하나님께서 창조하신 모든 사람을 가리킵니다. 그러므로 모든 사람은 하나님의 '아가페'(ἀγάπη)의 사랑에 기초하여 창조된 것입니다. 아가페의 사랑은 하나님만이 하실 수 있는 사랑으로, 절대적이고 이타적인 사랑입니다. 사람이 절대로 흉내낼 수 없는 자기 희생적인 완전한 사랑인 것입니다.

사람은 존귀하나, 우매무지한 짐승은 결코 존귀한 존재가 아닙니다(참고-시 49:12, 20, 73:22). 하나님께서는 오직 사람만을 하나님의 형상대로 만드시고 만물을 다스리며 주관하도록 하셨습니다(창 1:26-28). 인간을 향한 아가페의 사랑이 없었다면, 하나님께서 결코 사람을 하나님의 형상과 모양으로 만들지 않으셨을 것이며, 만물을 사람에게 맡기지도 않으셨을 것입니다.

또한, 하나님께서는 사람을 창조하실 때, 아가페의 사랑으로 영원성을 지닌 존귀한 존재로 만드셨습니다(참고-시 12:7). 그래서 사람은 누구나 영원을 사모하는 마음을 가지고 있습니다(전 3:11).

하나님께서는 존귀하게 지으신 사람과 언약을 체결하시고, 에덴 동산에 두시고, 짐승과 새의 이름을 짓게 하시고, 돕는 배필을 만들어 주셨습니다. 이 모든 창조의 바탕에는 하나님의 아가페 사랑이 충만하게 넘치고 있었던 것입니다.

하나님께서는 이 아가페 사랑으로 사람을 구속(救贖)하셨습니다. 아가페의 사랑은 모든 것을 아낌없이 먼저 주는 사랑입니다. 하나님께서 독생자 예수 그리스도를 이 땅에 보내셔서 십자가의 희생을 통해 구속 사역을 담당케 하신 것도 아가페의 사랑이었습니다. 요한일서 4:8-10에서 "... 하나님은 사랑이심이라 하나님의 사랑이 우리에게 이렇게 나타난 바 되었으니 하나님이 자기의 독생자를 세상에 보내심은 저로 말미암아 우리를 살리려 하심이니라 사랑은 여기 있으니 우리가 하나님을 사랑한 것이 아니요 오직 하나님이 우리를 사랑하사 우리 죄를 위하여 화목제로 그 아들을 보내셨음이니라"라고 말씀하고 있습니다. 독생자 예수 그리스도를 십자가에서 대속의 피를 흘리게 하여 우리의 죄를 사해 주심으로 하나님께서는 그 무한한 아가페 사랑을 확증하셨습니다(롬 5:8, 히 9:12, 22). 그래서 에베소서 1:7에서는 "우리가 그리스도 안에서 그의 은혜의 풍성함을 따라 그의 피로 말미암아 구속 곧 죄 사함을 받았으니"라고 말씀하고 있으며, 마태복음 26:28에서도 "이것은 죄 사함을 얻게 하려고 많은 사람을 위하여 흘리는바 나의 피 곧 언약의 피니라"라고 말씀하고 있습니다.

하나님께서는 사람들이 죄를 범할 때마다 가슴이 찢어지듯 아프고 상하셨을 것입니다. 그러나 십자가에서 흘리신 대속의 피를 보실 때는 그 죄를 간과(看過)하실 수 있었습니다(롬 3:25). 왜냐하면 십자가에서 흘리신 예수 그리스도의 피가 사람들의 모든 죄를 단번에 깨끗이 사하고도 남는, 천상천하에 가장 보배로운 피(寶血)이기 때문입니다(벧전 1:18-19).

예수님께서 십자가에서 피를 흘리시면서 "가라사대 아버지여 저희를 사하여 주옵소서 자기의 하는 것을 알지 못함이니이다"(눅 23:34)라고 용서의 기도를 드리신 것도 아가페 사랑에 의한 것입니다. 여기 '가라사대'는 헬라어 '엘레겐'(ἔλεγεν)으로, '말하다'라는 뜻을 가진 '레고'(λέγω)의 미완료형(imperfect tense)입니다. 미완료형은 과거로부터의 계속성(past continuous)을 강조합니다. 이것은 예수님께서 십자가 위에서 한 번만 용서의 기도를 드리신 것이 아니라, 자신을 십자가에 못 박고 조롱하는 사람들을 위해서 계속해서 용서의 기도를 드리신 것을 의미합니다. 바로 예수님께서 평소에 가르치신 내용 그대로입니다(마 5:44, 46). 예수님께서는 베드로가 "주여 형제가 내게 죄를 범하면 몇 번이나 용서하여 주리이까 일곱 번까지 하오리이까"라고 여쭈었을 때 "일곱 번뿐 아니라 일흔 번씩 일곱 번이라도 할지니라"라고 말씀하셨습니다(마 18:21-22). 평소 제자들에게 이렇게 가르치셨던 예수님께서, 십자가 상에서 단 한 번만 용서의 기도를 드리셨을 리 없습니다. 패역한 인간들이 예수님께 죄악의 말과 행동을 할 때마다 예수님께서는 계속해서 용서의 기도를 드리셨을 것입니다. 아가페의 사랑에는 원수가 없고 무조건적 용서만이 있을 뿐입니다.

예수님께서는 베드로의 질문에 대답하신 후에, 이어서 일만 달란트 빚진 자에 대한 비유를 말씀하셨습니다. 어떤 임금이 일만 달란트 빚진 자를 탕감해 주었는데(마 18:23-27), 정작 빚을 탕감 받은 자는 자기에게 겨우 백 데나리온 빚진 자를 탕감해 주지 않고 옥에 가

두었습니다(마 18:28-30).

　여기 1만 달란트는 6천만 데나리온이라는 천문학적인 액수입니다. 1달란트가 6천 데나리온이고, 1데나리온은 성인 남자의 하루 품삯이므로, 만일 하루 품삯을 5만 원으로 계산한다면 1만 달란트는 3조 원에 해당하는 엄청난 금액입니다. 이것은 자신의 몸과 처와 자식들과 모든 소유를 다 팔아도 도저히 갚을 수 없는 액수입니다(마 18:25). 예수 그리스도께서 십자가의 대속으로 우리의 죄를 사하신 것은, 인간의 두뇌로는 도저히 계산할 수 없는 무한하고 완전하신 것으로, 아가페의 사랑에 기초한 완전한 용서였던 것입니다.

　이 세상에는 하나님의 사랑 외에 인본적인 사랑도 존재합니다. 가족이나 동족끼리의 사랑인 스톨게(storge), 친구끼리의 우애적인 사랑인 필레오(phileo), 남녀의 이성적인 사랑인 에로스(eros) 등입니다. 그것들은 본질적으로 제 유익만을 구하는 이기적인 생각에 뿌리를 두고 있으므로, 자기 필요나 조건이 채워지지 않으면 쉽게 무너져 버리고, 상대의 마음에 상처와 실망을 안겨 주기 쉽습니다.

　하나님의 사랑으로 창조되고 하나님의 사랑으로 구속 받은 사람은, 이 땅에 사는 동안 하나님의 사랑으로 숨을 쉬고 먹고 입고 마시면서 살아가게 됩니다. 하나님의 사랑은 사람이 생명을 유지하는 힘의 근원이면서, 죽음에 이른 사람까지도 구원하여 살리는 무궁한 생명력입니다. 그 아가페의 사랑을 먹고 마시며 살아가는 우리는, 그 사랑을 마음속 깊이 품고 감사하면서, 그 사랑을 이웃들과 나누고 몸소 실천하는 삶을 살아야 합니다.

　예수님께서는 이 아가페의 사랑으로 형제를 용서하고 사랑해야 한다고 말씀하셨습니다. 마태복음 18:35에서 "너희가 각각 중심으로 형제를 용서하지 아니하면 내 천부께서도 너희에게 이와 같이 하시리라"라고 말씀하고 있습니다. 형제를 사랑치 아니하는 자는 하나님께 속한 자가 아닙니다(요일 3:10). "누구든지 하나님을 사랑하노라 하고 그 형제를 미워하면 이는 거짓말하는 자니 보는바 그 형제를 사랑치 아니하는 자가 보지 못하는바 하나님을 사랑할 수가 없느니라 우리가 이 계명을 주께 받았나니 하나님을 사랑하는 자는 또한 그 형제를 사랑할지니라"(요일 4:20-21)라고 말씀하고 있습니다.

사랑하지 아니하는 자는 하나님을 알지 못하는 자입니다(요일 4:8). 예수님께서 주신 새 계명은 서로 사랑하는 것입니다(요 13:34, 15:12). 우리가 하나님의 성품(속성들)에 참예하는 자가 되기 위해서는 믿음과 덕과 지식과 절제와 인내와 경건과 형제 우애에 사랑을 공급해야 합니다(벧후 1:4-7). 사랑은 우리 인생의 모든 가치 중에 최고의 가치이며, 보배 중의 보배이며, 최고선(最高善)입니다(고전 13:13).

실로, 사람의 창조와 타락으로부터 구원이라는 전(全) 과정에서 하나님의 아가페 사랑은 변함없이 나타났습니다. 하나님께서는 존귀하게 창조된 사람들이 범죄하여 타락한 순간, 그 자리에 곧바로 찾아가셨습니다. 그 지으신 사람을 포기하지 않고 끝까지 책임지시기 위함이었습니다. 요한복음 13:1에서 "유월절 전에 예수께서 자기가 세상을 떠나 아버지께로 돌아가실 때가 이른 줄 아시고 세상에 있는 자기 사람들을 사랑하시되 끝까지 사랑하시니라"라고 말씀하고 있습니다.

사람을 존귀하게 창조하시고 타락으로부터 구원하시는 모든 과정 속에 이 끝없는 아가페의 사랑이 선명하게 나타나고 있습니다.

4. 하나님의 형상과 하나님의 모양대로 창조
God created man in His image and likeness.

창세기 1:26-27 "하나님이 가라사대 우리의 형상을 따라 우리의 모양대로 우리가 사람을 만들고 그로 바다의 고기와 공중의 새와 육축과 온 땅과 땅에 기는 모든 것을 다스리게 하자 하시고 ²⁷하나님이 자기 형상 곧 하나님의 형상대로 사람을 창조하시되 남자와 여자를 창조하시고"

여기 '우리의 형상을 따라 우리의 모양대로'(בְּצַלְמֵנוּ כִּדְמוּתֵנוּ, '베찰메누 키드무테누')를 볼 때, '형상'과 '모양' 두 단어 사이에 접속사가 없습니다. 그러므로 '우리의 형상을 따라'와 '우리의 모양대로'는 표현 양식만 다를 뿐 동일한 내용을 담고 있는 것입니다. '형상'이나 '모양'이라는 단어는 실체(實體)와 동일한 것이 아니라, 실체와의 유사함(비슷함)을 가리킵니다. 따라서 사람은 어떤 중요한 면에서 분명히 하나님을 닮았고, 하나님을 대표하는 존재로 창조된 것입니다.

(1) 우리의 형상을 따라

사람은 하나님의 형상대로 창조되었습니다(창 5:1, 9:6, 고전 11:7, 약 3:9). 하나님의 형상(image)은 히브리어 '첼렘'(צֶלֶם)으로, '상징하다, 윤곽을 잡다'라는 뜻의 지금은 사용되지 않는 단어에서 파생하여, 어떤 실체의 모방(replica) 또는 표상(representation)을 가리킵니다. 이것은 사람이 하나님의 대표자(대리자)로 지음 받은 너무도 존귀한 존재임을 강조한 표현입니다. 오직 사람만이 하나님의 형상으로 지음 받았기 때문에, 사람만이 만물의 영장으로 다른 피조물을 주관하여 다스리는 특권과 존귀성을 가지고 있습니다. 그래서 하나님께서는 사람을 창조하신 후에 "그들에게 복을 주시며 그들에게 이르시되 생육하고 번성하여 땅에 충만하라 땅을 정복하라 바다의 고기와 공중의 새와 땅에 움직이는 모든 생물을 다스리라"라고 말씀하신 것입니다(창 1:28). 또 아담으로 하여금 에덴동산을 '다스리며 지키게' 하시고(창 2:15), 각 생물의 이름을 짓게 하셨습니다(창 2:19). 이는 아담에게 각 생물을 다스리는 통치권이 있음을 나타냅니다.

시편 8편에서도 사람이 하나님의 대리자로 모든 피조물을 다스리는 존재임을 정확하게 선포하고 있습니다. 바른성경 시편 8:5-8을 볼 때, "주께서 그를 하나님보다 조금 못하게 하시고, 영광과 존귀로 관을 씌우셨습니다. 주께서 그로 주님의 손으로 지으신 것을 다스리게 하시고, 만물을 그의 발 아래 두셨으니, 곧 모든 양 떼와 소 떼와 들짐승과 하늘의 새와 바다의 물고기와 물길 따라 다니는 것들입니다"라고 말씀하고 있습니다. 이처럼 사람에게는 모든 생물로 하여금 하나님께서 주신 제 특성대로 바른 역할을 할 수 있도록 다스리고 이끌 수 있는 역동적인 권세가 주어졌던 것입니다.

(2) 우리의 모양대로

하나님의 모양(likeness, form)은 히브리어 '데무트'(דְּמוּת)로, '닮다, 유사하다'라는 동사 '다마'(דָּמָה)에서 유래하여 '닮음, 유사'라는 뜻을 가지고 있습니다. 이것은 사람의 도덕적 형상, 이성(理性)적이고 지능적인 형상, 영적 형상, 몸에 반영된 형상이 모두 하나님을 닮았음을 의미합니다.

첫째, 도덕적 형상(moral image)입니다.

도덕적 형상을 요약하는 말씀은 에베소서 4:24과 골로새서 3:10 말씀입니다.

에베소서 4:24 "하나님을 따라 의와 진리의 거룩함으로 지으심을 받은 새사람을 입으라"

골로새서 3:10 "새사람을 입었으니 이는 자기를 창조하신 자의 형상을 좇아 지식에까지 새롭게 하심을 받는 자니라"

에베소서 4:24의 '새사람'(καινὸν ἄνθρωπον, '카이논 안드로폰', new man)은 문자 그대로 '옛사람'(old man, 엡 4:22)과는 본질적으로 반대되는 새로운 피조물을 가리킵니다. 고린도후서 5:17에서 "그런즉 누구든지 그리스도 안에 있으면 새로운 피조물이라 이전 것은 지나갔으니 보라 새것이 되었도다"라고 말씀하고 있습니다. 새사람은 오직 그리스도로 옷 입고(롬 13:14, 갈 3:27, 골 3:12, 계 19:8), 하나님의 형상을 좇아 지식에까지 새롭게 된 사람을 가리킵니다. 여기 지식은 세상에서는 얻을 수 없는, 오직 하나님의 말씀을 통해 얻게 되는 참된 지식입니다.

또한, 새사람은 '의와 진리의 거룩함으로 지으심'을 받아야 합니다. 여기 '의와 거룩'은 접속사 '카이'(καί, and)로 연결되었으며, '진리의'(참된)는 '테스 알레데이아스'(τῆς ἀληθείας)로, 의와 거룩을 둘 다 수식합니다. 그러므로 '의와 진리의 거룩함으로 지으심'을 받는다는 것은 '참된 의와 참된 거룩으로 지으심'을 받는다는 뜻입니다.

이로 볼 때, 사람이 하나님의 형상으로 창조되었다는 것은 참된 지식, 참된 의(義), 참된 거룩을 가지고 창조되었다는 의미입니다.

우리가 덧입어야 할 새사람, 곧 창조 본연의 사람은 하나님을 두렵게 섬기며 하나님의 법칙에 순응하는 우주적 신사(紳士)입니다.

둘째, **이성(理性)적이고 지능적인 형상**(rational and intellectual image)**입니다.**

사람은 하나님의 형상으로 창조됨으로써, 바른 정신과 바른 마음과 바른 의지를 가지게 되었고, 또한 바른 이성과 바른 지능을 갖게 되어 하나님을 인식하고 사물을 이해하며 느끼고 행동하게 되었습니다. 사람은 하나님께서 주신 이성과 지능을 통해, 몸에서 일어나는 본능적 감성을 적절하게 통제하며, 냉철하고 합리적인 사고와 올바른 지적 활동을 할 수 있는 것입니다.

하나님의 형상대로 창조된 사람에게는 바른 이성(理性)이 있지만, 짐승에게는 이성이 없습니다. 베드로후서 2:12에서는 하나님의 형상과 하나님의 모양을 잃어버린 인간을 가리켜 '이성 없는 짐승'이라고 말씀하고 있습니다. 그러한 자는 무엇이든지 본능으로만 알고, 바로 그것 때문에 멸망하게 됩니다(유 1:10).

사람이 타락으로 말미암아 이성적이고 지능적인 형상이 깨어졌으나, 이제 예수 그리스도를 믿음으로써 그것들이 회복되는 것입니다.

셋째, **영적 형상**(spiritual image)**입니다.**

하나님께서는 영이시므로(요 4:24, 고후 3:17), 하나님의 형상대로 지음 받은 사람은 당연히 영적 형상을 가질 수밖에 없습니다. 영적 형상을 가진 사람은 영성(spirituality)과 불멸성(immortality)을 갖게 됩니다.

'영성'을 가진 사람은 순간순간 하나님의 임재를 체험하며 하나님과 동행하고 하나님의 영광을 위해 역동적으로 살게 됩니다. '영성'을 가진 아담은 육신만 생각하고 땅만 바라보는 자가 아니라, 땅에 발을 딛고 살되 하늘을 향해 머리를 들고 하늘의 것을 생각하는 하늘의 사람인 것입니다(골 3:1-3).

'불멸성'은 죽음의 법에 굴복하지 않는 영원한 생명의 속성을 의미합니다. 하나님께서는 사람을 범죄하지 않았으면 영원히 죽지 않고 영생했을 존재로 창조하셨습니다. 그러나 범죄한 후 죄가 사망을 가져왔습니다(롬 5:12, 6:23, 고전 15:21). 사람은 허물과 죄 때문에 죽게 된 것입니다(엡 2:1). 그러나 누구든지 하나님과 그의 보내신 자 예수 그리스도를 믿고 영접하면, 하나님의 자녀가 되고 영원한 생명을 얻게 됩니다(요 1:12, 3:16, 17:3).

넷째, **사람의 몸에 반영된 하나님의 형상입니다.**

시편 139:13에서는 "주께서 내 장부(כִּלְיָה, '킬르야' ☞신장)를 지으시며 나의 모태에서 나를 조직하셨나이다"라고 말씀하고 있습니다. 사람의 몸도 하나님께서 창조하셨기 때문에(신 32:6, 욥 10:11) 사람의 몸에도 하나님의 형상이 반영되어 있습니다. 그러므로 사람의 몸은 불멸하는 영혼의 기관이요, 피조물들을 주관하는 도구라는 점에서 하나님의 형상을 나타냅니다.

장차 우리의 영혼뿐만 아니라 육체까지도 하나님의 형상으로 온전히 회복되어 우리 몸이 구속되는 날(롬 8:23), 우리는 시공간을 초월하는 신령한 몸으로 변화될 것입니다(고전 15:49-52, 고후 3:18). 그리하여 "이 썩을 것이 불가불 썩지 아니할 것을 입겠고 이 죽을 것이 죽지 아니함을 입으리로다"(고전 15:53) 하신 말씀과 "그가 만물을 자기에게 복종케 하실 수 있는 자의 역사로 우리의 낮은 몸을 자기 영광의 몸의 형체와 같이 변케 하시리라"(빌 3:21) 하신 말씀이 이루어질 것입니다.

이상에서 살펴본 것처럼, 사람은 하나님의 형상과 모양으로 창조되었으므로, 하나님께서 기뻐하시는 존귀한 존재가 되었습니다(사 62:4). 시편 16:3에서 "땅에 있는 성도는 존귀한 자"라고 하셨고, 이사야 43:4에서는 "내가 너를 보배롭고 존귀하게" 여긴다고 말씀하고 있습니다. 이처럼 하나님의 형상으로 지음 받은 성도는, 하나님께서 마음에 두시고 크게 여기시는 가장 존귀한 존재요, 하나님의 영광의 면류관입니다. 이 사실을 깨달은 시편 기자는 다음과 같이 노래하였습니다.

시편 8:4-5, 바른성경 "사람이 무엇이기에 주께서 그를 생각하시며, 인자가 무엇이기에 주께서 그를 돌보십니까? ⁵주께서 그를 하나님보다 조금 못하게 하시고 영광과 존귀로 관을 씌우셨습니다."

5. 생명이 있는 산 사람
A living being instilled with life

(1) 흙으로 지으심

창세기 2:7 "여호와 하나님이 흙으로 사람을 지으시고 생기를 그 코에 불어넣으시니 사람이 생령이 된지라"

사람을 흙으로 지으시는 과정만 보아도, 하나님의 관심이 사람에게 크게 집중되어 있음을 알 수 있습니다. 창세기 2:7에서 '흙으로'는 히브리어로 '아파르 민 하아다마'(עָפָר מִן הָאֲדָמָה)입니다. 이것을 직역하면 '그 땅으로부터 그 티끌의'라는 의미입니다. 여기 '티끌'에 해당하는 히브리어 '아파르'(עָפָר)는 '고운 먼지'를 가리킵니다. 그런데 각종 들짐승과 공중의 각종 새를 만드실 때 사용된 '흙으로'(창 2:19)는 히브리어 '민 하아다마'(מִן־הָאֲדָמָה)로, 여기에는 '아파르'가 빠져 있습니다. 하나님께서 사람을 지으실 때는 고운 흙을 사용하셨지만, 들짐승이나 새를 만드실 때는 고운 흙이 아니었던 것입니다. 이것은 영혼을 지닌 사람이 짐승보다 우월한 것은 말할 것도 없지만, 그 육신에 있어서도 비교할 수 없을 정도로 존귀한 존재임을 나타내는 것입니다.

(2) 생기를 불어넣으심

하나님께서는 사람을 지으실 때 그 코에 생기를 불어넣으셨습니다(창 2:7). 이 '생기'는 히브리어 '니쉬마트 하임'(נִשְׁמַת חַיִּים)입니다. '니쉬마트'의 기본형인 '네샤마'(נְשָׁמָה)는 '호흡'(신 20:16), '기운'(욥 4:9)이라는 뜻이며, '하임'은 '하이'(חַי)의 복수형으로 '생명들'이라는 뜻입니다. 하나님께서는 흙으로 사람을 지으시고 '생명들의 호흡, 생명들의 기운'을 코에 불어넣으셨던 것입니다. 그래서 사람은 호흡이 있을 때는 숨을 쉬면서 의식적인 존재로 활동하지만, 호흡이 정지되면 생명이 멈추고 맙니다.

(3) 영육의 단일체가 됨

창세기 2:7에서 '생령'은 히브리어 '네페쉬 하야'(נֶפֶשׁ חַיָּה)로, '생명이 있는 존재, 산 존재'라는 뜻입니다. 하나님의 생기가 코에 불어넣어지므로 마침내 '생명이 있는 산 사람'(a living being instilled with life)이 되었다는 뜻입니다. 이것은 사람이 영혼과 육체를 가지고 살아 숨쉬는 존재가 되었음을 의미합니다(참고·마 10:28, 살전 5:23, 히 4:12).

사람이 죽으면 영혼과 육체가 분리됩니다. 그러나 살아 있을 때는 영혼과 육체가 통일된 '영육 단일체'(a psychosomatic unity)입니다. 영혼과 육체가 서로 구별은 되지만 결코 분리되지 않고 전인(全人, a whole person)을 이루는 것입니다. 그러므로 마지막 나팔 소리에 이루어질 부활과 변화의 때에도, 육체 없는 영혼만 부활하거나 영혼 없는 육체만 부활하는 것이 아닙니다. 그때에 예수 그리스도 안에서 죽은 자들은 부활하신 예수님의 몸과 같이 영혼과 육체의 전인(全人)이 신령한 몸으로 부활하며, 살아 있는 성도는 신령한 몸으로 변화될 것입니다(고전 15:51-52, 빌 3:21, 살전 4:16-17).

6. 에덴동산
The Garden of Eden

하나님께서는 동방의 에덴에 동산을 창설(創設: 처음으로 설치함)하시고 그 지으신 사람을 거기 두셨습니다(창 2:8). '창설하다'는 히브리어로 '나타'(נָטַע)이며, '심다, 만들다, 설립하다'라는 뜻입니다. 마치 농부가 정성껏 나무를 심고 아름다운 정원을 가꾸듯이 하나님께서 에덴동산에 많은 관심과 정성을 기울이셨던 것입니다.

에덴동산은 역사적으로 실재했던 곳입니다. 창세기 2:15의 '에덴동산'은 히브리어로 '간 에덴'(גַן עֵדֶן)으로 기록되어 있는데, 이것은 '울타리를 둘러치다, 덮다, 보호하다'라는 뜻의 '가난'(גָנַן)과 '부드럽다, 즐거워하다'라는 뜻의 '아단'(עָדַן)에서 유래한 말입니다. 에덴동산이 다른 지역과는 아주 구별되어 있으면서, 하나님의 특별하신 보호와 관심의 손길이 미쳤던 즐거운 곳임을 나타냅니다. 그래서 이사야 51:3에서는 "그 광야로 에덴 같고 그 사막으로 여호와의 동산 같게 하였나니 그 가운데 기뻐함과 즐거워함과 감사함과 창화하는 소리가 있으리라"라고 말씀하고 있습니다. 에덴동산은 참으로 지상 낙원(paradise)이었습니다. 성경에서는 에덴동산을 가리켜 "하나님의 동산"(겔 28:13, 31:8-9), "여호와의 동산"(창 13:10, 사 51:3)이라고 부르고 있습니다. 분명히 하나님께서 창설하신 동산이요, 하나님을 중심으로 한 동산이었던 것입니다.

하나님께서는 그 지으신 사람을 이 에덴동산에 거하도록 하시고, 그것을 다스리며 지키게 하셨습니다(창 2:8, 15). 에덴동산에는 보기에 아름답고 먹기에 좋은 각종 나무가 있었고(창 2:9, 16), 동산 한가운데는 생명나무와 선악을 알게 하는 나무가 있었습니다(창 2:9下). 그리고 강이 에덴에서 발원하여 동산을 적시고 거기서부터 갈라져 네 근원(비손, 기혼, 힛데겔, 유브라데)이 되었습니다(창 2:10-14). 에덴동산에서 아담과 하와는 벌거벗었으나 부끄러움이 조금도 없었습니다(창 2:25). 에덴동산 안에서 그들의 온몸은 하나님의 영광을 옷 입듯 하였을 것입니다(참고-롬 13:14).

이처럼 에덴동산은, 전 우주 가운데 특별한 존재로 지음 받은 사람이 얼마나 복된 삶을 마음껏 누리고 있었는지를 잘 보여 줍니다.

7. 존귀한 아담의 돕는 배필, 존귀한 여자의 창조
The creation of the honorable woman, a helper suitable for the honorable man

창세기 2장을 볼 때, '여자(하와)'를 만드신 것은, 제일 나중에 기록되어 있습니다. 남자를 먼저 지으시고(창 2:7), 이어 에덴동산을 창설하시고(창 2:8-15), 남자와 행위 언약을 맺으시고(창 2:16-17), 그 다음에 여자를 만드셨습니다(창 2:18-23).

하나님께서 여자를 지으시는 과정은 이렇게 시작됩니다.

창세기 2:18 "여호와 하나님이 가라사대 사람의 독처하는 것이 좋지 못하니 내가 그를 위하여 돕는 배필을 지으리라 하시니라"

하나님께서 남자를 지으시고 에덴동산에 두셨을 때, 그는 독처하고 있었으며 돕는 배필이 없었습니다. 여기 '독처'는 홀로 독(獨), 살 처(處)로, 그 뜻은 '혼자 살아가는 것, 홀로 동떨어져 있는 것'입니다.

또한, '돕는 배필'을 표준새번역에서는 "돕는 사람, 그에게 알맞는 짝"이라고 번역하고 있습니다. '돕는'으로 번역된 히브리어 '에제르'(עֵזֶר)는 '도움, 원조, 호위'라는 뜻이며, '배필'로 번역된 히브리어 '네게드'(נֶגֶד)는 '눈 앞에 있는 것'이라는 뜻입니다. 그러므로 '돕는 배필'의 원뜻은 '눈 앞에 마주 대하는 자로서 도움을 주는 사람'입니다. 사람은 독처하는 것이 좋지 못하고 누구에게나 돕는 배필이 필요합니다. 특히 신앙생활에는 돕는 배필이 더욱 필요합니다(롬 16:3-4, 빌 2:22, 4:3, 골 4:7-15, 몬 1:13, 23-24).

"돕는 배필을 지으리라"라고 말씀하신 하나님께서는 곧바로 돕는 배필을 짓지 않으시고, 흙으로 지으신 각종 들짐승과 공중의 각종 새를 모두 아담에게로 이끌어 오셨습니다. 아담이 어떻게 이름을 짓나 보시기 위해서였습니다(창 2:19). 아담은 각 생물의 전반적인 생태를 잘 살피고 구분하여 그것들에게 알맞은 이름을 지어 주었는데, 아담이 일컫는 바가 곧 그 이름이 되었습니다(창 2:19). 이렇게 아담이 모든 육축과 공중의 새와 들의 모든 짐승의 이름을 지은 후(창 2:20ᄂ), 창세기 2:20 하반절에서는 "아담이 돕는 배필이 없으므로"라고 다시 말씀하고 있습니다. 이것은 각종 들짐승과 공중의 각종 새를 지은 후였으나, 아담에게는 돕는 배필이 없음을 강조하고 있는 것입니다.

그렇다면 하나님께서 돕는 배필을 바로 짓지 않으시고, 먼저 아담으로 하여금 각종 생물의 이름을 짓도록 하신 이유는 무엇입니까?

첫째, 아담에게 그와 함께 일할 사람이 꼭 필요하다는 것을 깨닫게 하시기 위함입니다.

어떤 일이든지 혼자 하는 것은 얼마나 고독하고 힘이 듭니까? 이 땅에 존재하는 모든 사람은, 아무리 훌륭한 조건을 갖추었어도 다른 사람의 도움이 반드시 필요하기 마련입니다. 성경은 두 사람이 한 사람보다 낫고, "홀로 있어 넘어지고 붙들어 일으킬 자가 없는 자에게는 화가 있으리라"라고 말씀하고 있습니다(전 4:9-12). 사람에게는 누구나 돕는 배필이 필요합니다. 결혼하지 않은 독신자들도 믿음의 동역자가 필요합니다.

둘째, 사람이 아닌 피조물 중에는 아담을 도울 배필이 없다는 것을 가르쳐 주시기 위함입니다.

동물들은 빠짐없이 암수 짝이 있었으나, 아담에게만 배필이 없었습니다. 그러나 동물 중에는 아담에게 적합한 배필이 하나도 없었습니다. 하나님의 형상대로 창조된 사람의 존귀함이 다른 피조물을 모두 합친 것보다도 탁월하기 때문에, 결코 각종 들짐승이나 공중의 각종 새들은 사람을 돕는 배필이 될 수 없습니다. 하나님께서는 아담에게 이 진리를 깨우쳐 주셨습니다. 세상의 모든 것을 다 동원하여도, 그것들 중에는 사람의 영혼을 만족하게 할 만한 배필감이 없는 것입니다. '배필'이란, 같은 이성과 양심과 영을 가진 동역자로서, 서로가 진정한 이해와 교제를 나눌 수 있는 대상이라야 합니다.

하나님의 창조 사역 중에 여자의 창조는 깊은 감명을 주며, 아주 역동적으로 묘사되어 있습니다(창 2:18-23).

아담은 '흙'으로 만들어졌는데(창 2:7), 여자는 '남자의 갈빗대 하나'로 만들어졌습니다(창 2:21-22). 하나님께서는 아담을 깊이 잠들게 하신 후, '그 갈빗대 하나'를 취하고 살로 대신 채우시고(창 2:21), 아담에게서 취한 그 갈빗대 하나로 한 여자를 만드셨습니다(창 2:22). 여자를 남자의 갈빗대로 만드신 데는, 하나님의 신비롭고 오묘한 섭리가 담겨 있습니다.

첫째, 여자를 남자의 일부분을 취하여 만든 것은, 여자가 남자를 보필하면서 부부가 한 몸을 이루게 하기 위함입니다(창 2:24).

둘째, 갈빗대로 지었다는 것은 부부의 직무는 서로 다르지만 인격은 서로 동등하다는 것을 보여 주기 위함입니다. 만일 손가락이나 발가락, 또는 팔이나 다리뼈로 지었다면 동등하지 못했을 것입니다.

셋째, 갈빗대는 인체에서 가장 중요한 심장을 보호하는 기능을 하는 것으로, 남자는 여자를 자기 몸처럼 지극히 보호하고 사랑해야 함을 의미합니다(엡 5:33하). 자기 아내를 사랑하는 자는 자기를 사랑하는 자입니다(엡 5:28).

아담은, 하나님께서 이끌어 오신 그 여자를 보자마자 여자를 향해 샘솟는 애정을 그 즉시 감동적인 시로 표현하며 이름을 지어 주었습니다.

창세기 2:23 "이는 내 뼈 중의 뼈요 살 중의 살이라 이것을 남자에게서 취하였은즉 여자라 칭하리라"

창세기 2:23을 원문의 뜻을 살려 번역하면 '아담이 말하기를, 이 여인이야말로 마침내! 내 뼈 중의 뼈요, 살 중의 살이라. 이 여인을 여자라고 선포하노라 왜냐하면 이 여인은 남자에게서 취했기 때문이다'입니다.

וַיֹּאמֶר הָאָדָם זֹאת הַפַּעַם עֶצֶם מֵעֲצָמַי
메아차마이 에쳄 하파암 조트 하아담 바요메르

וּבָשָׂר מִבְּשָׂרִי לְזֹאת יִקָּרֵא אִשָּׁה
잇샤 이카레 레조트 미베사리 우바사르

כִּי מֵאִישׁ לֻקֳחָה־זֹּאת
조트 루코하 메이쉬 키

여기 창세기 2:23의 원문에는 '이 여인'을 뜻하는 지시대명사 '조트'(זֹאת)가 여성 단수형으로 세 번이나 나오고 있습니다. 참으로 경쾌한 리듬이 느껴지는 시입니다.

이 짧은 시 속에는, 아담의 마음이 이 여자의 우아함과 뛰어난 미모에 사로잡혀 크게 만족하고, 희열이 넘치고, 사랑이 충만한 모습이 역력하게 표현되어 있습니다. 창세기 2:23에 담긴 아담의 마음을 요약하자면 이 여자는 자기의 가장 소중한 혈육이라는 고백이요, 이 여자가 자기에게는 어느 곳 하나 흠잡을 데 없이 대만족이라는 고백이요, 그러므로 이 여자만을 사랑하고 이 여자만으로 감사하겠다는 고백입니다.

타락한 이후 이 땅에 존재하는 모든 여인은 아무리 세계적인 미인이라도 무엇인가 흠이 있고 한 가지 이상 아쉬운 점이 있기 마련인데, 하나님께서 친히 아담의 갈빗대로 지으신 존귀한 여자 하와는 여자가 가질 수 있는 진선미의 모든 것을 다 갖춘 절세미인이었습니다.

아담의 돕는 배필 하와는 하나님의 신비롭고 오묘한 창조의 섭리로 지어진 여인으로서, 아담에게 꼭 필요한 돕는 배필이요, 아담에게 단 하나뿐인 유일한 여자요, 하나님께서 아담에게 주신 최대의 선물이었습니다. 하나님께서 하와처럼 존귀한 여자를 아담에게 돕는 배필로 주신 것은, 하나님의 특별한 배려요, 남자의 존귀성을 더하게 하시는 아가페의 사랑이었습니다.

지금까지 살펴본 대로 하나님께서 창조하신 아담(사람)은 너무도 존귀한 존재입니다. 사람만이 하나님의 형상과 모양대로 창조되었으며, 사람만이 하나님과 언약을 체결하였습니다. 사람만이 하나님의 영을 받았으며, 하나님께서 특별히 창설하신 에덴동산에 거하였습니다. 그리고 아담의 갈빗대로 여자를 만들어 그의 돕는 배필을 삼았습니다. 그러나 사람의 모든 존귀성이 다 깨어지고 말았으니, 사람이 범죄하여 비참하게 타락한 결과입니다.

II

비참한 타락

THE TRAGIC FALL

하나님께서는 그 지으신 사람을 에덴동산에 두시면서, 두 가지 할 일과 한 가지 금령(禁令)*을 주셨습니다. 사람이 반드시 수행해야 할 두 가지 할 일은, '에덴동산을 다스리며 지키는 것'이었습니다(창 2:15). 또한, 사람이 반드시 지켜야 할 명령은, '선악을 알게 하는 나무의 실과를 먹지 않는 것'이었습니다(창 2:16-17). 하나님의 공의로운 통치 영역으로서 에덴동산은, 하나님의 말씀을 온전히 믿고 순종함으로 온전한 질서를 이루게 되었습니다.

1. 행위 언약과 불순종
The covenant of works and disobedience

하나님께서는 창세기 2:16-17에서 "동산 각종 나무의 실과는 네가 임의로 먹되 선악을 알게 하는 나무의 실과는 먹지 말라 네가 먹는 날에는 정녕 죽으리라"라고 말씀하셨습니다. 말씀을 순종하는

---

*금할 금(禁), 영 령(令): 금지하는 명령

여부에 따라 죽음과 영생이 결정되므로, 이것을 '행위 언약'이라고 부릅니다.

행위 언약 체결 후에, 유혹자 뱀이 여자가 혼자 있는 틈을 타서 찾아왔습니다(창 3:1). 여자는 뱀의 유혹을 이기지 못하고 선악을 알게 하는 나무의 실과를 먹었습니다. 여자는 뱀과의 대화 내용을 남자에게 말하지 않고, 선악을 알게 하는 나무의 실과를 남자에게도 주어 먹게 하여 결국 남자도 타락하고 말았습니다(창 3:6).

여자가 뱀의 유혹에 넘어간 것은 하나님의 말씀을 온전히 믿지 못하고 순종하지 않았기 때문입니다. 그 증거는 무엇입니까?

첫째, 여자는 에덴동산을 다스리며 지키지 못했습니다.
하나님께서는 아담으로 하여금 에덴동산을 '다스리며 지키게' 하셨습니다(창 2:15). 여자는 '에덴동산을 다스리며 지키라'라는 말씀을 하나님으로부터 직접 듣지는 못했지만, 한 몸을 이룬(창 2:24) 아담을 통해 들었을 것입니다.

'다스리며'는 히브리어 '아바드'(עָבַד)로, '노동하다, 일하다, 경작하다(창 2:5), 힘쓰다(신 5:13)'라는 뜻입니다. '지키게'는 히브리어 '샤마르'(שָׁמַר)로, '살피다, 보호하다, 주의하다, 책임지다, 감시하다'라는 뜻입니다. 그러므로 '다스리며 지키게'라는 말씀 속에는, 에덴동산을 보호하기 위하여 열심히 애를 쓰고 수고하며 힘을 다해야 한다는 적극적인 믿음이 강조되어 있는 것입니다. 하나님께서는 뱀이 찾아올 것을 미리 아시고, 적극적인 믿음으로 에덴동산을 다스리며 지키라고 하셨지만, 여자는 이 말씀을 온전히 믿지 못하고 소홀히 여겼던 것입니다.

하나님께서 미리 경고하신 대로 하나님의 지으신 들짐승 중에 가장 간교한 뱀이 여자에게 찾아왔습니다(창 3:1). '간교'는 히브리어 '아룸'(עָרוּם)으로, 나쁜 의미로 '교활한, 간사한, 음흉한, 약삭빠른'이라는 뜻을 가지며, '거짓 지혜'를 나타내기도 합니다.

뱀은 여자에게 다가와 "하나님이 참으로 너희더러 동산 모든 나무의 실과를 먹지 말라 하시더냐?"(창 3:1)라고 물었습니다. 여기 '참으로'는 히브리어 '아프'(אַף)로서, '진실로 그러하냐?'라는 뜻입니다. 뱀은 하나님과 아담 사이에 어떤 나무를 두고 언약을 세웠는지 몰랐으므로, 그 비밀을 알아내기 위해 여자를 떠본 것입니다. 이렇게 뱀은 여자가 입을 열어 비밀을 실토할 수밖에 없는 고단수의 유혹을 했습니다.

이때 여자는 '궁금하면 네가 직접 하나님께 물어 보아라. 이것은 하나님과 나와의 언약이니 너와는 아무 상관없는 일이다. 네가 왜 에덴동산에 들어와서 간사하게 넘겨짚으려 하느냐? 너는 에덴동산에 해당하지도 않는다. 왜 월권행위(越權行爲)를 하느냐! 어서 나가라!' 하는 식으로 뱀의 유혹을 단호하게 물리쳤어야 했습니다. 그런데 여자는 유혹자 뱀을 물리치지 못하고, 간교한 뱀과 계속 대화하다가 '동산 중앙에 있는 나무'라는 비밀을 누설하고 말았습니다(창 3:3).

예수님께서 요한복음 12:50에서 "나는 그의 명령이 영생인 줄 아노라"라고 말씀하셨습니다. 여자는 '에덴동산을 다스리며 지키라'는 하나님의 명령을 믿지 못하고 불순종하여 영생을 놓치고 말았던 것입니다(창 3:22).

예수님께서는 주의 재림을 기다리는 종말 성도의 자세에 대하여, "깨어 있으라"(마 24:42, 25:13), "예비하고 있으라"(마 24:44)라고 강조하여 말씀하셨습니다. 또 마태복음 24:43에서 "만일 집주인이 도적이 어느 경점에 올 줄을 알았더면 깨어 있어 그 집을 뚫지 못하게 하였으리라"라고 말씀하고 있습니다. 이것은 아담과 하와에게 주신 '에덴동산을 다스리며 지키라'라는 말씀과 일맥상통(一脈相通)하는 것으로, 종말을 앞둔 성도들이 반드시 믿고 순종해야 할 말씀인 것입니다. 우리는 항상 말씀과 기도와 찬송으로 깨어 있어야 합니다. 빈틈없는 믿음으로 깨어 있지 못하면, 사단에게 유혹을 당하여 하나님의 말씀과 멀어지고 복된 자리를 빼앗기고, 결국에는 세상과 짝하는 어리석은 사람이 되고 마는 것입니다(엡 4:27, 벧전 5:8).

둘째, 여자는 말씀을 임의로 가감(加減)하였습니다.

하나님께서는 사람에게 '동산 각종 나무'의 실과를 임의로 먹도록 허락하셨습니다(창 2:16). 그러나 여자는 '각종'(כֹּל, 콜: 모든)이라는 단어를 빼고 그냥 '동산 나무'의 실과를 우리가 먹을 수 있다고 말함으로(창 3:2), 하나님의 말씀을 임의로 삭제하였습니다.

또 하나님께서는 "먹지 말라"(창 2:17)라고만 하셨는데, 여자는 창세기 3:3에서 "하나님의 말씀에 너희는 먹지도 말고 만지지도 말라"라고 말함으로 하나님의 말씀에 자기 생각을 추가하였습니다.

우리는 하나님의 말씀을 임의로 삭제하거나 또 자기 생각을 함부로 추가해서도 안 됩니다(신 4:2, 12:32). 요한계시록 22:18-19에서 "내가 이 책의 예언의 말씀을 듣는 각인에게 증거하노니 만일 누구든지 이것들 외에 더하면 하나님이 이 책에 기록된 재앙들을 그에게 더하실 터이요 만일 누구든지 이 책의 예언의 말씀에서 제하여 버리면 하나님이 이 책에 기록된 생명나무와 및 거룩한 성에 참예함을 제하여 버리시리라"라고 말씀하셨습니다.

셋째, 여자는 말씀을 변질시켰습니다.

하나님께서는 선악을 알게 하는 나무의 실과를 먹으면 "정녕 죽으리라"라고 말씀하셨습니다(창 2:17). '정녕 죽으리라'는 히브리어로 '모트 타무트'(מוֹת תָּמוּת)로서, '죽다'라는 뜻의 '무트'(מוֹת)가 두 번 사용되고 있습니다. 앞에 나오는 '모트'(מוֹת)는 부정사 절대형으로, 이것이 동일한 동사 앞에 올 때는 그 동사를 강조하는 뜻이 됩니다. 따라서 '정녕 죽으리라'는, '먹는다면 정녕 그 누구도 예외 없이 반드시 죽는다'라는 단호한 말씀입니다. 그런데 여자가 "죽을까 하노라"(창 3:3)라고 말한 것은, 벌써 하나님의 말씀을 많이 변질시키고 약화시킨 흔적입니다. '죽을까 하노라'라는 말 속에는, 죽을 수도 있고 죽지 않을 수도 있다는 의심이 들어 있는 것입니다. 여자는 하나님의 말씀을 의심하면서 하나님의 절대적이고 준엄한 경고의 말씀을 상대적 가능성을 지닌 말로 희석하였으며, 하나님 말씀의 권위뿐 아니라 하나님 자신의 권위를 멸시하고 말았습니다.

하나님의 말씀은 언제나 가부(可否)가 정확합니다. 이럴 수도 있고 저럴 수도 있다는 모호한 태도를 가지면 반드시 사단의 유혹에 넘어가게 됩니다. 요즘 신학자나 목회자들 가운데도 성경을 100% 완전 영감(靈感)된 하나님의 말씀으로 믿지 못하는 분들이 많이 있습니다. 하나님의 말씀을 의심하면 결국 여자처럼 뱀의 유혹에 넘어가게 된다는 것을 명심해야 할 것입니다.

여자의 마음속에 있는 말씀에 대한 의심을 간파한 뱀은, 더욱 적극적으로 유혹하였습니다. "너희가 결코 죽지 아니하리라"(창 3:4)

라고 하면서, 하나님의 말씀에 정면으로 도전하게 만든 것입니다. 이어 간교한 뱀은 "너희가 그것을 먹는 날에는 너희 눈이 밝아 하나님과 같이 되어 선악을 알 줄을 하나님이 아심이니라"(창 3:5)라고 말하였습니다. 뱀은 그 교활한 거짓말로(요 8:44) 여자의 마음을 뒤흔들어, 하나님과의 언약 관계를 완전히 깨뜨리고 에덴동산의 질서를 무너뜨리려 하였습니다.

뱀의 거짓말은 거기서 그치지 않고, 사람이 하나님과 같이 될 수 있다는 교만한 생각을 여자의 마음속에 넣어 주고, 그 교만을 충동하여 사람도 하나님과 같이 될 수 있다는 망상에 사로잡히게 만들었습니다. 그러나 피조물인 사람은 결코 창조주 하나님이 될 수 없습니다.

여자는 뱀의 거짓말에 유혹되자 그 마음이 욕심에 사로잡혔습니다. 하나님의 말씀은 온데간데없고 '먹음직도 하고 보암직도 하고 지혜롭게 할 만큼 탐스럽기도 한 나무'(창 3:6)의 열매만 눈에 가득했습니다. 결국, 여자는 선악을 알게 하는 나무의 실과를 따먹고 남편에게도 주어 먹게 하므로(창 3:6) 함께 사망에 이르게 되었습니다. 뱀의 유혹을 받은 여자는 하나님의 말씀을 만홀히 여기고 불순종하여 '돕는 배필'이라는 자기 사명을 송두리째 망각하므로 자기도 망하고 남편까지 넘어지게 만들고 말았습니다. 욕심이 잉태한즉 죄를 낳고 죄가 장성한즉 사망을 낳은 것입니다(약 1:15).

2. 타락의 결과
The result of the Fall

아담과 하와가 하나님의 말씀을 제대로 믿지 못하고 불순종하여 선악을 알게 하는 나무의 실과를 먹고 죄를 범한 결과로, 하나님의 형벌이 임하게 되었습니다. 형벌은 하나님의 공의에 근거하여 내려지는 보응인데, 그 형벌은 구체적으로 무엇이었습니까?

(1) 뱀에게 내린 형벌

> **창세기 3:14** "여호와 하나님이 뱀에게 이르시되 네가 이렇게 하였으니 네가 모든 육축과 들의 모든 짐승보다 더욱 저주를 받아 배로 다니고 종신토록 흙을 먹을지니라"

하나님께서 뱀을 저주하신 것은 뱀이 아담과 하와로 하여금 하나님의 말씀을 불신하고 불순종하게 만든 유혹자였기 때문입니다(고후 11:3). 뱀에게 내린 첫 번째 저주는 배로 다니는 것입니다. 원래 뱀은 하나님께서 만드신 들짐승 중에 가장 간교하였습니다(창 3:1). 그러나 이제 저주를 받아 다른 짐승과는 달리 배로 다니는 존재로 전락하게 되었습니다.

두 번째 저주는 종신토록 흙을 먹는 것입니다. 뱀은 실제로 흙을 먹지는 않지만, 흙 사이를 배로 다닐 때 그 입 속으로 티끌이나 먼지가 들어와 흙을 먹을 수밖에 없는 존재가 된 것입니다. 구약성경에서 '흙을 먹는다'와 유사한 '티끌을 핥는다'라는 표현은, 패배자가 당하는 극도의 수치와 굴욕을 의미했습니다(시 72:9, 사 49:23, 미 7:17). 뱀이 흙을 먹는다는 표현은 장차 사단의 도구인 뱀이 당하게 될 수치와 굴욕을 암시한 것입니다.

(2) 사단에게 내린 형벌

> **창세기 3:15** "내가 너로 여자와 원수가 되게 하고 너의 후손도 여자의

후손과 원수가 되게 하리니 여자의 후손은 네 머리를 상하게 할 것이요 너는 그의 발꿈치를 상하게 할 것이니라 하시고"

여기에서 '너'는 일차적으로 뱀을 가리킵니다. 그러나 사단은 뱀을 통하여 역사했습니다. 요한계시록 12:9에서 "옛 뱀 곧 마귀라고도 하고 사단이라고도 하는 온 천하를 꾀는 자라"라고 했고, 요한계시록 20:2에서는 "용을 잡으니 곧 옛 뱀이요 마귀요 사단이라"라고 말씀하였습니다(참고-마 3:7, 23:33, 요 8:44).

따라서 창세기 3:15의 '너'는 문맥상 뱀을 유혹의 도구로 이용한 사단에게 더 직접적으로 적용됩니다. 왜냐하면 '여자의 후손'은 예수 그리스도를 나타내는데(갈 4:4), 창세기 3:15에서 '여자의 후손'을 직접 대적하는 존재가 바로 '너'이기 때문입니다.

창세기 3:15은 원시복음(原始福音)이요, 장차 오실 메시아에 대한 예언입니다. 사단은 예수 그리스도를 십자가에 못 박게 함으로 여자의 후손의 발꿈치를 상하게 할 것이지만, 여자의 후손 예수 그리스도는 사단의 머리를 상하게 함으로 사단을 멸하실 것입니다(요일 3:8). 이 말씀은 예수님의 십자가 사건으로 이루어졌으며, 장차 예수 그리스도의 재림으로 완전히 성취되어 사단은 마지막에 불과 유황 못에 던져지게 될 것입니다(참고-롬 16:20, 히 2:14, 계 20:1-3, 10).

(3) 여자에게 내린 형벌

창세기 3:16 "또 여자에게 이르시되 내가 네게 잉태하는 고통을 크게 더하리니 네가 수고하고 자식을 낳을 것이며 너는 남편을 사모하고 남편은 너를 다스릴 것이니라"

하나님께서는 여자에게 세 가지 형벌을 내리셨습니다.

첫째, 잉태의 고통과 해산의 수고입니다.

여기 '크게 더하리니'는 히브리어 '하르바 아르베'(הַרְבָּה אַרְבֶּה)로, 이것은 '크다, 많다'라는 뜻을 가진 '라바'(רָבָה)가 두 번 반복된 것입니다. 이는 여자의 잉태하는 고통이 상상할 수 없을 정도로 크다는 것을 나타냅니다. 그러나 예수님께서는 요한복음 16:21에서 "여자가 해산하게 되면 그때가 이르렀으므로 근심하나 아이를 낳으면 세상에 사람 난 기쁨을 인하여 그 고통을 다시 기억지 아니하느니라"라고 말씀하셨습니다. 예수님께서 여자가 잉태하고 해산하는 고통은 크지만 아이를 낳는 순간 기쁨으로 바뀔 것을 말씀하신 것은, 예수님의 십자가 죽음이 제자들에게 큰 고통이겠지만 예수님의 부활은 제자들에게 더 큰 기쁨이 될 것을 비유적으로 표현하신 것입니다(요 16:22, 참고-딤전 2:15). 이것은 범죄하므로 여자에게 내려진 형벌을 예수님께서 십자가로 해결하실 것에 대한 암시로도 볼 수 있습니다.

둘째, 남편을 사모하는 것입니다.

창세기 3:16의 '사모하고'는 히브리어 '테슈카'(תְּשׁוּקָה)이며, 이곳을 제외하고 구약성경에서 두 번 사용되었습니다. 아가 7:10의 '사모하는구나'라는 표현과 창세기 4:7의 '죄의 소원'이라는 표현에 사용되었는데, 둘 다 매우 강렬한 열망을 나타내고 있습니다. '테슈카'(תְּשׁוּקָה)는 '넘쳐흐르다', '... 을 뒤쫓다'를 의미하는 '슈크'(שׁוּק)에서 유래하였으며, '동경, 갈망'이라는 뜻입니다. 따라서 창세기 3:16의 '사모하고'는 여자가 남편을 주체할 수 없을 정도로 갈망한다는 의미입니다. 여자는 타락할 때 남자를 조종하여 선악을 알게 하는 나무의 실과를 먹게 하였으나, 이제는 오히려 남자에게 종속적인 존재가 된 것입니다. 인류 역사를 통해서 볼 때 여자가 남자에게 종속되어 남자를 기다리는 피동적인 성향이 많았던 것은, 여자가 먼저 죄를 조장한 데 대한 형벌의 결과로 볼 수 있습니다.

셋째, 남편의 다스림을 받는 것입니다.

원래 하와의 머리는 아담이었습니다. 고린도전서 11:3에서 "그러나 나는 너희가 알기를 원하노니 각 남자의 머리는 그리스도요 여자의 머리는 남자요 그리스도의 머리는 하나님이시라"라고 말씀하고 있습니다. 그래서 사도 바울은 이에 대하여 "여자의 가르치는 것과 남자를 주관하는 것을 허락지 아니하노니 오직 종용할지니라"(딤전 2:12)라고 말씀하였습니다. 그런데도 에덴동산에서는 오히려 나중에 지음 받은 여자가 남자의 머리가 되어, 먼저 선악을 알게 하는 나무의 실과를 따먹고 남편에게 주었습니다(창 3:6, 12, 17, 딤전 2:13-14). 이처럼 타락은 하나님께서 세우신 질서가 무너짐으로 일어난 것이었습니다. 이제 하나님께서는 여자가 남편의 다스림을 받게 하심으로써 무너진 질서를 다시 세우시고, 남자가 여자의 머리가 되게 하신 것입니다(엡 5:23). 이러한 원리에 입각하여, 사도 바울은 아내가 남편에게 복종할 것을 여러 번 말씀하였습니다(고전 14:34, 엡 5:22, 24, 골 3:18, 딤전 2:11-12, 딛 2:5, 벧전 3:1, 5-6).

(4) 남자에게 내린 형벌

첫째, 종신토록 수고하는 형벌입니다.

> **창세기 3:17** "아담에게 이르시되 네가 네 아내의 말을 듣고 내가 너더러 먹지 말라 한 나무 실과를 먹었은즉 땅은 너로 인하여 저주를 받고 너는 종신토록 수고하여야 그 소산을 먹으리라"

여기 사용된 '수고'라는 단어는 히브리어 '잇차본'(עִצָּבוֹן)으로, 창세기 3:16에서 여자의 잉태하는 고통을 나타낼 때도 사용되었습니다. 이것은 남자가 땀을 흘리며 일을 하는 것이(창 3:19上), 여자가 잉태하고 해산하는 고통처럼 힘든 것임을 나타냅니다(참고-창 5:29, 전 2:22-23). 그러므로 타락한 후 남자는 "누구든지 일하기 싫어하거든 먹지도 말게 하라"(살후 3:10)라는 말씀대로, 수고하며 일을 해야만 그 소산(所産)을 먹고 얼굴에 땀이 흘러야 식물을 먹을 수 있는 존재가 된 것입니다.

둘째, 필경은 흙으로 돌아가는 형벌입니다.

> **창세기 3:19** "... 필경은 흙으로 돌아가리니 그 속에서 네가 취함을 입었음이라 너는 흙이니 흙으로 돌아갈 것이니라 하시니라"

이것은 사람이 죄 값으로 당하게 될 죽음의 방식을 말씀하는 것입니다. 범죄한 사람은 누구나 죽어서 땅에 묻혀 흙이 되고 맙니다(욥 10:9, 34:15, 시 90:3, 참고-전 12:7).

(5) 땅에 내린 형벌

사람의 타락으로 인하여 땅도 저주를 받았습니다. 창세기 3:17에서 "땅은 너로 인하여 저주를 받고"라고 말씀하고 있습니다. 그리하여 땅은 '가시덤불과 엉겅퀴'를 내게 되었습니다(창 3:18). 이것은 타락한 후에 이 세상에서 얻을 수 있는 것은 고통의 열매뿐이라는 것입니다.

땅 위에 존재하는 모든 피조물이 사람으로 인하여 저주 받은 상태를, 로마서 8:22에서는 "피조물이 다 이제까지 함께 탄식하며 함께 고통하는 것을 우리가 아나니"라고 표현하고 있습니다. 그래서 피조물의 고대하는 바는 '하나님의 아들들의 나타나는 것'이며(롬 8:19), 피조물도 썩어짐의 종노릇한 데서 해방되어 하나님의 자녀들의 영광의 자유에 이르는 것을 바라고 있습니다(롬 8:21). 사람의 타락으로 인하여 땅이 저주를 받았기 때문에, 사람이 회복될 때 비로소 저주 받은 땅과 모든 피조물도 회복될 것입니다.

(6) 에덴에서 쫓겨나는 형벌

하나님께서는 타락한 아담과 하와를 에덴동산에서 내어 보내시고 그의 근본 된 토지를 갈도록 하시고, 에덴동산 동편에 그룹들과 두루 도는 화염검을 두어 생명나무의 길을 지키게 하셨습니다(창 3:23-24). 창세기 3:24의 "쫓아내시고"는 히브리어 '가라쉬'(גָּרַשׁ)의 강조형으로, 하나님께서 아담과 하와를 그냥 내보내신 것이 아니라 아주 단호하게 내쫓으셨음을 의미합니다. 하나님께서는 사람이 타락한 상태에서 영원히 사는 것을 원치 않으셨기 때문에(창 3:22) 에덴동산에서 그들을 내쫓으신 것입니다.

이제 생명나무 앞으로 나아가는 길은 그룹들과 두루 도는 화염검에 의하여 차단되었습니다(창 3:24). 그러나 장차 성도는 하나님의 은혜로 생명나무 앞으로 다시 나아가게 될 것입니다(계 2:7, 22:14).

(7) 죽음의 형벌

아담과 하와의 범죄는 자신들뿐만 아니라 전 인류에게 사망을 가져왔습니다. 로마서 5:12에서 "이러므로 한 사람으로 말미암아 죄가 세상에 들어오고 죄로 말미암아 사망이 왔나니 이와 같이 모든 사람이 죄를 지었으므로 사망이 모든 사람에게 이르렀느니라"라고 말씀하고 있습니다. 사람의 죽음은 자연적인 현상이 아니라 죄로 인한 형벌입니다(롬 6:23). 사람은 본래 범죄하지 않았으면 영생할 존재였지만, 범죄하므로 영생을 상실하게 된 것입니다.

① 영적 죽음(spiritual death)

영적인 죽음은, 아담이 범죄하므로 하나님과 분리된 것을 의미합니다. 아담은 범죄한 즉시 영적으로 죽은 자가 되어서 하나님과의 교통이 단절되었습니다. 아담과 하와가 범죄한 후에 여호와 하나님의 낯을 피하여 동산 나무 사이에 숨은 것은 그들이 영적으로 죽었음을 나타냅니다(창 3:8). 에베소서 2:1에서는 "허물과 죄로 죽었던 너희"라고 말씀하고 있습니다. 이렇게 영적으로 죽은 자들은, 중생(重生)하여 새로운 존재가 되어야만 다시 하나님과 교통할 수 있습니다(요 3:3-5, 고후 5:17).

② 육체적 죽음(physical death)

육체적 죽음은 영혼과 육체의 분리입니다. 사람의 영혼이 떠나면 육체는 곧바로 부패하기 시작하여 마침내 흙으로 돌아가고 맙니다. 아담이 타락한 즉시 그에게 영적인 죽음이 찾아왔고, 그의 나이 930세가 되었을 때 육체적 죽음이 찾아왔습니다(창 5:5).

지금까지 아담과 하와가 타락한 후에 주어진 형벌들에 대하여 살펴보았습니다.

이 모든 형벌과 죄와 사망의 문제를 해결하실 수 있는 분은 오직 예수 그리스도이십니다. 로마서 8:1-2에서 "그러므로 이제 그리스도 예수 안에 있는 자에게는 결코 정죄함이 없나니 이는 그리스도 예수 안에 있는 생명의 성령의 법이 죄와 사망의 법에서 너를 해방하였음이라"라고 말씀하고 있습니다. 에베소서 1:7에서 "우리가 그리스도 안에서 그의 은혜의 풍성함을 따라 그의 피로 말미암아 구속 곧 죄 사함을 받았으니"라고 말씀하고 있습니다(골 1:14). 사람은 오직 예수 그리스도로 말미암아 의롭다 하심을 받고 영생에 이를 수 있습니다(롬 3:22-24, 5:17-18).

III
구원과 언약
Salvation and the Covenant

죄가 들어온 이상, 에덴은 이미 낙원(樂園)이 아닙니다. 하나님과 교제하던 에덴에서 신령한 기쁨을 주던 하나님의 영광은 사라지고, 모든 것이 슬픔이요, 근심이요, 수치와 공포와 두려움이었습니다. 아담과 하와는 자기들의 몸이 벗은 줄을 알고 무화과나무 잎을 엮어 치마를 하였습니다(창 3:7). 그리고 날이 서늘할 무렵 동산을 거니시는 하나님의 음성을 듣자, 하나님의 낯을 피하여 동산 나무 사이에 숨었습니다(창 3:8). 그러나 하나님께서는 동산 나무 사이에 숨은 아담을 찾아와 그 이름을 애타게 부르셨습니다.

창세기 3:9 "여호와 하나님이 아담을 부르시며 그에게 이르시되 네가 어디 있느냐"

창세기 3:9의 '아담을 부르시며'는 히브리어로 '바이크라 ... 하아담(וַיִּקְרָא ... הָאָדָם)'이며, '그 아담을 큰 소리로 부르다'라는 뜻입니다. 전지전능하신 하나님께서 아담이 나무 사이에 숨은 사실을 몰라서 그렇게 크게 부르면서 찾으신 것이 아닙니다(시 139:1-4, 렘 23:23-24). 하나님께서는 아담이 처한 신앙의 현주소, 그 마음의 처소성을 물으셨던 것입니다.

또한 '네가 어디 있느냐?'(אַיֶּכָּה, 아예카) 하는 말씀은 언약 관계 속에서 볼 때, '나와 너는 어떤 관계였었느냐'라는 물음이기도 합니다. 이 짧은 말씀에는 그토록 지극한 사랑을 쏟으셨음에도 불구하고 불순종한 아담에 대한 서글픈 마음과, 회개하기를 원하시는 하나님의 안타까운 마음이 담겨 있습니다. 이 말씀은 아담의 가슴속에 비수처럼 깊이 꽂혀 강한 울림으로 남았을 것입니다. '네가 어디 있느냐'라는 이 음성은 죄인을 경책하는 음성이요, 잃은 자식을 찾는 어버이의 애절한 음성이요, 범죄한 자에게 먼저 찾아오시는 사랑의 음성이요(요일 4:10, 19), 회개를 촉구하시는 자비로운 음성이었습니다. 하나님은, 아무리 죄를 범하였을지라도 상한 심령으로 중심에 통회하는 자에게 가까이하시고 저희 죄를 사하시고 회복시켜 주시는 자비로운 분이십니다(시 32:1-6, 34:18, 51:16-17, 사 57:15).

1. '여자의 후손' 약속
The promise of the "seed of the woman"

타락한 사람에게 구원의 길을 처음 보여 주신 것은, 바로 '여자의 후손'에 대한 약속입니다.

창세기 3:15 "내가 너로 여자와 원수가 되게 하고 너의 후손도 여자의 후손과 원수가 되게 하리니 여자의 후손은 네 머리를 상하게 할 것이요 너는 그의 발꿈치를 상하게 할 것이니라 하시고"

여기 '여자의 후손'은 장차 마리아를 통해 성령으로 잉태되어 오실 예수 그리스도를 가리킵니다(마 1:18-20). 갈라디아서 4:4에서

"때가 차매 하나님이 그 아들을 보내사 여자에게서 나게 하시고"라고 말씀하고 있습니다. 예수님께서는 성령으로 잉태되어 처녀 마리아를 통해서 이 세상의 구주로 오셨습니다. 예수님께서는 남자의 후손이 아니라 여자의 후손으로 오셨는데, 이는 이사야 7:14의 "보라 처녀가 잉태하여 아들을 낳을 것이요 그 이름을 임마누엘이라 하리라"라는 예언이 그대로 성취된 것입니다(마 1:21-23).

창세기 3:15에서 '여자의 후손의 발꿈치가 상한다' 하신 것은 예수 그리스도께서 십자가에 못 박히실 것을 가리키며, '사단의 머리가 상한다' 하신 것은 예수 그리스도께서 사단을 완전히 멸하실 것을 뜻합니다(참고-요일 3:8, 히 2:14). 타락한 사람에게 저주와 형벌을 내리시는 중에도 하나님께서는 그에 대한 구원의 약속을 함께 주셨던 것입니다.[3]

이 약속에 대한 보증으로 하나님께서는 아담과 하와를 위하여 친히 가죽옷을 지어 입혀 주셨습니다.

창세기 3:21 "여호와 하나님이 아담과 그 아내를 위하여 가죽옷을 지어 입히시니라"

첫째, 가죽옷은 죄인의 수치를 가리기 위한 옷이었습니다.

아담과 하와가 선악을 알게 하는 나무의 실과를 따먹은 후 눈이 밝아졌을 때, 제일 먼저 보게 된 것은 자신들의 벌거벗은 모습이었습니다(창 3:7). 그들은 이 수치를 가리기 위하여 무화과나무 잎으로 치마를 만들어 입었습니다. 이 무화과나무 잎으로 만든 치마와 하나님께서 지어 주신 가죽옷의 차이가 무엇입니까?

먼저, 사람이 만든 옷은 몸의 어느 한 부분만을 가리는 옷이었지만, 하나님께서 입혀 주신 가죽옷(창 3:21)은 몸 전체를 가려 주는 온전한 옷이었습니다. 창세기 3:7의 '치마'는 히브리어로 '하고르'(חֲגֹר)이며, 단순히 엉덩이 둘레만을 가려 주는 것입니다. 그러나 창세기 3:21에 나오는 가죽옷의 '옷'이라는 단어는 히브리어 '케토네트'(כְּתֹנֶת)로, 위에서 무릎까지 내려오는 긴 옷을 가리킵니다.

다음으로, 사람이 만든 옷은 나뭇잎으로 만들었기 때문에 금방 시들어 버리는 옷이었지만, 하나님께서 입혀 주신 옷은 가죽으로 만들었기 때문에 오래가는 옷이었습니다.

궁극적으로 하나님께서 입혀 주신 가죽옷은, 장차 예수 그리스도께서 오셔서 타락한 사람의 죄와 수치를 완전히 가리기 위하여 십자가에서 영원한 대속 제물로서 희생되실 것을 예표합니다(사 53:4-6, 마 20:28, 막 10:45).

둘째, 가죽옷은 죄인을 향한 하나님의 절대 보호의 옷이었습니다.

하나님께서 아담과 하와에게 직접 찾아오셔서 손수 가죽옷을 입혀 주신 것에는 하나님의 무한한 자비와 용서, 보호와 사랑이 담겨 있습니다. 타락한 아담과 하와는 에덴동산을 떠나 저주 받은 세계로 나가야 했습니다. 그들이 만날 땅은 가시덤불과 엉겅퀴를 내는 거친 땅으로, 땀을 흘리며 수고하여야 그 소산을 먹을 수 있는 곳이었습니다(창 3:17-19). 이 땅을 살아가는 모든 사람에게는 정신적으로 육체적으로 자신을 찌르고 고통을 주는 가시가 있습니다. 사도 바울과 같은 위대한 신앙의 인물도 예외가 아니었습니다(고후 12:7). 하나님께서 아담과 하와에게 지어 주신 가죽옷은 이 저주 받은 거친 땅에서 나오는 그 어떤 가시에도 찔리거나 상하지 않게 하시는 보호의 표입니다.

다시 말해 가죽옷은, 비록 타락한 인간들이지만 그들을 완전히 버리지 않으시겠다는 하나님의 긍휼과 용서를 입증하는 증표입니다. 그것은 아담과 하와의 요청에 의한 것이 아니라, 전적으로 하나님의 먼저 사랑으로 주어진 것이었습니다(요일 4:10, 19).

가죽옷을 얻기 위해서는 그 가죽의 주체가 죽어 피를 흘려야 합니다. 아담과 하와가 가죽옷을 입기 위해서는 짐승의 희생이 필수적입니다. 이날 아담과 하와를 위해 희생된 짐승은, 장차 이 땅에 오셔서 유월절 어린 양으로서 십자가에서 우리를 위해 대속 제물이 되실 예수 그리스도를 미리 보여 준 것입니다(고전 5:7, 벧전 1:19, 계 5:6). 그래서 세례 요한은 요한복음 1:29에서 예수님을 가리켜 "보라 세상 죄를 지고 가는 하나님의 어린양이로다"라고 고백하였습니다.

아담과 하와에게 가죽옷을 지어 입혀 주신 하나님의 사랑은, 마침내 예수 그리스도의 십자가 속죄 사역을 통해 성취되고 확증되었습니다(롬 5:8). 예수 그리스도는 십자가에서 '영원한 속죄'를 이루사(히 9:12) 새 언약을 성취하셨습니다(렘 31:33-34, 눅 22:20, 고전 11:25). 사도 바울은 이 영원한 속죄 은총을 체험할 때가 바로 예수 그리스도로 옷 입는 순간이라고 말씀하였습니다(롬 13:14, 갈 3:27).

2. 새 언약의 성취자 예수 그리스도
Jesus Christ, the fulfiller of the new covenant

'여자의 후손'에 대한 약속은 그 후에 노아와의 언약(창 6:18, 9:8-

17), 아브라함과의 언약(창 12:1-3, 6-7, 13:14-18, 15:12-21, 17:9-14, 18:10, 22:15-18)으로 확대되었으며, 시내산 언약(출 24: 1-8, 참고·신 29:1), 다윗 언약(삼하 7:11-16, 대상 17:10-14)으로 발전하였습니다. 또한, 하나님께서는 예레미야 선지자를 통해서 새 언약을 말씀하시고(렘 31:31-34), 에스겔 선지자를 통하여 화평의 언약을 말씀하셨습니다(겔 34:25-31, 37:26-28).

하나님께서는 타락한 인간을 구원하시기 위하여 아담 이후 10대째에 노아를 택하시고, 다시 10대 만에 아브라함을 택하셨습니다. 그리고 아브라함의 후손 이스라엘이 큰 민족을 이루자, 모세를 통해서 율법을 주시고 율법책과 온 백성에게 피를 뿌리며 첫 언약을 세워 주셨습니다(출 24:1-8, 히 9:18-20).

그렇다면 이 율법(첫 언약, 옛 언약)과 새 언약은 어떤 관계가 있습니까?

(1) 구약의 '율법 아래'의 특징

예수님께서 오시기까지 인생은 율법 아래 놓여 있었습니다. 갈라디아서 3:23에서 "믿음이 오기 전에 우리가 율법 아래 매인 바 되고 계시될 믿음의 때까지 갇혔느니라"라고 말씀하고 있습니다.

율법(law)은 히브리어로 '토라'(תּוֹרָה), 헬라어로 '노모스'(νόμος)입니다. 이것은 사람이 하나님과의 관계와 자신과의 관계와 타인과의 관계에서 지켜야 할 법들입니다. 그러므로 율법은 거룩하며 의로우며 선한 것입니다(롬 7:12). 그런데 사람이 범죄하여 타락하므로 하나님의 법을 온전히 지킬 수 없는 존재가 되어, 오히려 율법 아래 매인 바가 되었습니다.

사도 바울은 '율법 아래' 놓여 있는 인생의 비참한 상태를 여러 가지로 표현하였습니다.

첫째, '죄 아래'의 상태입니다.

갈라디아서 3:23에서 '율법 아래'와 '갇혔느니라'라는 표현이, 갈라디아서 3:22에서는 '죄 아래'와 '가두었으니'라고 표현되어 서로 병행을 이루고 있습니다. 여기에서 사도 바울은 예수 그리스도에 대한 믿음이 오기 전의 상태를 '율법 아래'와 '죄 아래'에 갇힌 것으로 표현하고 있습니다. '갇혔느니라'와 '가두었으니'는 둘 다 헬라어 '슁클레이오'(συγκλείω)이며, 완전히 포위된 상태를 가리킵니다.

그러므로 예수 그리스도가 오시기 전까지 모든 인생은 죄에 완전히 포위되어 자신의 힘으로는 도저히 나올 수 없는 비참한 상태에 놓여 있었던 것입니다. 이와 관련하여 로마서 6:14에서 "죄가 너희를 주관치 못하리니 이는 너희가 법 아래 있지 아니하고 은혜 아래 있음이니라"라고 말씀하고 있습니다. 여기에서 '법 아래'의 상태는 죄가 주관하는 상태를 표현하는 것입니다. '주관치'라는 단어는 헬라어 '퀴리유오'(κυριεύω)로, '지배하다, 다스리다'라는 뜻입니다.

그러므로 '율법 아래' 있는 자들은, 완전히 죄에 갇혀서 죄의 지배를 받으며 거기서 도저히 빠져나오지 못하는 상태로 비참하게 살아왔던 것입니다. 이렇게 절망적인 상황에서 해방해 주신 분이 바로 예수 그리스도입니다(갈 4:4-5). 예수 그리스도께서 십자가에서 흘리신 피는 우리의 모든 죄를 사하시고 죄에서 해방해 주었습니다(마 26:28, 엡 1:7, 히 9:12).

둘째, '후견인과 청지기 아래'의 상태입니다.

갈라디아서 4:4의 '율법 아래'의 상태를 갈라디아서 4:2에서는 '후견인과 청지기 아래'라고 표현하고 있습니다. 갈라디아서 4:2의 '후견인'은 헬라어 '에피트로포스'(ἐπίτροπος)로, 어린 상속자가 성인이 될 때까지 잘 성장하도록 양육과 보호를 담당했던 자를 의미합니다. 이 후견인을 갈라디아서 3:24에서는 몽학선생(蒙學先生)으로 표현하고 있습니다. 몽학선생은 헬라어 '파이다고고스'(παιδαγωγός)로, '가정교사'를 뜻합니다. 또 '청지기'는 헬라어 '오이코노모스'(οἰκονόμος)로, 어린 상속자가 장성할 때까지 재산을 맡아서 관리하는 자입니다. 어린 상속자는 후견인과 청지기 밑에서 자기 스스로는 아무것도 결정할 수 없는 종과 같은 신세로 살아가게 됩니다.

이처럼 그리스도인들은 신앙이 어렸을 때는, '후견인과 청지기' 같은 '율법' 아래서 종노릇합니다. 그러나 예수 그리스도께서는, 상속자이면서도 그 권리를 행사하지 못하고 율법에 매여 살던 자들을 마침내 해방해 주셨습니다.

셋째, '이 세상 초등 학문 아래'의 상태입니다.

갈라디아서 4:4의 '율법 아래'의 상태를 갈라디아서 4:3에서는 '이 세상 초등 학문 아래'라고 표현하고 있습니다. '초등 학문'은 헬라어 '스토이케이온'(στοιχεῖον)으로, '기본 원리, 첫째 원리'라는 뜻입니다. 고대 헬라 자연 철학에서는 '만물을 구성하는 첫 번째 요소'를 뜻하였으며, 후에는 '초보적이고 일차적인 가르침'이나 '기술이나 학문의 기본 요소'라는 의미로 사용되었습니다.

그러므로 율법을 상징적으로 표현한 '초등 학문'이라는 개념 속에는 이것보다 더 고차원적이고 온전한 수준이 있음을 암시하며, 그것은 바로 예수 그리스도를 가리키는 것입니다. 그래서 예수님께서는 마태복음 5:17에서 "내가 율법이나 선지자나 폐하러 온 줄로 생각지 말라 폐하러 온 것이 아니요 완전케 하려 함이로라"라고 말씀하셨던 것입니다. 예수님께서는 모든 초등 학문의 완성자이십니다.

갈라디아서 4:3에서 "우리도 어렸을 때에 이 세상 초등 학문 아래 있어서 종노릇하였더니"라고 말씀하고 있는데, '종노릇'은 헬라어 '둘로오'(δουλόω)의 분사완료수동태 '데둘로메노이'(δεδουλωμένοι)입니다. 이것은 우리가 스스로의 의지와 상관없이 종노릇하게 되었으며, 그것이 오랫동안 지속되었다가 이제는 끝이 났다는 뜻입니다.

하나님께서는 때가 차매 예수 그리스도를 보내심으로 이 지긋지긋한 종노릇에서 해방되게 하셨던 것입니다. 그래서 갈라디아서 4:4-5에서 "때가 차매 하나님이 그 아들을 보내사 여자에게서 나게 하시고 율법 아래 나게 하신 것은 율법 아래 있는 자들을 속량하시고 우리로 아들의 명분을 얻게 하려 하심이라"라고 말씀하고 있는 것입니다.

(2) 새 언약의 특징

새 언약은 예수 그리스도께서 행하시고 이루시는 은혜의 언약이며, 예수 그리스도의 피로 세우신 것입니다(눅 22:20, 고전 11:25). 그러므로 예수 그리스도는 '새 언약의 중보'입니다(히 9:15, 12:24). 그렇다면 새 언약은 옛 언약인 율법과 비교하여 어떤 특징이 있습니까?

첫째, 새 언약은 마음에 기록되는 언약입니다.

히브리서 8:8에서 "새 언약을 세우리라"라고 말씀하시고, 히브리서 8:10에 이스라엘 집과 세울 언약에 대해서 "내 법을 저희 생각에 두고 저희 마음에 이것을 기록하리라"라고 말씀하고 계십니다. 이는 예레미야 31장에 나오는 말씀을 인용한 것인데, 예레미야 31:31에서도 "새 언약을 세우리라"라고 하시면서 "곧 내가 나의 법을 그들의 속에 두며 그 마음에 기록하여"라고 말씀하고 계십니다(렘 31:33).

옛 언약이 돌판에 율법을 새긴 것이었다면(고후 3:7), 새 언약은 마음에 하나님의 말씀을 기록함으로(고후 3:3) 그들은 하나님의 백성이 되고 하나님께서는 그들의 하나님이 되는 것입니다(렘 31:33). 예수님께서는 하나님의 말씀을 가르치심으로(마 4:23, 9:35, 22:16, 막 4:33, 눅 20:21) 백성의 마음에 말씀을 새기시고 예레미야의 새 언약을 성취하셨던 것입니다.

둘째, 새 언약은 미리 정하신 언약입니다.

갈라디아서 3:17에서 "내가 이것을 말하노니 하나님의 미리 정하신 언약을 사백 삼십 년 후에 생긴 율법이 없이하지 못하여 그 약속을 헛되게 하지 못하리라"라고 말씀하고 있습니다. 사람들은 주전 1446년경 시내산에서 율법이 주어진 이래 그것을 지켜 왔습니다. 그러나 하나님의 언약은 그 율법보다 430년 먼저 생긴 것이었습니다. 시내산에서 율법이 주어진 때로부터 430년을 거슬러 올라가면 주전 1876년인데, 이때는 야곱의 70가족이 애굽에 들어간 해입니다. 물론 하나님께서 아브라함에게 예수 그리스도를 통한 구원의 약속을 주신 것은 주전 2082년, 창세기 15장의 횃불 언약을 통해서입니다.

그런데 왜 성경에서는 주전 1876년을 기준하여 '미리 정하신 언약'이 체결되었다고 말씀하고 있습니까? 이 문제는 하나님의 구속사적 경륜 속에서만 해결될 수 있습니다. 이에 대한 이해를 돕기 위해 세겜 땅에 대한 모순되게 보이는 내용을 간단히 살펴보면 다음과 같습니다(참고-「구속사 시리즈」 제2권 <잊어버렸던 만남> 511-518쪽). 야곱은 막벨라 굴에 장사되었으나(창 50:12-13), 순교자 스데반 집사는 야곱이 요셉처럼 세겜에 장사된 것으로 설교하였습니다(행 7:15-16). 야곱 자신은 애굽 땅에서 죽었지만, 하나님의 약속대로 반드시 가나안 땅을 유업으로 얻을 것을 확신하고, 세겜 땅을 미리 요셉에게 주었습니다(창 48:22). 이처럼 세겜 땅에 묻힌 요셉(수 24:32)의 배후에는 야곱의 믿음과 언약에 대한 확신이 있었기 때문에, 스데반 집사는 마치 야곱이 세겜에 묻힌 것처럼 설교한 것입니다.

또한, 스데반 집사는, 야곱이 세겜성 앞에 장막 친 밭을 하몰의 아들들의 손에서 은 100개를 주고 샀던 그 땅을(창 33:18-20) 아브라함이 하몰의 자손에게서 샀다고 설교했습니다(행 7:14-16). 야곱은 아브라함과 한 장막에서 15년간 함께 살았고(히 11:9), 아브라함이 가지고 있던 언약 신앙을 고스란히 전수(傳受)한 인물입니다. 야곱은 아브라함에게 주신 하나님의 언약(창 12:5-7)을 확신하고 그 땅을 구입했던 것입니다. 그러므로 세겜 땅의 실제 구매자는 야곱이 맞지만, 언약적 관점에서 근원적인 구매자는 세겜에 대한 하나님의 언약을 최초로 받은 아브라함입니다. 아브라함이 그 땅을 사는 데 결정적인 영향을 끼쳤으므로, 스데반 집사는 '아브라함'이 샀다고 설교한 것입니다.

마찬가지로, 갈라디아서 3:17의 '430년'을 계산하는 시작점도 언약적 관점에서 보면 쉽게 이해할 수 있습니다. 야곱의 가족 70명이

1876년 애굽으로 들어가려 할 때, 하나님께서 브엘세바에서 야곱에게 나타나 "내가 거기서 너로 큰 민족을 이루게 하리라 내가 너와 함께 애굽으로 내려가겠고 정녕 너를 인도하여 다시 올라올 것이며 ..."라고 말씀하시며, 아브라함에게 주셨던 그 언약을 다시 확증해 주셨습니다(창 46:1-7). 잠시 두려워한 야곱은 언약의 확신을 가지고, 지금 애굽으로 내려가는 최종 목적이 이방의 객이 되는 데 있지 않고, 아브라함에게 약속하신 대로 반드시 섬기는 나라를 징치하고 큰 재물을 가지고 큰 민족을 이루어 4대 만에 언약의 땅으로 다시 돌아오는 데 있음을(창 15:14-16) 굳게 믿었습니다. 그러므로 '430년'(갈 3:17)은, 하나님께서 아브라함의 언약이 야곱에게 재확인되며 실제로 성취되기 시작한 그 순간부터 시내산에서 율법을 받을 때까지, 언약적 관점에서 계산된 기간임을 알 수 있습니다.

그러므로 율법보다는 언약이 먼저 주어진 것입니다. 갈라디아서 3:17의 "미리 정하신"은 헬라어 '프로퀴로오'(προκυρόω)입니다. 이것은 '프로'(προ: 앞에)와 '퀴로오'(κυρόω: 실행하다, 결정하다, 확정하다)가 합성된 단어로, '앞서 실행하다, 앞서 확정하다'라는 의미입니다. 율법보다 먼저 실행된 이 언약은, 바로 예수 그리스도를 통해 이루어질 새 언약을 나타내는 것입니다.

셋째, 새 언약은 영원하고 완전한 언약입니다.

옛 언약은 낡아지고 쇠하여지고 없어지는 것입니다. 히브리서 8:13에서 옛 언약을 '첫 것'이라고 표현하면서 "첫 것은 낡아지게 하신 것이니 낡아지고 쇠하는 것은 없어져 가는 것이니라"라고 말씀하고 있습니다. 이 옛 언약은 새 언약으로 대치되었으며, 옛 언약은 새 언약 안에서 완전케 됩니다(마 5:17). 새 언약은 영원합니다.

그래서 새 언약의 중보이신 예수님을 통하여 '영원한 기업의 약속'을 받게 되는 것입니다(히 9:15).

또한, 옛 언약은 무흠(無欠)하지 않습니다. 히브리서 8:7에서 "저 첫 언약이 무흠하였더면 둘째 것을 요구할 일이 없었으려니와"라고 말씀하고 있습니다. 여기 '무흠'은 헬라어 '아멤프토스'(ἄμεμπτος)로, '흠잡을 것이 없는, 완전한'이라는 뜻입니다. 이것은 옛 언약이 결코 완전하지 못함을 나타내며, 완전한 새 언약이 필요함을 선포하는 것입니다.

넷째, 새 언약은 완전한 '죄 사함'의 언약입니다.

구약의 율법은 사람으로 하여금 정죄에 이르게 하는 것이었습니다. 로마서 3:20에서 "그러므로 율법의 행위로 그의 앞에 의롭다 하심을 얻을 육체가 없나니 율법으로는 죄를 깨달음이니라"라고 말씀하고 있습니다. 율법은 정죄를 통하여 죄인이라는 사실을 깨닫게 할 수는 있지만, 결코 그 죄를 사할 수는 없습니다. 그래서 율법을 통해서 얻는 직분을 '의문(儀文)*의 직분'(고후 3:7)이요, '정죄의 직분'**(고후 3:9)이라고 말씀하고 있습니다.

그러나 새 언약은 죄악을 사하시고 다시는 그 죄를 기억하지 않으시는 것입니다(렘 31:34). 히브리서 8:12에서 "내가 저희 불의를 긍휼히 여기고 저희 죄를 다시 기억하지 아니하리라 하셨느니라"고 말씀하고 있습니다. 완전한 용서, 영원한 용서, 확실한 용서입니다.

---

*법(예의) 의(儀), 글 문(文): 율법의 여러 가지 규정이나 글로 기록된 법
**죄를 깨닫게 하고 죄를 죄로 확인시켜 주는 율법의 기능을 일컫습니다(롬 7:7-9).
　이런 의미를 살려 현대인의성경에서는 '사람을 죄인으로 만드는 직분'이라고 번역하였습니다.

예수님께서는 십자가의 피로 이 새 언약을 성취하셨습니다(눅 22:20, 고전 11:25). 그러므로 예수님의 십자가 피만이 우리의 모든 죄를 완전히 사하고 모든 저주에서 해방할 수 있습니다. 이 죄 사함은 영원하고도 완전한 대속입니다. 갈라디아서 3:13에서 "그리스도께서 우리를 위하여 저주를 받은 바 되사 율법의 저주에서 우리를 속량하셨으니 기록된 바 나무에 달린 자마다 저주 아래 있는 자라 하였음이라"고 말씀하고 있습니다. 여기 '속량하셨으니'는 헬라어 '엑사고라조'(ἐξαγοράζω)로, '노예 상태에서의 구출과 해방'을 의미합니다. 예수님의 십자가 피의 새 언약만이 우리를 모든 죄와 사망과 저주에서 구출하시고 해방해 주십니다. 갈라디아서 4:4-5에서는, 때가 차매 하나님이 그 아들을 여자에게서 나게 하신 것은 율법 아래 있는 자들을 속량하시기 위한 것이었다고 말씀하고 있습니다.

예수님께서는 자신이 새 언약의 성취자이심을 스스로 선포하셨습니다. 최후의 만찬 자리에서 떡을 가져 사례하신 후에 잔을 주시며 "이 잔은 내 피로 세우는 새 언약이니 곧 너희를 위하여 붓는 것이라"라고 말씀하셨고(눅 22:20), 또 "이것은 죄 사함을 얻게 하려고 많은 사람을 위하여 흘리는바 나의 피 곧 언약의 피니라"라고 말씀하셨습니다(마 26:28).

예수님께서는 친히 십자가 나무에 달려 우리의 모든 죄를 담당하셨으며, 십자가에서 흘리신 보배로운 피로써 타락한 인간에 대한 구원 사역을 완성하셨습니다(엡 1:7, 히 9:12, 벧전 1:18-19, 2:24). 그러므로 모든 언약은 예수 그리스도 안에서 온전히 성취된 것입니다.

3. 영원한 언약의 약속
The promise of the eternal covenant

(1) 하나님의 약속

약속(約束)은 한자로 '약속할 약, 묶을 속'으로, '장래의 일에 대하여 상대자에게 언명(言明)하는 일'이며, 성경에 기록된 하나님의 약속은 모두 하나님께서 사람에게 일방적으로 하신 언약들입니다 (참고-대상 16:15-17, 시 105:8-10). 웹스터 사전(Merriam-Webster Dictionary)에서는 약속(promise)을 다음과 같이 정의합니다.

첫째, 한 사람이 다른 사람에게 대한 구체적인 어떤 일을 할 것인가, 안 할 것인가의 서약.

둘째, 희망, 예측을 위한 근거, 또는 때로는 실제적 성공에 대한 구체화된 보증.

셋째, 약속된 것, 즉 행하거나 주거나 만들거나 얻기 위해 맺는 것.

신구약성경에는 예수 그리스도에 관한 계시가 '약속'이란 말로 압축되어 기록되어 있습니다. 성경의 모든 약속은 궁극적으로 예수 그리스도 안에서 완전한 구원으로 성취됩니다. 예수 그리스도는 하나님의 약속에 따라 이 땅에 오셨고, 이 땅에서 행하신 모든 사역은 하나님의 약속을 성취하신 것입니다. 하나님의 약속은 예수 그리스도를 중보로 하여 세워진 것이요(히 8:6, 9:15, 12:24), 그것은 영원한 생명에 대한 약속이며 결코 파기될 수 없는 것입니다(히 6:18, 요일 2:25).

그러므로 하나님의 약속들은, 오직 복스럽고 영광스러운 소망이신 예수 그리스도를 대망하게 합니다(행 26:6-7, 골 1:27, 딛 2:13). 하나님은 이 약속을 아브라함에게 주셨고(히 6:13-15), 이삭과 야곱은

'동일한 약속을 유업으로' 받았습니다(히 11:9). 모든 열방 중에 선택받은 이방인들도 복음으로 말미암아 그리스도 예수 안에서 '함께 후사가 되고 함께 지체가 되고 함께 약속에 참예'하여 받는 약속입니다(엡 3:6).

하나님의 모든 약속이 고귀하고 보배로운 이유는, 그 약속의 불변성 때문입니다.

민수기 23:19 "하나님은 인생이 아니시니 식언치 않으시고 인자가 아니시니 후회가 없으시도다 어찌 그 말씀하신 바를 행치 않으시며 하신 말씀을 실행치 않으시랴"

사무엘상 15:29 "이스라엘의 지존자는 거짓이나 변개함이 없으시니 그는 사람이 아니시므로 결코 변개치 않으심이니이다"

시편 89:34 "내 언약을 파하지 아니하며 내 입술에서 낸 것도 변치 아니하리로다"

하나님께서는 한번 하신 약속을 잊지 않고 반드시 행하시는 미쁘신 분입니다(고전 1:9, 10:13, 고후 1:18, 살전 5:24, 히 10:23, 11:11). 성실로 몸의 띠를 삼으신, 신실하신 분입니다(사 11:5, 애 3:23). 하나님을 사랑하고 그 계명을 지키는 자에게는, 천대까지 그 언약을 이행하시며 인애를 베푸십니다(신 7:9). 하나님의 약속은 확실하며 반드시 성취되기 때문에, 그 약속을 받은 상대를 결코 실망시키지 않습니다. 오늘 말씀하신 사실이 결코 내일 변하지 않으며, 한번 말씀하신 것을 '아니다' 하시며 바꾸시는 법이 없습니다(고후 1:18-20). 그러므로 하나님의 언약의 약속은 그 자체로 무한한 가치를 지니며, 사도 베드로의 고백과 같이 '보배롭고 지극히 큰 약속'(벧후 1:4)인 것입니다.

그러므로 예수 그리스도를 통해 하나님의 보배롭고 고귀한 언약을 받은 약속의 자녀들은, "견고하며 흔들리지 말며 항상 주의 일에 더욱 힘쓰는 자들이 되라 이는 너희 수고가 주 안에서 헛되지 않은 줄을 앎이니라"(고전 15:58)라고 한 사도 바울의 격려를 의심없이 믿어야 합니다. 영원한 언약의 약속을 붙잡고 믿는 위대한 신앙을 가진 자에게, 그 하나님의 약속이 온전히 성취됩니다.

(2) 영원한 약속

하나님의 언약은 당대에만 유효한 것이 아니라 영원히 유효한 언약입니다. 이 언약에 담긴 약속은 도중에 변경되거나 취소되지 않고 반드시 이루어지기에 '영원한 언약의 약속'입니다. 그러므로 하나님께서 성도에게 주신 약속은 영원합니다. 그 이유가 무엇입니까?

첫째, **영원한 말씀으로 맺어진 약속이기 때문입니다**(창 9:16, 17:7, 13, 19, 출 31:16, 레 24:8, 삿 2:1, 삼하 23:5, 대상 16:17, 시 105:8-10, 111:5, 9, 사 24:5, 55:3, 겔 16:60, 37:26).

하나님의 언약은 반드시 말씀으로 맺어집니다. 시편 105:8에서 "언약 곧 천대에 명하신 말씀"이라고 기록하고 있으며, 시편 105:10에서 "야곱에게 세우신 율례 곧 이스라엘에게 하신 영영한 언약이라"라고 말씀하고 있습니다. 하나님의 말씀은 영원합니다(눅 21:33, 벧전 1:23-25). 따라서 하나님의 말씀으로 맺어진 언약은 영원한 언약이며 그 약속 역시 영원한 약속입니다.

둘째, **영원하신 하나님과 맺은 약속이기 때문입니다**(신 33:27, 시 90:1-2, 93:2, 102:12, 사 40:28, 애 5:19).

하나님께서 영원하신 분이기에 하나님께서 주신 약속도 영원한 것입니다. 사람은 영원하지 못하므로 사람끼리 맺은 약속은 그 사람이 죽으면 이행되지 못합니다. 그러나 영원하신 하나님께서 세우신 약속은 그것이 성취될 때까지 계속적으로 진행되는 것입니다.

셋째, **하나님께서 기억하시는 언약이기 때문입니다.**

하나님께서는 거룩한 말씀을 기억하시고(시 105:42), 거룩한 언약을 기억하시는 분입니다(눅 1:72). 하나님께서는 사람과 세우신 언약을 영원히 잊지 않고 기억하십니다(시 106:45, 111:5). 그러므로 언약 속에 담긴 약속들 역시 영원한 약속인 것입니다.

넷째, **미쁘신 하나님과 맺은 약속이기 때문입니다.**

하나님께서는 '미쁘신' 분입니다(롬 3:3, 고전 1:9, 10:13, 고후 1:18, 살후 3:3, 벧전 4:19, 요일 1:9, 참고 딛 1:9, 3:8). 특히 히브리서 10:23에서는 "약속하신 이는 미쁘시니"라고 말씀하고 있으며, 히브리서 11:11에서는 "약속하신 이를 미쁘신 줄 앎이라"라고 말씀하고 있습니다. 여기 '미쁘시니'는 헬라어로 '피스토스'(πιστός)이며 '믿을 만한, 신뢰할 만한'이라는 뜻입니다. 신실하신 하나님께서는, 한번 약속하신 것은 그 뜻을 변치 않으시고 반드시 이루시기 때문에 그 약속은 영원한 것입니다(히 6:17). 시편 89:33-35에서도 "... 나의 성실함도 폐하지 아니하며 내 언약을 파하지 아니하며 내 입술에서 낸 것도 변치 아니하리로다 내가 나의 거룩함으로 한번 맹세하였은즉 다윗에게 거짓을 아니 할 것이라"라고 말씀하고 있습니다.

세상 사람들은 자신의 일시적인 이익 때문에 약속을 하는 경우가 많아, 자신에게 어려움이 닥치거나 더 이상 이익이 되지 않으면 쉽게 약속을 파기하곤 합니다. 그러나 미쁘신 하나님께서는 한번 맺으신 약속을 절대로 파기하지 않으시므로 하나님의 약속은 언제나 큰 위로와 소망이 됩니다.

(3) 영원한 언약의 약속들

하나님께서 자기 백성과 맺으신 언약은 모두 영원한 언약으로, 크게 몇 가지의 구체적인 약속으로 나뉩니다.

영원한 언약의 약속이 담고 있는 내용은 다음과 같습니다.

첫째, 자손의 약속입니다.

하나님께서 '한 자손'을 약속하셨는데, 그 자손은 바로 예수 그리스도이십니다(갈 3:16). 이것은 '하나님의 미리 정하신 언약' 가운데 이루어진 것입니다(갈 3:17). 갈라디아서 3:19에서 예수님을 가리켜 "약속하신 자손"이라고 말씀하고 있습니다. 로마서 1:2에서는 "그의 아들에 관하여 성경에 미리 약속하신 것이라"라고 말씀하고 있으며, 히브리서 8:6에서도 "더 좋은 약속으로 세우신 더 좋은 언약의 중보"라고 말씀하고 있습니다. 이 모든 약속대로 아브라함과 다윗의 자손으로 오신 분이 바로 예수 그리스도이십니다(마 1:1, 행 13:23). 영적 아브라함의 자손인 성도는 바로 이 '한 자손'의 약속을 믿고 실제로 그 약속을 받은 사람들입니다.

둘째, 영생의 약속입니다.

영생은 영원히 계속되는 시간 속에서 복되고 행복한 삶을 누리는 것입니다. 지금도 우리는 이 땅에서 믿음으로 영생을 맛보고 살고 있지만, 장차 우리 몸의 구속이 이루어지는 날부터는 영원토록 영생 복락을 완전히 누리며 살게 될 것입니다(롬 8:23, 빌 3:21, 살전 4:16-17). 요한일서 2:25에서 "그가 우리에게 약속하신 약속이 이것이니 곧 영원한 생명이니라"라고 말씀하고 있습니다. 디도서 1:2에서는 영생은 하나님께서 "영원한 때 전부터 약속하신 것"이라고 말씀하고 있습니다. 이처럼 하나님께서는 우리에게 영원한 생명을 영원한 때부터 약속하셨습니다.

누가 이 영생의 약속을 소유할 수 있습니까? 바로 독생자이신 예수 그리스도를 믿는 아브라함의 영적 자손들입니다(갈 3:22, 29). 요한복음 3:16에서 "하나님이 세상을 이처럼 사랑하사 독생자를 주셨으니 이는 저를 믿는 자마다 멸망치 않고 영생을 얻게 하려 하심이니라"라고 말씀하고 있습니다.

요한복음 17:3에서는 "영생은 곧 유일하신 참하나님과 그의 보내신 자 예수 그리스도를 아는것이니이다"라고 말씀하고 있는데, 여기 '아는'의 헬라어는 '기노스코'(γινώσκω)로, '부부 관계와 같은 연합적인 사귐'을 의미합니다. 그런데 요한일서 1:3에서는 "우리가 보고 들은 바를 너희에게도 전함은 너희로 우리와 사귐이 있게 하려 함이니 우리의 사귐은 아버지와 그 아들 예수 그리스도와 함께함이라"라고 말씀하고 있습니다. 우리는 '아버지와 그 아들 예수 그리스도와 함께'한 사귐을 다른 사람들에게도 전해야 합니다.

셋째, **성령의 약속입니다.**

하나님께서는 아브라함의 영적 자손들에게 '성령의 약속'을 주셨습니다. 이것을 사도행전 2:33에서 "약속하신 성령", 에베소서 1:13에서 "약속의 성령", 누가복음 24:49에서 "내 아버지의 약속하신 것"이라고 말씀하고 있습니다. 이 약속하신 성령은, 예수님께서 약속하셨던 진리의 성령이요(요 14:17, 15:26, 16:13), 보혜사(παράκλητος, 파라클레토스) 성령입니다(요 14:16, 26, 15:26, 16:7).

갈라디아서 3:14에서 "이는 그리스도 예수 안에서 아브라함의 복이 이방인에게 미치게 하고 또 우리로 하여금 믿음으로 말미암아 성령의 약속을 받게 하려 함이니라"라고 말씀하고 있습니다. 약속하신 한 자손이신 예수 그리스도를 믿음으로 영생의 약속을 받은 자들에게는 반드시 '약속하신 성령'이 주어집니다. 그래서 요한복음 7:37-39에서 "... 누구든지 목마르거든 내게로 와서 마시라 나를 믿는 자는 성경에 이름과 같이 그 배에서 생수의 강이 흘러나리라 하시니 이는 그를 믿는 자의 받을 성령을 가리켜 말씀하신 것이라 (예수께서 아직 영광을 받지 못하신 고로 성령이 아직 저희에게 계시지 아니하시더라)"라고 말씀하고 있습니다.

베드로가 로마의 백부장 고넬료의 집에서 말씀을 전할 때 성령이 임하였습니다. 사도행전 10:44에서 "베드로가 이 말 할 때에 성령이 말씀 듣는 모든 사람에게 내려오시니"라고 말씀하고 있습니다. 말씀이 선포될 때 성령이 임하고, 성령은 말씀을 통하여 역사합니다. 그러므로 예수 그리스도께서 약속하신 성령을 받은 성도는 날마다 말씀 중심의 삶을 통하여 성령 충만한 가운데 살아갈 수 있습니다(엡 5:18).

넷째, 재림의 약속입니다.

예수 그리스도께서는 사망과 음부의 권세를 깨뜨리고 신령한 몸으로 부활하신 후 40일 동안 보이시고(행 1:3, 9, 고전 15:4-6). 그때에 거기 서 있던 사람들에게 천사들은 '예수 그리스도께서 하늘로 올라가심을 본 그대로 다시 오시리라'라고 말했습니다(행 1:9-11, ⁿ참고ⁿ마 24:30, 막 13:26, 눅 21:27).

말씀이 육신이 되어 오신 초림의 사건 이후에 성경은 재림을 약속하고 있습니다(마 16:27-28, 24:44, 25:31, 26:64, 살전 3:13, 4:16-17, 살후 1:7, 유 1:14, 계 1:7, 22:20). 히브리서 9:28에서 "이와 같이 그리스도도 많은 사람의 죄를 담당하시려고 단번에 드리신 바 되셨고 구원에 이르게 하기 위하여 죄와 상관없이 자기를 바라는 자들에게 두 번째 나타나시리라"라고 말씀하고 있습니다.

많은 사람이 주의 재림에 대한 약속을 믿지 못합니다. 베드로후서 3:4에서는 "가로되 주의 강림하신다는 약속이 어디 있느뇨 조상들이 잔 후로부터 만물이 처음 창조할 때와 같이 그냥 있다 하니"라고 말씀하고 있습니다. 그러나 주의 재림에 대한 약속은 결코 더디지 않고 오직 우리를 향하여 오래 참으사 아무도 멸망치 않고 다 회개하기에 이르기를 원하십니다(벧후 3:9).

우리는 재림에 대한 영원한 언약의 약속을 늘 사모하고 간직해야 합니다. 또한, 거룩한 행실과 경건함으로(벧후 3:11) 재림하시는 주님 앞에서 점도 없고 흠도 없이 평강 가운데 나타나기를 힘써야 할 것입니다(벧후 3:14). 그리하여야 '세상에서 썩어질 것을 피하여 신의 성품에 참예하는 자'가 될 것입니다(벧후 1:4ᶠ).

다섯째, 영원한 기업의 약속입니다.

하나님께서는 아브라함과의 언약을 통해서 가나안 땅을 영원히 주시겠다고 약속하셨습니다(창 13:15, ⁿ참고ⁿ창 48:4, 렘 7:7, 25:5). 창세기 17:8에서 "내가 너와 네 후손에게 너의 우거하는 이 땅 곧 가나안 일경으로 주어 영원한 기업이 되게 하고 나는 그들의 하나님이 되리라"라고 말씀하고 있습니다. 이 말씀은 아브라함의 영적 자손들에게 천국을 영원한 기업으로 주시겠다는 약속입니다. 이 약속은 '그의 안식에 들어갈 약속'(히 4:1)이요, '보배롭고 지극히 큰 약속'(벧후 1:4)입니다.

이 영원한 기업의 약속은 새 언약의 중보이신 예수 그리스도께서 이루어 주시는 것입니다. 히브리서 9:15에서 "이를 인하여 그는 새 언약의 중보니 이는 첫 언약 때에 범한 죄를 속하려고 죽으사 부르심을 입은 자로 하여금 영원한 기업의 약속을 얻게 하려 하심이니라"라고 말씀하고 있습니다.

이 영원한 기업의 신약적 표현은 '유업'(κληρονομία, 클레로노미아)입니다. 이 유업은 썩지 않고, 더럽지 않고, 쇠하지 아니하는 것입니다(벧전 1:4). 이 유업은 하나님께서 약속하신 나라 곧 천국입니다(약 2:5). 이 유업은 새 하늘과 새 땅에 대한 약속입니다(벧후 3:13). 이것은 율법으로 얻는 것이 아니라, 하나님의 약속으로 말미암아 은혜로 주어지는 것입니다(갈 3:18).

이상에서 살펴본 영원한 언약의 약속은 '여자의 후손'(창 3:15)으로 오실 예수 그리스도에 대한 약속이 그 초석(礎石)이며, 예수 그리스도의 초림과 재림으로 최종 성취됩니다.

따라서 영원한 언약의 약속은 예수 그리스도가 오시는 통로를 기록하고 있는 족보와 밀접한 연관성을 가지고 있습니다. 족보에 대한 정확한 연구는 하나님의 오묘한 섭리 속에 담긴 영원한 언약의 약속에 대한 깊은 이해와 폭넓은 전망을 가능하게 해 줍니다.

이제 다음 장에서는 성경 족보에 대하여 자세히 살피겠습니다.

제 2 장
성경 족보에 대한 고찰
A Study of Biblical Genealogies

성경 족보에 대한 고찰
A Study of Biblical Genealogies

　구속사는 하나님의 작정에 근거하여 진행되며, 그 중심 주제는 창조와 타락과 구원입니다. 각 주제에는 하나님의 무궁하신 사랑과 오묘한 섭리가 담겨 있습니다. 하나님의 작정에 입각하여 하나님과 사람 사이에 언약들이 체결되었으며, 구속사는 바로 이 언약에 근거하여 진행되어 왔습니다.
　성경에 나오는 족보는 하나님께서 사람과 세우신 영원한 언약들을 압축하여 기록한 것이기 때문에, 우리는 족보를 연구함으로 구속사 전체를 꿰뚫는 깊은 안목을 갖게 됩니다.
　성경의 족보는 세상의 족보와는 구별되는 목적과 내용을 가지고 있으며 그것은 하나님의 구속사와 밀접한 관계가 있습니다. 특히 족보의 가장 중요한 요소는 '이름'이므로, 족보를 연구할 때 반드시 이름에 담긴 구속사적 의미를 살펴보아야 합니다.
　성경 족보에 대한 고찰은 예수 그리스도의 족보를 연구하는 기본적인 근거가 되며, 더 나아가 하나님의 오묘한 섭리 속에 담긴 영원한 언약의 약속을 풍성하게 밝히는 토대가 될 것입니다.
　본 장에서는 성경 족보의 의미와 특징과 기능 그리고 구속사와의 관계를 살펴보도록 하겠습니다.

I 족보의 의미
THE SIGNIFICANCE OF GENEALOGIES

 마태복음에 나오는 예수 그리스도의 족보 마지막 부분인 제3기에 대한 연구를 시작하면서, 다시 한 번 족보의 의미를 살펴보고자 합니다. 우선 족보의 일반적 의미와 성경적 의미, 그리고 성경에 나오는 여러 족보를 개괄적으로 알아보겠습니다.

1. 족보의 일반적 의미
General significance of genealogies

 족보는 한자로 '겨레(가계) 족(族), 계보 보(譜)'로서, '한 조상으로부터 비롯한 종족(宗族)의 혈통 관계를 부계(父系)를 중심으로 도표화하고, 아울러 그 발자취의 대강을 알기 쉽게 설명한 책'을 의미합니다. 더 나아가, 족보는 '동일 혈족(同一血族)의 원류를 밝히고 그 혈통을 존중하며 가통(家統)의 계승을 명예로 삼는 한 집안의 역사책'입니다.[4] 국가에는 국사나 역사 실록이 있고, 집안(씨족)에는 혈통적인 족보가 있습니다. 족보의 종주국으로 불릴 만큼 혈통을 중시하는 우리나라는 예로부터(특히 조선 시대) 남녀가 결혼하면 아들을 낳아

가계를 계승하는 일을 매우 중요시하였습니다. '아들'은 가문을 일으키는 기둥이요 대들보였습니다. 그래서 시집가서 아들을 낳지 못해 대를 잇지 못하면 이른바 칠거지악(七去之惡: 조선 시대에 아내를 내쫓을 수 있는 이유가 되는 일곱 가지 허물)을 범한 것으로, 이혼의 사유가 될 정도였습니다. 심지어 가문의 대를 잇기 위해서 다른 집에서 양자를 얻어 오거나 씨받이로 자식을 낳기까지 하였습니다.5)

이처럼 우리나라는 조상부터 대대로 혈통을 존중하고 그 집안 계통을 기록한 족보를 귀중하게 여겼습니다. 족보를 통하여 후손들은 조상들을 존경하면서 위계질서를 바로잡고, 서로간의 화목과 종족의 일치단결을 이루었습니다. 족보를 역대 조상의 얼이 담겨 있는 귀중한 보감(寶鑑)*으로 여겨, 족보를 대할 때는 상 위에 모셔 놓고 정한수(맑은 물)를 떠 놓고 절을 하고 살아 계신 조상을 모시듯이 소중히 생각하였습니다. 그리하여 집에 화재가 나면 족보부터 들고 나올 정도였고, 가문의 명예를 더럽힌 자는 족보에서 제하여 버렸으니, "족보에서 빼 버린다"라는 말을 듣는 것은 가장 큰 수치였습니다. 혼인을 할 때도 상대의 족보를 까다롭게 따져 잡혼(雜婚)**이 되지 않도록 하였습니다.

성경을 볼 때, 유다인들도 수천 년 동안 족보를 귀중하게 여겼습니다. 족보는 조상들의 역사를 압축하여 기록한 것인데, 이스라엘 백성이 '우리 조상***'(창 47:9, 신 26:7, 대상 29:10, 눅 1:72-73, 3:8,

---

* 보배 보(寶), 거울 감(鑑): 다른 사람이나 후세에 본보기가 될 만한 귀중한 일이나 사물 또는 그런 것을 적은 책
** 섞일 잡(雜), 혼인 혼(婚): 원시 사회에서 일정한 부부 관계가 없이 동물적인 방법에 의하여 함부로 무질서하게 행해지는 결혼 또는 다른 민족 간의 결혼
*** 할아비 조(祖), 위 상(上): 돌아가신 아버지 위의 대대(代代)의 어른, 선조, 열조, 한 민족의 시조(창 4:20-21), 가문에서 할아버지 이상의 어른

히 1:1)이나 '너희 조상'(창 48:21, 출 3:13-16, 수 24:2-3, 사 51:2, 렘 7:7)과 같은 표현을 자주 사용한 것은, 그들이 족보를 매우 귀하게 여긴 흔적입니다.

이스라엘은 각 지파별로 친족 관계를 기록한 족보를 소유하고 있었습니다(대상 4:33, 참고·대상 5:1, 7, 17, 7:5, 7, 9, 40, 9:1, 22, 대하 31:16, 19, 스 2:59, 62, 8:1, 3, 느 7:5, 64). 출애굽 후 이스라엘의 인구 조사 과정에서도 12지파의 명수를 보고하는 각 구절마다 '~의 아들들에게서 난 자를 그들의 가족과 종족을 따라'(민 1:20, 22, 24, 26, 28, 30, 32, 34, 36, 38, 40, 42)를 반복적으로 기록하고 있습니다. 이것은 히브리어로 '톨레도탐 레미쉬페호탐 레베트 아보탐'(תוֹלְדֹתָם לְמִשְׁפְּחֹתָם לְבֵית אֲבֹתָם)으로서, 직역하면 '일가 친척과 아버지의 집안을 따라 기록한 족보들(혹은 세대들)'이라는 뜻입니다. 이처럼 이스라엘은 각 지파별로, 가족의 혈통대로, 자기 계통이 있었으며(민 1:18), 12지파의 기업 분배도 '그 가족을 따라서', '그 가족대로' 이루어졌습니다(수 13:15, 23-24, 28-29, 31).

유대인들은 자그마치 1세기까지 놀라울 정도로 완전한 족보를 정확하게 보존하고 있었습니다.[6] 제사장의 경우는 족보의 관리가 매우 엄정하게 되어, 2천 년 동안이나 대제사장의 명단들을 지니고 있었다고 유대 역사가 요세푸스는 기록하고 있습니다(아피온 반박문 1권 35절). 누가복음 3장에 기록된 예수 그리스도의 족보만 보아도 유대인들이 족보를 철저하게 보관하였음을 알 수 있습니다. 유대인들은 바벨론 포로에서 돌아온 후에도 에스라와 느헤미야를 통해 다시 그들의 족보를 철저하게 심사하고 보완하여 정리하였습니다(스 9-10장, 느 13장).

이처럼 성경에서 족보를 중요하게 다루고 있는 것은, 아담 타락

이후 죄인들을 구원하기 위하여 이 세상에 구주를 보내시려는 하나님의 구속 경륜이 족보의 계통을 따라 전개되고 이루어졌기 때문입니다.

2. 족보의 성경적 의미
Biblical significance of genealogies

성경에 나오는 족보는 일반적으로 조상적부터 내려오는 계통을 나타냅니다. 성경에 나타나는 족보는, 개인적인 혈통 또는 가족, 씨족, 지파, 민족 등과 같은 집단들의 친족 관계를 이름으로 순서 있게 기록해 놓은 것입니다.[7]

(1) 족보의 원어적 의미

족보를 의미하는 원어는 다음 몇 가지가 있습니다.

① '야하스'(יָחַשׂ)

야하스의 기본적인 뜻은 '(사람, 인명을) 명단에 기재하다, 병적에 올리다'(enroll)이며, 구약성경에서 사용된 18회 모두 '재귀형'(히트파엘형)으로만 쓰였습니다. 성경에서 '야하스'는 '(족보에) 이름을 기재하다, 올리다'는 뜻으로 사용되었으므로, 인구를 조사할 때 각 지파별로 보존하고 있던 족보에 주로 나타납니다(대상 4:33, 5:1, 7, 17, 7:5, 7, 9, 40, 9:1, 22, 대하 31:16, 19, 스 2:62, 8:1, 3, 느 7:5, 64). 역대기와 에스라 등 족보에서 주로 사용되었습니다.

이로써, 온 이스라엘의 이름을 그 지파대로 빠짐없이 족보에 '기록했다'(올렸다)는 사실을 명확히 해 주고 있습니다. 개역성경에서는 '야하스'를 '보계대로 계수되고'라고 번역하였는데, 이는 온 이스라엘 백성들의 '이름이 족보를 따라 모두 기록되었다'는 뜻입니다. 따라서 족보에 '올랐다'(야하스)는 것은 12지파에 소속되어 있는 인물들의 혈통과 그 수효가 확인되었다는 의미뿐 아니라, 하나님의 선민으로 인정되어 언약 백성의 족보에 오르게 되었음을 나타냅니다.

등록된 이름을 나열하는 데 주로 사용된 '야하스'와는 달리, '톨도트'는 그 이름과 관련한 대략적인 사건까지 기록되어 있습니다.

② '톨도트'(תוֹלְדֹת)

개역성경에서 '대략, 계보, 사적, 후예, 약전, 연치대로, 대대로' 등 다양하게 번역되어 있는 톨도트는 '새끼를 낳다'라는 뜻의 '얄라드'(יָלַד)에서 유래한 단어입니다. 그래서 톨도트는 '출생, 낳은 순서'(출 6:16 '연치')라는 뜻으로 쓰이며, 또한 많은 경우에 '세대'라는 뜻으로 쓰입니다. 민수기 1:22에서 '난 자를'이라고 번역된 '톨도탐'(תוֹלְדֹתָם)은 '자손, 결과, 출생'이라는 뜻의 '톨레다'(תוֹלֵדָה)의 남성 3인칭 복수형으로, 정확하게 해석하면 '그들의 세대들'이라는 뜻입니다. 이런 경우는 시조가 되는 한 사람이 전제되며, 그에 의해 발생했다는 사실이 함께 강조됩니다(민 1:20, 22, 24, 26, 28, 30, 32, 34, 36, 38, 40, 42, 3:1, 대상 1:29, 5:7, 7:2, 4, 9, 8:28, 9:9, 34, 26:31). 말하자면, 톨도트는 시발점에 있는 인물의 계보를 밝힘으로써 하나님께서 앞으로 그 후손 가운데 어떻게 역사하시고 또 어떤 자손들을 통하여 구속사를 이끌어 나가시는가를 밝혀 보여 주고 있는 것입니다.

또한, 톨도트는 '출생, 세대'라는 좁은 의미보다는, 탄생한 자들의 전 생애의 역사나 업적을 요약한 기록이라는 포괄적인 의미로도 많이 사용됩니다(창 2:4, 5:1, 6:9, 10:1, 32, 11:10, 27, 25:12, 19, 36:1, 37:2, 출 6:16, 19, 룻 4:18). 따라서 톨도트는 단순히 이름만 나열하는 족보가 아니라, 구속사적으로 의미 있는 내용을 선별한 족보라고 볼 수 있습니다. 결국, 톨도트는 하나님의 구속사가 인류의 시작부터 예수 그리스도가 오시기까지 어떤 자손들을 통하여 어떻게 전개되었는지 보여 주는 족보라 해도 과언이 아닐 것입니다.

③ '게네시스'(γένεσις)

족보를 의미하는 헬라어 '게네시스'는 '출생(birth), 기원(origin), 시작(beginning)'을 뜻하기도 합니다.

마태복음 1:1 "아브라함과 다윗의 자손 예수 그리스도의 세계라"
Βίβλος γενέσεως Ἰησοῦ Χριστοῦ υἱοῦ Δαβὶδ, υἱοῦ Ἀβραάμ

마태복음 1:18 "예수 그리스도의 나심은 이러하니라 ..."
Τοῦ δὲ Ἰησοῦ Χριστοῦ ἡ γέννησις οὕτως ἦν ...

'게네시스'에 해당하는 히브리어는 '톨도트'(תוֹלְדֹת)입니다. 그 어원은 '낳다(to beget)'라는 뜻을 가진 '겐나오'(γεννάω)에서 유래하였으며, 족보가 조상들의 출생을 구속사적으로 기록한 것임을 나타냅니다.

④ '게네알로기아'(γενεαλογία)

게네알로기아는 '세대, 가문'이라는 뜻의 '게네아'(γενεά)와 '말씀, 글'이라는 뜻의 '로고스'(λόγος)가 합성된 것으로, '가문의 기록'을 의미합니다. 이것은 디모데전서 1:4과 디도서 3:9에서 두 번 사용되었으며, 랍비들이 꾸며 만들기를 좋아해서 만든 세속적 족보를 가리킵니다.

> **디모데전서 1:4** "신화와 끝없는 족보(γενεαλογίαις)에 착념치 말게 하려 함이라 이런 것은 믿음 안에 있는 하나님의 경륜을 이룸보다 도리어 변론을 내는 것이라"
>
> **디도서 3:9** "그러나 어리석은 변론과 족보 이야기(γενεαλογίας)와 분쟁과 율법에 대한 다툼을 피하라 이것은 무익한 것이요 헛된 것이니라"

(2) 성경에 나오는 족보들

성경은 '여자의 후손' 한 분을 고대하면서 아담과 하와의 가족을 시작으로 경건한 계통을 보존하며 끊임없이 이어 가는 거룩한 족보의 역사입니다(말 2:15). 성경에는 다양한 형식의 수많은 족보가 나오는데, 그 가운데 중요한 몇 가지를 간추려 보면 다음과 같습니다.

① 창세기의 족보

창세기는 기나긴 하나님의 구속사를 압축하고 또 압축한 열 개의 족보를 기록하고 있습니다. 그리하여 창세기는 '족보 책'이라는 별명이 붙어 있습니다. 열 개의 족보는 사람 이름을 나열한 족보(창 5:1, 10:1, 11:10, 27, 25:12, 19, 36:1)와 역사적 사건을 이야기식으로 기록한 족보(창 2:4, 6:9, 37:2)가 교차적으로 등장하고 있습니다. 열 개의 족보는 분리된 것 같으나 하나로 연결되어 있으며, 한 족보가 끝나면서 바로 다음 족보가 시작됩니다. 족보 각각의 주제가 모여 창세기 전체의 주제를 이루고 있습니다. 특히 창세기 5:1은 "아담 자손의 계보가 이러하니라"라고 말씀하고 있는데, 여기 '계보'(系譜)라는 단어는 히브리어로 '세페르 톨도트'(סֵפֶר תּוֹלְדֹת)이며, '족보 책'이라는 뜻입니다. 이는 창세기 5장의 족보가 단순한 인명의 나열이 아니라 하나님의 방대한 구속사적 경륜을 압축하여 기록한 '책'임을 나타냅니다.

창세기에 나타난 열 개의 톨도트(תוֹלְדֹת)를 순서대로 정리하면 다음과 같습니다.

1 - 하늘과 땅의 족보(창 1:1-2:4, 2:4-4:26)
   창세기 2:4 "천지의 창조된 **대략**(תוֹלְדֹת)이 이러하니라"

2 - 아담 자손의 족보(창 5:1-6:8)
   창세기 5:1 "아담 자손의 **계보**(תוֹלְדֹת)가 이러하니라"

3 - 노아 가족의 족보(창 6:9-9:29)
   창세기 6:9 "노아의 **사적**(תוֹלְדֹת)은 이러하니라"

4 - 노아 자손들의 족보(창 10:1-11:9)
   창세기 10:1 "노아의 아들 셈과 함과 야벳의 **후예**(תוֹלְדֹת)는 이러하니라"

5 - 셈의 족보(창 11:10-26)
   창세기 11:10 "셈의 **후예**(תוֹלְדֹת)는 이러하니라"

6 - 데라(아브라함)의 족보(창 11:27-25:11)
   창세기 11:27 "데라의 **후예**(תוֹלְדֹת)는 이러하니라"

7 - 이스마엘의 족보(창 25:12-18)
   창세기 25:12 "아브라함에게 낳은 아들 이스마엘의 **후예**(תוֹלְדֹת)는 이러하고"

8 - 이삭의 족보(창 25:19-35:29)
   창세기 25:19 "아브라함의 아들 이삭의 **후예**(תוֹלְדֹת)는 이러하니라"

9 - 에서의 족보(창 36:1-37:1)
   창세기 36:1 "에서 곧 에돔의 **대략**(תוֹלְדֹת)이 이러하니라"

10 - 야곱의 족보(창 37:2-50:26)
   창세기 37:2 "야곱의 **약전**(תוֹלְדֹת)이 이러하니라"

② 역대기의 족보

역대상을 열면 누구나 첫 장의 첫 구절부터 족보임을 알 수 있는데, 그렇게 9장에 이르기까지 수많은 이름이 방대한 구약의 역사를 대신하고 있습니다. 역대기 족보는 아담부터 제2차로 바벨론 포로지에서 귀환한 세대까지 약 3,600년이 넘는 역사를 기록하고 있는데, 특히 아담, 노아, 아브라함, 야곱, 다윗 등 성경에 나오는 중요한 언약 체결자들을 중심으로 기록하고 있습니다(대상 1:1-4, 5, 8, 17, 24-27, 28, 34, 2:1, 3:1).

족보로 시작되는 역대기는 히브리어 구약성경 중에 제일 마지막에 위치하며, 족보로 시작되는 마태복음은 신약성경의 제일 처음에 위치합니다. 이처럼 구약의 역대기와 신약의 마태복음이, 족보를 통해서 서로 연결되고 있습니다. 역대기 족보는 하나님께서 이스라엘 역사 속에서 행하신 구원 사역을 보여 주며, 마태복음의 예수 그리스도의 족보는 하나님의 구속사가 예수 그리스도를 통해서 성취된 것을 보여 줍니다.

역대기의 족보는 아담부터 시작하여 이스라엘 전체 역사를 정제하여 압축한 기록입니다. 창세기의 족보가 아브라함과 야곱의 열두 아들을 중심으로 기록되었다면, 역대기의 족보는 다윗과 바벨론 포로지에서 예루살렘으로 돌아온 남은 자를 중심으로 기록되었습니다.

역대기의 길고 방대한 족보는 포로지에서 귀환한 이스라엘의 과거와 미래를 연결하는 다리로 사용되었습니다. 아담부터 믿음의 조상 아브라함과 다윗왕에 이르기까지 하나님의 구속사가 한순간도 끊어지지 않고 이어져 왔다는 사실과, 바로 그 연속선상에 포로지에서 귀환하여 남은 자손이 있다는 사실을 보여 줌으로써 그들의 시대와 미래를 향한 하나님의 구속 경륜을 선포한 것입니다.

다시 말해서, 역대기의 족보는 바벨론에서 70년간 포로 생활을 마치고 돌아온 귀환자들에게 그들의 역사적 혈통적 뿌리와 언약 백성의 정체성을 재확인시켜 줌으로써 새로운 '이스라엘 재건'의 사명을 깨우쳐 주는 역할을 하였습니다. 이렇게 역대기 속에 족보를 기록한 목적은 역대기 족보의 교차 구조에서도 잘 나타나고 있습니다.[8]

역대기 족보의 교차 구조

A	역대상 1:1-54		이스라엘 전(前)의 세계(이스라엘의 뿌리)
B	역대상 2:1-2		이스라엘의 모든 아들들
C	역대상 2:3-4:23		유다 - 다윗왕의 지파
D	역대상 4:24-5:26		이스라엘의 지파들
E	역대상 6:1-47		대제사장과 레위의 자손들
F	역대상 6:48-49		제사장들의 의무
F¹	역대상 6:50-53		대제사장들
E¹	역대상 6:54-81		정착지의 레위의 자손들
D¹	역대상 7:1-40		이스라엘의 지파들
C¹	역대상 8:1-40		베냐민 - 사울왕의 지파
B¹	역대상 9:1상		계수된 모든 이스라엘
A¹	역대상 9:1하-34		이스라엘의 재건

역대기 족보에서 1장부터 9장은 서로 병행적으로 교차되고 있습니다. 역대상 1:1-54에서 이스라엘의 뿌리를 선포하고, 이것과 교차되는 역대상 9:1하-34에서 바로 그 이스라엘이 바벨론 포로에서 귀환하여 다시 재건되었음을 선포하고 있습니다.

역대기 족보는 크게 3부로 구성되어 있습니다.

제1부는 역대상 1:1-3:24로 다윗 가문의 계보, 제2부는 역대상 4:1-8:40로 야곱의 열두 아들로부터 바벨론 포로 직전까지 이스라엘 12지파의 계보, 제3부는 역대상 9장으로 바벨론 포로 귀환 세대의 지파별 계보를 기록하고 있습니다.

이것을 장별로 정리하면 다음과 같습니다.

역대기 족보의 장별 정리

역대상 1장 - 창세기에 기록된 족보를 근거로 기록됨
- 아담부터 노아까지 직계 자손들(1-4절, ^{참고}창 5:1-32)
- 노아의 자손들(5-23절, ^{참고}창 10:1-32)
- 셈의 자손들(24-27절, ^{참고}창 11:10-26)
- 아브라함과 그 자손들(28-33절, ^{참고}창 25:1-16)
- 이삭의 자손들(34절, ^{참고}창 25:19-26)
- 에서의 자손들(35-37절, ^{참고}창 36:1-19)
- 세일의 자손들(38-42절, ^{참고}창 36:20-30)
- 에돔의 왕들 8명(43-50절, ^{참고}창 36:31-39)
- 에돔의 족장들 11명(51-54절, ^{참고}창 36:40-43)

역대상 2장 - 다윗왕까지의 유다 지파 자손들

역대상 3장 - 다윗과 솔로몬의 뒤를 이은 유다 열왕과 바벨론 포로기와 귀환 이후 인물들

역대상 4장 - 유다의 또 다른 아들들(1-23절)과 시므온 지파의 자손들(24-43절)

역대상 5장 - 르우벤, 갓, 므낫세 반 지파의 자손들

역대상 6장 - 대제사장과 레위 지파 사람들

> **역대상 7장** - 잇사갈, 베냐민, 납달리, 므낫세, 에브라임, 아셀 등 여섯 지파에 소속된 사람들
>
> **역대상 8장** - 베냐민 지파에 소속된 사람들
>
> **역대상 9장** - 바벨론 포로지에서 귀환하여 예루살렘에 거주한 자들
> · 귀환한 일반 백성의 족보(1-9절)
> · 귀환한 제사장의 족보(10-13절)
> · 귀환한 레위인의 족보(14-34절)
> · 사울왕의 족보(35-44절)

역대기 족보에 나타난 주요 특징은 다음과 같습니다.

첫째, 중간에 많은 세대를 생략하고 있습니다.

역대기 족보는 하나님의 구속사적 경륜 가운데 어떤 부분은 과감히 생략하고 어떤 부분은 강조하여 기록하고 있습니다.

예를 들어, 역대상 2:6에서 "세라의 아들은 시므리와 에단과 헤만과 갈골과 다라니 모두 다섯 사람이요"라고 말씀하고 있습니다. '세라'는 주전 1876년 애굽에 들어간 야곱의 70가족 명단에 나오는 이름입니다(창 46:12). 반면에, 세라의 아들로 기록된 '시므리와 에단과 헤만과 갈골과 다라'는 솔로몬 시대(주전 970-930년)의 사람들로 추정됩니다(왕상 4:31). 따라서 세라와 이 다섯 사람들의 사이에는 약 900년 이상의 간격이 있습니다.

그러므로 역대상 2:6에 사용된 '아들'의 히브리어 '벤'(בֵּן)은 단순히 아들이란 뜻이 아니라 '후손들'이라는 뜻으로 쓰인 것입니다.

둘째, 수많은 자손 가운데 구속 역사에 관계되는 사람만 기록
하고 있습니다.

　예를 들어, 세라의 자손이 수없이 많이 있지만 하나님께서는 그 중에 다섯 사람만 기록하셨습니다. 그 가운데 '에단, 헤만, 갈골, 다라'는 열왕기상 4:31에 나오는 솔로몬의 지혜와 필적(匹敵)*했던 '에단, 헤만, 갈골, 다르다'와 동일한 사람들입니다. 이들의 이름이 같고, 기록된 순서도 같기 때문입니다.

　역대상 2:6의 '다라'(דָּרַע)는 열왕기상 4:31의 '다르다'(דַּרְדַּע)의 압축형입니다. 또 역대상 2:6의 '세라'는 히브리어 '제라흐'(זֶרַח)이며, 열왕기상 4:31의 '에스라 사람' 역시 히브리어 '제라흐'(זֶרַח)에서 유래되었습니다(참고-시 89:1 표제어).

　한편, 열왕기상 4:31에서는 헤만과 갈골과 다르다가 '마홀의 아들'로 기록되어 있습니다. 그런데 '마홀의 아들'은 히브리어 '베네 마홀'(בְּנֵי מָחוֹל)로서, '춤의 아들'이라는 뜻입니다. 여기에 사용된 아들 '벤'(בֵּן)은 혈통적인 직계 아들이 아니라 '어떤 모임의 구성원들'을 가리키는 표현으로 사용되었습니다. 그러므로 '마홀의 아들'은 마홀의 혈통적인 아들이라는 뜻이 아니라, 하나님의 성전에서 거룩한 춤을 추는 직분을 가진 사람들을 나타내는 것입니다.

　또한, '에단, 헤만, 갈골, 다라' 외에 언급된 시므리는 히브리어로 '지므리'(זִמְרִי)이며, '노래로 찬양하는'이라는 뜻입니다. 마홀의 아들들이 춤으로 하나님께 헌신한 사람들이었다면, 시므리는 찬양으로 하나님께 헌신한 사람이었던 것입니다.

---

*짝 필(匹), 상대(맞설) 적(敵): ① 재주, 힘이 엇비슷하여 서로 맞서는 것
　　　　　　　　　　　　② 능력, 세력 등이 엇비슷하여 서로 견줄 만함
　　　　　　　　　　　　③ 맞상대, 상대가 될 만한 적수

이처럼 역대기 족보는 하나님의 구속사에 관계 없는 세대는 생략하고, 하나님의 구속사에서 필수(必須)적인 인물들을 중심으로 기록했습니다. 창세기 3:15에서 '여자의 후손'으로 오실 메시아를 약속하신 후, 하나님께서는 바벨론 포로라는 역사적 암흑기 속에서도 그 약속을 이루시기 위하여 구속사를 쉬지 않고 면면히 이어 오셨으며, 역대기 족보를 통하여 그 약속의 성취를 더욱 분명히 보여 주고 계신 것입니다.

③ 룻기의 족보

룻기는 영적 암흑기인 사사 시대에 산 한 가정(엘리멜렉, 나오미, 말론, 기룐, 오르바, 룻)의 몰락과 구원을 기록하고 있습니다. 룻기 4장에는 베레스부터 다윗까지 열 명의 족보가 기록되어 있습니다.

> **룻기 4:18-22** "베레스의 세계는 이러하니라 베레스는 헤스론을 낳았고 ¹⁹헤스론은 람을 낳았고 람은 암미나답을 낳았고 ²⁰암미나답은 나손을 낳았고 나손은 살몬을 낳았고 ²¹살몬은 보아스를 낳았고 보아스는 오벳을 낳았고 ²²오벳은 이새를 낳았고 이새는 다윗을 낳았더라"

룻기에 나오는 이 짧은 족보가 중요한 이유는, 바로 이 다윗의 자손으로 메시아가 오실 것이기 때문입니다. 룻기의 족보는 마지막 4장의 끝에 베레스의 족보를 통해 '다윗'이라는 언약의 통로를 보여 줌으로써, 사사 시대와 왕정 시대를 잇는 고리 역할을 하고 있습니다. 사사 시대가 영적으로 캄캄한 암흑기였지만, 룻기 4장의 족보는 하나님께서 여전히 다윗과 그 자손으로 오실 메시아를 예비하고 계시다는 소망을 선포하고 있는 것입니다.

특히 룻기에 기록된 족보에는 생략된 대수가 있습니다.

첫째, 룻기 4:19에 기록된 '람과 아미나답' 사이에 애굽 생활 430년 대부분이 생략되어 있습니다(참고-마 1:3-4, 대상 2:9-10).

베레스의 아들 헤스론은 애굽에 들어갔던 야곱의 70가족 명단에 언급되어 있습니다(창 46:12). 헤스론의 아들 람은 헤스론이 첫째 부인을 통해서 낳은 둘째 아들로(대상 2:9), 헤스론과 람 사이에는 생략이 없습니다. 그런데 람의 아들로 기록된 아미나답은 애굽 생활 430년 말기의 인물입니다. 아미나답의 딸 엘리세바는 나손의 누이로 광야의 지도자 아론의 아내가 되었으므로(출 6:23), 아미나답은 아론의 장인입니다. 그리고 아미나답의 아들 나손은 광야 시대에 유다 지파의 족장(방백)으로 등장합니다(민 1:7, 2:3, 10:14, 대상 2:10). 그러므로 람과 아미나답 사이에 애굽 생활 430년 대부분이 통째로 생략되어 있음을 알 수 있습니다.

둘째, 룻기 4:21에 기록된 '살몬과 보아스' 사이에 사사 시대 약 300년(참고-삿 11:26)이 생략되어 있습니다(참고-마 1:5-6, 대상 2:11-12).

여리고 기생 라합과 결혼한 살몬(마 1:5)은 분명히 가나안 정복 초기의 인물입니다. 그런데 살몬의 아들로 기록된 보아스는 사사 시대 말기의 인물로, '보아스-오벳-이새-다윗'은 시간 공백이 없는 세대임을 성경이 증언하고 있습니다(룻 4:13-17, 21-22). 그러므로 살몬과 보아스 사이에 영적 암흑기(삿 2:7-10, 17:6, 21:25)였던 사사 시대 약 300년이 통째로 생략되어 있음을 알 수 있습니다.

④ 에스라서와 느헤미야서에 기록된 족보

구약성경 에스라서와 느헤미야서의 특이한 점은 사람의 이름을 지루하게 나열한 '족보'가 계속된다는 것입니다. 바벨론 포로지에서 돌아온 제1차 귀환자 명단(스 2:1-63, 느 7:5-65), 제사장 에스라의 족보(스 7:1-6), 제2차 귀환자 명단(스 8:1-20), 성벽 건축 담당자 명단(느 3:1-32), 율법을 지키기로 언약한 자의 명단(느 10:1-27, 참고-느 9:38), 예루살렘에 정착한 자의 명단(느 11:1-36), 제사장과 레위인의 명단(느 12:1-26)이 기록되어 있습니다.

아무 의미도 없는 것 같은 명단을 왜 이렇게 많이 기록해 두었을까요?

먼저, 이 족보들은 이스라엘의 포로 귀환이 역사적 사실이었음을 보여 주는 근거가 됩니다. 또한, 옛날에 포로로 잡혀간 선조들과 지금 돌아온 후손들을 연결하는 다리 역할을 하여, 하나님의 구속사가 중단되지 않고 계속 이어지고 있음을 보여 줍니다.

구속사 전체로 볼 때, 구약성경 에스라서와 느헤미야서는 국가의 주권이 완전히 무너져 나라가 망한 암담한 상황에서 메시아를 기다리게 하는, 구약과 신약을 연결하는 '허리' 부분에 해당합니다.

에스라와 느헤미야는 가장 암울한 시기에 백성의 마음을 위로하고 격려함으로써 신앙을 회복하여 온 나라를 하나님 앞에 세우기 위해 노력한 지도자입니다. 그들은 산산이 깨어진 나라를 하나님의 구속사적 경륜 위에 다시 세우기 위해 몸부림쳤습니다. 그 결과로, 바벨론에서 귀환하는 순간부터 나라를 다시 일으켜 세우기까지 '하나님의 선한 손의 도우심'이 함께하였습니다(스 7:6, 9, 8:18, 22, 31, 느 2:8, 18).

느헤미야는 성전과 성벽이 재건된 예루살렘을 이스라엘 민족의 구심점으로 삼기 위해서 대적들의 공격에 충분히 대항할 수 있는 인구(人口)가 어느 정도 있어야 함을 느꼈습니다. 그래서 그는 다른 지역에 있는 사람들을 예루살렘으로 이주시키기 위해 이미 과거에 작성된 제1차 귀환자 명단을 다시 확인했습니다. 그것이 '처음으로 돌아온 자의 보계'(느 7:5)입니다. 이때는 주전 444년 제3차 귀환이 이루어지고 성벽이 재건된 후로, 제1차 귀환 후 대략 93년이나 지난 때였습니다.

바벨론에서 돌아와 성벽을 완성한 후, '그 성은 광대하고 거민은 희소하여 가옥을 오히려 건축하지 못한' 상태에서(느 7:4) 느헤미야는 먼저 족보를 조사하기 시작하였습니다.

이렇게 족보의 명단과 수효를 확인하여 기록하는 작업은 느헤미야가 임의로 한 것이 아니라, 하나님의 감동하심과 인도하심으로 시행한 것입니다. 이는 느헤미야가 족보를 기록한 그 첫머리에 "내 하나님이 내 마음을 감동하사 귀인들과 민장과 백성을 모아 그 보계대로 계수하게 하신 고로"(느 7:5)라고 고백한 데서 알 수 있습니다. 족보의 기록은 분명 구속사적 경륜 속에서 하나님의 감동으로 된 것입니다.

이스라엘 각 사람에게 족보는 이스라엘에 속하였다는 국적의 표시가 되었으므로 매우 중요했습니다.

바벨론 포로민들 속에서 함께하며 활동했던 에스겔 선지자는, 허탄한 묵시를 보며 거짓 것을 점치는 선지자는 '내 백성의 공회'에 들어오지 못하고 '이스라엘 족속의 호적'에 기록되지 못할 뿐 아니라 '이스라엘 땅에도 들어가지 못하게' 한다하시는 여호와의 말씀을 전하였습니다.

에스겔 13:9 "그 선지자들이 허탄한 묵시를 보며 거짓 것을 점쳤으니 내 손이 그들을 쳐서 내 백성의 공회에 들어오지 못하게 하며 이스라엘 족속의 호적에도 기록되지 못하게 하며 이스라엘 땅에도 들어가지 못하게 하리니 너희가 나를 여호와인 줄 알리라"

이처럼 이스라엘에 속하였다는 사실을 증명하는 족보가 확실치 않은 사람은 그 순간부터 이스라엘 공동체로부터 제외되는 것입니다.

실제로 느헤미야 7:61-62을 보면, 제1차 귀환자 가운데 델멜라와 델하르사와 그룹과 앗돈(앗단)과 임멜로부터 올라온 자 중에 그 종족과 보계가 이스라엘에 속하였는지 증거할 수 없던 자(들라야 자손, 도비야 자손, 느고다 자손)의 수효가 642명(652명-스 2:59-60)이나 되었습니다. 특히 에스라와 느헤미야는, 제사장의 족보에서 자기 이름을 찾아도(בָּקַשׁ, 바카쉬: 아주 열심히 찾다) 얻지 못하여 부정하게 여겨져 제사장직을 행하지 못하게 되었던 하바야 자손(호바야 자손), 학고스 자손, 바르실래 자손도 기록하였습니다(스 2:61-63, 느 7:63-65). 혈통이 의심스러웠던 제사장들이 자기가 속한 족보를 아주 열심히 찾다가 끝내는 족보를 밝히지 못하여 제사장직을 박탈당한 것입니다. 이것은 얼핏 가혹한 처벌처럼 보일 수도 있습니다. 그러나 제사장의 사명은 레위 지파의 특정 계보의 사람들만 감당하도록 구별된 큰 사명이었고(민 8:14-16, 16:9-10, 18:2-6, 신 10:8), 율법에서도 제사장의 가문은 특별히 성별되었으므로(참고-레 21:7-8, 13-15, 겔 44:22), 제사장의 족보를 밝히지 못한 자들은 제사장직을 수행하지 못하게 한 것입니다.

또한, 에스라와 느헤미야는 포로지에서 돌아온 후, 이방인과 유다인의 혈통이 섞이지 않도록 혼인 제도를 바로잡았습니다(스 9-10장, 느 13:23-31). 에스라가 예루살렘으로 귀환한 후 대대적으로 개혁

한 것은 이방 족속과의 통혼 문제였습니다. 저들은 이방의 우상을 숭배하며 가증한 일을 행하였고(스 9:1), 이방의 딸을 취하여 아내나 며느리를 삼아 혈통이 섞이게 하였습니다. 이 일에 방백과 두목들이 더욱 으뜸이었으므로(스 9:2), 에스라와 느헤미야는 족보를 샅샅이 심사하여 다시 정리한 것입니다. 실로, 이방인과의 통혼을 금지하신 하나님의 강력한 명령을 온전히 준행코자 했던 철저한 신앙 개혁이었습니다(신 7:2-4, 스 9:12). 학사 겸 제사장인 에스라는 이방 여인을 끊어 버릴 것을 강력하게 명령한 후(스 10:10-11), 3개월간(10월 1일-1월 1일) 족보를 샅샅이 뒤지고 심사하여(스 10:16下-17) 다시 정리하였습니다. 함께 살던 부부가 정을 끊고 사랑하는 자녀들까지 모두 생이별해야 하는 대대적인 이혼 명령이 떨어진 것입니다.

에스라의 족보 개혁은 즉각적이고도 단호하여서, 이혼한 자가 도합 114명이나 되었습니다. 그 가운데 제사장 계열에서만 18명(대제사장 예수아 자손 5명), 레위 사람 중에는 10명이 이혼하였는데, 이혼을 당한 이방 아내와 자식들은 그 즉시 이스라엘에서 모두 추방되었습니다(스 10:18-44).

행복하던 가정이 순식간에 파괴되는 이러한 극단의 조치는 엄청난 아픔과 고통이 뒤따르는 가혹한 모습으로 비추어질 수도 있었습니다. 그래서 에스라의 이러한 조치를 반대하기 위해 일어난 사람이 있었는데, 요나단과 야스야가 주동하고 므술람과 레위 사람 삽브대가 그 둘을 도와, 모두 네 사람이 반대하고 나섰습니다(스 10:15).

그러나 하나님의 구속 경륜 속에서 주권적인 역사로 이루어진 에스라의 개혁 의지는 매우 단호했고, 귀환한 백성은 그대로 행하였습니다(스 10:16-44). 그 후에 느헤미야도 동일한 문제에 부딪혔을 때 다른 피가 섞인 이방 사람들 곧 '섞인 무리'를 이스라엘 중에서 '몰수이 (כֹּל, 콜: 빠짐없이 모두)' 분리하였습니다(느 13:3).

이처럼 이스라엘이 국토가 유린되고 70년간이나 이방에서 포로가 되었던 상황에서도 족보가 잘 보존될 수 있었던 것은, 단순히 자기 혈통과 계통을 확인하는 차원을 넘어서 아브라함과 다윗에게 주신 축복의 언약을 지속적으로 계승하여, 메시아가 오실 순수한 혈통을 지키게 하시려는 하나님의 구속 섭리가 있었기 때문입니다.

⑤ 예수 그리스도의 족보

마태복음 1장 족보는 아브라함부터 예수 그리스도까지 41명을 하향식으로 기록하고 있으며, 누가복음 3장 족보는 예수 그리스도부터 하나님까지 77명을 상향식으로 기록하고 있습니다. 마태복음 1장 족보에서는 아브라함과 다윗에게 약속하셨던 언약의 성취로 42대 만에(14+14+14) 예수 그리스도가 오셨음을 보여 주고 있으며(마 1:17), 누가복음 3장 족보에서는 그리스도로부터 시작하여 아담과 하나님까지 하나로 연결된 구속사를 한눈에 보여 주고 있습니다.

마태복음 족보는 구약 역사 가운데 아브라함부터 예수 그리스도까지 약 2,162년의 역사를 압축한 구속사의 요지로서, 예수 그리스도가 오시기까지의 그 어마어마한 구속사를 16절의 짧은 족보를 통해 소개하였습니다. 예수 그리스도를 족보로 압축하여 소개한 이유는, 예수 그리스도가 구약의 핵심이요, 신약의 근거이며, 전 인류 역사의 분기점인 것을 한눈에 보게 함으로써 성경을 구속사의 거대한 맥으로 조망하도록 한 것입니다. 거기에는 창세 전부터 계획하시고 그것을 어김없이 이룩하신 하나님의 비밀의 경륜이 압축되어 있는 것입니다(참고-엡 3:9).

(3) 족보에 기록되신 예수 그리스도

예수 그리스도는 연대가 다함이 없고 영원부터 영원까지 스스로 계시는 분입니다(히 1:12, 7:24, 13:8). 예수 그리스도는 영원한 생명 자체요(요일 1:2, 5:11-12), 근본 하나님의 본체시요(빌 2:6), 말씀으로 우주 만물을 창조하시고 태초부터 항상 계신 하나님이십니다(요 1:1-3). 이러한 분의 이름이, 생(生)과 사(死)가 연속되는 혈통적 족보에 기록되었다는 것은 참으로 신비로운 사실입니다. 그러므로 예수 그리스도의 근본을 바로 알 때, 족보 속에 감추인 하나님의 크고 놀라운 구속사적 경륜을 더욱 깊이 깨닫게 될 것입니다.

히브리서는 예수 그리스도의 대제사장으로서의 위대한 사역에 대해 창세기 14:18-20의 '멜기세덱'이라는 인물을 들어 가장 뛰어나게 설명하고 있습니다.

멜기세덱은 살렘 왕 즉 '평강의 왕'이며, 또한 '멜레크'(מֶלֶךְ: 왕(王))와 '체데크'(צֶדֶק: 의(義))의 합성어로 '의의 왕'입니다(히 7:1-2). 멜기세덱은 왕이면서 '지극히 높으신 하나님의 제사장'(창 14: 18, 히 7:1)이었습니다. 멜기세덱은 전쟁에서 승리하고 돌아오는 아브라함에게 떡과 포도주를 주며 복을 빌었으며(창 14:18-19), 아브라함은 멜기세덱에게 전리품 중의 십일조를 바쳤습니다(창 14:20).

역사 속에 실존했던 이 멜기세덱의 특이한 점은, '아비도 없고 어미도 없고 족보도 없는 자'(히 7:3)요, '시작한 날도 없고 생명의 끝도 없는 자'(히 7:3)요, '하나님 아들과 방불한 자'(히 7:3)라는 것입니다. 그는 레위 족보에 들지 아니하였으나(히 7:6), "항상 제사장으로 있다"(히 7:3下)라고 말씀하고 있습니다.

히브리서는 예수 그리스도가 바로 이러한 '멜기세덱의 반차(班次: 신분이나 등급의 차례, 반열)'를 좇아 오신 '별다른 한 제사장'(히 7:11)이라고 선포하고 있습니다. 이렇게 예수 그리스도의 대제사장직은 본질적으로 가장 뛰어난 것임을 밝히면서, 오직 예수 그리스도만이 죄인의 완전한 중보자이시며 단번에 죄를 해결하실 수 있는 참된 구원자이심을 강력하게 증거하고 있습니다(딤전 2:5, 히 7:25, 27).

예수 그리스도는, 죽음으로 인하여 영원하지 못하고 자주 갈리는 레위 제사장들(히 7:23)과는 달리, 멜기세덱처럼 영원히 항상 있는 제사장입니다(히 7:24, ^{참고-}시 110:4, 히 5:6, 10, 6:20, 7:17). 따라서 예수 그리스도는 레위의 족보에 들지 아니한(히 7:6) 멜기세덱의 반차를 좇아서 오신, 본래부터 족보가 없는 영존하시는 하나님이시며, 무궁한 생명의 능력이 충만하신 분입니다(히 7:16).

예수님께서 바리새인들에게 "다윗이 그리스도를 주라 칭하였은즉, 그리스도가 어찌 다윗의 자손이 되겠느냐"라고 반문하신 것은(마 22:41-45, 막 12:35-37), 비록 예수님께서 다윗의 자손으로 오셨지만 실상은 다윗의 주(뿌리)로(마 22:45, 막 12:37, 계 5:5, 22:16), 족보를 초월하고 신성(神性)을 가지신 성자 하나님이심을 나타내신 것입니다. 이러한 분이 인성(人性)을 가지고 성육신(incarnation)하시어, '유다 지파 다윗의 후손'이라고 '족보'에 그 이름이 기록되어 있는 것은, 죄악된 인간을 구원하시려는 참으로 신비롭고 오묘한 하나님의 섭리와 아가페 사랑 속에 이루어진 초절정의 은혜의 사건입니다(^{참고-}롬 1:3-4, 빌 2:6-8, 히 2:14-17).

II
성경 족보의 특징과 기능
Distinctive Features and Roles of Biblical Genealogies

성경에 나오는 대부분의 족보는 일반적인 족보와 마찬가지로 인물들을 열거하기 전에 '서론'이 먼저 나옵니다. 족보의 '서론'은 족보의 기원과 핵심을 요약하면서, 이어지는 이름들을 이해하는 데 꼭 필요한 혈통 관계를 밝혀 주는 역할을 합니다.

성경의 족보에 나타난 서론은 다음과 같은 것이 있습니다.

"아담 자손의 계보가 이러하니라"(창 5:1)
"노아의 아들 셈과 함과 야벳의 후예는 이러하니라"(창 10:1)
"아브라함의 아들 이삭의 후예는 이러하니라"(창 25:19)
"에서 곧 에돔의 대략이 이러하니라"(창 36:1)
"야곱의 약전이 이러하니라"(창 37:2)
"애굽으로 내려간 이스라엘 가족의 이름이 이러하니"(창 46:8)
"그 조상을 따라 집의 어른은 이러하니라"(출 6:14)
"아론과 모세의 낳은 자가 이러하니라"(민 3:1)
"아브라함과 다윗의 자손 예수 그리스도의 세계라"(마 1:1)

또한, 성경의 족보를 기록 방식에 따라 구분하면, 혈통의 한 줄기를 따라가는 수직적 족보(창 5:1-32, 11:10-26, 대상 1:1-4, 24-

27, 마 1:1-16, 눅 3:23-38)와, 특정한 한 사람 당대의 여러 자녀를 나열하는 수평적 족보가 있습니다(창 10:1-32, 대상 1:5-23, 28-42). 그리고 현재의 인물을 강조하기 위해 자손에서 조상으로 거슬러 올라가는 상향(上向)식 족보가 있고(대상 6:33-48, 눅 3:23-38, ^{참고}스 7:1-5), 혈통의 정통성을 강조하기 위해 조상으로부터 자손으로 내려오는 하향(下向)식 족보가 있습니다. 성경에 기록된 대부분의 족보는 하향식으로 기록되었습니다.

이러한 서론이나 다양한 형식을 가지고 있는 성경의 족보는, 다른 일반적인 족보들과 구별되는 특이한 점들을 가지고 있으며, 그것들은 몇 가지 중요한 기능을 나타냅니다.

1. 성경에 나오는 족보의 특이한 점
Distinctive features of biblical genealogies

(1) 절대로 위조가 없습니다.

세상의 족보는 신분의 특권과 명예를 누리기 위한 목적으로, 혹은 권위와 업적을 과시하기 위해 사용되었습니다. 관직을 과장하거나 조작하고, 중간에 족보를 위조하는 경우가 많았습니다. 분명 천한 신분이었는데, 족보를 위조하기 위해 돈을 주고 신분을 사서 상놈이 양반으로 바뀌기도 하고, 아예 본관을 바꾸는 경우도 많았습니다.[9] 양반이 되기 전의 자료는 완전히 없애고 양반으로 바뀐 후의 자료만 후대에 전해지도록 하였습니다. 그러나 성경의 족보는 단 한 번도 중간에 위조된 적이 없고, 그 신분이나 명예를 과장되게 부풀려 기록된 것도 없으며, 오직 있는 그대로의 사실에 근거하여 거짓 없이 쓴 역사의 기록물입니다. 왜냐하면 모든 성경은 살아 계신 하나님의 감동으로 된 것으로(딤후 3:16), 오직 사실을 기초로 하여 성령의 감동하심을 입은 사람들이 하나님께 받아서 말한 것이기 때문입니다(벧후 1:21). 그러므로 성경에 나오는 모든 족보는 오직 성령에 의한 기록이며, 그 안에는 하나님의 놀라운 구속사적 경륜과 신비롭고 오묘한 섭리가 있습니다.

(2) 절대로 중단(단절)이 없습니다.

예로부터 아무리 명문가라고 하더라도 자식이 없어서 가문을 끝까지 지속하지 못하는 경우가 많았습니다.[10] 우리나라에서 명문가라고 하면 종갓집을 일컫는데, 종가는 '장자로 내려온 집', '시조로부터 적장자(嫡長子: 정실이 낳은 맏아들) 혈통으로 내려온 집'을 말합니다. 종가의 자격 조건 중에 하나는, 적장자 혈통으로 적어도 15대(代) 이상을 넘긴 혈통적 역사성을 지녀야 합니다.[11]

그런데 실제 종가라고 하면서도 성씨의 시조에서 현재의 후손까지 적장자 혈통으로만 내려온 종가는 거의 존재하지 않으며, 드물게나마 족보에서 찾아내었다 하더라도 이들의 행방을 추적하기란 쉽지 않습니다.[12] 그나마 오래 지속되었다는 고려는 왕건(王建)이 세운 왕조로서 공양왕(恭讓王)까지 34대 475년간(918-1392년) 존속했고, 조선은 태조 이성계(李成桂)가 세운 왕조로서 순종(純宗)까지 27대 519년간(1392-1910년) 존속했습니다.

그러나 성경의 족보는 아담 이후 약속된 '여자의 후손'(창 3:15)이 오시기까지 한 번도 중단된 적이 없습니다. 물론 성경의 족보 가운데 의도적으로 생략된 부분이 발견되기도 하지만, 모든 족보를 전체적인 관점에서 종합하여 보면 예수 그리스도가 오시기까지 결코 중단된 적이 없었습니다.

이스라엘 주변의 이방 민족의 족보는 연속적이지 않은 데다가, 과거와의 연결성 없이 일시적으로 등장했다가 시간이 흐르면 끊어져 다시는 언급되지 않습니다. 반면에, 하나님의 언약을 이어 가는 거룩한 선민의 족보는 이전 족보의 기본 골격이 든든하게 고정된 가운데 지속적으로 이어질 뿐 아니라, 그 족보에 근거하여 더 확장되어 갑니다. 예를 들어, 창세기 29:31-30:24은 야곱의 네 아내를 통한 열한 아들의 출생과 이름 그리고 그 이름의 의미를 밝힌 족보인데, 이 족보는 그 골격을 유지하면서 다시 창세기 46:8-27, 민수기 26:1-62에서 4대 후손까지 확장되고 있음을 볼 수 있습니다.

2. 족보의 기능
Functions of genealogies

(1) 직계 혈통의 흐름을 나타냅니다.

역대상 1:1-4에서는 '아담, 셋, 에노스, 게난, 마할랄렐, 야렛, 에녹, 므두셀라, 라멕, 노아, 셈, 함과 야벳'이라고 기록함으로, 아담부터 직계 혈통의 흐름을 기록하고 있습니다. 이러한 흐름을 통하여 각 인물의 조상이 누구인지를 알 수 있습니다. 성경에서는 한 사람을 소개할 때 반드시 그의 조상에 대하여 기록하였는데, 적어도 부친이 누구인가를 언급하고, 특히 왕, 제사장이나 선지자 등 중요한 인물들은 그의 5대조나 6대조, 심지어는 7대조까지 밝혔습니다(민 27:1, 수 17:3, 삼상 1:1, 9:1, 대상 4:37, 느 11:4-5, 습 1:1, ^{참고}스 7:5).

(2) 중요한 역사적 사실을 기록하고 있습니다.

성경에 나오는 족보는 혈통 관계를 나타낼 뿐만 아니라 그 사이

사이에 중요한 역사적 사실들을 기록하는 기능을 하고 있습니다. 예를 들어, 역대상 1:19에 "에벨은 두 아들을 낳아 하나의 이름을 벨렉이라 하였으니 이는 그때에 땅이 나뉘었음이요 그 아우의 이름은 욕단이며"라고 기록하고 있습니다(창 10:25). 이는 벨렉과 욕단이 에벨의 두 아들이라는 혈통적 관계뿐만 아니라 벨렉의 시대에 땅이 나뉘었다는 역사적 사실을 추가하여 설명하고 있습니다. 그러나 성경의 족보는 단순히 역사적 사실을 전달하려는 것보다, 여러 가지 역사적 사실을 통해 나타난 하나님의 구속 경륜을 밝히는 데 더 큰 목적이 있다는 것에 유념해야 합니다. 이와 관련하여 사도 바울은 하나님의 경륜과 상관없이 유대주의적 족보에 착념하는 자들을 향하여 족보 이야기는 변론만 낼 뿐 무익하고 헛된 것이라고 책망한 적이 있습니다(딤전 1:4, 딛 3:9).

(3) 소속과 신분을 밝혀 줍니다.

족보를 통해 그 사람이 속한 지파나 신분을 알 수 있습니다. 이스라엘은 각 지파별로 소유한 족보가 있으므로(대상 4:33, 5:1, 7, 17, 7:5, 7, 9, 40, 9:1, 22 등), 족보를 보면 소속 지파를 알 수 있습니다.

또한, 족보를 통하여 자신의 사회적 지위와 권리가 확실하게 규정되었습니다. 바벨론에서 귀환한 후부터 제사장의 신분을 주장하는 사람은 자신이 제사장의 후손임을 증명해야 했고, 족보가 분명하지 않으면 제사장의 직분을 행하지 못하였습니다(스 2:61-63, 느 7:63-65). 족보에 의해 정해진 소속대로 직무를 수행하였습니다(스 2:36-58, 느 7:39-60). 족보를 소홀히 여기는 사람이 있다면, 그는 자신의 소속과 신분을 소홀히 여기는 사람과 같은 것입니다.

III
성경 족보와 구속사의 관계
THE RELATIONSHIP BETWEEN BIBLICAL GENEALOGIES
AND THE HISTORY OF REDEMPTION

성경에 나오는 족보는 크게, 혈통적 관계를 보여 주는 기능과 중요한 역사적 사실을 설명하는 기능이 있습니다. 그러나 구속사적 관점에서 볼 때, 성경에 기록된 족보는 몇 가지 더 중요한 의미를 가지고 있습니다.

1. 성경 족보는 구속사의 압축판이자 점진적인 이정표입니다.
Biblical genealogies are condensed summaries and progressive signposts of redemptive history.

창세기로 시작하여 요한계시록으로 끝나는 성경의 역사는 '구속사'입니다. 이 구속사의 비밀한 경륜을 핵심적으로 압축한 것이 바로 '족보'입니다. 성경에서는 구속사의 중요한 순간마다 족보가 기록되어 분수령을 이루고 있습니다. 족보로 구속사의 한 시대를 마감하는가 하면, 족보로 구속사의 한 시대를 시작하는 것입니다.

창세기는 열 개의 족보로 이루어져 있습니다(창 2:4, 5:1, 6:9, 10:1, 11:10, 27, 25:12, 19, 36:1, 37:2). 룻기는 족보로 끝나고 있는데, 베레스로부터 다윗에 이르는 족보를 소개하였습니다(룻 4:18-22). 역대기는 족보로 시작되고 있는데, 아담으로부터 포로 귀환민에 이르는 방대한 족보가 무려 아홉 장에 걸쳐 기록되어 있습니다(대상 1:1-9:44).

구약성경 에스라와 느헤미야에도 제1, 2차 귀환자 명단과 새롭게 정리한 족보 등 여러 족보가 기록되어 있습니다(스 2:1-70, 7:1-5, 8:1-20, 느 7:5-73, 11:3-36, 12:1-26).

신약성경을 여는 마태복음도 족보로 시작됩니다(마 1:1-17). 특히, 마태복음에 나오는 예수 그리스도의 족보는 아브라함부터 예수 그리스도까지의 역사를 압축한 구속사의 요지입니다. 그러므로 예수 그리스도의 족보를 깊이 연구할 때 우리는 예수 그리스도를 중심한 구속사의 진수를 밝히 깨달을 수 있으며, 창세 전부터 계획하시고 이루어 가시는 구속사의 거대한 맥을 한눈에 조망할 수 있게 되는 것입니다.

창세기의 족보로부터 예수 그리스도의 족보에 이르기까지 성경 곳곳에 기록되어 있는 족보는 구속사의 압축판일 뿐만 아니라 더 나아가 구속사의 점진적인 이정표 역할을 하고 있습니다. 즉 성경은 '하나님의 구속사'라는 전체 주제 속에서, '여자의 후손'을 통해 메시아가 오신다는 약속을 족보를 통해 점진적으로 밝히고 있는 것입니다. 이를 통해, 시대마다 하나님의 구원 계시가 멈춘 적이 없다는 사실을 보여 주며, 그 약속이 반드시 이루어진다는 것을 거듭 확증하고 있습니다. 그러므로 성경에 나타난 족보는 인류에게 소망을 주는 구속사의 이정표요, 인류 구원을 위한 하나님의 언약이 확고부동함을 재확인시키는 분수령이라고 할 수 있습니다.

2. 성경 족보는 언약 자손의 흐름을 나타냅니다.
Biblical genealogies show the succession of covenantal progeny.

일반적으로 족보는 모계(母系)보다는 부계(父系)를 중심으로, 즉 '아버지와 그 아들'의 혈통을 따라 기록된 것입니다. 그래서 성경의 족보에는 특별한 경우를 제외하고는 여자의 이름이 잘 기록되지 않습니다. 마태복음에 나오는 예수 그리스도의 족보만 보아도 41명의 남자 이름이 주(主)를 이루고, 그 사이에 '다말, 라합, 룻, 우리야의 아내, 마리아'라는 다섯 명의 여자가 나올 뿐입니다(마 1:1-16). 역대기상에 나오는 족보에도 여자의 이름은 하나도 나오지 않습니다(대상 1:1-31). 이것은 성경의 족보가 주로 남자를 통한 언약 자손의 흐름을 보여 주고 있음을 의미합니다.

또한, 성경의 족보에는 생략된 부분도 있으며[13], 반드시 혈통적 장자로만 이어지는 것은 아닙니다. 그 이유는 성경의 족보가 단순히 자손의 혈통적 흐름을 보여 주려는 것이 아니라, 하나님의 언약을 중심으로 구속사를 이어 가는 자손의 흐름을 보여 주고 있기 때문입니다.[14] 이러한 '언약 자손의 흐름'을 최종진 교수는 '구속사적 씨 흐름'이라고 표현하였습니다.[15]

언약 자손의 흐름을 차단하고 하나님의 구속 경륜을 중단시키기 위해 사단은 역사 속에서 무서운 계획을 구체화하곤 하였습니다. 구속사의 진행 가운데 크고 작은 사건으로 끊임없이 나타났지만, 그 가운데 가장 대표적인 경우가 애굽 왕 바로가 이스라엘 백성의 남자 아이를 몰살하여 그 민족을 영구히 노예화하려 했던 사건(출 1:18-22), 그리고 남 유다 여호람왕의 아내이자 북 이스라엘 아합왕의 딸이었던 아달랴가 '다윗의 씨'를 진멸하려 했던 사건(왕하 11:1,

대하 22:10), 바사 왕 아하수에로 시대에 총리였던 아각 사람 함므다다의 아들 하만에 의한 유다인 몰살 계획입니다(에 3:6-15).

첫째, 주전 1539년경 왕위에 오른 애굽 왕 바로가 이스라엘 민족을 영구히 노예화하려던 사건입니다.

애굽에서 종살이하고 있던 이스라엘 자손의 생육이 중다(衆多)하고 번식하고 창성하고 심히 강대하여 온 땅에 가득하게 되었을 때(출 1:7), 애굽 왕 바로(요셉을 알지 못하는 새 왕 - 출 1:8)는 이스라엘 자손을 인하여 근심하기 시작하였습니다. 그들의 출산을 억제하기 위하여 더욱 심하게 학대하고 고역으로 그들의 생활을 괴롭게 하였습니다(출 1:8-14). 그러나 이스라엘은 학대를 받을수록 더욱 번식하고 창성하였습니다(출 1:12).

중노동을 통한 출산 억제 정책이 실패로 돌아가자, 애굽 왕 바로는 히브리 산파 '십브라'와 '부아'라 하는 자에게 "조산할 때에 살펴서 남자여든 죽이고 여자여든 그는 살게 두라"라고 명하였습니다(출 1:15-16). 그러나 산파들은 하나님을 두려워하여 왕의 명령을 어기고 남자 아이를 살렸고, 이스라엘 백성은 생육이 번성하고 심히 강대해졌습니다(출 1:17-20).

히브리 산파를 통해 은밀히 남아를 죽이고자 했던 계획이 실패하자 바로는 그 모든 신민에게 명하여 "남자가 나거든 너희는 그를 하수(河水)에 던지고 여자여든 살리라"라고 하여, 이제는 거국적이고 공개적인 차원에서 무자비한 유아 학살을 명하였습니다(출 1:22).

그러나 하나님께서는 깊고 오묘한 섭리 가운데 이스라엘을 구원하시기 위해서 지도자 모세를 애굽 궁중에서 양육하시고 애굽 사

Ⅲ. 성경 족보와 구속사의 관계 | 133

람의 학술을 다 배우게 하셨습니다(출 2:1-10, 행 7:20-22). 하나님께
서는 모세가 애굽 사람을 쳐 죽인 사건을 계기로 그의 나이 40세에
미디안 광야로 보내시고, 80세에는 출애굽의 지도자로 세우셨습니
다(출 2:11-3:12, 행 7:23-34).

　하나님께서는, 히브리 남자 아이를 진멸하여 그 민족을 영구
히 노예화하려 했던 애굽 땅에 열 가지 재앙을 내려 벌하셨습니다
(^{참고}출 12:12, 민 33:4). 주전 1446년 1월 15일, 애굽인들이 하나님의
장자 재앙으로 극심한 슬픔 중에 호곡하고 있을 때, 이스라엘 백성
은 그들의 목전에서 손을 쳐들고 의기양양하게 출애굽 하였습니
다(민 33:3). 그리고 하나님께서는 바로와 그 군대를 홍해 속에 완
전히 수장해 버리셨습니다(출 14:27-28, 30, 15:4-5, 10, 19, 21, 시 78:53,
106:11, 136:15). 이 모두가 아브라함과 이삭과 야곱에게 맹세하신 언
약을 기억하사 그 백성의 탄식과 부르짖음을 들으시고 그들을 권념
하신 결과였습니다(출 2:23-25).

둘째, 주전 840년경 아달랴가 다윗 왕가의 씨를 진멸하려던 사건입니다.

　아달랴는 아들 아하시야가 죽자 자신이 왕이 되려고 다윗 왕가
의 씨를 다 진멸하려 하였습니다(왕하 11:1, 대하 22:10). 실로, 언약 자
손의 흐름이 중단되려는 위기일발의 순간이었습니다. 그러나 그
가운데서 아하시야의 누이 여호사브앗(여호세바)이 아하시야의 아
들 요아스를 도적하여 내고, 그를 그 유모와 함께 침실에 숨겨 죽임
을 면하게 하였습니다(왕하 11:2-3, 대하 22:11-12). 아달랴의 악정에 시
달린 지 6년이 지난 후에 제사장 여호야다는 드디어 결단을 내리
고, 가리 사람의 백부장들과 호위병의 백부장들을 불러 데리고 여

호와의 전으로 들어가서 저희와 언약을 세우고 저희로 여호와의 전에서 맹세케 한 후에 7세 된 왕자 요아스를 보였습니다(왕하 11:4, 대하 23:1). 다윗의 씨는 6년 전 아달랴에 의해 모조리 진멸된 줄만 알았는데, 여호야다가 극비리에 요아스를 보이는 순간 얼마나 놀라고 얼마나 기뻐했겠습니까? 비록 7세 된 어린아이에 불과했지만 다윗의 혈통 요아스가 남아 있다는 사실은, 하나님의 언약을 굳게 붙잡고 사모하는 모든 이에게 더할 수 없는 큰 소망과 위로와 기쁨이었을 것입니다. 6년간 여호와의 전에서 숨어 지냈던 요아스는 7세에 왕이 되어 40년간이나 통치하였습니다(왕하 11:3, 21, 12:1, 대하 22:12, 24:1).

남 유다 왕 여호람에게 시집온 이래 무려 13년 동안(주전 847-835ᵇ년) 사단의 하수인 노릇을 한 아달랴는, 왕궁 마문 어귀에 이를 때에 무리의 칼에 비참하게 죽임을 당했습니다(왕하 11:16, 20下, 대하 23:15, 21下). 아달랴가 죽었을 때 온 국민이 즐거워하고 성중이 평온하였습니다(왕하 11:20上, 대하 23:21上).

하나님께서는 요아스를 숨기심으로 다윗의 왕손이 보존되게 섭리하셨고, 꺼질 듯했던 남 유다의 등불은 다시 타올랐습니다. 아달랴는 사악한 야심으로 다윗 왕가를 진멸하려 했으나 하나님의 구속 섭리를 막을 수는 없었습니다.

셋째, 주전 474년경 아각 사람(아말렉 자손 - 삼상 15:8) 함므다다의 아들 하만에 의한 유다인 몰살 계획입니다.

하만은 바사 127도 전역(인도에서 구스까지 - 에 1:1)에 흩어진 유다인들을 아달월(Adar, 12월) 13일 단 하루 만에 몰살하려 했습니다. 모든 유다인을 "노소나 어린아이나 부녀를 무론하고 죽이고 도륙하고 진멸하고 재산을 탈취하라"(에 3:13)라고 하였습니다. 그러나 오히려 하만은 모르드개를 매달려고 했던 나무에 자기가 달려 죽임을 당했고(에 7:9-10), 그 아들 열 명도 한꺼번에 죽임을 당했습니다(에 9:7-10). 그 후 12월 13일에(에 9:1) 수산성에서만 유다인을 미워하는 자 500명이 죽임을 당하였고(에 9:5-6), 12월 14일에도 300명이 더 도륙을 당하였으며(에 9:15), 각 도에서 7만 5천 명이 도륙을 당하였습니다(에 9:16). 이처럼 하나님께서는 언약 자손이 몰살될 위기 가운데서도 그들을 기적적으로 건지셔서 하나님의 구속 경륜이 중단되지 않도록 하셨던 것입니다. 유다인들은 이것을 기념하여 '부림절'이라는 절기를 대대로 지켜 오고 있습니다(에 9:17-32).

유다인이 진멸될 뻔했던 이러한 배경을 바탕으로 최종진 교수는 "에스더서는 씨 흐름의 위기에서 역전되어 유다 족속이 존속되어 구원사적 씨(후손)가 단절 없이 계속된 것을 이야기식으로 설명한 이야기 양식의 족보 기록 형식이다"[16]라고 평하였습니다.

3. 성경 족보는 예수 그리스도께서 오시는 길을 보여 줍니다.

Biblical genealogies reveal the path of Jesus Christ's coming.

경건한 언약 자손의 최종 도착지는 바로 예수 그리스도이십니다. 하나님께서는 창세기 3:15의 원시복음(原始福音)을 통하여 뱀의 머리를 상하게 하는 '여자의 후손'이 올 것을 미리 약속하셨습니다. 그리고 성경의 족보는 이 '여자의 후손'이 어떤 계통을 통해 오시는지를 압축적으로 보여 주고 있습니다. 사도 바울은 갈라디아서 3:16에서 "이 약속들은 아브라함과 그 자손에게 말씀하신 것인데 여럿을 가리켜 그 자손들이라 하지 아니하시고 오직 하나를 가리켜 네 자손이라 하셨으니 곧 그리스도라"라고 말씀하고 있습니다. 이 말씀을 볼 때, 자손에 대한 약속이 여러 번 있었으나(창 15:5, 16:10, 22:17-18, 26:3, 28:14, 32:12) 그 약속들이 궁극적으로 가리키는 참자손은 예수 그리스도 한 분뿐이라는 것입니다. 말하자면 성경의 족보는 언약 자손의 흐름을 밝혀 궁극적으로 예수 그리스도가 오시는 통로를 보여 주고 있는 것입니다.

성경에 나오는 여러 족보는, 오직 하나이신 이 약속의 후손에 대한 오랜 기다림의 흔적입니다. 마침내 이 약속의 성취로, 고대하던 참자손인 예수 그리스도의 오심을 선포한 족보가 바로 마태복음 예수 그리스도의 족보입니다. 그러므로 족보들을 통하여 예수 그리스도가 타락한 인간을 구원하기 위하여 어떤 과정으로 이 땅에 오셨는지를 구명할 때, 가장 정확하게 구속사적 경륜을 깨달을 수 있습니다. 만약 족보를 공부하면서도 족보의 핵심이요 완성자이신 예수 그리스도를 놓친다면 그것은 헛된 공부에 불과할 것입니다.

간혹 복잡하기 짝이 없는 족보를 이렇게 자세하게 공부할 필요가 있느냐고 질문하는 분들이 있습니다. 그러나 우리가 명심해야 할 것은 족보는 구속사의 압축이며, 우리의 유일한 구주이신 예수 그리스도가 오시는 길을 알려 주는 가장 정확한 나침반이 되고 있다는 사실입니다. 그러므로 구속사의 중요한 시기마다 기록되어 있는 족보를 제대로 깨닫지 못하면 하나님의 구속 경륜에 무지할 수밖에 없고, 구속사의 중심에 계신 예수 그리스도를 올바로 깨달을 수 없는 것입니다.

IV
성경 족보와 이름
BIBLICAL GENEALOGIES AND NAMES

족보에는 사람의 이름이 길게 나열되어 있습니다. 이름은 족보를 구성하는 가장 기본적이고 중요한 요소입니다. 특히 역대기 족보는 일절 서문도 없이 아예 이름으로 시작하여 1장부터 9장 전체가 거의 이름으로만 가득한 것을 보게 됩니다. 역대상 1장은, 총 54절에 190명*의 이름이 기록되어 있습니다.

역대상 1:1-4, 24-27 "아담, 셋, 에노스, ²게난, 마할랄렐, 야렛, ³에녹, 므두셀라, ⁴라멕, 노아, 셈, 함과 야벳, ... ²⁴셈, 아르박삿, 셀라, ²⁵에벨, 벨렉, 르우, ²⁶스룩, 나홀, 데라, ²⁷아브람 곧 아브라함"

족보에 기록된 이름은 한 사람의 일생을 가장 짧게 압축한 것입니다. 아무리 장구한 역사도, 그 시대 속에서 숨 쉬고 살았던 인물들의 이름을 순서대로 나열하여 족보로 만들면, 그것이 바로 그 역사의 압축본이 됩니다.

---

*190명: 중복된 이름은 1회로 계산하였고, 족속이나 족장 그리고 여자 이름도 포함하였습니다. 단, 에돔의 족장(대상 1:51, 54)은 문맥상 지역 이름으로 간주하였습니다.

그래서 족보에 기록된 이름들을 풀어 설명하면, 그 세대만큼의 기나긴 역사가 파노라마처럼 펼쳐집니다. 족보 속에 이어진 이름과 이름 사이의 시간, 그 시간 속에 함께 호흡했던 사람들, 그 사람들이 남긴 숱한 사건과 중요한 업적, 그 사람들이 활동했던 공간으로 역사가 점점 확대되는 것입니다. 다시 이 방대하고 기나긴 역사를 가장 짧게 압축하면 바로 이름과 이름으로 이어진 '족보'가 되는 것입니다. 그래서 얼핏 보면 족보가 수많은 사람의 이름만 길게 나열하고 있는 것 같으나, 그 속에는 택한 백성의 구원을 위해 시대 시대마다 펼쳐졌던 하나님의 신비로운 구속 경륜과 오묘한 섭리의 역사가 살아 숨 쉬고 있는 것입니다.

족보에 기록된 이름의 의미를 살펴보면 다음과 같습니다.

1. 이름은 존재(存在)를 나타냅니다.
A name affirms one's existence.

만물은 자기 존재를 나타내는 이름이 있습니다. 하나님께서는 각종 들짐승과 공중의 각종 새를 창조하신 후 아담에게로 이끌어 오시고 그에게 각 생물의 이름을 짓게 하셨습니다(창 2:19). 이름이 부여되는 순간에 각 생물의 존재가 확인되었습니다. 하나님께서는 피조 세계에 존재하는 만물이 가진 각각의 이름을 부르시는 분입니다(사 40:26). 사람의 이름을 없앤다는 말은 그 존재 자체를 없애는 것과 동일한 의미인 것입니다(삼상 24:21, 왕하 14:27, 욥 18:17). 일제 시대에 일본이 우리에게 창씨개명(創氏改名)을 요구한 것은, 궁극적으로 우리 민족의 존재 자체를 말살하려는 것이었습니다.

한편, 고대의 정복자들은 피정복자들의 이름을 자기들식으로 고치곤 하였습니다. 바벨론의 환관장은 다니엘의 이름을 벨드사살이라고 고쳐서 불렀습니다(단 1:7). 다니엘은 '하나님께서는 심판자이시다'라는 뜻이며, 벨드사살은 '벨(바벨론의 주요 신)이여, 생명을 보존하소서'라는 뜻입니다. 다니엘의 세 친구의 이름도 하나냐(חֲנַנְיָה: 여호와께서 자비하심)는 사드락(당신의 명령)으로, 미사엘(מִישָׁאֵל: 누가 하나님과 같은가)은 메삭(왕의 손님)으로, 아사랴(עֲזַרְיָה: 여호와께서 도우셨다)는 아벳느고(느고의 종)로 바뀌었습니다. 이렇게 다니엘과 세 친구의 이름을 바꿈으로 그들에게 유다인이라는 존재감을 사라지게 하고, 바벨론에게 부속된 포로민 신분이 되게 하려 했던 것입니다.

우리는 이름을 기억함으로 상대방의 존재를 확인하게 됩니다. '이름'에 해당하는 히브리어는, 일반적인 '이름'을 뜻하는 '셈'(שֵׁם)과, '기념'(욥 18:17, 시 97:12, 102:12, 112:6, 잠 10:7)이라는 뜻의 '제케르'(זֵכֶר)가 있습니다. '제케르'는, 이름으로 그 존재가 다른 사람에게 각인되고 알려지게 된다는 의미를 담고 있습니다.

의인의 존재는 귀중히 여겨져 그의 이름이 대대로 칭찬을 받으며 기념되지만, 악인의 존재는 벌레가 먹어서 없어짐같이 부패하여 사라지고, 그의 이름은 땅에서 더 이상 전해지지 않으며 아무도 기념하지 않습니다(욥 18:17, 시 112:6, 잠 10:7). 실로, 의인의 이름은 값진 향수보다 향기롭고 더 멀리 전달됩니다(전 7:1상).

2. 이름은 인격(人格)을 나타냅니다.
A name reveals one's character.

인격은 사람으로서 가지는 자격이나 성품, 됨됨이를 뜻합니다. '야곱'(יַעֲקֹב)이라는 이름은 '발뒤꿈치를 잡은 자, 속이는 자'라는 뜻입니다. 야곱은 남을 잘 속이는 그의 인격을 나타내는 이름입니다. 이러한 상황을 창세기 27:36에서 "에서가 가로되 그의 이름을 야곱이라 함이 합당치 아니하니이까 그가 나를 속임이 이것이 두 번째니이다 전에는 나의 장자의 명분을 빼앗고 이제는 내 복을 빼앗았나이다 ..."라고 기록하고 있습니다.

그러나 야곱이 라반의 집에서 20년간 고생한 후 얍복 나루에서 완전히 인간적인 자아(自我)가 깨어졌을 때, 하나님께서는 그의 이름을 '야곱'에서 '이스라엘'로 바꿔 주셨습니다(창 32:28). 이스라엘은 '하나님과 겨루어 이김'이라는 뜻으로, 야곱이 하나님께 인정받은 자로 변화하였음을 의미합니다. 따라서 족보에 어떤 이름이 사용되었는가에 따라 그 인격과 성품의 변화까지도 감지할 수 있는 것입니다. 이런 의미에서 역대기 족보에서는 '야곱' 대신 '이스라엘'이라는 새 이름이 사용되고 있습니다(대상 1:34, 2:1).

3. 이름은 명성(名聲)을 나타냅니다.
A name attests to one's reputation.

사람이 유명해지는 것은 곧 그 사람의 이름이 유명해지는 것입니다. 이름을 뜻하는 히브리어 '셈'(שֵׁם)은 때로 '명성'(대상 14:17)을 나타내기도 합니다. 흔히 이름만 떠올려도, 그 사람에게서 풍기는 인상을 비롯하여 그 사람의 고향, 학력, 부모, 직업, 친구, 추억, 업적이나 명성 등 그 사람과 연관된 모든 것이 한꺼번에 연상되기 마련입니다.

룻은 보아스와 결혼하여 오벳을 낳았습니다. 당시 여인들은 "이 아이의 이름이 이스라엘 중에 유명하게 되기를 원하노라"(룻 4:14)라고 찬송하였습니다. 예수님께서 십자가에 달리시기 직전에 백성이 예수님 대신에 놓아주기를 원했던 '바라바'는, '유명한 죄수'로 불릴 만큼 악명 높은 자였습니다(마 27:16). 그러므로 '족보에 이름이 기록되느냐 되지 않느냐'에 따라, 또한 '족보에 어떤 이름으로 기록되느냐'에 따라서 그 명성이 달라집니다. 더 나아가 '가문의 족보에 얼마나 유명한 인물이 기록되느냐'에 따라서 그 가문과 개인의 명성도 달라지게 됩니다.

4. 이름은 구속사(救贖史)를 나타냅니다.
A name reveals the history of redemption.

이름에는 부모의 기대가 담겨 있을 뿐만 아니라, 더 나아가 그 시대를 향한 하나님의 구속사적 경륜이 담겨 있습니다. 라멕은 182세에 아들을 낳고 그 아들의 이름을 노아(נח, 노아흐: 안식, 휴식, 위로)라고 하였습니다(창 5:28-29). 라멕은 저주 받은 땅 위에서 겪는 극심한 고통이 이 아들을 통해 해결되기를 소망하면서 아들의 이름을 '노아'라고 지은 것입니다. 이 이름에는 아담의 타락 후 저주 받은 세계(창 3:17)를 노아 방주를 통해 구원하시려는 하나님의 구속사적 경륜이 담겨 있습니다. 더 나아가 노아가 예표하는 예수 그리스도를 통하여, 저주 받은 세계를 온전히 회복하고 영원한 안식을 주시려는 종말적 구속 경륜도 함께 담겨 있습니다.

성경에 나오는 이름은 사람이 지은 것이라도 그것을 성경에 기록하게 하신 하나님의 뜻과 전혀 무관할 수는 없습니다. 이런 의미에서 족보에 나오는 이름을 잘 연구하면, 그 이름을 가진 존재 곧 그 사람의 전 일생과 그 시대의 구속사를 함께 살펴볼 수 있는 것입니다.

말과 글로 다 헤아릴 수 없는 숱한 역사적 사건을 이름으로 대신하여 기록한 족보는, 하나부터 열까지 뜻 없는 것이 하나도 없습니다(고전 14:10). 족보에는 하나님의 구속사적 경륜이 거대한 바위덩어리처럼 무게 있게 담겨 있습니다. 그러므로 족보를 대할 때는 빨리 읽고 넘어갈 것이 아니라 간절한 마음으로 세밀히 살펴, 그 이름 하나하나 속에서 예수 그리스도 한 분을 향하여 세차게 흘러가는 구속사의 거대한 물줄기를 찾아내어 붙잡고, 하나님의 비밀한 경륜을 깊이 통찰해야 합니다. 또 하나님의 오묘한 구원 섭리 속에서 언약 자손들의 강인한 신앙 생명력을 함께 이해하고 통찰할 수 있어야 합니다.

우리는 족보에 기록된 이름을 대할 때마다 언젠가 내 이름이 족보에 남겨질 것을 생각하면서, 하나님께서 우리 각자에게 주신 경륜을 어떻게 이루고 있는지 나의 신앙을 점검하고(골 1:25), 또 족보에 기록될 내 이름이 어떻게 기억될 것인지 돌아보아야 합니다. 하루하루가 모여 1년이 되고 또 일생이 되는 것이니, 오늘 하루는 내 일생의 압축입니다. 나는 지금 이 순간, 하나님의 경륜을 이루기 위해 얼마나 몸부림치며 헌신하고 있는지, 그리고 주님 재림하시는 날까지 후대에 길이 남아 있을 내 이름에 걸맞는 삶을 충실히 살고 있는지, 자신을 깊이 살펴보아야 하겠습니다. 고린도후서 13:5에서는 "너희가 믿음에 있는가 너희 자신을 시험하고 너희 자신을 확증하라 예수 그리스도께서 너희 안에 계신 줄을 너희가 스스로 알지 못하느냐 그렇지 않으면 너희가 버리운 자니라"라고 말씀하고 있습니다.

성도는 '그리스도인'이라는 이름을 가진 자들입니다(행 11:26). '그리스도인'(Christian)은 헬라어로 '크리스티아노스'(χριστιανός)이며, '예수 그리스도를 따르는 자들, 예수 그리스도께 속한 자들'이라는 뜻입니다. 그러므로 성도가 예수 그리스도께 속하여 오직 예수 그리스도를 따르며 그분을 위하여 살아갈 때 비로소 그 이름에 합당한 삶의 열매를 맺게 되는 것입니다.

「구속사 시리즈」 제3권 <영원히 꺼지지 않는 언약의 등불>은 마태복음 1장에 나타난 예수 그리스도의 족보 가운데 아브라함부터 다윗 왕까지 제1기의 역사를 중심으로 기록되었습니다. 「구속사 시리즈」 제4권 <영원한 언약 속의 신비롭고 오묘한 섭리>는 예수 그리스도의 족보 가운데 다윗부터 바벨론으로 이거할 때까지 제2기 역사를 중심으로 기록되었습니다. 이제 「구속사 시리즈」 제5권인 본 서에서는 예수 그리스도의 족보 가운데 제3기의 역사를 연구할 것입니다.*

---

*「구속사 시리즈」 제3, 4, 5권에서는 솔로몬 이후 바벨론 포로 귀환 시대까지의 유다와 그와 관련된 주변 국가의 연대 계산에 있어서 주로 티쉬리월(Tishri, 7월) 기준 방식으로 표기하였습니다.
성경에서 왕의 통치 연수를 계산하는 방법에는, 한 해를 니산월(Nisan, 1월)부터 다음해 니산월 전까지로 계산하는 '니산월 기준 방식'과, 한 해를 티쉬리월(Tishri, 7월)부터 다음해 티쉬리월 전까지로 계산하는 '티쉬리월 기준 방식'이 있습니다. 니산월 기준 방식이 티쉬리월 기준 방식보다 항상 6개월을 앞서기 때문에, 성경의 연대를 계산할 때는 이 두 가지 중 어떤 방식을 사용했는지 반드시 확인해야 합니다(참고-박윤식 著 「구속사 시리즈」 제4권 <영원한 언약 속의 신비롭고 오묘한 섭리>, 71-73쪽).

바벨론으로 이거한 후부터 예수 그리스도까지의 역사를 차례대로 살펴보면서, 족보를 중심으로 하나님의 오묘한 섭리에 담긴 영원한 언약의 약속을 연구할 것입니다. 또한, 예수 그리스도의 족보 제3기에 등장하는 인물들의 이름과 생애 속에 깃든 하나님의 구속사적 경륜을 연구하도록 하겠습니다.

제 3 장

예수 그리스도의 족보
제3기(期)의 인물

- 바벨론으로 이거한 후부터 예수 그리스도까지 14대

The Genealogy of Jesus Christ: Individuals in the Third Period
- 14 Generations from the Babylonian Captivity to Jesus Christ

※ 본서에서는 연대를 표기할 때 티쉬리 기준 방식으로 계산하였습니다.

예수 그리스도의 족보 제3기(期)의 인물
The Genealogy of Jesus Christ: Individuals in the Third Period

　마태복음 1장에 기록된 예수 그리스도의 족보는 제1기 아브라함부터 다윗까지 14대, 제2기 다윗부터 바벨론으로 이거할 때까지 14대, 제3기 바벨론으로 이거한 후부터 예수 그리스도까지 14대, 총 42대로 이루어져 있습니다(마 1:17). 예수 그리스도의 족보 제3기 14대는 남 유다의 멸망이라는 치욕스러운 역사에 대한 기록으로 시작되고 있습니다. 남 유다는 제16대 왕 요시야 후에 급격하게 국력이 쇠퇴하였습니다. 요시야를 이어서 여호아하스가 왕이 되었으나, 그는 열조의 모든 행위대로 여호와 앞에 악을 행하다가 바로느고(Pharaoh Neco)에 의해 애굽으로 끌려가고 여호야김이 왕위에 올랐습니다(왕하 23:31-34). 그러나 여호야김은 반(反)바벨론 정책을 쓰다가 쇠사슬에 묶여 바벨론으로 끌려갔습니다(왕하 24:1-4, 대하 36:5-7). 그 후에 여호야김의 아들 여호야긴이 왕이 되었는데, 그도 역시 악을 행하다가 제2차 바벨론 침공 때 바벨론으로 끌려갑니다(왕하 24:8-17). 마지막으로 요시야의 아들 시드기야가 왕이 되었지만, 주전 586년에 남 유다는 바벨론에게 완전히 멸망하고 말았습니다. 그러나 하나님께서는 남 유다 백성을 바벨론 포로지에서 70년 만에 귀환시키셔서, 스룹바벨을 통해 성전을 재건케 하심으로 구속 역사를 계속 진행시키셨고, 예수 그리스도가 오시는 길은 결코 끊어지지 않았습니다.

Overview of the 42 Generations in the Genealogy in the Gospel of Matthew (the 3rd Period)
- 14 Generations from the Babylonian Captivity to Jesus Christ

마태복음 족보의 42대 인물 개요 〈제3기〉
- 바벨론으로 이거한 후부터 예수 그리스도까지 14대

인 물	내 용
1대 **여고냐** Jeconiah Ἰεχονίας יְכָנְיָה 혹은 여호야긴 Jehoiachin Ἰωακιν יְהוֹיָכִין 여호와께서 세우신다	① "... 요시야는 여고냐와 그의 형제를 낳으니라"(마 1:11) ② 예수 그리스도의 족보 제3기 첫 번째 인물이다(대상 3:16-17). 여고냐는 남 유다 제19대 왕 여호야긴(왕하 24:6-17, 대하 36:9-10)으로, 여호야긴은 '여고냐'(대상 3:16-17, 에 2:6, 렘 24:1, 마 1:11-12), 혹은 '고니야'(렘 22:24, 28, 37:1), 혹은 '여고니야'(렘 27:20, 28:4)로 불렸다. 요시야의 손자인데 족보에는 요시야의 아들로 기록되었고(마 1:11), 실제 요시야의 아들이었던 여호아하스(17대), 여호야김(18대), 시드기야(20대) 세 왕은 족보에 기록되지 않았다. ③ 악한 왕이었으며, 3개월 10일(혹은 3개월)이라는 짧은 통치 기간 동안 부친의 모든 행위를 본받아 여호와 보시기에 악을 행하였다(왕하 24:9, 대하 36:9, ^{참고}렘 22:24-30). ④ 주전 597년에 여호야긴왕은 그의 모친과 수많은 왕족과 모든 방백, 모든 용사와 함께 바벨론에 제2차로 끌려갔고(왕하 24:12-16, 대하 36:10), 느부갓네살은 시드기야(본명: 맛다니야)를 유다의 왕으로 세웠다(왕하 24:17, 대하 36:10). ⑤ 여호야긴은 바벨론 포로 생활 37년 만에(주전 561년, 바벨론 왕 에윌므로닥 즉위 원년 12월 27일) 개인적으로 왕위가 회복되었다(왕하 25:27-30, ^{참고}렘 52:31-34에서는 '12월 25일'). 이는 '바벨론에 항복하는 자들은 살 것이라'라는 예레미야의 예언대로(^{참고}렘 21:9, 27:8, 11-12, 17, 38:2, 17-21), 왕들 중에 유일하게 여호야긴이 바벨론 왕에게 나아가 항복했기 때문이다(왕하 24:12).

인 물	내 용
2대 **스알디엘** Shealtiel Σαλαθιήλ שְׁאַלְתִּיאֵל 내가 하나님께 간구했다	① "… 여고냐는 스알디엘을 낳고 …"(마 1:12) ② 예수 그리스도의 족보 제3기 두 번째 인물이다(대상 3:17). ③ 여고냐의 장남이며, 스알디엘의 동생들의 이름은 '말기람, 브다야, 세낫살, 여가먀, 호사마, 느다뱌'이다(대상 3:17-18). 이들 이름에는 하나같이 하나님을 향한 기도와 감사, 찬양 등 그의 경건한 삶을 반영하는 뜻이 들어 있다. ④ 여고냐가 스알디엘을 비롯한 일곱 명의 자손을 낳은 것은 '다윗에게 한 의로운 가지'(렘 23:5, 33:15)를 일으켜 새 언약(렘 31:31-34)을 이루시기 위한 하나님의 구속 경륜이다.
3대 **스룹바벨** Zerubbabel Ζοροβαβέλ זְרֻבָּבֶל 바벨론 출생 바벨론의 후손	① "… 스알디엘은 스룹바벨을 낳고"(마 1:12) ② 예수 그리스도의 족보 제3기 세 번째 인물이다(대상 3:19). ③ 스룹바벨의 혈통적 부친은 브다야인데(대상 3:19), 족보에는 스알디엘이 부친으로 기록되었다(마 1:12). 이것은 스알디엘이 후사를 이을 아들이 없이 죽자, 계대결혼법에 따라(신 25:5-10, ^{참고-}마 22:23-33, 눅 20:28) 그 동생 브다야가 형수를 통해 형 스알디엘의 대를 이을 후사로 스룹바벨을 낳았음을 뜻한다. 이 후에 스룹바벨은 '스알디엘의 아들 스룹바벨'로 불렸다(스 3:2, 8, 5:2, 느 12:1, 학 1:1, 12, 14, 2:2, 23, 마 1:12). ④ 바벨론 포로에서 제1차로 귀환할 때 중심 지도자였으며, 포로 귀환 후 성전 재건의 주역이었다(스 3:8, 5:2, 학 1:14, ^{참고-}슥 4:6-10). 성전 재건은 약 16년간 중단되었다가(스 4:3-6, 23-24), 주전 520년(다리오 2년) 6월 24일에 재개되었으며(학 1:14-15), 주전 516년(다리오 6년) 12월 3일에 봉헌되었다(스 6:15). 이렇게 스룹바벨 성전은 약 4년 5개월 만에 완공되었다.
4대 **아비훗**	① "스룹바벨은 아비훗을 낳고 …"(마 1:13) ② 예수 그리스도의 족보 제3기 네 번째 인물이다. ③ 스룹바벨에게는 일곱 명의 아들과 딸 하나가 있었는데(대상 3:19-20), 스룹바벨 자녀들의 이름은 하나같이 하나님과

인 물	내 용
4대 **아비훗** Abihud Ἀβιούδ אֲבִיהוּד 영광의 아버지 위엄의 아버지	의 교제와 회복, 은혜와 관련된 뜻을 담고 있다. 스룹바벨은 바벨론 포로에서 돌아오게 되는 과정에서 하나님의 놀라우신 은혜에 깊이 감사하고, 하나님과의 교제가 회복되기를 소원하면서 자녀들의 이름을 지었을 것이다. ④ "스룹바벨은 아비훗을 낳고 ..."(마 1:13)라고 하였으나 구약에서 스룹바벨의 7남 1녀 중에는 아비훗이라는 이름이 나타나지 않는다. 아마도 아비훗은 '성전 건축'으로 이루어진 영광을 다시 소망하며 지은 이름으로 추정된다(슥 6:13).
5대 **엘리아김** Eliakim Ἐλιακείμ אֶלְיָקִים 하나님께서 세우신다 하나님께서 일으키신다	① "... 아비훗은 엘리아김을 낳고"(마 1:13) ② 예수 그리스도의 족보 제3기 다섯 번째 인물이다. ③ 바벨론 포로기 후 바사의 식민지 시대(주전 539-331년)로 추정되는데, 그 이름의 뜻에는 아무 힘도 없는 미약한 이스라엘을 세우실 분은 오직 전능하신 하나님밖에 없음을 고백하며, 무너진 나라가 능하신 하나님의 절대 주권의 힘으로 하루 속히 재건되기를 소망한 흔적이 보인다. ④ 구약에는 '엘리아김'이라는 이름을 가진 자가 세 사람이 있다(왕하 23:34, 느 12:41, 사 36:22).
6대 **아소르** Azor Ἀζώρ עַזּוּר 도움을 주는 돕는 사람	① "... 엘리아김은 아소르를 낳고"(마 1:13) ② 예수 그리스도의 족보 제3기 여섯 번째 인물이다. ③ 바사 시대(주전 539-331년)에 살았을 것으로 추정된다. 바사 시대는 신앙적으로 타락하여 제사장들조차 가증스러운 제사를 드리던 때였으므로, 그 부모가 하나님의 구속 역사에 도움이 되는 위대한 신앙의 사람이 되기를 소망하며 이름을 지었을 것이다. ④ 구약에는 '아소르'의 히브리어 표기에 따라 '앗술'(עַזּוּר)로 표기된 자가 세 사람이 있다(느 10:17, 렘 28:1, 겔 11:1).
7대 **사독**	① "아소르는 사독을 낳고 ..."(마 1:14) ② 예수 그리스도의 족보 제3기 일곱 번째 인물이다. ③ 사독이 살았던 당시는 외세에 의한 정치적 갈등과 혼돈의

이해도움 2 마태복음 족보의 42대 인물 개요 <제3기>

인 물	내 용
Zadok Σαδώκ צָדוֹק 의로움, 의, 공평	시기, 영적 암흑기로, 공의를 행하는 의인을 찾아보기 어려웠다. 그러므로 그 이름의 뜻에서 사독의 부모가 '공평과 정의를 실행하실 왕', 메시아를 갈망했던 흔적이 엿보인다. 메시아가 오시면 시온의 공의가 빛같이 나타날 것이기 때문이다(사 62:1). '의'는 '주의 보좌의 기초'이다(시 89:14, 97:2). ④ 구약에는 '사독'이라는 이름을 가진 자가 일곱 사람 등장한다(삼하 19:11, 20:25, 대상 12:28 / 대상 6:10-12 / 대하 27:1 / 느 3:4 / 느 3:29, ^{참고}스 2:36-37 / 느 10:21 / 느 13:13).
8대 **아킴** Achim Ἀχείμ קִים 여호와께서 세우신다	① "… 사독은 아킴을 낳고 …"(마 1:14) ② 예수 그리스도의 족보 제3기 여덟 번째 인물이다. ③ 헬라 시대(주전 331-164년)에 살았을 것으로 추정된다. 강대국의 지배하에서 신앙의 자유를 빼앗기고 극심한 박해를 받기 시작하면서, 아브라함과 다윗에게 언약하신 대로 빨리 '메시아 왕국'이 세워지기를 소망했을 것으로 여겨진다. ④ 구약에서 '아킴'의 동명이인으로, 동일한 유다 지파 셀라의 자손 중 '요김'이라는 인물이 있다(대상 4:21-22).
9대 **엘리웃** Eliud Ἐλιούδ אֱלִיהוּד 하나님께서는 나의 영광이시다 하나님께서는 나의 위엄이시다	① "… 아킴은 엘리웃을 낳고"(마 1:14) ② 예수 그리스도의 족보 제3기 아홉 번째 인물이다. ③ '엘리웃'이라는 이름에는 하나님의 영광과 위엄에 대한 소망이 담겨 있다. ④ '위엄'은 한자로 '위엄 위(威), 엄할 엄(嚴)'으로, '위세가 있고 엄숙한 태도나 기세'를 뜻한다(시 21:5, 145:5). 이는 솔로몬 성전을 봉헌할 때, 제사장이 감히 성전에 들어갈 수도 없고 능히 섬길 수도 없을 만큼, 여호와의 전에 가득했던 하나님의 큰 영광을 연상케 한다(왕상 8:11, 대하 7:1-3).
10대 **엘르아살**	① "엘리웃은 엘르아살을 낳고 …"(마 1:15) ② 예수 그리스도의 족보 제3기 열 번째 인물이다.

인 물	내 용
Eleazar Ἐλεάζαρ אֶלְעָזָר 하나님께서 도우셨다 하나님께서 돕는 자	③ 외세의 지배를 당하면서 하루도 안정한 날이 없던 혼란기에, 메시아를 대망하면서 하나님의 도우심이 함께해 주시기를 소망한 흔적이 나타난다. ④ 구약에는 '엘르(리)아살'이라는 이름을 가진 자가 여섯 사람 등장한다(출 6:23 / 삼상 7:1 / 삼하 23:9, 대상 11:12-14 / 대상 23:21-22, 24:28 / 스 8:33, 느 12:42 / 스 10:25).
11대 **맛단** Matthan Ματθάν מַתָּן 선물, 제물	① "… 엘르아살은 맛단을 낳고 …"(마 1:15) ② 예수 그리스도의 족보 제3기 열한 번째 인물이다. ③ 맛단('선물'이라는 뜻)과 동일한 뜻의 이름을 가진 맛다디아와 그의 아들들은 나라의 독립을 쟁취하기 위하여 마카비 혁명(주전 167-142년)을 일으켰다. '맛단'이라는 이름은 구원의 여망이 없어 보이는 암울한 시대에 하나님의 선물을 갈망했던 흔적으로 보인다. 누가복음 족보에 '하나님의 선물'이라는 뜻을 가진 인물이 여러 명 기록되어 있다(눅 3:24, 25, 26, 29, 31). 하나님의 참선물은 구원의 소식을 가져올 오직 한 분 예수 그리스도이시다(요 4:10上, 롬 5:15, 엡 2:8). ④ '맛단'이라는 이름을 가진 자가 구약에 두 사람 나타난다(왕하 11:18, 대하 23:17 / 렘 38:1).
12대 **야곱** Jacob Ἰακώβ יַעֲקֹב 대신 들어앉은 자 발뒤꿈치를 잡은 자	① "… 맛단은 야곱을 낳고"(마 1:15) ② 예수 그리스도의 족보 제3기 열두 번째 인물이다. ③ 요셉의 부친이며 예수 그리스도의 조부(祖父)이다. 누가복음 족보에는 '헬리'가 요셉의 부친으로 기록되어 있다(눅 3:23). ④ 구약에서 야곱은 아브라함과 이삭으로부터 언약을 전수한 장자였고, 야곱의 열한 번째 아들 요셉이 영적인 장자가 되었다(대상 5:1-2, 겔 47:13). 누가복음 족보에는, 족보상 예수님의 조부 위치에 있는 야곱과 같은 대(代)에 해당하는 인물이 '헬리'로 기록되어 있다(마 1:16, 눅 3:23).

인 물	내 용
13대 마리아의 남편 **요셉** Joseph Ἰωσήφ יוֹסֵף 여호와께서 더하여 주신다 여호와여 더하여 주소서	① "야곱은 마리아의 남편 요셉을 낳았으니 ..."(마 1:16) ② 예수 그리스도의 족보 제3기 열세 번째 인물이다. ③ 요셉은 다윗 가문의 사람이므로(마 1:20, 눅 1:27, 2:4), 예수님께서도 족보상으로는 분명 다윗의 혈통에서 나신 것으로 기록되어 있다(롬 1:3). 그러나 예수님께서는 마리아의 몸을 빌어 성령으로 잉태되신 성자 하나님이시다(마 1:18, 20, 눅 1:35). ④ 마리아의 남편 요셉은 의로운 사람으로서(마 1:19), 천사의 계시를 받고 즉각 순종하여 마리아를 데려와 보호함으로써(마 1:20-25, 참고-신 22:23-24) 예수 그리스도께서 이 땅에 오시는 통로가 되었다.
14대 **예수** Jesus Ἰησοῦς יֵשׁוּעַ 여호와께서 구원하신다 자기 백성을 저희 죄에서 구원할 자	① "... 마리아에게서 그리스도라 칭하는 예수가 나시니라"(마 1:16) ② 예수 그리스도의 족보의 주인공, 제3기 마지막 열네 번째 인물로, 아브라함과 다윗에게 언약하신 약속의 성취자이시다. ③ 예수님의 족보상 할아버지는 야곱, 족보상 아버지는 요셉이다. '사람들의 아는 대로는 요셉의 아들'(눅 3:23)이나, 성령으로 동정녀(童貞女) '마리아에게서'(마 1:16) 나셨다. 처녀인 마리아의 몸을 빌어 오심은(갈 4:4), 창세기 3:15의 '여자의 후손'에 대한 약속의 성취이다. ④ 예수 그리스도는 만세 전에 계획하신 하나님의 구속 경륜을 따라, 자기 백성을 저희 죄에서 구원하실 '예수'라는 이름으로(마 1:21), 온 백성에게 미칠 큰 기쁨의 좋은 소식을 가지고 이 땅에 임하셨다(눅 2:10). ⑤ 오직 예수 그리스도만이 완전한 인성과 완전한 신성을 가지신 지극히 높으신 하나님의 아들로서(눅 1:32, 35) 그의 택하신 성도를 구원하신 유일한 구속주요(요 14:6, 행 4:12), 우리와 영원토록 함께 계시는 임마누엘 성자 하나님이시다(마 1:23, 요 1:14, 18, 참고-요 10:30, 14:9, 빌 2:6-8, 히 1:1-3).

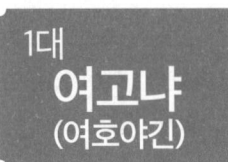

Jeconiah / Ἰεχονίας / יְכָנְיָה
Jehoiachin / Ἰωακιν / יְהוֹיָכִין
여호와께서 세우신다 / the Lord establishes

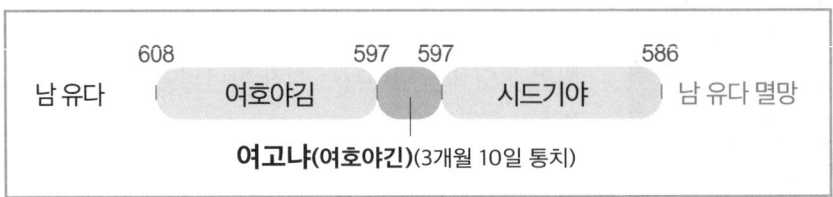

여고냐(여호야긴)(3개월 10일 통치)

▶ **순서**
남 유다 제19대 왕(왕하 24:6-17, 대하 36:9-10)
예수 그리스도의 족보 제3기 첫 번째 인물(마 1:11-12)

▶ **배경**
마태복음 1:11-12에서 "... 요시야는 여고냐와 그의 형제를 낳으니라 12 바벨론으로 이거한 후에 여고냐는 스알디엘을 낳고 ..."라고 기록하고 있다.
- 부: 여호야김(남 유다 제18대 왕)
- 모: 느후스다(예루살렘 엘라단의 딸 - 왕하 24:8)

▶ **통치 기간** - 18세에 즉위하여 3개월 10일(주전 597년) 통치하였다(왕하 24:8, 대하 36:9). 역대하 36:9에서는 "여호야긴이 위에 나아갈 때에 나이 팔 세라"라고 기록되어 있다. 그런데 여호야긴왕이 바벨론으로 끌려갈 때 '아내들'까지도 잡혀 갔다고 기록된 것으로 보아(왕하 24:15), 여호야긴은 8세가 아니라 18세에 왕이 된 것이다. 역대하 36:9의 기록은 성경을 필사할 때 실수로 '10'을 뜻하는 '아사르'(עֶשֶׂר)를 빠뜨렸기 때문일 것이다.

▶ **평가 - 악한 왕**(왕하 24:9, 대하 36:9, 렘 22:24-30)
▶ **활동 선지자** - 예레미야(렘 1:1-3)

여고냐(여호야긴)는 여호야김의 뒤를 이어 남 유다의 열아홉 번째 왕이 되었습니다. 여호야긴은 히브리어로 '예호야킨'(יְהוֹיָכִין)인데,

'여호와'를 뜻하는 '예호바'(יְהוֹ)와 '세우다, 고정하다, 견고하다'를 뜻하는 '쿤'(כוּן)의 합성어로, '여호와께서 세우신다'라는 뜻입니다. 여호야긴의 다른 이름인 '여고냐'는 히브리어 '예콘야'(יְכָנְיָה)로, 여호와의 압축형인 '야'(יְה)와 '쿤'(כוּן)이 합성되어 여호야긴과 똑같이 '여호와께서 세우신다'라는 뜻입니다.

1. 여호야긴은 여호와 보시기에 악을 행하였습니다.
Jehoiachin did evil in the sight of the Lord.

여호야긴은 '여고냐'(대상 3:16-17, 에 2:6, 렘 24:1, 마 1:11-12), '고니야'(렘 22:24, 28, 37:1), 혹은 '여고니야'(렘 27:20, 28:4)로 불렸습니다. 그는 3개월 10일이라는 아주 짧은 기간을 통치하면서도 부친의 모든 행위를 본받아 여호와 보시기에 악을 행하였습니다(왕하 24:9, 대하 36:9, 참고 렘 22:24-30). 그의 모친 이름은 '느후스다'(נְחֻשְׁתָּא)인데, 이는 '구리, 족쇄, 불결함, 정욕, 매춘' 등의 뜻을 가진 '네호쉐트'(נְחֹשֶׁת)에서 유래하였습니다.

하나님께서는 바벨론 왕 느부갓네살 통치 제8년에 제2차로 남유다를 침공하도록 하여, 남 유다를 심판하셨습니다(왕하 24:10-12). 여호야긴은 모친과 신복과 방백들과 내시들과 함께 바벨론 왕에게 항복하였지만, 왕을 비롯한 남 유다의 핵심적 지도자들이 모두 바벨론으로 사로잡혀 가게 되었고, 빈천한 자 외에는 그 땅에 남은 자가 없을 정도였습니다(왕하 24:12-16). 에스겔 19:5에는 그를 '젊은 사자'에 비유하였는데, 6절에서는 "젊은 사자가 되매 여러 사자 가운데 왕래하며 식물 움키기를 배워 사람을 삼키며"라고 하여 그가 하나님께 불순종하고 백성에게 학정을 베풀었음을 말해 줍니다. 그는 결국 주전 597년 바벨론의 제2차 침공 때 '갈고리로 꿰고 철롱에'

넣어져 바벨론 왕에게 끌려갔습니다(겔 19:8-9).

2. 여호야긴은 37년 만에 그 지위가 회복됩니다.
Jehoiachin was restored to his throne in the 37th year.

바벨론의 느부갓네살의 아들 에윌므로닥이 즉위한 원년 12월 27일, 여호야긴은 포로로 끌려간 지 37년 만에 옥에서 놓임을 받았습니다(왕하 25:27, ^{참고}렘 52:31-34에서는 '12월 25일'). 바벨론 왕은 여호야긴을 감옥에서 내어 놓고 죄수의 의복을 바꾸게 하고 일평생 자기 앞에서 먹게 하였으며, 바벨론의 모든 분봉왕보다 높였습니다. 그리고 여호야긴에게 종신토록 필요한 모든 것을 공급해 주었습니다(왕하 25:27-30, 렘 52:31-34). 이것을 열왕기하 25:30에는 "저의 쓸 것은 날마다 왕에게서 받는 정수(定數: 매일 '일정한 양'의 양식)가 있어서 종신토록 끊이지 아니하였더라"라고 기록하고 있습니다. 여호야긴에게 주어진 이러한 조치들은, 바벨론에 항복한 자들은 살고 끝까지 저항한 자들은 잡혀 죽임을 당할 것이라는 예레미야의 예언대로(^{참고}렘 21:9, 27:8, 11-12, 17, 38:2, 17-21), 왕들 중에 유일하게 여호야긴이 바벨론 왕에게 나아가 항복했기 때문입니다(왕하 24:12).

여호야긴은 18세에 왕이 되어 겨우 3개월 10일 통치하다가 바벨론에 포로로 끌려가서(왕하 24:8) 어느덧 50대 중반이 되었습니다. 그는 37년 동안 이방 나라에 갇혀 있으면서 많은 것을 생각하고 회개했을 것입니다. 또한, 37년 만에 지위를 회복하면서, 자기를 다시 높이 세워 주시는 분은 하나님이심을 깨닫게 되었을 것입니다. 하나님께서는 열왕기하의 제일 마지막에 여호야긴의 회복을 기록하심으로써, 남 유다 백성도 깨달아 회개하고 끝까지 참고 기다릴 때 반드시 회복시키실 것을 소망하게 해 주셨습니다.

2대 스알디엘

Shealtiel / Σαλαθιήλ / שְׁאַלְתִּיאֵל
내가 하나님께 간구했다 / I have asked of God

> **순서**
> 예수 그리스도의 족보 제3기 두 번째 인물(마 1:12)
>
> **배경**
> 마태복음 1:12에서 "... 여고냐는 **스알디엘**을 낳고 **스알디엘**은 스룹바벨을 낳고"라고 기록하고 있다.
> - 부: 여고냐(여호야긴: 남 유다 제19대 왕)
> - 동생들의 이름은 '말기람, 브다야, 세낫살, 여가먀, 호사마, 느다뱌'이다(대상 3:17-18).
>
> **특징**
> 여고냐가 바벨론으로 이거한 후에 바벨론에서 낳은 장남이다(마 1:12).

스알디엘은 히브리어로 '셰알티엘'(שְׁאַלְתִּיאֵל)이며, 헬라어로 '살라디엘(Σαλαθιήλ)입니다. '셰알티엘'은 '기도하다, 간청하다, 간구하다'라는 뜻을 가진 '샤알'(שָׁאַל)과 '전능자, 하나님'을 뜻하는 '엘'(אֵל)이 합성된 단어로, '내가 하나님께 간구했다'라는 뜻입니다.

1. 스알디엘은 아버지 여고냐(여호야긴)와 함께 바벨론 포로 생활을 하였습니다.

Shealtiel lived in Babylonian captivity with his father Jeconiah (Jehoiachin).

역대상 3:17에 "사로잡혀 간 여고냐의 아들들은 그 아들 스알디엘과"라고 기록하고 있습니다. 여고냐는 겨우 3개월 10일을 통치하다가 바벨론으로 끌려갔으며, 그때 그의 아내들도 함께 갔습니다(왕하 24:15). 바벨론 포로로 끌려간 대상에 아들들이 포함되지 않은 것을 볼 때(왕하 24:15), 여고냐가 바벨론에 포로로 끌려간 후에 스알디엘을 낳은 것으로 보입니다. 마태복음 1:12에서 "바벨론으로 이거한 후에 여고냐는 스알디엘을 낳고 ..."라고 기록하고 있습니다. 참고로, 예레미야 22:28에 나오는 바벨론으로 쫓겨난 그(여호야긴) '자손'(זֶרַע, 제라)은 여호야긴의 아들이 아니라 문맥상 '가문, 왕가'라는 뜻입니다. 역대상 3:17의 '사로잡혀 간'은 히브리 원문을 볼 때 여호야긴의 아들들이 아니라, 여고냐(여호야긴)를 수식합니다.

그러므로 스알디엘은 멀리 이국 땅 바벨론에서 포로 생활을 하는 중에 태어났습니다. 스알디엘은 남의 나라에서 태어나 자라면서 나라 없는 서러움과 아픔을 겪었을 것입니다. 만약 스알디엘이 자신의 이름의 뜻대로 살았다면, 아무도 의지할 수 없는 상황에서 하나님의 도우심을 바라보면서 간절히 기도했을 것입니다.

역대상 3:17-18에 보면, 여고냐가 바벨론에서 낳은 일곱 아들, 곧 "스알디엘과 말기람과 브다야와 세낫살과 여가먀와 호사마와 느다뱌"를 기록하고 있습니다. 이들의 이름에는 하나같이 하나님을 향한 기도와 찬양이 들어 있습니다. 이것은 여고냐가 바벨론 포로 생활 가운데 하나님께 회개하고 기도하면서 살았다는 증거가 됩니다. 그로 인해 여고냐는 바벨론에 포로로 끌려간 지 37년 만에 다시 지위가 회복되는 축복을 받았습니다(왕하 25:27-30, 렘 52:31-34).

여고냐의 일곱 아들의 이름과 그 뜻은 다음과 같습니다.

① 스알디엘(שְׁאַלְתִּיאֵל) - 내가 하나님께 간구했다
② 말기람(מַלְכִּירָם) - 나의 왕은 높으시다
③ 브다야(פְּדָיָה) - 여호와께서 속량하셨다
④ 세낫살(שֶׁנְאַצַּר) - 신이여 지켜 주시옵소서

⑤ 여가먀(יְקַמְיָה) - 여호와께서 일어날 것이다
⑥ 호사마(הוֹשָׁמָע) - 여호와께서 들어주셨다
⑦ 느다뱌(נְדַבְיָה) - 여호와께서는 관대하시다

예레미야 선지자가 여고냐에게 '무자하여 자손이 없겠다'(렘 22:30)라고 선포하였음에도 불구하고 여고냐가 바벨론으로 이거하여 스알디엘을 비롯한 일곱 명의 자손을 낳은 것은, '다윗에게 한 의로운 가지'(렘 23:5, 33:15)를 일으켜 새 언약(렘 31:31-34)을 성취하시려는 하나님의 구속사적 경륜입니다.

그렇다면 "이 사람(여고냐)이 무자하겠고"라고 선포한 예레미야 22:30의 예언이 잘못된 것일까요? 여기 '무자하겠고'는 히브리어 '아리리'(עֲרִירִי)인데, 이 단어는 때로 '벌거벗은'이라는 뜻으로, '어떤 영예를 잃어버린 상태'를 나타낼 때 쓰입니다. 그러므로 여고냐에 대한 예레미야 선지자의 예언은, 여고냐에게 다윗 왕가의 왕위를 이어받을 자식이 없을 것을 말씀한 것으로 볼 수 있습니다. 여고냐는 바벨론에 포로로 끌려간 후에 일곱 아들을 낳았으나, 아무에게도 왕위를 물려주지 못한 비운의 왕이었습니다.

2. 예수 그리스도의 족보에는 '스알디엘은 스룹바벨을 낳고'라고 기록되어 있습니다.

The genealogy of Jesus Christ records, "Shealtiel the father of Zerubbabel."

성경을 자세히 읽어 보면, 스룹바벨은 스알디엘의 친아들이 아님을 알 수 있습니다. 위에서 살펴보았듯이 스알디엘은 여고냐의 첫째 아들이요, 브다야는 여고냐의 셋째 아들입니다. 그리고 역대상

3:19에 보면 스룹바벨이 브다야의 첫째 아들이라고 말씀하고 있기 때문에, 스룹바벨은 스알디엘의 아들이 아니라 조카입니다. 그런데 왜 예수 그리스도의 족보에는 스룹바벨이 스알디엘의 아들인 것처럼 기록되어 있을까요?

그 이유는 '계대결혼법'에서 찾을 수 있습니다. 계대결혼법은 형이 아들 없이 죽었을 때, 형 대신 동생이 형수를 취하여 형의 대를 이어 갈 아들을 낳아 줌으로 집안의 대가 끊어지지 않게 하는 제도입니다(신 25:5-10, ^{참고}마 22:23-33, 눅 20:28). 그러므로 스알디엘이 대를 이을 아들이 없이 죽자, 그 동생인 브다야가 형수를 맞이하여 형 스알디엘의 대를 이을 아들을 낳았는데, 그가 바로 스룹바벨이었던 것입니다. 그 후로 스룹바벨은 '스알디엘의 아들 스룹바벨'(스 3:2, 8, 5:2, 느 12:1, 학 1:1, 12, 14, 2:2, 23, 마 1:12)로 불리게 되었습니다. 스알디엘은 남의 나라에서 온갖 서러움과 고생 속에서 자라다가 자식도 없이 죽고 말았을 것입니다. 그러나 하나님께서는 '스룹바벨'과 같은 위대한 신앙의 사람을 그의 법적인 아들로 삼아 주셨고, 스룹바벨의 이름이 나오는 곳마다 '스알디엘의 아들 스룹바벨'이라 기록하게 하셨습니다.

하나님께서 스알디엘에게 역사하신 것을 볼 때, 스알디엘의 삶이 그 이름의 뜻처럼 하나님께 간구하는 삶과 무관하지는 않았을 것입니다. 간구[간절할 간(懇), 구할 구(求)]는 '간절히 기도하는 것'입니다. 시편 138:3에서는 "내가 간구하는 날에 주께서 응답하시고 내 영혼을 장려하여 강하게 하셨나이다"라고 말씀하고 있습니다. 오늘날 우리도, 어지러운 세상에 살면서 많은 어려움을 당할지라도 하나님께 간구하는 삶을 살 때 하나님께서 가까이해 주시는 복을 받게 됩니다(신 4:7, 시 6:9, 130:2, 145:18).

3대 스룹바벨

Zerubbabel / Ζοροβαβέλ / זְרֻבָּבֶל
바벨론 출생, 바벨론의 후손
born in Babylon, descendant of Babylon

> **순서**
> 예수 그리스도의 족보 제3기 세 번째 인물(마 1:12-13)
>
> **배경**
> **마태복음 1:12-13**에서 "... 스알디엘은 **스룹바벨**을 낳고 ¹³**스룹바벨**은 아비훗을 낳고 ..."라고 기록하고 있다.
> 실제로 스룹바벨의 혈통적 아버지는 '브다야'이다(대상 3:19).
>
> **특징**
> 바벨론 포로지에서 귀환하여 성전을 재건하는 데 앞장서서 일했던 지도자이다(스 3:8, 5:2, 학 1:14, 참고-슥 4:6-10).

스룹바벨은 히브리어로 '제루바벨'(זְרֻבָּבֶל)이며 헬라어로 '조로바벨'(Ζοροβαβέλ)입니다. '제루바벨'은 '흐르다, 태워지다'라는 뜻을 가진 '자라브'(זָרַב)와 '바벨론, 바벨'을 뜻하는 '바벨'(בָּבֶל)이 합성된 것으로, '바벨론에서 태어난, 바벨론의 후손'이란 뜻입니다. 이것은 스룹바벨이 바벨론에서 태어나서 바벨론에서 자랐음을 나타냅니다.

1. 스룹바벨은 바벨론에서 돌아온 후에 성전 재건의 지도자가 되었습니다.

Zerubbabel was the leader of the reconstruction work of the temple when he returned from Babylon.

하나님께서는 이스라엘 백성이 바벨론에 포로로 끌려가지만 70년 만에 다시 돌아올 것을 약속하셨습니다(렘 25:11-12, 29:10). 이 약속대로, 하나님께서는 바사 왕 고레스의 마음을 움직이셔서, 포로로 끌려간 이스라엘 백성이 다시 고향으로 돌아와 성전을 건축하게 하셨습니다(스 1:1-4). 주전 538년 고레스의 칙령이 선포되고 이스라엘 백성이 귀환한 때는 주전 537년으로, 이것이 제1차 바벨론 포로 귀환입니다.

이 귀환자의 수는 49,897명이었는데, 회중의 숫자가 42,360명, 노비가 7,337명, 노래하는 남녀가 200명이었습니다(스 2:64-65). 그리고 이들을 대표하는 지도자가 11명이었는데, 그 중에 가장 먼저 나오는 이름이 스룹바벨입니다(스 2:2).

그런데 히브리어 원문에 보면 '스룹바벨'(זְרֻבָּבֶל)과 '함께'라는 뜻을 가진 히브리어 '임'(עִם)이 연결부호인 '막켑(maqqeph: -)'으로 연결되어 있습니다. 이것은 다른 열 명의 지도자보다 스룹바벨을 강조하여 기록한 것으로, 스룹바벨이 제1차 바벨론 포로 귀환에 참여한 모든 백성의 실질적인 최고 지도자임을 말해 줍니다.

제1차 포로 귀환에 참여한 사람들에 대하여, 에스라 1:5에서는 "무릇 그 마음이 하나님께 감동을 받고 올라가서 예루살렘 여호와의 전을 건축코자 하는 자"라고 말씀하고 있습니다. 그러므로 이들은 하나님의 감동하심을 받고 성전 건축에 자원하는 적극적인 믿음을 가진 자들이었음을 알 수 있습니다.

당시 제1차 포로 귀환에 참여한 사람들이 5만 명도 되지 않은 것은 바벨론 포로 생활 중에 태어난 대다수의 유다인들이 바벨론에서 그동안 닦아 놓았던 생활의 터전과 입지를 버리고, 폐허가 된 예루살렘에 돌아가기를 두려워했음을 나타냅니다. 그러나 하나님의 일에 항상 앞장서는 사람들은, 자기의 기득권과 이익을 포기하고 하나님의 말씀을 좇아 가는 사람들입니다(참고-창 12:1-4). 스룹바벨은 이렇게 뛰어난 신앙의 사람들을 대표할 만한 능력과 영력을 가진 사람이었던 것입니다.

예루살렘에 돌아온 사람들은, 도착한 제2년 2월에 드디어 성전 재건 역사를 시작하였습니다. 그런데 이때도 '스알디엘의 아들 스룹바벨'의 이름이 제일 먼저 등장합니다(스 3:8). 얼마 후에 성전 건축을 방해하는 대적들이 포로 귀환자들의 지도자를 만나러 왔을 때도, 역시 스룹바벨의 이름이 제일 먼저 나옵니다(스 4:1-3). 이로 보아 스룹바벨은, 포로지에서 돌아올 때부터 성전 건축을 시작하고 진행하는 모든 과정 속에서 백성의 지도자로 일했음을 알 수 있습니다. 참된 지도자는 변함없이 충성함으로 하나님과 백성에게 헌신합니다.

2. 스룹바벨은 중단된 성전 건축을 다시 시작하여 완성한 지도자였습니다.

Zerubbabel was the leader who restarted and completed the construction of the temple which had been interrupted.

주전 536년에 시작된 성전 재건 역사는 대적들의 반대로 중단되었습니다. 그 후 성전 재건의 역사는 무려 16년 동안이나 방치되었고, 어느덧 주전 520년이 되었습니다. 이때 학개와 스가랴 선지자와 함께 중단된 성전 재건을 다시 시작한 사람이 스룹바벨입니다(스 5:2, 학 1:14, 참고-슥 4:6-10).

첫째, 백성이 하나님의 말씀을 청종하였습니다.

하나님께서는 학개 선지자를 통하여 "하나님의 성전은 황무하였는데 유다 백성은 판벽한 집(백향목으로 지은 화려한 집)에 살고 있는 것이 말이 되느냐"라고 책망하셨습니다(학 1:4).

학개 선지자는, 지금까지 유다 백성이 많이 뿌릴지라도 수입이 적으며, 먹을지라도 배부르지 못하며, 마실지라도 흡족하지 못하고, 입어도 따뜻하지 못하며, 일꾼이 삯을 받아도 그것을 구멍 뚫어진 전대에 넣음같이 된 이유가, 성전 건축을 중단하고 내버려두었기 때문이라고 선포하였습니다(학 1:6).

그래서 학개 1:9에서는 "너희가 많은 것을 바랐으나 도리어 적었고 너희가 그것을 집으로 가져갔으나 내가 불어 버렸느니라 나 만군의 여호와가 말하노라 이것이 무슨 연고뇨 내 집은 황무하였으되 너희는 각각 자기의 집에 빨랐음이니라"라고 지적하고 있습니다.

이렇게 학개 선지자를 통해서 성전 건축에 대한 말씀이 선포되자, 스룹바벨을 비롯한 모든 백성이 하나님의 말씀을 청종하였습니다(학 1:12). 여기 '청종'이라는 단어는 히브리어 '샤마'(שָׁמַע)로, '경청하다, 주의 깊게 듣다'라는 뜻입니다. 이들은 하나님의 말씀을 청종함으로써 성전 건축을 중단한 채 지내온 삶을 회개하였습니다.

우리가 지금까지 하나님보다 나를 먼저 생각하다가 만족스럽지 못한 삶을 살았을지라도, 다시 하나님의 말씀을 청종하고 회개할 때 도저히 풀리지 않던 문제가 해결되기 시작합니다.

둘째, **백성의 마음이 흥분*되었습니다.**

학개 1:14에서 "여호와께서 스알디엘의 아들 유다 총독 스룹바벨의 마음과 여호사닥의 아들 대제사장 여호수아의 마음과 남은 바

---

*일 홍(興), 떨칠 분(奮): ① 마음(감정)이 벌컥 일어나 동함. ② 자극을 받아서 신경이 동작을 일으킴. ③ 자극에 의하여 생명체의 기능이 상승되는 일.

모든 백성의 마음을 흥분시키시매 그들이 와서 만군의 여호와 그들의 하나님의 전 역사를 하였으니"라고 말씀하고 있습니다.

여기 '마음'은 히브리어 '루아흐'(רוּחַ)로, '영'이라는 뜻이며, '흥분시키시매'는 히브리어로 '일어나다, 깨다, 분발시키다'라는 뜻을 가진 '우르'(עוּר)의 사역 능동형입니다. 그러므로 이것은 하나님께서 스룹바벨의 영과 대제사장 여호수아의 영과 백성의 영을 깨우셔서 거국적으로 성전 재건 역사를 하게 하셨다는 의미입니다. 하나님께서 영을 깨우실 때, 무려 16년 동안이나 중단되었던 성전 건축 역사가 비로소 다시 시작된 것입니다.

셋째, 공사를 즉시 시작하였습니다.

학개 선지자를 통하여 성전 재건에 대한 말씀이 처음 선포된 때는 다리오왕 제2년 6월 1일이었습니다(학 1:1). 중단되었던 성전 재건이 시작된 것은 다리오왕 제2년 6월 24일이었습니다(학 1:14-15). 그러므로 하나님의 말씀이 선포되고 23일 만에 공사가 시작된 것입니다. 본래 6월은 7월에 있을 나팔절과 대속죄일과 초막절을 준비해야 하기 때문에 가장 분주한 시기입니다. 그럼에도 불구하고 23일 만에 준비하여 공사를 시작했다는 것은 이례적인 일로, 스룹바벨과 백성이 하나님의 말씀을 이루기 위해 얼마나 적극적이고 능동적으로 성전 재건 역사에 임하였는지를 잘 보여 줍니다.

이렇게 재건 공사가 진행된 성전은 마침내 다리오왕 제6년(주전 516년) 아달월(Adar, 12월) 3일에 완공되어 하나님께 봉헌되었습니다(스 6:13-15). 하나님의 전 봉헌식을 행할 때에 수소 일백과 숫양 이백과 어린 양 사백을 드리고 또 이스라엘 지파의 수를 따라 숫염소 열 둘로 이스라엘 전체를 위하여 속죄제를 드렸습니다(스 6:16-17).

그리고 제사장과 레위 사람을 세워 모세의 책에 기록된 대로 예루살렘에서 하나님을 섬기게 하였습니다(스 6:18).

하나님께서는 스룹바벨을 가리켜 하나님의 '종'이요 '인'(印)이라고 말씀하셨습니다. 학개 2:23에서 "나 만군의 여호와가 말하노라 스알디엘의 아들 내 종 스룹바벨아 나 여호와가 말하노라 그 날에 내가 너를 취하고 너로 인을 삼으리니 이는 내가 너를 택하였음이니라 만군의 여호와의 말이니라"라고 말씀하고 있습니다. 여기 '인'(印)은 히브리어 '호탐'(חוֹתָם)으로, '도장, 인장 반지'를 가리킵니다. 고대 근동에서 인장 반지는 소유자를 대신하는 의미로 사용되었으며, 소유자는 그것을 항상 지니고 다녔습니다. 그러므로 하나님께서 스룹바벨을 하나님의 인장 반지로 삼으시겠다는 것은 지금도 스룹바벨과 함께하시고 앞으로도 끝까지 지켜 주시겠다는 약속입니다. 이 말씀은 다리오왕 제2년 9월 24일에 선포하신 말씀으로(학 2:10, 18), 앞으로 스룹바벨을 통하여 성전 건축의 역사를 완성하시겠다는 강한 의지를 표현하신 것입니다.

하나님께서는 스가랴 선지자를 통해서도 다리오왕 제2년 11월 24일에, 성전 건축은 사람의 힘이 아니라 오직 하나님의 성령의 역사로 반드시 이루어질 것이라는 확신을 주셨습니다(슥 1:7, 4:6). 결국 성전 재건 공사는 전적으로 하나님의 역사로 마침내 완성된 것입니다(스 6:15).

이와 같이 오늘날에도 하나님께서는 성령의 역사를 통해 하나님의 종 된 자를 하나님의 '인'으로 삼아 성전을 건축하시며, 하나님 나라를 완성하는 거룩한 구속사의 주역으로 사용하십니다(고후 1:22, 엡 1:13, 4:30, 계 7:2-4, 9:4).

4대 아비훗

Abihud / Ἀβιούδ / אֲבִיהוּד
영광의 아버지, 위엄의 아버지
father of glory, father of majesty

> **순서**
> 예수 그리스도의 족보 제3기 네 번째 인물(마 1:13)
>
> **배경**
> 마태복음 1:13에서 "스룹바벨은 **아비훗**을 낳고 **아비훗**은 엘리아김을 낳고 ..."라고 기록하고 있다.
>
> **특징**
> 스룹바벨에게는 아들 일곱과 딸 하나가 있었는데, 아비훗은 그 속에 포함되어 있지 않은 인물이다(대상 3:19-20).

아비훗은 히브리어로 '아비후드'(אֲבִיהוּד)이며, 헬라어로 '아비우드'(Ἀβιούδ)입니다. '아비후드'는 '아버지, 조상'을 뜻하는 '아브'(אָב)와 '영광, 위엄, 광채'를 뜻하는 '호드'(הוֹד)가 합성된 단어로, '영광의 아버지, 위엄의 아버지'라는 뜻입니다.

1. 구약의 족보에는 스룹바벨의 후손 중에 '아비훗'이 나와 있지 않습니다.

The name "Abihud" does not appear among the descendants of Zerubbabel in the Old Testament genealogies.

역대상 3:19-20에서 "... 스룹바벨의 아들은 므술람과 하나냐와 그 매제 슬로밋과 또 하수바와 오헬과 베레갸와 하사댜와 유삽헤셋 다섯 사람이요"라고 하여, 스룹바벨이 낳은 7남 1녀의 이름이 등장하고 있습니다. 이 족보의 특징을 살펴보면 다음과 같습니다.

첫째, '그 매제 슬로밋'이 등장합니다.

여기 '매제'는 히브리어 '아호트'(אָחוֹת)로, '자매'라는 뜻입니다. 즉 '슬로밋'은 스룹바벨의 아들들의 누이로, 스룹바벨의 딸입니다.

둘째, 자녀들의 이름의 뜻은 하나님과의 교제와 회복, 은혜와 관련된 이름들입니다.

스룹바벨은 바벨론에서 태어나서 자랐으며, 바벨론 포로 귀환의 지도자가 되었습니다. 그는 이 모든 과정 속에서 늘 하나님과의 교제가 회복되기를 소망하고 하나님의 은혜를 바라보며 자녀들의 이름을 지었을 것입니다.

그 이름들의 뜻은 다음과 같습니다.

① 므술람(מְשֻׁלָּם) - 친구, 친교, 회복, 보답
② 하나냐(חֲנַנְיָה) - 여호와께서 은총을 베푸셨다
③ 슬로밋(שְׁלֹמִית) - 평화로움
④ 하수바(חֲשֻׁבָה) - 고려하다, 깊이 생각하다
⑤ 오헬(אֹהֶל) - 장막
⑥ 베레갸(בֶּרֶכְיָה) - 여호와께서 축복하신다
⑦ 하사댜(חֲסַדְיָה) - 여호와께서 은총(친절)을 베푸셨다
⑧ 유삽헤셋(יוּשַׁב חֶסֶד) - 사랑(은혜)이 회복될 것이다

특히 스룹바벨의 막내아들 유삽헤셋의 뜻은 '은혜가 회복되다, 그의 사랑이 돌아오다'입니다. 스룹바벨은 아마도 바벨론 포로지

에서 귀환하게 하신 하나님의 은혜와 사랑에 감사하면서, 막내아들 유삽헤셋의 이름을 지었을 것입니다.

셋째, 스룹바벨의 자녀들은 두 그룹으로 나눠집니다.

스룹바벨의 자녀 7남 1녀 중에서 다섯 사람이 따로 구분되는 이유를(대상 3:20) 정확히 알 수는 없으나, 족보에서 어머니가 다르면 구분하여 기록하는 관습을 볼 때(대상 2:19, 21-24, 3:1-9, 4:5-7), 뒤에 '다섯 사람'으로 묶인 그룹은 앞에 언급된 므술람, 하나냐, 슬로밋(딸)과 어머니가 다를 것으로 추정됩니다.

넷째, 이 명단에는 아비훗의 이름이 빠져 있습니다.

스룹바벨에게 일곱 명의 아들이 있었으나(대상 3:19-20), 그 이름에서 '아비훗'(마 1:13)이 빠져 있는 것은 특이합니다. 본 서 제4장에서 자세히 살펴보겠는데, 분명 스룹바벨과 아비훗 사이에는 많은 대수가 생략되어 있고, 인간의 생각으로는 알기 어려운 하나님의 구속사적 경륜이 담겨 있는 것입니다.

2. '아비훗'은 '영광의 아버지, 위엄의 아버지'라는 뜻입니다.

The name "Abihud" means "father of glory" or "father of majesty."

'아비후드'(אֲבִיהוּד)는 '아브'(אָב)와 '호드'(הוֹד)의 합성어인데, 특히 '호드'라는 단어에 주목해야 합니다. 이 단어는 '영광, 위엄, 광채'라는 뜻을 가졌는데, '호드'(הוֹד)가 성전 건축을 이룬 후에 하나님께 영광을 돌릴 때 사용되었다는 사실은 우리에게 시사하는 바가

큽니다.

스가랴 6:13에서 "그가 여호와의 전을 건축하고 영광도 얻고 그 위에 앉아서 다스릴 것이요 ..."라고 말씀하고 있습니다. 이 말씀은 스가랴 선지자가, 성전 재건 공사를 다시 시작한 지 5개월이 지난 다리오왕 제2년 11월 24일에 받은 환상(슥 1:7) 중에 나오는 말씀입니다.

스가랴 선지자는 이 말씀을 통하여 현재 진행 중인 성전 재건 작업을 격려하였으며, 더 나아가 예수 그리스도께서 온전한 성전을 완성하시고 영광을 받으실 것을 선포하였는데, 여기에 사용된 '영광'이 바로 '호드'(הוד)인 것입니다. '아비훗'은 이러한 하나님의 영광이 다시 회복되기를 소망하며 그 영광을 간절히 사모하는 이름일 것입니다.

모든 영광과 존귀와 위엄은 다 하나님께 속한 것입니다(신 5:24, 대상 29:11, 유 1:25). 우리는 오직 모든 영광과 존귀와 위엄을 하나님께 돌리기 위하여 부름 받은 존재입니다(고전 10:31, 계 5:12-13). 언제나 하나님께서 우리의 삶 속에서 '영광의 아버지, 위엄의 아버지'가 되시기를 소망합니다.

| 5대 엘리아김 | Eliakim / Ἐλιακείμ / אֶלְיָקִים
하나님께서 세우신다, 하나님께서 일으키신다
God establishes, God raises up |

> **순서**
> 예수 그리스도의 족보 제3기 다섯 번째 인물(마 1:13)
>
> **배경**
> 마태복음 1:13에서 "... 아비훗은 **엘리아김**을 낳고 **엘리아김**은 아소르를 낳고"라고 기록하고 있다.
>
> **특징**
> 엘리아김의 아버지는 하나님께서 무너진 것을 바로 세우시고, 넘어진 자를 일으키시는 분임을 믿고 자식의 앞날도 하나님께서 세워 주시고, 일으켜 주시기를 소망하며 그 이름을 지었을 것이다.

엘리아김은 히브리어로 '엘야킴'(אֶלְיָקִים)이며, 헬라어로 '엘리아케임'(Ἐλιακείμ)입니다. '엘야킴'은 '하나님'을 뜻하는 '엘'(אֵל)과 '세우다, 일으키다'를 뜻하는 '쿰'(קוּם)이 합성된 단어로, '하나님께서 세우신다, 하나님께서 일으키신다'라는 뜻입니다.

1. 구약에서 '엘리아김'이라는 이름을 가진 사람이 셋입니다.

There are three people with the name "Eliakim" in the Old Testament.

비록 역대상 3장에 나오는 스룹바벨의 후손 중에는 엘리아김의 이름이 나오지 않지만, 구약에는 '엘리아김'이라는 이름을 가진 사람이 '아비훗의 아들 엘리아김'을 제외하고 세 명이 더 등장합니다.

(1) 힐기야의 아들 '엘리아김'입니다.

이 엘리아김은 남 유다 제13대 히스기야왕의 궁내대신입니다. 앗수르가 185,000명의 대군을 이끌고 쳐들어왔을 때, 히스기야왕이 이사야 선지자에게 기도 부탁을 하기 위하여 보낸 사람이 바로 '엘리아김'입니다(사 36:22, 37:1-2). 이처럼 엘리아김은 왕의 총애를 받고 왕과 선지자 사이에서 일을 한 믿음의 사람이었습니다.

(2) 요시야의 아들 '엘리아김'입니다.

남 유다 제16대 요시야왕의 아들 엘리아김은 바로 '여호야김' 왕입니다. 여호야김은 애굽 왕 바로느고에 의해 개명된 이름입니다(왕하 23:34, 대하 36:4). 그는 요시야의 둘째 아들로서(대상 3:15), 25세에 남 유다의 열여덟 번째 왕이 되어 11년간 통치하였습니다(왕하 23:36, 대하 36:5). 하나님의 말씀을 전한 우리야를 죽였으며(렘 26:20-23), 하나님의 말씀을 기록한 두루마리를 불에 태웠습니다(렘 36:21-23). 열왕기하 23:37에서 "여호야김이 그 열조의 모든 행한 일을 본받아 여호와 보시기에 악을 행하였더라"라고 말씀하고 있습니다(대하 36:5). 그리하여 그는 쇠사슬에 결박당한 채로 바벨론으로 끌려가는 비참한 인생이 되었습니다(대하 36:6).

(3) 제사장 '엘리아김'입니다.

예루살렘은 주전 586년 바벨론 왕 느부갓네살의 침공으로 멸망을 당하고 이때 예루살렘 성벽도 파괴되었습니다. 그 후에 주전 444년 제3차 포로 귀환을 이끈 느헤미야의 탁월한 지도 아래 이스라엘 백성이 밤낮으로 일한 결과로, 무너진 성벽이 52일 만에 전격적으로 복구되었습니다(느 4:6, 21-23, 6:15). 이스라엘 백성은 성벽을 완공한 후 성벽 낙성식을 거행하였는데, 이 낙성식에 참여한 제사장 중 한 사람이 엘리아김입니다(느 12:27, 41).

2. '엘리아김'은 하나님께서 일으켜 주심을 고백한 이름입니다.
The name "Eliakim" is a confession that God has raised him up.

스룹바벨은 중단되었던 성전 재건 공사를 다시 시작하여 주전 516년에 완성한 지도자였습니다. 그것은 결코 사람의 힘이 아니라 전적으로 하나님께서 하신 일이었습니다. 스가랴 4:6에서는 "그가 내게 일러 가로되 여호와께서 스룹바벨에게 하신 말씀이 이러하니라 만군의 여호와께서 말씀하시되 이는 힘으로 되지 아니하며 능으로 되지 아니하고 오직 나의 신으로 되느니라"라고 말씀하고 있습니다.

엘리아김의 아버지는 스룹바벨을 통해서 성전을 일으키신 하나님의 놀라운 역사를 묵상하며, 하나님께서 아들의 일생도 일으켜 주시고 끝까지 책임져 주시기를 소망하며 이름을 지었을 것입니다. 엘리아김의 아버지는 바벨론 포로기 이후 바사(페르시아)의 식민지 시대(주전 539-331년)에 살았던 것으로 추정되는데, 강대국으로부터 억압 받는 이스라엘을 일으켜 주실 분은 오직 전능하신 하나님밖에 없음을 인정한 것입니다. 그리고 능하신 하나님의 절대 주권의 힘으로 자기 민족이 하루속히 재건되기를 소망했을 것입니다. '엘리아김'이 이러한 소망을 저버리지 않았다면 분명 하나님께서 일으켜 주시는 은혜를 입었을 것입니다.

| 6대
아소르 | **Azor** / Ἀζώρ / עַזּוּר
도움을 주는, 돕는 사람
helpful, helper |

> **순서**
> 예수 그리스도의 족보 제3기 여섯 번째 인물(마 1:13-14)
>
> **배경**
> 마태복음 1:13-14에서 "... 엘리아김은 **아소르**를 낳고 ¹⁴**아소르**는 사독을 낳고 ..."라고 기록하고 있다.
>
> **특징**
> 아소르는 성경에 특별한 기록이 없으며, 그 이름은 '도움을 주는, 돕는 사람'이라는 뜻이다.

아소르는 히브리어로 '앗주르'(עַזּוּר)이며, 헬라어로 '아조르'(Ἀζώρ)입니다. '앗주르'는 '돕다, 지원하다, 방어하다'라는 뜻의 히브리어 '아자르'(עָזַר)에서 유래하였습니다.

1. 구약에서 '아소르'라는 이름을 가진 사람이 셋 사람입니다.

There are three people with the name "Azor" in the Old Testament.

마태복음 1:13의 '아소르'는 구약의 히브리어로 '앗주르'(עַזּוּר)입니다. 이것을 개역성경에서는 '앗술'로 표기하고 있는데, 세 군데에서 찾아볼 수 있습니다.

(1) 기브온의 거짓 선지자 하나냐의 아버지 '앗술'입니다.

예레미야 28:1에서는 "이 해 유다 왕 시드기야의 즉위한 지 오래지 않은 해 곧 사년 오월에 기브온 앗술의 아들 선지자 하나냐가 여호와의 집에서 제사장들과 모든 백성 앞에서 내게 말하여 가로되"라고 말씀하고 있습니다. 하나냐는 남 유다 시드기야왕 때 거짓 선지자로, 참선지자 예레미야를 대항한 자입니다. 하나냐는, 하나님께서 바벨론 왕의 멍에를 꺾고 바벨론 포로지에서 돌아오게 하고 성전 기구들도 다시 가져오게 하실 것이라는 거짓 예언을 하다가 그해 7월에 죽고 말았습니다(렘 28:17). 이 거짓 선지자 하나냐의 아버지가 바로 '앗술'이었습니다.

(2) 야아사냐의 아버지 '앗술'입니다.

에스겔 11:1-2에서는 "때에 주의 신이 나를 들어 데리고 여호와의 전 동문 곧 동향한 문에 이르시기로 본즉 그 문에 이십오 인이 있는데 내가 그중에서 앗술의 아들 야아사냐와 브나야의 아들 블라댜를 보았으니 그들은 백성의 방백이라 그가 내게 이르시되 인자야 이 사람들은 불의를 품고 이 성중에서 악한 꾀를 베푸는 자니라"라고 말씀하고 있습니다. 이 말씀을 볼 때 '야아사냐'는 불의를 품고 성중에서 악한 꾀를 베푸는 자였으며, 이 '야아사냐'의 아버지가 '앗술'이었던 것입니다.

(3) 언약 문서에 인을 친 '앗술'입니다.

주전 444년 제3차 포로 귀환 때 느헤미야의 지도하에 마침내 무너진 예루살렘 성벽을 완전히 복구하였고, 이스라엘에 영적 부흥 운동이 일어나 언약을 갱신하게 됩니다. 이때 백성의 지도자들이 앞장서서 언약을 준수하기로 결심하고 인(印)을 쳤는데(느 9:38, 10:1), 인을 친 지도자 명단 가운데 '앗술'이 등장하고 있습니다(느 10:17).

2. '아소르'는 '도움을 주는, 돕는 사람'이라는 뜻입니다.
The name "Azor" means "helpful" or "a helper."

아소르는 히브리어로 '앗주르'(עַזּוּר)이며, '도움을 주는, 돕는 사람'이라는 뜻입니다. 아소르의 이름에서 하나님의 구속 역사에 큰 도움이 되는 위대한 믿음의 사람이 되기를 소망하는 마음을 발견할 수 있습니다.

구약에 나오는 세 명의 '앗술' 중, 거짓 선지자 하나냐의 아버지 '앗술'이나 거짓 방백 야아사냐의 아버지 '앗술'은, 그들 자식들의 문제만 놓고 볼 때는 하나님께 도움이 되지 못한 사람들이었습니다. 반면에, 언약 문서에 인을 친 방백 '앗술'은 그 이름처럼 하나님의 일에 도움이 된 사람입니다(느 10:17). 똑같은 '앗술'일지라도, 하나님의 일에 도움이 된 사람이 있는가 하면 하나님의 일에 오히려 해가 된 사람도 있습니다.

예수 그리스도의 족보 제3기 14대 중 여섯 번째 인물인 아소르는 아마도 하나님의 일에 도움이 된 인물일 것입니다. 하나님께서 아담에게 아내 하와를 주실 때도 '돕는 배필'로 만드셨습니다(창 2:18). 한편, 사도 바울은 아담과 하와의 관계를 그리스도와 교회의 관계로 표현했습니다(엡 5:31-32). 그렇다면 교회는 예수 그리스도의 '돕는 배필'이 되어야 합니다. 우리는 각자의 삶을 돌이켜 볼 때 과연 하나님의 일에 도움이 되는 사람입니까? 아니면, 오히려 하나님의 일을 무너뜨리고 주의 몸 된 교회에 해를 끼치는 사람입니까?

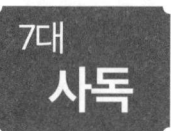

Zadok / Σαδώκ / צָדוֹק
의로움, 의, 공평 / righteous, righteousness, justice

> **순서**
> 예수 그리스도의 족보 제3기 일곱 번째 인물 (마 1:14)
>
> **배경**
> 마태복음 1:14에서 "아소르는 **사독**을 낳고 **사독**은 아킴을 낳고 ..."라고 기록하고 있다.
>
> **특징**
> 사독은 성경에 특별한 기록이 없으며, '의로움, 의, 공평'이라는 뜻을 가지고 있다.

사독은 히브리어로 '차도크'(צָדוֹק)이며, 헬라어로 '사도크'(Σαδώκ)입니다. '차도크'는 '의로운, 공정한'이란 뜻을 가진 '차디크'(צָדֵק)에서 유래하였으며, '의로움, 의, 공평'이라는 뜻입니다.

1. 구약에서 '사독'이라는 이름을 가진 사람이 일곱입니다.

There are seven people with the name "Zadok" in the Old Testament.

(1) 다윗왕 때의 제사장 '사독'입니다.

사독은 다윗왕 시대에 아비아달과 함께 제사장이었던 사람입니다(삼하 19:11, 20:25). 역대상 12:28에 나오는 '젊은 용사 사독' 후에 제사장 사독이 된 것으로 알려져 있습니다. 그의 아들은 아히마아스였습니다(대상 6:8).

(2) 동명의 다른 제사장 '사독'입니다.

역대상 6:12에 "아히둡은 사독을 낳았고 사독은 살룸을 낳았고"라고 기록되어 있는데, 여기 등장하는 '사독'은 솔로몬 후(대상 6:10) 바벨론 포로로 끌려가기 전(대상 6:15)의 분열왕국 시대에 활동한 제사장으로, 역대상 6:8에 나오는 '사독'과는 동명이인입니다.

(3) 남 유다 왕 요담의 외조부 '사독'입니다.

역대하 27:1에 "요담이 위에 나아갈 때에 나이 이십오 세라 예루살렘에서 십육 년을 치리하니라 그 모친의 이름은 여루사라 사독의 딸이더라"라는 기록이 있습니다(왕하 15:32-33). 그러므로 이 '사독'은 남 유다 제11대 왕 요담의 외조부로, 역대상 6:12에 나오는 분열왕국 시대의 제사장 '사독'일 가능성이 있지만 확실하지는 않습니다.

(4) 성벽 중건에 참여한 '사독'입니다.

주전 444년 느헤미야를 중심으로 무너진 성벽 재건 공사가 이루어졌는데, 이때 북쪽 성벽을 중건한 사람들의 명단에 '바아나의 아들 사독'이라는 이름이 나옵니다(느 3:4).

(5) 성벽 중건에 참여한 동명이인 '사독'입니다.

느헤미야 3:29에는 "그 다음은 임멜의 아들 사독이 자기 집과 마주 대한 부분을 중수하였고 그 다음은 동문지기 스가냐의 아들 스마야가 중수하였고"라고 기록되어 있습니다. 이 '사독'은 성벽 재건 시 동쪽 성벽을 담당한 자로, 스룹바벨과 함께 귀환한 제사장 가문 임멜의 자손이었습니다(스 2:36-37).

(6) 성벽 완성 후 언약서에 인을 친 '사독'입니다.

주전 444년 무너진 성벽 공사가 완성된 후에 백성의 지도자들이 앞장서서 언약을 준수하기로 결심하고 인(印)을 쳤습니다. 이때 인을 친 지도자 명단 중에 '사독'이 있습니다(느 10:21).

이 사람이 성벽 재건 시 북쪽 성벽 중건에 참여한 '바아나의 아들 사독'일 가능성이 있으나, 확실하지는 않습니다.

(7) 창고의 책임자가 된 서기관 '사독'입니다.

느헤미야는 제사장과 서기관과 레위 사람, 평민 중에서 각각 한 사람씩을 택하여 창고 책임자로 세우고 십일조를 거두어 들이고 분배하는 일을 하도록 시켰습니다(느 12:44-47). 이 가운데 '서기관 사독'이라는 이름이 등장합니다(느 13:13).

2. '사독'은 '의로움, 의, 공평'이라는 뜻입니다.
The name "Zadok" means "righteous," "righteousness," or "justice."

구약성경에 나오는 '사독'이라는 이름을 가진 사람들은 하나같이 하나님께 크게 쓰임 받은 사람들이었습니다. 제사장이나 성벽 재건 공사의 일꾼으로, 또는 하나님께 언약한 대로 살겠다고 인(印)을 친 사람으로, 십일조를 관리하는 창고 책임자 등으로 쓰임 받았습니다.

예수 그리스도의 족보 제3기의 14대 가운데 일곱 번째로 등장하는 사독의 부모 역시 구약에 나오는 여러 '사독'같이 되기를 바라는 마음으로 그 이름을 지었을 것입니다.

또한, 당시는 외세에 의한 정치적 갈등과 혼돈의 시기이자, 공의를 행하는 의인이라고는 찾아보기 힘든 영적 암흑기였으므로, '공평과 정의를 실행하실 왕', 곧 다윗에게 나실 '한 의로운 가지'(렘 23:5, 33:15) 메시아를 갈망했던 흔적이 그 이름에 엿보입니다. 왜냐하면 메시아가 오시면 시온의 공의가 빛같이 나타날 것이며(사 62:1), 그 '의'가 바로 '주의 보좌의 기초'이기 때문입니다(시 89:14, 97:2).

이 땅에서 가장 의로운 자는 예수 그리스도를 구주로 영접하여 물과 성령으로 거듭나 믿음으로 사는 자입니다. 로마서 3:22에서 "곧 예수 그리스도를 믿음으로 말미암아 모든 믿는 자에게 미치는 하나님의 의니 차별이 없느니라"라고 말씀하고 있습니다. 로마서 3:24에서도 "그리스도 예수 안에 있는 구속으로 말미암아 하나님의 은혜로 값없이 의롭다 하심을 얻은 자 되었느니라"라고 말씀하고 있습니다. 마지막 때 어린양의 아내가 빛나고 깨끗한 세마포를 입었는데, 이 세마포는 '성도들의 옳은 행실'(righteous acts of the saints: NASB)이라고 말씀하고 있습니다(계 19:8). 여기 '옳은 행실'은 헬라어로 '디카이오마'($\delta\iota\kappa\alpha\iota\omega\mu\alpha$)인데, 이것은 '의, 공의'라는 뜻으로, 예수 그리스도를 믿음으로 말미암아 주어지는 '의'를 말합니다.

오늘 우리의 의로움은 오직 예수 그리스도의 십자가 속죄 사역을 통해 주어진 것입니다(고전 1:30, 6:11, 고후 5:21). 날마다 예수 그리스도만 의지하며, '사독'이라는 이름을 가진 성경 속 사람들처럼 하나님의 의를 실현하는 거룩한 도구로 살아가야 할 것입니다.

8대 아킴

Achim / Ἀχείμ / יוֹקִים
여호와께서 세우신다 / the Lord establishes

> ▶ **순서**
> 예수 그리스도의 족보 제3기 여덟 번째 인물(마 1:14)
>
> ▶ **배경**
> 마태복음 1:14에서 "… 사독은 **아킴**을 낳고 **아킴**은 엘리웃을 낳고"라고 기록하고 있다.
>
> ▶ **특징**
> 아킴은 성경에 특별한 기록이 없으며, '여호와께서 일으키신다 여호와께서 세우신다'라는 뜻을 가지고 있다.

아킴은 히브리어로 '요김'(יוֹקִים)이며, 헬라어로 '아케임'(Ἀχείμ)입니다. '요김'은 '여호와'를 뜻하는 '야'(יָה)와 '일어나다, 일으키다, 세우다'라는 뜻을 가진 '쿰'(קוּם)이 변형되어 조합된 형태로, '여호와께서 세우신다'라는 뜻을 가지고 있습니다.

1. 구약에서 '아킴(요김)'이라는 이름을 가진 사람은 하나입니다.

There is one person with the name "Achim (Jokim)" in the Old Testament.

유다가 가나안 사람 수아의 딸에게서 낳은 세 번째 아들인 셀라의 자손 가운데 '요김'(יוֹקִים)이 등장합니다(대상 2:3, 4:21-22). 요김은 옹기장이가 되어 왕의 일을 하였습니다. 역대상 4:23에서 "이 모든 사람은 옹기장이가 되어 수풀과 산울 가운데 거하는 자로서 거기서 왕과 함께 거하여 왕의 일을 하였더라"라고 말씀하고 있습니다. '거하여'라는 단어는 히브리어로 '야샤브'(יָשַׁב)인데, '(상당히 오랜 기간) 거주하다, 체류하다, 계속하다, 결혼하다'라는 뜻을 가지고 있습니다.

여기 '왕과 함께 거하여'라는 표현은 이들이 실제로 왕과 함께 오랫동안 살았다는 의미가 아니라, 이들이 비록 지리적으로는 왕과 떨어져 있었으나 오랫동안 왕의 토지를 관리하면서 살았다는 의미입니다. 그들은 늘 마음으로 왕과 함께한다는 생각으로 왕에게 충성하여 인정받은 자들이었던 것으로 보입니다.

우리도 어느 곳에서 하나님의 사역을 하든지 그곳에 만왕의 왕이신 주님이 함께하신다는 믿음을 가지고 있다면, 분명 하나님께 인정받고 끝까지 그 일을 감당할 수 있게 될 것입니다.

2. '아킴(요김)'은 '여호와께서 세우신다'라는 뜻입니다.
The name "Achim (Jokim)" means "the Lord establishes."

구약에 한 번 등장하는 '요김'이 유다 지파에 소속되어 있고, 예수 그리스도의 족보에 나오는 '아킴'의 아버지 역시 유다 지파입니다. 당시 사람들은 자식의 이름을 조상의 이름 중에서 선택하는 경우가 있었던 것으로 보입니다.

구약의 '요김'은 옹기장이로 일을 하면서(대상 4:22-23), "여호와여 주는 우리 아버지시니이다 우리는 진흙이요 주는 토기장이시니 우리는 다 주의 손으로 지으신 것이라"(사 64:8)라는 말씀처럼 우리 인생을 세우시는 분은 오직 하나님이심을 체험적으로 깨달았을 것입니다.

예수 그리스도의 족보에 나오는 '아킴'의 아버지도 이러한 진리를 깨닫고 하나님께서 자기 아들의 모든 삶을 세워 주시기를 간절히 바라는 소망 가운데 아들의 이름을 '아킴(여호와께서 세우신다)'이라고 지었을 것입니다.

아킴은 신구약 중간사 중에 헬라 통치 시대(주전 331-164년)에 살았을 것으로 추정됩니다. 헬라는 종교적으로 관용했던 바사(페르시아)와는 달리, 유다를 헬라화하려 하여 종교를 억압했습니다. 하나님을 자유롭게 믿을 수 없는 상황에서 아킴이 자기 이름의 뜻대로 살았다면, 하나님께서 아브라함과 다윗에게 언약하신 대로 이스라엘을 통해 '메시아 왕국'을 하루 속히 세워 주시기를 간절히 소망하였을 것입니다. 시편 127:1-2에서 "여호와께서 집을 세우지 아니하시면 세우는 자의 수고가 헛되며 여호와께서 성을 지키지 아니하시면 파수꾼의 경성함이 허사로다 너희가 일찍이 일어나고 늦게 누우며 수고의 떡을 먹음이 헛되도다 ..."라고 말씀하고 있습니다. 하나님은 모든 것의 시작이요, 마침이십니다(사 44:6, 48:12, 계 1:17, 2:8, 21:6, 22:13). 하나님께서 시작하시고 그것을 세우시고 끝까지 지키시지 않으시면, 그 결과는 모두가 알맹이 없는 헛된 것뿐입니다. 그러므로 일의 시작부터 결과에 이르기까지 어떤 어려움 속에서도 결코 낙망하지 않고 하나님께 맡기는 삶을 살 때, 하나님께서 반드시 그와 그가 속한 가정과 교회와 사업을 일으켜 세워 주시는 축복이 있습니다.

9대 엘리웃

Eliud / Ἐλιούδ / אֱלִיהוּד
하나님께서는 나의 영광이시다,
하나님께서는 나의 위엄이시다
God is my glory, God of majesty and terror

▶ 순서
예수 그리스도의 족보 제3기 아홉 번째 인물(마 1:14-15)

▶ 배경
마태복음 1:14-15에서 "... 아킴은 **엘리웃**을 낳고 15 **엘리웃**은 엘르아살을 낳고 ..."라고 기록하고 있다.

▶ 특징
엘리웃은 성경에 특별한 기록이 없으며, '하나님께서는 나의 영광이시다, 하나님께서는 나의 위엄이시다'라는 뜻을 가지고 있다.

엘리웃은 히브리어로 '엘리후드'(אֱלִיהוּד)이며, 헬라어로 '엘리우드'(Ἐλιούδ)입니다. '엘리후드'(אֱלִיהוּד)는 '하나님'을 뜻하는 '엘'(אֵל)과 '광채, 위엄, 영광, 활력'을 뜻하는 '호드'(הוֹד)가 합성된 것으로, '하나님께서는 나의 영광이시다, 하나님께서는 나의 위엄이시다'라는 뜻입니다.

여기 '호드'라는 단어는 구약성경에서 스물네 번 사용되었는데, 주로 하나님의 영광과 위엄(威嚴)을 나타내는 데 사용되었습니다.

1. '엘리웃'이라는 이름은 하나님의 영광을 나타냅니다.
The name "Eliud" manifests God's glory.

엘리웃에 포함된 '호드'(הוֹד)라는 단어는 하나님의 영광을 나타낼 때 사용되었습니다.

시편 8:1 "여호와 우리 주여 주의 이름이 온 땅에 어찌 그리 아름다운지요 주의 영광을(הוֹדְךָ, 호데카) 하늘 위에 두셨나이다"

시편 148:13 "다 여호와의 이름을 찬양할지어다 그 이름이 홀로 높으시며 그 영광이(הוֹדוֹ, 호도) 천지에 뛰어나심이로다"

시편 기자는 하나님의 영광이 온 우주 만물에 가득 차 있으며, 그 영광은 세상의 어떤 영광보다 찬란한 것이라고 선포하고 있습니다.

'엘리웃'의 부모는 하나님의 성전에서 제대로 예배를 드리지 못하는 시대적인 아픔 속에서도 하나님의 영광을 나타내는 아들이 되기를 소망하면서 이름을 지었을 것이며, '엘리웃' 자신도 '하나님의 영광'을 생각하면서 인생을 살았을 것입니다. 우리는 먹든지 마시든지 무엇을 하든지 다 하나님의 영광을 위하여 살아야 합니다(고전 10:31).

2. '엘리웃'이라는 이름은 하나님의 두려운 위엄을 나타냅니다.

The name "Eliud" manifests God's majesty and terror.

엘리웃에 포함된 '호드'(הוֹד)라는 단어는 하나님의 위엄을 나타낼 때도 사용되었습니다.

역대상 29:11 "여호와여 광대하심과 권능과 영광과 이김과 위엄이(הַהוֹד, 하호드) 다 주께 속하였사오니 천지에 있는 것이 다 주의 것이로소이다 여호와여 주권도 주께 속하였사오니 주는 높으사 만유의 머리심이니이다"

욥기 37:22 "북방에서는 금빛이 나오나니 하나님께는 두려운(terrible) 위엄이(הוֹד, 호드) 있느니라"

'위엄'은 한자로 '위엄 위(威), 엄할 엄(嚴)'으로, '위세가 있고 엄숙한 태도나 기세, 거룩한 두려움'을 의미합니다. 그러나 성경적으로는 인간이 감히 범접할 수 없는, 오직 하나님만 가지고 계시는 '거룩한 두려움'이나 '광채, 권위, 존귀하심'을 나타낼 때 사용되었습니다(시 21:5, 145:5). 이것은 솔로몬 성전 봉헌식 때 제사장이 감히 들어갈 수도 없고 능히 섬길 수도 없을 만큼 그 전이 구름으로 가득 찼던 큰 영광을 연상케 합니다(왕상 8:11, 대하 7:1-3). 시편 96:6에서는 "존귀와 위엄이 그 앞에 있으며 능력과 아름다움이 그 성소에 있도다"라고 말씀하고 있습니다.

'엘리웃'이 자신의 이름처럼 살았다면, 영광스러운 성전의 모습이 빨리 회복되기를 소망하며 하나님의 두려운 권위와 존귀하심 앞에 옷깃을 여미고 새롭게 각성하였을 것입니다.

그렇다면 하나님의 영광과 위엄을 날마다 체험하면서 살아가는 참성도의 모습은 어떠한 것입니까? 그것은 날마다 하나님께 감사하며 찬송을 드리는 것입니다. 시편 104:1에서 "내 영혼아 여호와를 송축하라 여호와 나의 하나님이여 주는 심히 광대하시며 존귀(הוֹד: 영광, 위엄)와 권위를 입으셨나이다"라고 말씀하고 있습니다. 다윗도 역대상 29:11에서 하나님의 영광과 위엄을 선포한 후에, 역대상 29:13에서 "우리 하나님이여 이제 우리가 주께 감사하오며 주의 영화로운 이름을 찬양하나이다"라고 고백하고 있습니다. 오늘도 우리의 입술에 감사와 찬양이 넘쳐 남으로써 오직 하나님의 영광과 위엄을 드높이는 삶을 사시기 바랍니다.

10대 엘르아살

Eleazar / Ἐλεάζαρ / אֶלְעָזָר
하나님께서 도우셨다, 하나님께서 돕는 자
God has helped, helped by God

> ▶ 순서
> 예수 그리스도의 족보 제3기 열 번째 인물(마 1:15)
>
> ▶ 배경
> 마태복음 1:15에서 "엘리웃은 **엘르아살**을 낳고 **엘르아살**은 맛단을 낳고 ..."라고 기록하고 있다.
>
> ▶ 특징
> 엘르아살은 성경에 특별한 기록이 없으며, '하나님께서 도우셨다'라는 뜻을 가지고 있다.

엘르아살은 히브리어로 '엘아자르'(אֶלְעָזָר)이며, 헬라어로 '엘레아자르'(Ἐλεάζαρ)입니다. '엘아자르'(אֶלְעָזָר)는 '하나님'을 뜻하는 '엘'(אֵל)과 '돕다, 원조하다, 지원하다'를 뜻하는 '아자르'(אָזַר)가 합성된 단어로, '하나님께서 도우셨다, 하나님께서 돕는 자'라는 뜻입니다.

1. 구약에서 '엘르아살'이라는 이름을 가진 사람이 여섯입니다.

There are six people with the name "Eleazar" in the Old Testament.

(1) 아론의 아들 '엘르아살'입니다.

이 엘르아살은 아론과 엘리세바 사이에서 태어났습니다(출 6:23).

그는 본래 셋째 아들이었지만, 그의 형 나답과 아비후가 여호와의 명하시지 않은 다른 불로 여호와 앞에 분향하다가 죽었기 때문에(레 10:1-2), 그가 아론의 후계자가 되었습니다(민 20:25-28). 가나안에 입성하였을 때 그는 여호수아와 이스라엘 자손 지파의 족장들과 함께 기업 분배하는 일을 맡았습니다(수 14:1, 17:4, 19:51).

(2) 아비나답의 아들 '엘리아살'입니다.

블레셋에게 빼앗겼던 하나님의 법궤는 블레셋 지방에 있은 지 일곱 달 만에 유다 벧세메스로 돌아왔습니다(삼상 6:1-16). 그러나 벧세메스 사람들이 하나님의 궤를 들여다보므로 하나님께서 그들을 크게 살륙하셨습니다(삼상 6:19). 두려움에 빠진 벧세메스 사람들은 하나님의 궤를 기럇여아림으로 옮겨 가기를 요청하였고, 기럇여아림 사람들이 와서 하나님의 궤를 옮겨 갔습니다(삼상 6:20-21). 이때 기럇여아림 사람들은 아비나답의 아들 '엘리아살'을 거룩히 구별하여 법궤를 지키도록 했습니다(삼상 7:1). 이 '엘리아살'의 히브리어가 '엘아자르'(אֶלְעָזָר)이며 '엘르아살'과 같습니다.

(3) 다윗왕의 용사 '엘르아살'입니다.

엘르아살은 다윗의 힘을 도와 이스라엘의 기틀을 굳건하게 다진 30인 용사였으며, 그중에 처음으로 나오는 3대 용사 중 한 사람이었습니다(삼하 23:9-10, 대상 11:10-14). 그 아버지는 '아호아 사람 도대'이며(삼하 23:9), 혹은 '도도'라고도 합니다(대상 11:12).

블레셋 사람이 싸우려고 모일 때 이스라엘 사람들은 겁을 먹고 도망치고 세 용사(야소브암, 엘르아살, 삼마)가 싸움을 돋우었는데(삼하 23:9), 이때 엘르아살이 나가서 '손이 피곤하여 칼에 붙기까지'

블레셋 사람을 쳤습니다(삼하 23:10). 그는 마지막 힘을 다해 칼을 휘두르며 끝장을 본 대단히 용기 있는 자였습니다. 그날에 여호와께서 크게 이기게 하셨으므로, 도망쳤던 백성은 돌아와서 저를 뒤따라가며 노략할 뿐이었습니다(삼하 23:10).

또한, 엘르아살은 블레셋군이 바스담밈에 집결하여 싸움을 걸어왔을 때 다윗과 함께 있었는데, 그는 블레셋군 앞에서 백성이 모두 도망치고 없는 상황에서 다른 용사들과 함께 블레셋 사람과 당당하게 맞서 그들을 진멸하였습니다(대상 11:12-13). 이것은 하나님께서 이스라엘을 위하여 베푸신 '큰 구원'의 역사였습니다(대상 11:14).

엘르아살은 베들레헴 성문 곁 우물 물을 길어 온 '삼십 두목 중 세 사람' 가운데 한 사람이었습니다(삼하 23:9, 13-19, 대상 11:12, 15-21). 다윗왕이 르바임 골짜기에 진을 친 블레셋과 싸움할 때, 다윗이 사모하기를 "베들레헴 성문 곁 우물 물을 누가 나로 마시게 할꼬"(삼하 23:15, 대상 11:17)라고 말했습니다. 이때 다윗의 삼십 두목 중 세 용사가 지체하지 않고 블레셋 사람의 군대를 충돌하고 지나가서(삼하 23:16, 대상 11:18) 마침내 그 우물 물을 길어 가지고 왔습니다. 당시 다윗은 아둘람 굴에 있었는데, 블레셋 사람의 떼는 베들레헴에서 가까운 르바임 골짜기에 진을 치고 있었습니다(삼하 23:13, 대상 11:15). 아둘람 굴에서 베들레헴까지의 거리는 약 20㎞였습니다. 다윗은 그 물을 받자마자 '이 물은 세 용사의 피'라고 하면서, 그 물을 한 방울도 입에 대지 않고 하나님 앞에 전부 부어 드렸습니다(삼하 23:16下-17, 대상 11:18下-19). 왜냐하면 그 물에는 엘르아살을 포함한 세 용사가 죽기까지 충성한 내용, 마음을 다 쏟는 지극한 정성, 남몰래 흘린 땀과 눈물이 담겨 있었기 때문입니다. 이들이 자기 생명을 돌보지 않고 다윗에게 충성하고 헌신한 것은, 다윗이 하나님의 기름 부음 받은 자임을 알았기 때문입니다. 다윗을 향한 그들의 충성과 희생은 결국 다윗을 지도자로 세우신 하나님을 향한 것이었습니다. 삼십 인의 두목이었던 아마새는 성신에 감동하여 말하기를, "다윗이여 우리가 당신에게 속하겠고 이새의 아들이여 우리가 당신과 함께하리니 원컨대 평강하소서 당신도 평강하고 당신을 돕는 자에게도 평강이 있을지니 이는 당신의 하나님이 당신을 도우심이니이다"(대상 12:18)라고 고백한 적이 있습니다.

하나님께서 필요로 하시는 일꾼은 결코 구경꾼이나 말쟁이가 아닙니다. 사나 죽으나 자기 몸으로 그리스도만을 존귀하게 해 드리는 자요(빌 1:20-21), 죽기까지 충성하는 자입니다(고전 4:1-2, 계 2:10). 죽기까지의 충성은, 하나님의 뜻이 나타났을 때 자기의 의지를 꺾고 나를 쳐서 온전히 복종하는 것입니다(고전 9:27, 참고-민 12:7). 몸과 마음을 다 쏟는 충성과 헌신이야말로 하나님께서 받으실 거룩한 산 제사입니다(롬 12:1).

(4) 마흘리의 아들 '엘르아살'입니다.

솔로몬 시대에 레위 지파 마흘리에게 '엘르아살과 기스'라는 두 아들이 있었습니다. 그런데 엘르아살이 아들이 없이 딸만 낳고 죽자, 그 딸은 삼촌인 기스의 아들과 결혼하여 아버지의 기업을 보존하였습니다(대상 23:21-22, 24:28, 참고-민 27:1-11, 36:5-13).

(5) 비느하스의 아들 '엘르아살'입니다.

이 엘르아살은, 에스라가 제2차 바벨론 포로 귀환 후에, 하나님의 전을 위하여 바쳐진 은과 금과 기명을 달아서 제사장 우리아의 아들

므레못의 손에 맡길 때, 헌물들의 무게를 달아 보고, 계수하고, 그 중수를 책에 기록하는 일을 한 사람 중의 하나입니다(스 8:33-34). 엘르아살과 이 일을 함께 담당한 사람은 레위 사람 예수아의 아들 '요사밧'(יוֹזָבָד: 여호와께서 주셨다)과 빈누이의 아들 '노아댜'(נוֹעַדְיָה: 여호와와 만남)입니다(스 8:33下).

또한, 그는 느헤미야가 성벽을 재건한 후 성벽 봉헌식을 할 때 참여한 '엘르아살'과 동일 인물로 알려져 있습니다(느 12:27, 42).

(6) 바로스의 자손 '엘르아살'입니다.

제2차 바벨론 포로 귀환 후, 에스라가 이방 여자와 결혼한 사람들에게 죄를 자복하고, 이방 여자들을 모두 끊으라고 명령했습니다. 그들은 큰 소리로 순종하겠다고 대답하였습니다. 이때 이방 여자와 결혼한 사람들의 명단에 '엘르아살'이 있습니다(스 10:25).

2. '엘르아살'의 뜻은 '하나님께서 도우셨다'입니다.
The name "Eleazar" means "God has helped."

구약에 '엘르아살'이란 이름을 가진 자들은, 제사장이나 레위 지파 사람이나, 하나님의 용사로 쓰임 받은 사람들이 대부분입니다.

특히 아론의 후계자가 된 '엘르아살'은, 아론이 죽은 후에 대제사장직을 계승하여 여호수아와 함께 이스라엘 백성을 가나안으로 인도한 위대한 지도자였습니다. 더욱이 그의 아들 '비느하스'는 모압 평지에서 간음을 행하는 시므온 지파의 족장 시므리와 미디안 여인 고스비를 창으로 찔러 죽임으로 하나님의 노를 돌이킨 사람이었습니다(민 25:6-15). 비느하스가 간음하던 두 사람을 죽이니 염병이 이스라엘 자손에게서 그쳤습니다(민 25:8). 이 사건 후에 하나님께서는 비느하스와 그 후손에게 영원한 제사장 직분을 언약하셨습니다(민 25:13). 이 언약에 의하여 '엘르아살'과 그 아들 '비느하스'의 가문은 제사장의 직분을 거의 독점적으로 계승하였습니다.

예수 그리스도의 족보에 나오는 '엘르아살'이 태어날 무렵에도, 이스라엘 백성 가운데 '엘르아살'이라는 이름은 널리 알려져 있었을 것입니다. 예수 그리스도의 족보에 나오는 '엘르아살'의 부모는 아들의 이름을 지으면서 모세 시대의 엘르아살이나 다윗 시대의 엘르아살처럼 훌륭한 믿음의 아들이 되기를 소망하고, 아들의 삶을 하나님께서 도와주시기를 간절히 소망하였을 것입니다. 세상이 어두워 갈수록 성도는 하나님께 도움을 간청해야 합니다. 우리 인생의 모든 도움은 하나님께로부터 오는 것입니다(시 33:20, 46:1, 115:9-11, 121:1-2, 124:8). 야곱의 하나님으로 자기 도움을 삼으며 여호와 자기 하나님에게 그 소망을 두는 자는 복이 있습니다(시 146:5).

11대 맛단

Matthan / Ματθάν / מַתָּן

선물, 제물 / gift, offering

> ▶ **순서**
> 예수 그리스도의 족보 제3기 열한 번째 인물(마 1:15)
>
> ▶ **배경**
> 마태복음 1:15에서 "... 엘르아살은 **맛단**을 낳고 **맛단**은 야곱을 낳고"라고 기록하고 있다.
>
> ▶ **특징**
> 맛단은 성경에 특별한 기록이 없으며, '선물'이라는 뜻을 가지고 있다.

맛단은 히브리어로 '마탄'(מַתָּן)이며, 헬라어로 '맛단'(Ματθάν)입니다. '마탄'은 '선물'이라는 뜻이며, '주다, 봉헌하다, 놓다, 두다'라는 뜻을 가진 '나탄'(נָתַן)에서 유래하였습니다.

1. 구약에서 '맛단'이라는 이름을 가진 사람이 둘입니다.

There are two people with the name "Matthan" in the Old Testament.

(1) 바알의 제사장 '맛단'입니다.

아달랴는 북 이스라엘의 아합왕과 이세벨 사이에서 태어난 딸로, 남 유다의 여호람과 결혼하였습니다(왕하 8:18, 대하 21:6). 그 후에 남편 여호람왕이 죽고 아들 아하시야왕도 죽자, 왕의 자손들을 다 죽이고 스스로 남 유다의 왕이 되었습니다. 그녀는 '유다 집의 왕의 씨'를 진멸하려고 했으며(왕하 11:1, 대하 22:10), 바알의 제사장을 세우고 우상 숭배에 앞장섰습니다. 이에 제사장 여호야다가 아달랴를 죽이고 아하시야의 아들 요아스를 왕으로 세웠으며, 이때 바알의 제사장이었던 '맛단'도 함께 죽임을 당하였습니다(왕하 11:18, 대하 23:17).

(2) 스바댜의 아버지 '맛단'입니다.

시드기야왕 때 예레미야 선지자가 하나님의 말씀에 순종하여 바벨론에 항복할 것을 촉구하자, 반(反)바벨론 정책을 썼던 방백들이 예레미야를 시위대 뜰에 있는 깊은 구덩이에 던져 넣었습니다. 이 방백들 가운데 '맛단의 아들 스바댜'가 있습니다(렘 38:1-6).

2. '맛단'은 '선물'이라는 뜻입니다.
The name "Matthan" means "gift."

마카비 혁명 시대(주전 167-142년)는, 헬라의 셀류쿠스 왕조 안티오쿠스 4세(에피파네스)의 극심한 탄압 속에서 독립을 쟁취하기 위하여 맛다디아[17]와 그 아들들 대(代)까지 혁명이 계속된 혼란기였습니다.

'맛단'이라는 이름은, 마카비 혁명을 일으켰던 맛다디아의 이름과 같이 '선물'이라는 뜻이며, '나라의 완전한 독립과 메시아 왕국의 도래'라는 하나님의 선물을 갈망한 흔적이라 할 수 있습니다. 누가복음 족보에도 '하나님의 선물'이라는 뜻의 이름을 가진 인물이 여러 명(맛닷, 맛다디아 2명, 맛닷, 맛다디) 기록되어 있습니다(눅 3:24, 25, 26, 29, 31). 하나님의 참선물은 구원의 소식을 가져오실 오직 한 분, 메시아이신 예수 그리스도뿐입니다(요 4:10ᵇ, 롬 5:15, 엡 2:8).
  '맛단'의 아버지는 자식을 하나님께서 주신 선물(시 127:3)로 깨달아 그 이름을 '맛단(선물)'이라 짓고, 자기 아들이 하나님의 은혜에 보답하는 삶을 살기를 소망했을 것입니다. '맛단'도 이런 아버지의 기대를 저버리지 않은 인물이었다면 항상 하나님의 은혜에 감사하며 살았을 것입니다.

  하나님께서 우리들을 이 땅에 태어나게 하신 것 자체가 '하나님의 선물'입니다. 하나님의 은혜가 아니면 누구도 이 땅에 태어날 자가 없습니다.
  하나님께서 축복하신 물과 양식을 먹고 이 땅에서 살 수 있는 것 또한 '하나님의 선물'입니다(출 23:25). 전도서 3:13에서 "사람마다 먹고 마시는 것과 수고함으로 낙을 누리는 것이 하나님의 선물인 줄을 또한 알았도다"라고 말씀하고 있습니다. 또한, 재물과 부요를 주사 능히 누리게 하시며 분복을 받아 수고함으로 즐거워하게 하신 것도 하나님의 선물입니다(전 5:19).
  우리가 하나님을 믿는 것도 '하나님의 선물'이며(엡 2:8), 나아가 우리가 복음의 일꾼이 되어 수고하는 것도 '하나님의 은혜의 선물' 입니다(엡 3:7). 그렇기에 사도 바울은 "나의 나 된 것은 하나님의 은혜로 된 것이니 내게 주신 그의 은혜가 헛되지 아니하여 내가 모든 사도보다 더 많이 수고하였으나 내가 아니요 오직 나와 함께하신 하나님의 은혜로라"라고 고백하였던 것입니다(고전 15:10).
  오늘도 우리에게 주시는 '온전한 선물들'은 빛들의 아버지이신 하나님으로부터 나온다는 것을 고백하면서(약 1:17), 오직 하나님 아버지의 은혜를 사모하며 살아가기를 바랍니다.

제3장 예수 그리스도의 족보 제3기(期)의 인물

12대 야곱

Jacob / Ἰακώβ / יַעֲקֹב
발뒤꿈치를 잡은 자, 대신 들어앉은 자
one who takes by the heel, one who supplants

> ▶ **순서**
> 예수 그리스도의 족보 제3기 열두 번째 인물(마 1:15-16)
>
> ▶ **배경**
> 마태복음 1:15-16에서 "... 맛단은 **야곱**을 낳고 ¹⁶ **야곱**은 마리아의 남편 요셉을 낳았으니 마리아에게서 그리스도라 칭하는 예수가 나시니라"라고 기록하고 있다.
>
> ▶ **특징**
> 마태복음에 나오는 예수 그리스도의 족보에 따르면 야곱은 예수님의 조부(祖父)이다. 야곱은 성경에 특별한 기록이 없으며, '발뒤꿈치를 잡은 자, 대신 들어앉은 자'라는 뜻을 가지고 있다.

　예수 그리스도의 족보에서 예수님의 조부(祖父)에 해당하는 인물인 야곱은 히브리어로 '야아코브'(יַעֲקֹב)이며, 헬라어로 '이아콥'(Ἰακώβ)입니다. '야아코브'는 '발뒤꿈치를 잡다, 대신 들어앉다'라는 뜻을 가진 '아카브'(עָקַב)에서 유래하였으며, '발뒤꿈치를 잡은 자, 대신 들어앉은 자'라는 뜻입니다.

1. 구약에서 '야곱'이라는 이름을 가진 사람은 하나입니다.

There is one person with the name "Jacob" in the Old Testament.

　아브라함의 손자요, 이삭의 아들인 야곱입니다. 하나님께서는 아

브라함과 이삭과 야곱 3대(代)의 믿음을 인정하여 "나는 아브라함의 하나님이요 이삭의 하나님이요 야곱의 하나님이라"라고 말씀하셨습니다(출 3:6, 15, 4:5, 마 22:32, 막 12:26, 눅 20:37).

　구약의 야곱은 죽기 전에 요셉의 두 아들(에브라임과 므낫세)을 불러서 자신의 아들의 반열에 올립니다(창 48:5-6). 이미 열두 아들이 있었는데 손자인 에브라임과 므낫세를 양자(養子)로 삼은 것은 쉽게 이해가 되지 않습니다. 그러나 야곱은 이것을 통해서 요셉에게 장자의 축복을 준 것입니다. 율법에서 장자는 두 배의 축복을 받도록 되어 있는데(신 21:15-17), 요셉의 두 아들이 각각 에브라임 지파, 므낫세 지파로 독립적인 지파를 형성하므로, 결국 요셉은 두 배의 몫을 받은 셈이 된 것입니다(대상 5:1-2, 겔 47:13). 그리하여 요셉은 하나님의 주권적인 역사로 전 이스라엘 백성 가운데 가장 큰 축복을 받았습니다.

　예수 그리스도의 족보를 보면, 마태복음 1:16에서 야곱은 요셉의 아버지로, 요셉은 예수 그리스도의 아버지로 기록되는 당대 최고의 축복을 받았습니다. 구약의 야곱과 요셉, 그리고 신약의 야곱과 요셉의 관계는 무심하게 지나쳐 버릴 수 없는 유사성이 있는 것처럼 보입니다.

2. 누가복음 족보에는 '야곱'과 같은 대(代)에 해당하는 인물이 '헬리'로 기록되어 있습니다.

The Lucan genealogy records Eli in the generation pertaining to Jacob.

　마태복음 1:16에서는 "야곱은 마리아의 남편 요셉을 낳았으니"라고 기록하고 있고, 누가복음 3:23에서는 "요셉의 이상은 헬리요"

라고 기록하고 있습니다. 마태복음에서 요셉의 아버지는 '야곱'이요, 누가복음에서 요셉의 아버지는 '헬리'입니다. 그렇다면 이 차이를 어떻게 보아야 합니까? 이 문제에 대한 가장 설득력 있는 답변은, 요셉이 마리아의 아버지인 헬리의 사위로, 장인의 족보를 법적으로 계승했다고 보는 것입니다. 구약의 규정상, 만일 어떤 사람이 아들이 없다면 그 기업은 딸들에게 물려주어야 합니다. 이런 경우에, 딸들은 그들의 기업을 지키기 위하여 같은 지파의 남자와 결혼해야 하는 것입니다(민 27:1-8, 36:1-12, 수 17:1-6).

마리아의 경우도, 아버지 헬리가 아들이 없었기 때문에 마리아가 그 기업을 상속했으며, 같은 유다 지파인 요셉과 결혼함으로써 요셉이 헬리의 법적 상속인 곧 법적 아들이 되었던 것입니다. 탈무드에도 마리아는 '헬리의 딸이요'라는 기록이 있으며, 시나이의 시리아 사본(Sinaitic Syriac Manuscripts)은 누가복음 2:4을 "그들(요셉과 마리아)은 다윗의 집 족속이니라"라고 밝힘으로 마리아도 유다 지파임을 나타내고 있습니다.[18] 이로 보건대, 마태가 요셉의 가계를 기록하고 누가가 마리아의 가계를 기술했다고 보는 것이 각 복음서 내용과 잘 부합됩니다.[19]

야곱이 예수 그리스도의 조부가 된 것은 전적으로 하나님의 주권적인 섭리 가운데 이루어진 축복입니다. 야곱의 이름의 뜻은 '발뒤꿈치를 잡은 자, 속이는 자, 대신 들어앉은 자(찬탈자)'입니다. 이 이름에는 남을 속이고 남의 자리를 빼앗는 자라는 부정적인 의미가 있지만, 적극적인 믿음으로 축복을 획득하는 자라는 긍정적 의미도 있습니다. 비록 우리가 부정적 의미의 야곱 같은 존재였을지라도, 하나님을 믿고 온전히 의지할 때 긍정적 의미의 야곱 같은 존재로 바뀌게 될 것입니다.

13대 요셉

Joseph / Ἰωσήφ / יוֹסֵף
여호와께서 더하여 주신다, 여호와여 더하여 주소서
the Lord increases, the Lord adds on

> **순서**
> 예수 그리스도의 족보 제3기 열세 번째 인물(마 1:16)
>
> **배경**
> 마태복음 1:16에서 "야곱은 마리아의 남편 **요셉**을 낳았으니 **마리아에게서** 그리스도라 칭하는 예수가 나시니라"라고 기록하고 있다. 야곱의 아들은 요셉이요, 요셉의 족보상 아들은 예수 그리스도이다.
>
> **특징**
> 마태복음이나 누가복음에 기록된 예수 그리스도의 족보에 따르면 요셉은 예수 그리스도의 아버지로 등장한다.

요셉은 히브리어로 '요세프'(יוֹסֵף)이며, 헬라어로 '이오세프'(Ἰωσήφ)입니다. '요세프'는 '여호와께서 더하여 주신다, 여호와여 더하여 주소서'라는 뜻으로, '더하다, 증가하다, 다시하다, 그가 더할 것이다'라는 뜻의 '야사프'(יָסַף)에서 유래하였습니다.

마태복음 1:19에서 "그 남편 요셉은 의로운 사람이라"라고 말씀하고 있습니다. 그렇다면 의로운 사람이라 불린 요셉은 어떤 신앙의 모습을 가지고 있었습니까?

1. 요셉은 드러내지 않고 가만히 끊고자 했습니다.

Joseph planned to send Mary away secretly.

유대인의 전통에 따르면, 남녀가 약혼하고 약 1년 정도 지난 다음에 정식으로 결혼을 하고 동거하기 시작합니다. 그런데 요셉과 약혼한 마리아는 요셉과 결혼하기도 전에 성령으로 잉태하여 배가 불러 오기 시작했습니다(마 1:18). 상상도 못했던 이 기막힌 사실 앞에 요셉은 크게 충격을 받고 번민의 나날을 보내었을 것입니다.

마리아를 깊이 사랑한 요셉은 마침내 파혼을 결정하였지만, 마리아의 잉태 사실을 많은 사람에게 공개적으로 알리지 않고 가만히 끊고자 했습니다(마 1:19). 여기 '가만히'는 헬라어 '라드라'(λάθρᾳ)로, '비밀히'(secretly)라는 뜻입니다.

요셉이 이렇게 행동한 것은, 마리아의 잉태 사실이 알려지면 율법에 따라 그녀가 돌에 맞아 죽게 되기 때문에(신 22:23-24) 마리아를 보호하기 위한 것이었습니다. 하나님께서는 요셉의 행동을 통해 마리아뿐만 아니라 마리아 속에 성령으로 잉태되신 예수 그리스도를 보호하셨습니다.

2. 요셉은 이 일을 생각하고 주의 사자의 분부에 즉시 순종했습니다.

Joseph considered this and immediately obeyed the command of the angel of the Lord.

마태복음 1:20에서 "이 일을 생각할 때에"라고 말씀하고 있습니다. 여기 '이 일'은 헬라어 원문에 '타우타'(ταῦτα)로 기록되어 있는데, 복수형으로서 '이 일들'이라는 뜻입니다. 요셉이 마리아의 일을 드러내지 않고 가만히 끊고자 결정하기까지 많은 생각을 했다는 것을 알 수 있습니다.

그가 곰곰이 생각하고 있을 때 천사가 꿈에 나타나서 "다윗의 자손 요셉아 네 아내 마리아 데려오기를 무서워 말라 저에게 잉태된 자는 성령으로 된 것이라 아들을 낳으리니 이름을 예수라 하라 이는 그가 자기 백성을 저희 죄에서 구원할 자이심이라"라고 말씀해 주었습니다(마 1:20-21). 이 말씀을 듣고 요셉은 순종하여 즉시 마리아를 데려왔습니다(마 1:24). 요셉은 자신과 동침하지도 않은 마리아가 임신한 사실을 인간의 상식으로는 도저히 용납할 수 없었을 것입니다. 그러나 그는 하나님의 계시를 받은 후에 인간적인 생각을 모두 버리고 하나님의 말씀 앞에 절대 순종함으로써, 하나님을 향한 의로운 믿음을 나타내었습니다.

마태복음 1:25에서 "아들을 낳기까지 동침치 아니하더니 낳으매 이름을 예수라 하니라"라고 말씀하고 있습니다. 여기 '동침치'라는 단어는 헬라어 '기노스코'(γινώσκω)의 미완료형으로서, 요셉이 마리아와 동침하지 않은 것이 예수님을 낳을 때까지 계속되었음을 의미하는 것입니다. 물론 마리아가 예수님을 출산한 후에는 요셉과의 관계를 통하여 예수님의 동생들을 낳았습니다(마 12:46, 13:55).

요셉은 마리아가 아들을 낳자 그 이름을 '예수'라 하였습니다(마 1:25). 이것은 주의 사자의 명령에 전적으로 순종한 것입니다(마 1:21). 실로, 요셉은 하나님의 뜻을 위해서 기꺼이 자신을 희생하는 의로운 사람이었으며, 그의 헌신은 하나님의 구속사적 경륜을 성취하는 귀중한 도구가 되었습니다. 그의 순종은 자기 의지가 아니라 하나님께서 은혜를 주셨기 때문입니다. '여호와께서 더하여 주신다'라는 그 이름의 뜻처럼, 하나님의 은혜 위에 또 은혜가 더해졌기 때문인 것입니다(참고-요 1:16).

14대	**Jesus** / Ἰησοῦς / יְשׁוּעַ
예수	여호와께서 구원하신다, 자기 백성을 저희 죄에서 구원할 자 the Lord saves, He who will save His people from their sins

> **순서**
> 예수 그리스도의 족보 제3기 열네 번째 인물(마 1:16)
>
> **배경**
> 마태복음 1:16에서 "야곱은 마리아의 남편 요셉을 낳았으니 **마리아에게서** 그리스도라 칭하는 **예수**가 나시니라"라고 기록하고 있다. 족보상으로 볼 때, 예수님의 조부는 야곱이요 아버지는 요셉이다.
>
> **특징**
> 예수님께서는 동정녀 마리아의 몸에 성령으로 잉태되어 출생하셨다 (마 1:18, 20, 23).

'예수'는 히브리어로 '예슈아'(יְשׁוּעַ)이며, 헬라어로 '이에수스' (Ἰησοῦς)입니다. '예슈아'는 '여호와께서 구원하신다'라는 뜻으로, '여호와'를 뜻하는 '야'(יָהּ)와 '구원하다, 구출하다, 해방하다'라는 뜻을 가진 '야사'(יָשַׁע)의 합성어입니다. 마태복음 1:21에서 '예수'는 "자기 백성을 저희 죄에서 구원할 자"라고 말씀하고 있습니다.

1. 예수님께서는 성령으로 잉태되어 마리아의 몸을 빌어 출생하셨습니다.

Jesus was conceived by the Holy Spirit and was born through the body of Mary.

마태복음 1:16에서 "... 마리아에게서 그리스도라 칭하는 예수가 나시니라"라고 말씀하고 있습니다. 지금까지 예수 그리스도의 족보에 반복적으로 나타난 형식에 따르면 '요셉은 예수를 낳고'라고 기록되어야 합니다. 그러나 마태복음 1:16은 족보의 일정한 형식을 깨고, '마리아에게서 예수가 나시니라'라고 기록하고 있습니다.

또한, 특이한 점은, 마태복음 1장 족보에는 '낳다'라는 단어가 40회 나오는데, 그 가운데 39회는 능동태(ἐγέννησεν, 에겐네센)로 쓰였고 마지막 예수님의 경우에만 유일하게 수동태(ἐγεννήθη, 에겐네데)로 쓰였다는 사실입니다. '마리아에게서 그리스도라 칭하는 예수가 나시니라'라는 말씀은, 하나님의 주권적인 역사로 예수 그리스도께서 마리아에게서 태어나시게 된 것이며, 요셉의 혈통이나 의지와는 전혀 무관함을 정확하게 밝힌 것입니다.

그렇다면 이렇게 기록한 이유가 무엇입니까?

첫째, **예수님께서 성령으로 잉태되셨음을 보여 줍니다.**

마태복음 1:18에서 "그 모친 마리아가 요셉과 정혼하고 동거하기 전에 성령으로 잉태된 것이 나타났더니"라고 말씀하고 있고, "다윗의 자손 요셉아 네 아내 마리아 데려오기를 무서워 말라 저에게 잉태된 자는 성령으로 된 것이라"(마 1:20)라고 말씀하고 있습니다. 또 천사가 마리아에게 "성령이 네게 임하시고 지극히 높으신 이의 능력이 너를 덮으시리니 이러므로 나실바 거룩한 자는 하나님의 아들이라 일컬으리라"(눅 1:35)라고 말하였습니다.

그러므로 예수님의 탄생은 전능하신 하나님의 직접적인 역사에 의해 이루어진 것입니다. 예수님께서는 요셉과 마리아의 동침으로 태어나신 것이 아니라, 성령으로 잉태되어 마리아의 몸을 빌어 출생하셨으므로 요셉과는 혈통적으로 아무 상관이 없습니다.

둘째, **예수님께서 '여자의 후손'으로 오신 것을 보여 줍니다.**

창세기 3:15에서 "내가 너로 여자와 원수가 되게 하고 너의 후손도 여자의 후손과 원수가 되게 하리니 여자의 후손은 네 머리를 상하게 할 것이요 너는 그의 발꿈치를 상하게 할 것이니라"라고 말씀하고 있습니다. 이 말씀은 여자의 후손으로 메시아가 오셔서 사단을 멸하실 것에 대한 언약인데(요일 3:8, 계 12:9, 20:2), 예수님께서 여자인 '마리아에게서 나심'으로 성취되었습니다. 그래서 갈라디아서 4:4에서는 "때가 차매 하나님이 그 아들을 보내사 여자에게서 나게 하시고"라고 말씀하고 있습니다.

셋째, **예수님께서 동정녀(童貞女)의 몸에서 태어나셨음을 보여 줍니다.**

예수님께서 동정녀 마리아에게서 나신 것은 이사야 7:14 예언의 성취입니다. "그러므로 주께서 친히 징조로 너희에게 주실 것이라 보라 처녀가 잉태하여 아들을 낳을 것이요 그 이름을 임마누엘이라 하리라"라고 예언했는데, 여기 '처녀'는 히브리어 '알마'(עַלְמָה)입니다. 이 단어가 구약성경에서 사용된 용례를 찾아보면, 결혼하지 않은 젊은 여자 즉 처녀를 가리킬 때 사용되었습니다(창 24:43 '청년 여자', 출 2:8 '소녀', 아 1:3 '처녀', 6:8 '시녀'). 누가복음 1:27에서 마리아를 가리켜 '처녀'(παρθένος, 파르데노스)라고 표현하고 있는데, 이 단어는 '남자와의 성 경험이 없는 성숙한 여자'를 가리킵니다.

예수 그리스도께서 성령으로 잉태되어 동정녀 마리아의 몸을 통해 이 땅에 오신 것은, 구약 예언의 성취요 인간의 상식을 초월한 신비로운 하나님의 섭리였습니다.

2. 예수님께서는 메시아 그리스도이십니다.
Jesus is the Christ, the Messiah.

마태복음 1:16에서 "... 그리스도라 칭하는 예수가 나시니라"라고 말씀하고 있습니다. 예수님께서는 그리스도이십니다. '그리스도'는 헬라어로 '크리스토스'(Χριστός)이며, 그 뜻은 '기름 부음을 받은 자'입니다. 히브리어로는 '마쉬아흐'(מָשִׁיחַ)로, '메시아'를 뜻합니다. 하나님께서 예수님에게 성령과 능력을 기름 붓듯 하셨습니다(행 10:38, 참고-사 61:1, 눅 4:18). 구약에는 세 종류의 사람이 기름 부음을 받았습니다.

첫째, 왕이 기름 부음을 받았습니다.

왕은 '여호와의 기름 부음을 받은 자'라고 불렸습니다(삼상 2:10, 삼하 1:14, 시 2:2, 18:50, 45:7). 다윗왕도 사무엘 선지자에게 기름 부음을 받았습니다(삼상 16:13).

둘째, 제사장이 기름 부음을 받았습니다.

제사장들도 '기름 부음을 받은 제사장'이라고 불렸습니다(레 4:3, 5, 16). 출애굽기 30:30에서는 "너는 아론과 그 아들들에게 기름을 발라 그들을 거룩하게 하고 그들로 내게 제사장 직분을 행하게 하고"라고 말씀하고 있습니다.

셋째, 선지자가 기름 부음을 받았습니다.

시편 105:15에서 "이르시기를 나의 기름 부은 자를 만지지 말며 나의 선지자를 상하지 말라 하셨도다"라고 말씀하고 있습니다. 여기 선지자를 '나의 기름 부은 자'라고 표현하고 있습니다.

예수님께서는 우리의 '만왕의 왕'이시요(계 17:14, 19:16), '대제사장'이시며(히 2:17, 3:1, 4:14-15, 5:5, 10, 6:20, 7:21, 26-27, 8:1), '참선지자'이십니다(신 18:15, 18, 마 13:57, 눅 13:33, 요 4:44, 행 3:22-24). 그러므로 예수님을 그리스도라 칭한 것은, 예수님께서 삼중직(三重職)을 가지고 성육신하신 하나님이심을 나타냅니다.

3. 예수님께서는 하나님의 백성을 저희 죄에서 구원할 구원자(救援者)이십니다.

Jesus is the Savior who will save God's people from their sins.

마리아가 성령으로 잉태했을 때 주의 사자가 요셉의 꿈에 나타나 "아들을 낳으리니 이름을 예수라 하라 이는 그가 자기 백성을 저희 죄에서 구원할 자이심이라"(마 1:21)라고 지시하였습니다. 자기 백성의 구원을 위한 구속의 사명을 감당할 자는, 먼저 타인의 죄를 감당하기 위해 죄가 없는 '사람'이어야 하고(눅 23:41, 47, 롬 8:3, 고후 5:21, 히 4:15, 7:26, 요일 3:5), 동시에 완전한 속죄를 이루어 구원하실 수 있는 '하나님'이셔야 합니다(롬 9:5, 빌 2:6, 요일 5:20). 예수님께서는 이 두 가지를 충족시키는 유일한 분으로, 완전한 인성과 완전한 신성을 가지신 분입니다(롬 1:3-4).

그리하여 사도 요한은 예수님의 탄생을 "말씀이 육신이 되어 우리 가운데 거하시매 우리가 그 영광을 보니 아버지 독생자의 영광이요 은혜와 진리가 충만하더라"(요 1:14)라고 기록하였습니다. 여기 '육신'이라는 말씀은 헬라어 '사륵스'(σάρξ)로, '육체, 몸, 살'이라는 뜻입니다. 우리 인간과 동일한 사람이 되신 것입니다. 태초부터 계신 말씀(요 1:1), 하나님과 함께 계신 말씀(요 1:1-2), 곧 하나님이신 말씀(요 1:1), 만물을 창조하신 말씀(요 1:3), 각 사람에게 비추시는 빛과 생명의 말씀(요 1:4), 이 말씀이 육신이 되어 우리 가운데 임마누엘 하셨습니다(마 1:23).

말씀이 육신이 되신 목적은 '죄'를 없이하고, '사망'을 해결하기 위해서입니다. 인생에게 있어서 고통과 사망의 원인은 모두 '죄'입니다. 죄의 값은 사망입니다(롬 6:23). 예수님께서는 죄를 없게 하시려고 세상 끝에 나타나셨고(히 9:26), 또한 우리 죄를 없이하려고 나타내신 바 되었습니다(요일 3:5). 또한, 사망의 세력을 잡고 있는 것은 마귀인데, 그 마귀의 일을 멸하려고 오셨습니다(요일 3:8). 히브리서 2:14-16에서는, 사망의 세력을 잡은 마귀를 없이하고, 일생을 사망에 매여 종노릇하는 모든 자를 놓아주려 하고, 아브라함의 자손을 붙들어 주기 위함이라고 말씀하였습니다.

그래서 그 백성의 죄를 구속했다고 하였습니다(히 2:17). 이 일을 위하여 예수님께서는 자기 목숨을 많은 사람의 대속물로 내어 놓으셨습니다(마 20:28, 막 10:45). 여기 많은 사람의 '대속물'이라 함은 노예를 산 사람이 그를 자유롭게 하기 위하여 속전을 지불하는 것을 말합니다(딤전 2:6, ^{참고}출 30:11-16). 죄인들이 마땅히 받아야 할 형벌을 아무 죄도 없으신 예수님께서 십자가에서 대신 받으신 것입니다. 우리는 예수님께서 십자가에서 쏟으신 그 보배로운 피로 구속 곧 죄 사함을 받은 것입니다(엡 1:7, 골 1:14, 벧전 1:18-19, 계 1:5).

예수님 외에 구원을 얻을 만한 다른 이름은 없습니다(행 4:12). 그러므로 예수님을 영접해야만 하나님의 자녀가 되어 멸망치 않고 영생을 얻을 수 있는 것입니다(요 1:12, 3:16). 오직 예수 그리스도만이 완전한 인자(人子)이자, 지극히 높으신 하나님의 아들로서(눅 1:32, 35), 그의 택하신 성도를 구원하시는 유일한 구속주요(요 14: 6), 우리와 영원토록 함께 계시는 성자 하나님이십니다(마 1:23, 요 1:14, 18, ^{참고-}요 10:30, 14:9, 빌 2:6-7, 히 1:3). 할렐루야!

제 4 장
예수 그리스도의 족보 제3기(期)의 공백

The Genealogy of Jesus Christ: Gaps in the Third Period

예수 그리스도의 족보 제3기(期)의 공백
The Genealogy of Jesus Christ: Individuals in the Third Period

    마태복음 1장 족보 제3기에는 실제 역사와는 달리 '여호아하스, 여호야김, 시드기야' 세 왕에 대한 기록이 없는 것을 발견할 수 있습니다. 이들은 형제들로서, 하나님의 말씀에 불순종한 왕들이었습니다.

    마태복음 1:11에서는 요시야가 여고냐(여호야긴 - 왕하 24:6, 대하 36:8)를 낳은 것처럼 기록하고 있지만, 실제로 여고냐는 여호야김의 아들이자 요시야의 손자입니다(대상 3:15-16).

실제 역사 (대하 36:1-11)	요시야	여호아하스 (3개월) 왕하 23:31 대하 36:2	여호야김 (11년) 왕하 23:36 대하 36:5	여호야긴 (3개월 10일) 왕하 24:8 대하 36:9	시드기야 (11년) 왕하 24:18 대하 36:11
마태복음 족보 (마 1:11-12)	요시야	──── 기록되지 않음 ────→		여고냐 (여호야긴)	기록되지 않음

    또한, 예수 그리스도의 족보 제3기에서는 스룹바벨과 아비훗 사이에 생략된 대수가 발견되고(마 1:13), 아비훗과 예수 그리스도가 오시기까지의 사이에도 생략된 대수가 있음이 발견됩니다. 이것은 예수 그리스도의 족보가, 빠짐없이 기록된 혈통적 족보가 아니라 하나님의 구속사적 경륜을 나타내는 언약적 족보임을 보여 줍니다.

    이제 제3기의 생략된 대수를 자세히 살펴보겠습니다.

*유구한 역사 속에서 세계 최초로 예수님의 두 족보를 시대별로 체계적 정리

 이해도움 3

THE 42 GENERATIONS IN THE GENEALOGY OF JESUS CHRIST AT A GLANCE
한눈에 보는 예수 그리스도의 족보 42대

마태복음 1:17 "그런즉 모든 대 수가 아브라함부터 다윗까지 열네 대요 다윗부터 바벨론으로 이거할 때까지 열네 대요 바벨론으로 이거한 후부터 그리스도까지 열네 대러라"

Πᾶσαι οὖν αἱ γενεαὶ ἀπὸ Ἀβραὰμ ἕως Δαβὶδ γενεαὶ δεκατέσσαρες καὶ ἀπὸ Δαβὶδ, ἕως τῆς μετοικεσίας Βαβυλῶνος γενεαὶ δεκατέσσαρες καὶ ἀπὸ τῆς μετοικεσίας Βαβυλῶνος ἕως τοῦ Χριστοῦ γενεαὶ δεκατέσσαρες

제1기 (1,163년)

	아브라함부터 다윗까지 (14대) 14 generations from Abraham to David	동시대의 누가복음 3장 족보 (14대) The genealogy in Luke chapter 3 from the same time period (14 generations)
족장 시대	1 아브라함 / אַבְרָהָם / Ἀβραάμ / Abraham (마 1:2, 대상 1:27, 34)	1 아브라함 / Ἀβραάμ / Abraham (눅 3:34)
	2 이삭 / יִצְחָק / Ἰσαάκ / Isaac (마 1:2, 대상 1:28, 34)	2 이삭 / Ἰσαάκ / Isaac (눅 3:34)
	3 야곱 / יַעֲקֹב / Ἰακώβ / Jacob (마 1:2, 대상 1:34, 2:1)	3 야곱 / Ἰακώβ / Jacob (눅 3:34)
	4 유다 / יְהוּדָה / Ἰούδας / Judah (마 1:2-3, 대상 2:1)	4 유다 / Ἰούδας / Judah (눅 3:33)
애굽 시대	다말에게서 (마 1:3) 5 베레스 / פֶּרֶץ / Φάρες / Perez (마 1:3, 대상 2:4, 룻 4:18)	5 베레스 / Φάρες / Perez (눅 3:33)
	6 헤스론 / חֶצְרוֹן / Ἑσρώμ / Hezron (마 1:3, 대상 2:5, 룻 4:18-19)	6 헤스론 / Ἑσρώμ / Hezron (눅 3:33)
	7 람 / רָם / Ἀράμ / Ram (마 1:3-4, 대상 2:9-10, 룻 4:19)	7 아니 / Ἀράμ / Arni (ASV) (눅 3:33)
	8 아미나답 / עַמִּינָדָב / Ἀμιναδάβ / Amminadab (마 1:4, 대상 2:10, 룻 4:19-20)	8 아미나답 / Ἀμιναδάβ / Amminadab (눅 3:33)
광야 및 가나안 정복 시대	9 나손 / נַחְשׁוֹן / Ναασσών / Nahshon (마 1:4, 대상 2:10-11, 룻 4:20)	9 나손 / Ναασσών / Nahshon (눅 3:32)
	10 살몬 / שַׂלְמוֹן / Σαλμών / Salmon (마 1:4-5, 대상 2:11, 룻 4:20-21)	10 살몬 / Σαλά / Salmon (눅 3:32)
사사 시대	라합에게서 (마 1:5) 11 보아스 / בֹּעַז / Βοόζ / Boaz (마 1:5, 대상 2:11-12, 룻 4:21)	11 보아스 / Βοόζ / Boaz (눅 3:32)
	룻에게서 (마 1:5) 12 오벳 / עוֹבֵד / Ὠβήδ / Obed (마 1:5, 대상 2:12, 룻 4:21-22)	12 오벳 / Ὠβήδ / Obed (눅 3:32)
	13 이새 / יִשַׁי / Ἰεσσαί / Jesse (마 1:5-6, 대상 2:12-13, 룻 4:22)	13 이새 / Ἰεσσαί / Jesse (눅 3:32)
통일 왕국 시대	14 다윗왕(王) / מֶלֶךְ דָּוִד / Δαβίδ βασιλεύς / King David (마 1:6, 대상 2:15, 룻 4:22)	14 다윗 / Δαβίδ / David (눅 3:31)

*제1기와 제2기의 구분은 다윗의 헤브론 통치 7년 6개월까지의 기간과 예루살렘 통치 33년을 기준함(삼하 5:4-5, 대상 3:4, 29:27, 왕상 2:11).

제2기 (406년)

다윗부터 바벨론으로 이거할 때까지 (14대)
14 generations of kings from David until the deportation to Babylon

동시대의 누가복음 3장 족보
The genealogy in Luke chapter 3 from the same time period

통일왕국시대

#	다윗부터 바벨론으로 이거할 때까지	#	동시대의 누가복음 3장 족보
1	다윗 / דָּוִד / Δαβίδ / David (마 1:6, 대상 2:15, 룻 4:22)		
	우리야의 아내에게서 (마 1:6)	15	나단 / Ναθάν / Nathan (눅 3:31)
2	솔로몬 / שְׁלֹמֹה / Σολομών / Solomon (마 1:6-7, 대상 3:5)		
3	르호보암 / רְחַבְעָם / Ῥοβοάμ / Rehoboam (마 1:7, 대상 3:10)	16	맛다다 / Ματταθά / Mattatha (눅 3:31)
4	아비야 / אֲבִיָּה / Ἀβιά / Abijah (마 1:7, 대상 3:10)	17	멘나 / Μεννά / Menna (눅 3:31)
5	아사 / אָסָא / Ἀσά / Asa (마 1:7-8, 대상 3:10)	18	멜레아 / Μελεᾶς / Melea (눅 3:31)
6	여호사밧 / יְהוֹשָׁפָט / Ἰωσαφάτ / Jehoshaphat (마 1:8, 대상 3:10)	19	엘리아김 / Ἐλιακείμ / Eliakim (눅 3:30)
7	요람 / יוֹרָם / Ἰωράμ / Joram (마 1:8, 대상 3:11)	20	요남 / Ἰωνάν / Jonam (눅 3:30)
	족보에서 제외된 왕 아하시야 / אֲחַזְיָה / Ahaziah (대상 3:11) 아달랴 / עֲתַלְיָה / Athaliah (왕하 11:1-3, 대하 22:12) 요아스 / יוֹאָשׁ / Joash (대상 3:11) 아마샤 / אֲמַצְיָה / Amaziah (대상 3:12)	21	요셉 / Ἰωσήφ / Joseph (눅 3:30)
		22	유다 / Ἰούδας / Judah (눅 3:30)
8	웃시야(아사랴) / עֻזִּיָּה / Ὀζίας / Uzziah (마 1:8-9, 대상 3:12)	23	시므온 / Συμεών / Simeon (눅 3:30)
		24	레위 / Λευί / Levi (눅 3:29)
9	요담 / יוֹתָם / Ἰωαθάμ / Jotham (마 1:9, 대상 3:12)	25	맛닷 / Ματθάτ / Matthat (눅 3:29)
10	아하스 / אָחָז / Ἀχάζ / Ahaz (마 1:9, 대상 3:13)		
11	히스기야 / חִזְקִיָּה / Ἐζεκίας / Hezekiah (마 1:9-10, 대상 3:13)	26	요림 / Ἰωρείμ / Jorim (눅 3:29)
		27	엘리에서 / Ἐλιέζερ / Eliezer (눅 3:29)
12	므낫세 / מְנַשֶּׁה / Μανασσῆς / Manasseh (마 1:10, 대상 3:13)	28	예수 / Ἰησοῦς / Joshua (눅 3:29)
13	아몬 / אָמוֹן / Ἀμώς / Amon (마 1:10, 대상 3:14)	29	에르 / Ἤρ / Er (눅 3:28)
14	요시야 / יֹאשִׁיָּה / Ἰωσίας / Josiah (마 1:10-11, 대상 3:14)	30	엘마담 / Elmadam / Ἐλμωδάμ (눅 3:28)
	족보에서 제외된 왕 여호아하스(살룸) / יְהוֹאָחָז / Jehoahaz (왕하 23:31, 대상 3:15, 대하 36:1-2) 여호야김(엘리아김) / יְהוֹיָקִים / Jehoiakim (왕하 23:34, 36, 대상 3:15, 대하 36:4)		

분열왕국시대

*누가복음 3장 족보에서 나단 이후 맛다다부터 예수까지 41명은 대부분 성경에 행적이 나타나지 않는 인물들이어서 그들이 살던 명확한 연대를 알 수 없으므로, 각 인물의 위치는 약간의 오차가 불가피함.

제3기 (593년)

	바벨론으로 이거한 후부터 그리스도까지(14대) 14 generations from the deportation to Babylon until Jesus Christ	동시대의 누가복음 3장 족보 The genealogy in Luke chapter 3 from the same time period
바벨론 포로 시대	1 여고냐(여호야긴) / יְכָנְיָה / Ἰεχονίας / Jeconiah (마 1:11-12, 대상 3:16)	31 고삼 / Κωσάμ / Cosam (눅 3:28)
	족보에서 제외된 왕 시드기야(맛다니야) / צִדְקִיָּה / Zedekiah (왕하 24:17-18, 대상 3:15-16)	
성전·성벽 재건 시대	2 스알디엘 / שְׁאַלְתִּיאֵל / Σαλαθιήλ / Shealtiel (마 1:12, 대상 3:17)	32 앗디 / Ἀδδί / Addi (눅 3:28)
	3 스룹바벨 / זְרֻבָּבֶל / Ζοροβαβέλ / Zerubbabel (마 1:12-13, 대상 3:19)	33 멜기 / Μελχί / Melchi (눅 3:28)
	→ 하나냐 / Hananiah (대상 3:21)	34 네리 / Νηρί / Neri (눅 3:27)
	→ 스가냐 / Shecaniah (대상 3:22ᵃ)	35 스알디엘 / Σαλαθιήλ / Shealtiel (눅 3:27)
	→ 스마야 / Shemaiah (대상 3:22ᵇ)	36 스룹바벨 / Ζοροβαβέλ / Zerubbabel (눅 3:27)
	→ 느아랴 / Neariah (대상 3:23)	37 레사 / Ῥησά / Rhesa (눅 3:27)
	→ 에료에내 / Elioenai (대상 3:24)	38 요아난 / Ἰωάννα / Joanan (눅 3:27)
신·구약 중간 시대	4 아비훗 / אֲבִיהוּד / Ἀβιούδ / Abihud (마 1:13)	39 요다 / Ἰωδά / Joda (눅 3:26)
		40 요섹 / Ἰωσήχ / Josech (눅 3:26)
	5 엘리아김 / אֶלְיָקִים / Ἐλιακείμ / Eliakim (마 1:13)	41 서머인 / Σεμεΐ / Semein (눅 3:26)
		42 맛다디아 / Ματταθίας / Mattathias (눅 3:26)
	6 아소르 / עַזּוּר / Ἀζώρ / Azor (마 1:13-14)	43 마앗 / Μάαθ / Maath (눅 3:26)
		44 낙개 / Ναγγαί / Naggai (눅 3:25)
	7 사독 / צָדוֹק / Σαδώκ / Zadok (마 1:14)	45 에슬리 / Ἑσλί / Hesli (눅 3:25)
		46 나훔 / Ναούμ / Nahum (눅 3:25)
	8 아킴 / יוֹקִים / Ἀχείμ / Achim (마 1:14)	47 아모스 / Ἀμώς / Amos (눅 3:25)
		48 맛다디아 / Ματταθίας / Mattathias (눅 3:25)
	9 엘리웃 / אֱלִיהוּד / Ἐλιούδ / Eliud (마 1:14-15)	49 요셉 / Ἰωσήφ / Joseph (눅 3:24)
	10 엘르아살 / אֶלְעָזָר / Ἐλεάζαρ / Eleazar (마 1:15)	50 얀나 / Ἰανναί / Jannai (눅 3:24)
		51 멜기 / Μελχί / Melchi (눅 3:24)
	11 맛단 / מַתָּן / Ματθάν / Matthan (마 1:15)	52 레위 / Λευί / Levi (눅 3:24)
		53 맛닷 / Ματθάτ / Matthat (눅 3:24)
	12 야곱 / יַעֲקֹב / Ἰακώβ / Jacob (마 1:15-16)	54 헬리 / Ἡλί / Eli (눅 3:23)
	마리아의 남편 13 요셉 / יוֹסֵף / Ἰωσήφ / Joseph (마 1:16)	55 요셉 / Ἰωσήφ / Joseph (눅 3:23)
	마리아에게서 14 예수 / יֵשׁוּעַ / Ἰησοῦς / Jesus (마 1:16)	56 예수 / Ἰησοῦς / Jesus (눅 3:23)

*제3기의 시대적 구분(바벨론 포로 시대~신구약 중간 시대)은 대략적으로 추정함.
*각 이름의 영어 표기는 NASB를 따랐으며, 헬라어는 기본형으로 표기함.

I
예수 그리스도의 족보
제1, 2기에서 생략된 대(代)
GENERATIONS OMITTED FROM THE FIRST AND SECOND PERIODS IN THE GENEALOGY OF JESUS CHRIST

*유구한 역사 속에서 세계 최초로 체계적 정리

 마태복음 1장에 나오는 예수 그리스도의 족보는 모든 세대가 빠짐없이 연속적으로 기록된 것이 아니라, 족보 사이사이에 많은 대수가 생략되어 있습니다. 「구속사 시리즈」 제3권 <영원히 꺼지지 않는 언약의 등불>과 제4권 <영원한 언약 속의 신비롭고 오묘한 섭리>에서는 예수 그리스도의 족보 제1기와 제2기에서 생략된 대수를 살펴보았습니다. 이를 다시 한 번 간략하게 정리하겠습니다.

1. 예수 그리스도의 족보 제1기에서 생략된 대(代)
Generations omitted from the first period in the genealogy of Jesus Christ

 제1기의 연대기적 구성은 아브라함의 출생부터 시작하여 다윗왕의 헤브론 통치 때까지로, 주전 2166년부터 주전 1003년까지 약 1,163년의 기간입니다.[20)]

 이 기간에서 생략된 부분은 다음과 같습니다.

(1) 람과 아미나답 사이에 생략된 기간(애굽 생활 430년 대부분)

마태복음 1:4 "람은 아미나답을 낳고 아미나답은 나손을 낳고 나손은 살몬을 낳고"

예수 그리스도의 족보 제1기에는 람과 아미나답 사이에 애굽 생활 430년 대부분의 기간이 생략되어 있습니다. 이러한 생략은 역대기 족보(대상 2:9-10)와 룻기의 족보(룻 4:19-20)와 누가복음 3장 예수 그리스도의 족보(눅 3:32-33)에서도 동일하게 나타납니다. 그 근거를 살펴보겠습니다. 먼저, 람은 헤스론의 아들로(룻 4:19, 마 1:3), 역대상 2:9에서는 헤스론이 낳은 아들들의 이름이 '여라므엘과 람과 글루배'라고 정확하게 기록되어 있습니다. 여기 헤스론의 아들 여라므엘은 역대상 2:25에서 '맏아들'로 기록하고 있습니다. 그러므로 헤스론과 람 사이에는 생략된 대수가 없는 것이 확실합니다. 헤스론은 야곱과 함께 애굽에 들어간 그의 가족 70명의 명단에 그 이름이 기록되어 있으므로(창 46:12), 헤스론과 그 아들 람은 애굽 생활 430년 초기 인물임을 알 수 있습니다. 다음으로, 나손의 아버지 아미나답은 아론의 장인으로(출 6:23), 애굽 생활 430년 말기의 인물입니다. 또한, 아미나답의 아들 나손은 출애굽 후 40년 광야 생활에서 유다 지파의 지도자(두령, 족장, 방백)였습니다(민 1:7, 2:3, 10:14, 대상 2:10).

이상에서 보듯이 헤스론과 람은 애굽 생활 430년의 초기 인물이요, 아미나답과 나손은 애굽 생활 말기 인물이므로, 람과 아미나답 사이에는 애굽에서 종살이한 기간 대부분이 통째로 생략되었음을 알 수 있습니다. 하나님께서는 세상 나라에 종노릇한 기간을 예수 그리스도의 족보에서 생략하셨습니다. 오늘날 우리는 세상을 좇아

가는 죄의 종이 아니라 하나님의 말씀을 좇아가는 순종의 종, 의의 종, 하나님의 종이 되어야 할 것입니다(롬 6:16, 18-19, 22).

(2) 살몬과 보아스 사이에 생략된 기간(사사 시대 중 약 300년)

마태복음 1:5 "살몬은 라합에게서 보아스를 낳고 보아스는 룻에게서 오벳을 낳고 오벳은 이새를 낳고"

예수 그리스도의 족보 제1기에 나오는 살몬과 보아스 사이에도 사사 시대 대부분이 생략되어 있습니다. 이러한 생략은 역대기 족보(대상 2:11-12)와 룻기의 족보(룻 4:20-21)와 누가복음 3장 예수 그리스도의 족보(눅 3:32)에서도 동일하게 나타납니다. 그 근거를 살펴보겠습니다. 먼저, 살몬은 기생 라합과 결혼하였습니다(마 1:5).[21] 이스라엘 백성이 가나안에 입성할 때 기생 라합이 여리고성에 살고 있었으므로, 그녀는 가나안 입성 초기의 인물이며, 그녀와 결혼한 살몬 역시 가나안 입성 초기의 인물입니다. 다음으로, 보아스는 사사 시대 말기의 인물입니다. 보아스는 룻과 결혼하여 오벳을 낳았는데, 오벳은 '다윗의 아비인 이새의 아비(다윗의 할아버지)'라고 성경이 분명하게 증거하고 있습니다(룻 4:13-17, 21-22). 다윗은 주전 1040년에 출생하였습니다(참고-삼하 5:4). 만약 한 세대를 약 25-30년으로 계산한다면 오벳이 출생한 때는 약 주전 1100-1090년으로, 사사 입다의 시대(주전 1104-1099년)와 비슷합니다.[22] 입다는 암몬의 공격에 대하여 '300년 동안(가나안에 입성한 때를 기준으로) 이스라엘이 차지해 온 땅을 이제 와서 암몬이 요구하는 것은 부당하다'라고 설파했습니다(삿 11:26).

그러므로 살몬과 보아스 사이에는 가나안 정복 기간 16년을 포함하여 사사 시대 가운데 약 300년의 공백이 있는 것입니다. 하나님께서는 '이스라엘에 왕이 없으므로 사람들이 각각 그 소견에 옳은 대로 행하던 사사 시대'(삿 17:6, 21:25)를 예수 그리스도의 족보에서 제하여 버리심으로 그 시대의 영적 암흑상(삿 2:7-10)을 입증하신 것입니다.

2. 예수 그리스도의 족보 제2기에서 생략된 대(代)
Generations omitted from the second period in the genealogy of Jesus Christ

예수 그리스도의 족보 제2기의 연대기적 구성은 다윗이 예루살렘 통치를 시작할 때(주전 1003년)부터 여고냐가 바벨론에 포로로 끌려갈 때(주전 597년)까지로, 대략 406년의 기간입니다.[23] 이 기간에는 요람과 웃시야(아사랴) 사이에 세 왕이 생략되어 있습니다.

마태복음 1:8에서 "요람은 웃시야를 낳고"라고 말씀하고 있습니다. 그런데 역대기 족보와 비교해 볼 때 요람과 웃시야(아사랴) 사이에 '아하시야, 요아스, 아마샤' 3대가 빠져 있음을 발견할 수 있습니다. '웃시야'와 '아사랴'는 동일 인물입니다(왕하 14:21, 대하 26:1).

역대상 3:11-12 "그 아들은 요람이요 그 아들은 아하시야요 그 아들은 요아스요 ^{12}그 아들은 아마샤요 그 아들은 아사랴요 그 아들은 요담이요"

여기에 아하시야를 이어서 6년간 통치한 아합왕의 딸 아달랴(왕하 11:3, 대하 22:12)를 넣으면, 네 왕이 족보 제2기에서 빠져 있는 것입니다. 이들의 공통점은 무엇입니까?

I. 예수 그리스도의 족보 제1, 2기에서 생략된 대(代) | 219

첫째, 왕의 씨를 진멸하려고 했던 '아달랴'와 관계가 있습니다 (왕하 11:1, 대하 22:10). 아하시야와 요아스와 아마샤는 아달랴로부터 3대에 이르는 자손들이었습니다. 둘째, 우상을 숭배하는 악한 왕들이었습니다(왕하 8:27, 11:18, 대하 22:3, 24:17-19, 25:14). 셋째, 죽음이 비참했습니다(왕하 9:27, 11:13-16, 12:20-21, 14:18-20). 하나님께서는 네 왕을 족보에서 빼심으로, 언약의 등불을 소멸하려는 악의 세력을 반드시 심판하시는 하나님의 구속사적 경륜을 드러내셨습니다.[24]

II
예수 그리스도의 족보 제3기에서 생략된 대(代)
Generations Omitted from the Third Period in the Genealogy of Jesus Christ

***유구한 역사 속에서 세계 최초로 체계적 정리**

　예수 그리스도의 족보 제3기의 연대기적 구성은 여고냐 때 바벨론으로 이거(주전 597년)한 후부터 예수 그리스도의 탄생(주전 4년)까지 약 593년의 기간입니다. 이 기간을 자세히 살펴보면 예수 그리스도의 족보 제1기, 제2기와 마찬가지로 많은 대수가 생략되어 있음을 발견할 수 있습니다.

　먼저, 바벨론으로 이거할 때를 전후로 기록되지 않은 세 왕이 있습니다. 요시야와 여호야긴(여고냐) 사이(마 1:11)에 여호아하스와 여호야김이 기록되지 않았고, 여호야긴(여고냐) 다음에 왕이 된 시드기야도 기록되지 않았습니다. 다음으로, 스룹바벨과 아비훗 사이(마 1:13)에 생략된 대가 있습니다. 우리는 역대상 3장에 나오는 스룹바벨 자손들의 족보에 '아비훗'이라는 이름이 없는 것에 주목해야 합니다(대상 3:19-24). 그리고 아비훗과 예수 그리스도 사이에도 연대를 계산해 보면 생략된 대가 있음을 발견할 수 있습니다.

　예수 그리스도의 족보 제3기에서 생략된 대(代)를 체계적으로 연구하여 정리할 때, 그 속에 담긴 하나님의 구속사적 경륜도 함께 깨닫게 될 것입니다.

1. 제3기에 생략된 부분이 있다는 여러 증거
Evidence that there are omissions in the third period

(1) 제3기에 해당하는 기간을 통해서 알 수 있습니다.

예수 그리스도의 족보 제3기는 여고냐로부터 시작하여 예수님까지 14대로 이루어져 있습니다. 여고냐가 바벨론으로 이거할 때는 주전 597년이고, 예수 그리스도가 태어나신 때는 보수적인 견해에 따르면 주전 4년입니다. 그러므로 예수 그리스도의 족보 제3기는, 14대 안에 593년의 역사를 담고 있습니다. 생략된 대수가 없다고 가정하면, 제3기 각 세대의 간격은 평균적으로 대략 46년(593÷13)이 나옵니다. 이것은 일반적으로 한 세대인 25-30년보다는 훨씬 많은 수치입니다. 따라서 예수 그리스도의 족보 제3기에도 생략된 부분이 많이 있다는 사실을 알 수 있습니다.

(2) 누가복음 족보와의 비교를 통해서 알 수 있습니다.

마태복음 족보와 누가복음 족보는 다윗 후에 나누어집니다. 마태복음 족보는 다윗의 아들 '솔로몬'으로 시작되고(마 1:6), 누가복음 족보는 다윗의 아들 '나단'으로 시작됩니다(눅 3:31). 마태복음 족보에서 솔로몬부터 예수님까지는 27대요, 누가복음 족보에서 나단부터 예수님까지는 42대입니다. 마태복음과 누가복음의 두 족보는 다윗의 혈통에서 뻗어 나간 서로 다른 계통의 족보로서(마태복음 1장-요셉의 족보, 누가복음 3장-마리아의 족보), 예수 그리스도를 증거하기 위해 당시까지 보존되어 온 정확한 족보에 근거한 것입니다.[25] 동일한 기간에 마태복음 족보가 누가복음 족보보다 15대(代)나 모자라는 것은, 마태복음 족보에 생략된 부분이 많다는 분명한 증거입니다.

(3) 역대기 족보와의 비교를 통해서 알 수 있습니다.

역대상에 나오는 족보는, 포로에서 귀환한 이스라엘 백성에게 그들이 여전히 하나님의 선민이라는 것과 '선민 역사의 영속성(永續性)'에 대한 믿음을 심어 주기 위하여 기록된 족보입니다. 이 족보에는 스룹바벨의 후손들의 명단이 자세히 기록되어 있습니다. 이 족보에 따르면 스룹바벨의 계보는 '스룹바벨-하나냐-스가냐-스마야-느아랴-에료에내-호다위야'로 이어집니다(대상 3:19-24).

그런데 마태복음 1장에 나오는 예수 그리스도의 족보에서는 스룹바벨 다음에 '아비훗'으로 이어집니다(마 1:13). 역대상에 나오는 스룹바벨 자손의 족보에 '아비훗'이 등장하지 않는 것은 매우 특이한 점으로, 마태복음 족보에서 여러 대수가 생략되었음을 추론(推論)케 합니다.

이에 대하여, 아비훗은 스룹바벨의 친아들이었지만 기록이 되지 않았을 뿐이라고 추정할 수도 있습니다. 그러나 그것은 타당성이 부족합니다. 그 이유는 스룹바벨의 아들들의 이름과 숫자가 정확하게 기록되어 있기 때문입니다. 역대기 족보에서 스룹바벨의 자녀는 2남 1녀(므술람, 하나냐, 그 매제 슬로밋 - 대상 3:19)와 다섯 사람(하수바, 오헬, 베레갸, 하사댜, 유삽헤셋 - 대상 3:20)으로 총 7남 1녀가 기록되어 있습니다.[26] 만약 스룹바벨의 아들들 가운데 아비훗이 빠진 것이라면, 스마야의 아들의 이름이 다섯만 기록되었는데도 '여섯 사람'이라고 한 것처럼(대상 3:22), 스룹바벨의 자녀도 '다섯 사람'(대상 3:19)

이 아니라 '여섯 사람'이라고 기록했을 것입니다.

그러나 스룹바벨의 아들들의 이름과 숫자까지 정확하게 기록된 것을 볼 때, 아비훗이 스룹바벨의 친아들인데 족보에서 빠졌다는 것은 타당성이 없습니다. 더구나 스룹바벨의 자손을 소개할 때(대상 3:19-20), 딸의 이름(슬로밋)까지 기록하고 있기 때문에, 아들의 이름이 빠졌다는 것은 더욱 타당성이 없습니다.

이제 제3기에서 빠진 부분을 하나하나 살펴보겠습니다.

2. 바벨론으로 이거할 때를 전후하여 족보에 기록되지 않은 세 왕

The three kings who were not recorded in the genealogy before and after the deportation to Babylon

마태복음 1:11에서 "바벨론으로 이거할 때에 요시야는 여고냐와 그의 형제를 낳으니라"라고 말씀하고 있습니다. 그러나 실제 왕의 계보와 비교해 보면 여고냐(여호야긴)는 여호야김의 아들이고(왕하 24:6, 대하 36:8), 요시야의 아들이 아니라 손자입니다. 이를 통해서 볼 때, 바벨론으로 이거할 때를 전후하여 예수 그리스도의 족보에 기록되지 않은 왕들이 있는 것입니다.

(1) 요시야의 아들은 네 명(요하난, 여호야김, 시드기야, 살룸)입니다.

역대상 3:15에서 "요시야의 아들들은 맏아들 요하난과 둘째 여호야김과 세째 시드기야와 네째 살룸이요"라고 말씀하고 있습니다. 여기 살룸의 다른 이름은 여호아하스입니다(왕하 23:30, 대하 36:1, 렘 22:11). 여호야김의 모친은 스비다이며(루마 브다야의 딸 - 왕하

23:36), 여호아하스와 시드기야의 모친은 하무달입니다(립나 예레미야의 딸-왕하 23:31, 24:18, 렘 52:1).

(2) 왕이 된 순서가 역대상 3:15에 기록된 순서와 다릅니다.

요시야 다음에 여호아하스가 왕이 되었는데(주전 609^b-608년), 이때 여호아하스는 23세였습니다(왕하 23:31, 대하 36:1-2^{상}). 그리고 그는 왕이 된 지 석 달 만에 애굽으로 잡혀 가고 그 대신 여호야김이 왕이 되었습니다(대하 36:2^{하}-4). 여호야김은 25세에 왕이 되어 11년(주전 608-597년)간 치리하였습니다(왕하 23:36, 대하 36:5). 그 후에 그의 아들 여호야긴이 왕이 되었습니다(대하 36:6-8). 여호야긴은 18세에 왕이 되어(주전 597년) 석 달 열흘을 치리하다가 바벨론으로 끌려갔고(왕하 24:8, 대하 36:9-10), 그 후 시드기야가 21세에 왕이 되었습니다(주전 597-586년-왕하 24:18, 대하 36:11, 렘 52:1).

따라서 요시야의 아들들 가운데 큰아들 요하난은 왕이 되지 못하였고, 여호아하스, 여호야김, 시드기야 순서로 왕이 되었습니다.

(3) 왕이 된 순서와 출생한 순서가 다릅니다.

요시야는 주전 640년 8세에 왕이 되어 31년 통치하였습니다(왕하 22:1, 대하 34:1). 부친 요시야의 나이와 세 아들의 출생년도를 계산해 보면, 여호아하스는 요시야가 16세인 주전 632년에 출생하였고, 여호야김은 요시야가 15세인 주전 633년에 출생하였고, 시드기야는 요시야가 30세인 주전 618년에 출생하였습니다. 이로 보건대 '요하난' 다음 요시야의 아들들은 출생한 순서대로 '여호야김-여호아하스(살룸)-시드기야' 입니다.

(4) 예수 그리스도의 족보에서 생략된 왕은 여호아하스, 여호야김, 시드기야입니다.

위에서 살펴본 바를 마태복음 1장 예수 그리스도의 족보와 비교해 보면, 요시야와 여호야긴 사이에 여호아하스와 여호야김이 빠져 있고, 여호야긴 다음에는 시드기야가 빠져 있음을 알 수 있습니다.

		1	2	3	4
역대기 족보 (대상 3:15)	요시야	요하난	여호야김	시드기야	여호아하스 (살룸)
출생 순서	요시야	요하난	여호야김	여호아하스 (살룸)	시드기야
즉위 순서	요시야	여호아하스 (살룸)	여호야김	여호야긴	시드기야
마태복음 족보 (마 1:10-11)	요시야	여호아하스 생략	여호야김 생략	여고냐 (여호야긴)	시드기야 생략

따라서 역대상 3:15의 족보는 출생 순서로 기록된 것이 아닙니다. 역대상 3:15에서 시드기야와 여호아하스는 같은 어머니 하무달에게서 태어난 형제로(왕하 23:31, 24:18) 나란히 기록되었으며, 동생인 시드기야가 형인 여호아하스보다 먼저 기록된 이유 가운데 하나는 시드기야의 통치 햇수(11년)가 여호아하스(3개월)보다 훨씬 길었기 때문일 것입니다.

여호아하스는 국민들의 적극적인 지지 속에(왕하 23:30) 요시야의 아들 중에서 제일 먼저 왕이 되었음에도 불구하고, 역대기 족보에 기록될 때에는 제일 나중에 기록되었습니다. 여호아하스는 3개월간의 짧은 통치를 하면서 그 열조의 모든 행위대로 여호와 보시기에 악을 행하였습니다(왕하 23:32). 또한, 열왕기하 23:34에서는 "바로느고가 요시야의 아들 엘리아김으로 그 아비 요시야를 대신하여 왕을 삼고 그 이름을 고쳐 여호야김이라 하고 여호아하스는 애굽으로 잡아갔더니 저가 거기서 죽으니라"라고 기록하고 있습니다. 이 말씀에서는 요시야 다음에 왕위에 오른 자가 여호야김이라고 표현함으로, 여호아하스를 왕으로 인정하지 않은 것처럼 기록하고 있습니다. 이러한 여호아하스에 관한 행적과 기록은, 맨 처음 왕위에 오른 여호아하스가 역대기 족보에서는 제일 나중에 기록된 것과 전혀 무관하지는 않을 것입니다.

3. 스룹바벨과 아비훗 사이에 생략된 대(代)
Generations omitted between Zerubbabel and Abihud

스룹바벨의 계보는 스룹바벨 다음에 '하나냐-스가냐-스마야-느아랴-에료에내-호다위야'로 이어집니다(대상 3:19-24).

그러므로 역대상 3장에서 스룹바벨 다음에 나오는 계보와, 마태복음 1:13에서 스룹바벨 다음에 나오는 아비훗과의 관계를 잘 규명해야 합니다.

이 문제 해결을 위한 한 가지 단서는 '아비훗'이라는 이름의 뜻에서 찾아볼 수 있습니다. '아비훗'(Αβιούδ)은 히브리어로는 '아비후드'(אֲבִיהוּד)에 해당합니다. 이는 '아버지'라는 뜻의 '아브'(אָב)와 '위엄, 영광'이라는 뜻의 '호드'(הוֹד)가 합성된 것으로, '영광의 아버지, 위엄의 아버지, 아버지는 위엄(영광)이 있다'라는 뜻입니다.

그런데 신기하게도 '아비훗'과 같은 의미를 가진 이름이 역대상 3장 스룹바벨 후손들 가운데 나타납니다. 바로 '호다위야'입니다. '호다위야'는 히브리어로 '호다예바후'(הוֹדַיְוָהוּ)입니다. 이 단어는 '여호와의 위엄(majesty), 여호와의 영광(glory)'이라는 뜻으로,[27] '아비훗'과 같은 의미를 가지고 있습니다. 역대상 3장에서 스룹바벨

Ⅱ. 예수 그리스도의 족보 제3기에서 생략된 대(代) | 227

후손들 가운데 마지막 대를 잇는 사람이 '호다위야'요, 마태복음 1장의 예수 그리스도 족보의 스룹바벨을 잇는 사람이 '아비훗'인데, 두 인물의 이름이 동일한 의미를 가지고 있는 것입니다. 이것은 아비훗과 호다위야를 동일인으로 추정할 수 있는 근거가 됩니다.

역대상 3:19-24에 나오는 스룹바벨의 후손들은 스룹바벨을 포함하여 7대입니다(스룹바벨-하나냐-스가냐-스마야-느아랴-에료에내-호다위야). 그러므로 한 세대를 대략 25년으로 계산할 때, 역대상 3장의 스룹바벨 족보의 마지막 사람 호다위야가 태어난 때는 주전 420년 경이 됩니다.[28] 여기에 호다위야의 동생들 6명(엘리아십, 블라야, 악굽, 요하난, 들라야, 아나니-대상 3:24)이 태어난 것을 고려할 때, 막내 아들 아나니가 태어난 때는 대략 주전 400년대 초이며, 이는 역대기의 저자로 알려진 에스라가 역대기를 저작한 시기와 비슷합니다.[29] 이것은 역대기 족보가 스룹바벨 자손들을 빠짐없이 기록하고 있음을 보여 주는 귀한 자료입니다.

이름	스룹바벨	하나냐	스가냐	스마야	느아랴	에료에내	호다위야
시대(주전) 추정	570년[30]	545년	520년	495년	470년	445년	420년

*한 세대를 25년으로 계산

따라서 마태복음의 예수 그리스도의 족보에서 스룹바벨 다음에 나오는 아비훗은 역대상 3장의 족보를 이어 가는 인물이 확실하며, 그는 역대상 3장의 족보가 끝난 후에 계속되는 족보를 시작하는 인물일 것입니다. 역대기 족보의 마지막 인물이 호다위야인데(대상 3:24), 마태복음 족보의 스룹바벨 다음에 나오는 아비훗과 이름의 뜻이 같은 것은, 두 사람이 동일 인물이라고 충분히 추정할 수 있게 해 줍니다.[31] 힐러(Matthew Hiller)도 예수 그리스도의 족보에서 스 룹바벨 후에 빠진 세대가 있음을 언급하면서, 호다위야와 아비훗을 같은 인물로 보았습니다.[32] 이러한 고찰을 근거로 아비훗은 스룹바 벨의 아들이 아니며, 스룹바벨과 아비훗 사이에 5대가 생략된 것을 알 수 있습니다.

4. 아비훗과 예수 그리스도 사이에 생략된 대(代)
Generations omitted between Abihud and Jesus Christ

아비훗 이후 예수 그리스도까지의 족보에 생략된 부분이 있는가 없는가를 살피기 위해서는, 마태복음에 나오는 '스알디엘, 스룹바 벨'이 누가복음에 나오는 '스알디엘, 스룹바벨'과 동일한 인물인가 아닌가를 살펴보아야 합니다. 두 족보에 나오는 '스알디엘, 스룹바 벨'에 대한 기록을 비교해 보면 다음과 같습니다.

마태복음 1:12-13	…	여고냐	스알디엘	스룹바벨	아비훗
누가복음 3:27	…	네리	스알디엘	스룹바벨	레사

여기 두 족보에 '스알디엘, 스룹바벨' 두 사람이 공통으로 기록되 어 있지만, 동일한 인물로 보기에는 많은 문제가 있습니다.

첫째, 마태복음과 누가복음에서, 스알디엘의 아버지는 각각 여고냐와 네리로 서로 다르게 나타납니다.

학자들 가운데는 스알디엘은 본래 네리의 아들로서 나중에 여 고냐의 양자가 되었다고 설명하는 사람이 있지만,[33] 그것은 성경의 기록과 상충되는 것으로, 근거가 매우 희박합니다. 왜냐하면 역대상 3:17에서 "사로잡혀 간 여고냐의 아들들은 그 아들 스알디엘"이라고 정확하게 기록되어 있기 때문입니다. 그러므로 스알디엘이 본래는 네리의 아들이었다는 것은 전혀 근거가 없습니다. 또한 여고냐가 왕으로서 여러 아들이 있는데 굳이 스알디엘을 양자로 삼을 가능성은 더욱 희박합니다(대상 3:18).

둘째, 누가복음 족보에 나오는 스룹바벨의 아들 '레사'가 마태복음 족보나 역대기 족보에는 나오지 않습니다.

마태복음 1장 족보에서 스룹바벨의 자손들 가운데는 '레사'가 나오지 않고(마 1:13-16), 역대상 3:19-24에서도 스룹바벨의 아들들이나 자손들의 명단에 '레사'가 기록되어 있지 않습니다.

역대상 3:19-20 "브다야의 아들들은 스룹바벨과 시므이요 스룹바벨의 아들은 므술람과 하나냐와 그 매제 슬로밋과 20또 하수바와 오헬과 베레갸와 하사댜와 유삽헤셋 다섯 사람이요"

셋째, 마태복음과 누가복음에서 족보의 대수에 따라 각 연대를 비교해 보면, 결코 같은 시대의 인물이 될 수 없습니다.

만약 마태복음에 나오는 '스알디엘, 스룹바벨'이 누가복음에 나오는 '스알디엘, 스룹바벨'과 같다고 가정할 때, 마태복음에 나오는 스룹바벨의 출생년도가 주전 570년이면 누가복음에 나오는 스룹바벨도 주전 570년 무렵에 태어난 인물이어야 합니다.

그런데 누가복음에 나오는 스룹바벨이 주전 570년에 태어났다는 가정 하에 계산하면, 누가복음 족보는 다윗(주전 1040년 출생) 이후, 나단을 거쳐 스룹바벨(주전 570년 출생)까지가 약 470년인데, 이 기간에 해당하는 누가복음 족보의 세대 간격 수는 22대입니다. 그러므로 각 세대 사이의 간격은 평균적으로 대략 21년(약 470년÷22대)입니다. 또한, 같은 전제로 스룹바벨부터 예수 그리스도가 오실 때까지는 약 566년(주전 570-4년)인데, 그 기간에 해당하는 누가복음 족보의 세대 간격 수는 20대입니다. 그러므로 이 시기에서 각 세대 사이의 간격은 평균적으로 대략 28년(약 566÷20대)입니다.

이처럼 누가복음 족보의 스룹바벨과 마태복음 족보의 스룹바벨이 같은 사람이라고 보기에는, 누가복음 족보의 다윗부터 스룹바벨까지 각 세대의 평균 간격(21년)과 스룹바벨부터 예수 그리스도까지 각 세대의 평균 간격(28년)이 너무 큰 차이를 보이고 있습니다. 이것은 마태복음 족보와 누가복음 족보에 나오는 스룹바벨이 같은 사람이 아니라는 결정적인 증거입니다.

누가복음 3장 족보에서 다윗부터 나단을 거쳐 예수 그리스도까지는 약 1,036년(주전 1040-4년)이요, 세대는 총 42대입니다. 그러므로 이 시기에서 각 세대의 평균 간격은 24.7년(약 1,036년÷42대)입니다. 이것은 일반적으로 한 세대를 약 25년으로 보는 전통적인 견해와도 비슷한 수치입니다. 이로써 우리는 마태복음의 예수 그리스도 족보 제2, 3기에 해당하는 누가복음 족보는 거의 모든 대수를 빠짐없이 기록했다는 사실을 발견할 수 있습니다.

각 세대의 평균 간격인 24.7년을 산술적으로 적용한다면, 누가복음 족보에 나오는 스룹바벨(다윗 후 22대째 인물)은 다윗 이후 약 543년(약 24.7년×22대)으로, 대략 주전 497년쯤(1040-543)에 해당합니다.

결과적으로, 단순한 계산상으로 볼 때, 누가복음 족보에 나오는 '스알디엘과 스룹바벨'은 마태복음 족보에 나오는 '스알디엘과 스룹바벨'보다는 약 73년(주전 570-497년) 후대의 사람으로, 약 3대 후손임을 알 수 있습니다.

네리는 과거에 덕망의 대상이었던 스알디엘을 기억하면서, 또 스알디엘은 과거에 그 위대했던 지도자 스룹바벨을 기억하면서 아들의 이름을 지었을 것입니다. 마태복음 족보에 기록된 스알디엘은 여고냐의 왕통을 이은 인물이었고, 또 마태복음 족보에 기록된 스룹바벨은 이스라엘 백성을 바벨론 포로지에서 이끌고 귀환했던 지도자요, 성전 재건에 앞장섰던 지도자였습니다. 조상이 받은 은총은 그 자손들에게도 큰 영광입니다(참고-눅 1:59). 그러므로 당시 이스라엘 백성은 메시아를 소망하면서 그의 후손들에게 동일한 이름을 지어 주었을 것입니다.[34]

이제까지 살펴본 것을 근거로 정리해 보면 다음과 같습니다.

마태복음 족보에 나오는 아비훗은 주전 약 420년경에 태어난 것으로 추정됩니다.[35] 한편, 누가복음 족보의 각 세대 평균 간격을 24.7년으로 계산할 때, 마태복음 족보 제3기의 아비훗 때(주전 420년경) 살았을 것으로 추정되는 누가복음 족보의 인물은 '요다(Joda)'인데, 다윗으로부터 요다까지의 세대 간격 수는 25대입니다.

다윗이 태어난 때는 주전 1040년이요(참고-삼하 5:4), 이때를 기준으로 누가복음 족보 각 세대의 평균 간격인 24.7년을 계속적으로 빼 나가면, 마태복음 족보의 아비훗과 동시대(주전 420년경)에 해당하는 인물로 '요다(Joda)'가 나옵니다. 다윗의 출생년도인 주전 1040년에서 아비훗의 추정년도 주전 420년을 빼면 약 620년인데,

이것을 누가복음 세대의 평균 간격 24.7년으로 나누면 약 25대(代)가 나옵니다.

물론 역사적 상황이 산술적인 계산처럼 딱 맞아떨어지는 것은 아니지만, 대략적인 산술적 수치를 전혀 무시할 수는 없을 것입니다. 위의 계산에 따르면, 누가복음 족보에서 요다부터 예수 그리스도까지는 18명인데, 마태복음 족보에서는 아비훗부터 예수 그리스도까지 11명으로 무려 7대의 차이가 있습니다.

	주전 1040년	……	주전 420년경	……	주전 4년
마태복음 1장 족보	다윗	……	아비훗	9명	예수
			총 11명		
누가복음 3장 족보	다윗	……	요다	16명	예수
			총 18명		

만약 아비훗으로부터 예수 그리스도까지 약 420년 동안 11명뿐이라면 각 대수의 평균 간격은 약 42년이 되고, 이것은 동일 기간의 누가복음 족보 각 세대의 평균 간격 24.7년보다 약 1.7배 정도의 큰 차이가 납니다. 이로 볼 때, 족보 제3기에 나오는 아비훗(4대)부터 예수 그리스도(14대) 사이에는 누가복음 족보와 비교할 때 확실히 7대 남짓한 대수가 생략되어 있음을 추정할 수 있습니다.

지금까지 마태복음 족보 제3기에 생략된 부분을 살펴보았습니다. 요시야와 여고냐 사이에 여호아하스, 여호야김이 생략되어 있고, 여고냐 다음에도 시드기야가 생략되어 있음을 보았습니다. 그리고 스룹바벨과 아비훗 사이에 5대(하나냐, 스가냐, 스마야, 느아랴, 에료에내)가 빠져 있음을 확인하였습니다. 스룹바벨이 성전을 재건함으로 나타난 하나님의 영광(학 2:7-9)이, 마태복음 족보에서는 '아버지의 영광'이라는 뜻을 가진 아비훗으로 이어지고 있습니다. 우리의 생애도 성전 중심의 삶으로 하나님의 영광을 나타내어야 할 것입니다(고전 10:31, ^{참고}사 60:7, 슥 6:13).

또한, 아비훗과 예수님 사이에 약 7대가 빠져 있음을 살펴보았습니다. 이스라엘 백성이 고대하던 메시아의 오심이 가까운 시대에 산 인물들의 이름, '엘리아김(하나님께서 세우신다), 아소르(도움이 되는), 사독(義, 의), 아킴(여호와께서 세우신다), 엘리웃(하나님께서는 나의 영광이시다), 엘르아살(하나님께서 도우셨다), 맛단(선물)' 등은 예수 그리스도의 재림을 기다리는 성도가 어떻게 살아야 하는지를 크게 대변합니다.

족보 제3기에서 빠진 자들이 어느 시대의 누구인지 모두 알 수는 없지만, 하나님께서는 오묘한 섭리 가운데 생략하신 것입니다. 하나님의 섭리는 인간이 감히 측량하기 어려운 신비로 가득 차 있습니다(롬 11:33). 신명기 29:29에는 "오묘한 일은 우리 하나님 여호와께 속하였거니와 나타난 일은 영구히 우리와 우리 자손에게 속하였나니"라고 말씀하고 있습니다. 이제 우리는 하나님께서 족보에서 나타내신 섭리를 깨달아, 하나님의 말씀을 준행하며 살아야 할 것입니다(신 29:29^下).

III. 마태복음 족보 제3기에 기록되지 않은 왕들의 역사

THE HISTORY OF THE KINGS WHO WERE OMITTED FROM THE THIRD PERIOD OF THE MATTHEAN GENEALOGY

1. 여호아하스 (살룸)

Jehoahaz / Ἰωαχας / יְהוֹאָחָז
여호와께서 붙잡으셨다
the Lord has grasped

- 남 유다 제17대 왕(왕하 23:31-34, 대하 36:1-4)
- 예수 그리스도의 족보에 기록되지 않았다.

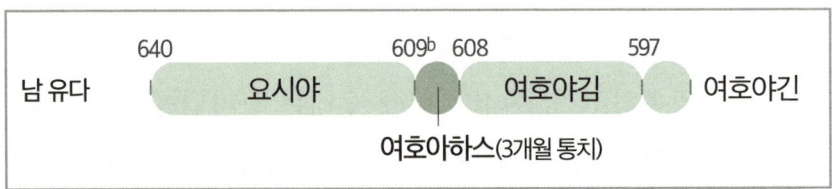

▸ 배경
  - 부: 요시야
  - 모: 하무달(립나 예레미야의 딸 - 왕하 23:31)
▸ 평가 - 악한 왕 (왕하 23:32)
▸ 활동 선지자 - 예레미야(렘 1:1-3)
▸ 사료(史料) - 기록이 없다.

여호아하스는 요시야의 뒤를 이어 남 유다의 제17대 왕이 되었습니다. 여호아하스는 히브리어 '예호아하즈'(יְהוֹאָחָז)로, '여호와'라는 뜻의 '예호바'(יְהֹוָה)와 '움켜쥐다, 잡다, 붙잡다, 소유하다'라는 뜻의 '아하즈'(אָחַז)의 합성어로, '여호와께서 붙잡으셨다, 여호와께서 붙드신다'라는 뜻입니다.

1. 여호아하스는 네 형제 중 맨 먼저 왕이 되었습니다.
Jehoahaz was the first to become king ahead of his three brothers.

요시야는 네 아들이 있었는데, 역대상 3:15에 따르면 첫째 요하난, 둘째 엘리아김(여호야김), 셋째 시드기야(맛다니야), 넷째 살룸(여호아하스)입니다(렘 22:11-12). 그런데 역대상 3:15은 요시야의 아들들을 출생 순서대로 기록한 것이 아닙니다. 출생 순서는 요하난, 여호야김, 살룸, 시드기야이며(왕하 23:31, 36, 24:18), 왕이 된 순서는 여호아하스(제17대 왕), 여호야김(제18대 왕), 시드기야(제20대 왕)입니다.

여호아하스는 네 아들 중, 부친 요시야의 뒤를 이어서 가장 먼저 왕위에 올랐습니다(왕하 23:30, 대하 36:1). 여호아하스가 먼저 왕위에 오른 것은, 그가 다른 형제들보다 힘과 능력이 뛰어나 국민에게 인정받았기 때문일 것이나(왕하 23:30), 근본적으로는 하나님의 주권적인 역사 때문입니다. 유다 백성은 요시야의 네 아들 중에 특별히 여호아하스를 데려다가 기름을 붓고 왕으로 삼을 때, 31년간 좌우로 치우치지 않고 다윗과 같이 정직하게 통치한 요시야(왕하 22:2)를 기억했을 것입니다. 온 국민은 요시야의 갑작스런 죽음으로 큰 충격에 휩싸이고 슬픔에 잠겼지만, 이제 여호아하스를 왕으로 세우면서, 그가 마땅히 요시야의 신앙을 계승하여 나라를 부강하게 세워 가리라고 크게 기대했을 것입니다.

2. 여호아하스는 젊은 사자처럼 포악하였습니다.
Jehoahaz was as brutal as a young lion.

유다 왕국이 몰락하는 비운의 시기에 활동한 선지자 에스겔(주전 593-571년 - 겔 1:1-3, 29:17)은, 유다 왕국 말기에 통치한 여호아하스를 '사람을 삼키는 젊은 사자'에 비유했습니다(겔 19:3-4^下). 이는 그가 권력을 잡자마자 짧은 3개월 동안 동족을 살해하고 학대하고 압제하며 약탈한 것을 가리킵니다.

여호아하스의 악행에 대하여 성경에는 자세히 기록하고 있지 않으나, 그 모든 것을 함축하여 "여호아하스가 그 열조의 모든 행위대로 여호와 보시기에 악을 행하였더니"(왕하 23:32)라고 기록하고 있습니다. 3개월이라는 짧은 통치 기간 중에 열조가 행했던 모든 악을 행함으로써 나라의 앞날을 어둡게 만들었던 것입니다. 요세푸스의 기록에도 그를 '불신앙적이고 불순한 성격의 소유자'로 언급하고 있습니다(*Ant.* 10:81). 여호아하스는 뛰어난 힘과 능력을 소유한 덕분에, 형보다 먼저 왕위에 올랐습니다. 그러나 그것을 올바로 사용하지 않고 열조의 모든 악을 본받아 행하였습니다.

우리는 선한 일을 위하여 지음 받은 자들이므로(엡 2:10^上), 우리의 삶이 하나님이 기뻐하시는 큰 믿음을 가지고 날마다 선한 일에 열심하는 하나님의 친백성이 되어야 하겠습니다(엡 2:10^下, 딛 2:14).

3. 여호아하스는 갈고리에 꿰이어 애굽으로 끌려가 죽었습니다.
Jehoahaz was taken with hooks to Egypt where he died.

애굽 왕 바로 느고는 애굽 제26왕조 제2대 왕이었으며, 부왕인

프삼메티쿠스 1세의 아들로, 주전 609년에 왕위에 올랐습니다. 바로 느고는 므깃도 전투에서 승리한 후, 남 유다에 막강한 영향력을 행사하였습니다. 바로 느고는 여호아하스가 왕이 된 지 3개월 만에 여호아하스를 립나에 가두고 예루살렘에서 왕이 되지 못하게 하였습니다(왕하 23:33上). 또 남 유다로 하여금 은 100달란트와 금 1달란트를 벌금으로 내게 하였습니다(왕하 23:33下, 대하 36:3). 그리고 여호아하스의 형 엘리아김의 이름을 여호야김으로 바꾸고 남 유다의 왕이 되게 하였습니다(왕하 23:34上).

한편, 여호아하스는 애굽으로 잡혀간 후에 돌아오지 못하고 거기서 죽었습니다(왕하 23:34下, 대하 36:4). 이것은 선지자 예레미야의 예언대로 된 것입니다.

예레미야 22:10-12 "너희는 죽은 자를 위하여 울지 말며 그를 위하여 애통하지 말고 잡혀간 자를 위하여 슬피 울라 그는 다시 돌아와서 그 고국을 보지 못할 것임이니라 ¹¹나 여호와가 유다 왕 요시야의 아들 곧 그 아비 요시야를 이어 왕이 되었다가 이곳에서 나간 살룸에 대하여 말하노라 그가 이곳으로 다시 돌아오지 못하고 ¹²잡혀간 곳에서 죽으리니 이 땅을 다시 보지 못하리라"

애굽 왕 바로 느고가 여호아하스를 끌고 간 일에 대해 에스겔 선지자는 "이방이 듣고 함정으로 그를 잡아 갈고리로 꿰어 끌고 애굽 땅으로 간지라"(겔 19:4)라고 말씀하였습니다. 여기 갈고리는 물고기나 들짐승을 잡아 그것을 끌고 가기 위해 아가미나 코에 꿰었던 고리로, 여호아하스가 짐승처럼 비참하게 끌려간 것을 나타냅니다(왕하 23:34, 대하 36:4, 참고 왕하 19:28, 사 37:29, 겔 29:4, 38:4).

여호아하스가 이렇게 비참한 최후를 맞이한 이유는 무엇입니까?

하나님을 의지하지 않고 자신의 능력만 믿으면서 반애굽 정책을 펼쳤기 때문입니다. 그는 자신에게 있는 모든 능력이 하나님의 은혜임을 깨닫지 못하고 교만하였습니다. 우리는 이 세상에서 남들보다 조금 뛰어난 것이 있다고 해서, 자기에게 도취되거나 눈이 높아지고 마음이 교만해져서는 안 됩니다(렘 43:2, 단 5:20). 교만한 자는 분명 하나님을 대적하는 죄를 짓다가 필경은 넘어져 패망하되 그것도 갑자기 패망합니다(잠 16:18, 29:1). 갑자기 패망함은 그 중심의 교만이 자기 자신을 속인 결과입니다(옵 1:3). 그러므로 우리는 간혹 남들보다 뛰어난 점이 있더라도, 그것이 전적으로 하나님의 은혜임을 깨닫고 감사하며 더욱더 하나님께 붙잡혀 살기를 힘써야 합니다(시 116:12, 고전 15:10). 겸손하여 하나님께서 붙잡아 주시는 인생은 어떤 어려움과 고통 중에도 구원의 길이 있습니다(시 119:117, ^{참고}시 18:35, 41:3, 94:18).

여호아하스의 다른 이름은 '살룸'(שַׁלּוּם)입니다(대상 3:15, 렘 22: 11). '살룸'은 '평화롭다, 안전하다'라는 뜻을 가진 히브리어 '샬람'(שָׁלֵם)에서 유래하였습니다(^{참고}삿 6:24). 여호아하스가 그 이름의 뜻대로 하나님께 붙들린 삶을 살았으면, 온 나라가 하나님께서 주시는 평안 속에 큰 풍요를 누렸을 것입니다(요 14:27). 그러나 여호아하스는 하나님께 붙들리는 삶을 거절하고 자신을 의지하다가, 형제들 가운데 제일 먼저 왕이 되었음에도 불구하고 역대기 족보에는 제일 나중에 기록되는 수치를 당했습니다(대상 3:15).

2. 여호야김 (엘리아김)

Jehoiakim / Ἰωακίμ / יְהוֹיָקִים
여호와께서 일으키신다 / the Lord raises up
Eliakim / Ἐλιακείμ / אֶלְיָקִים
하나님께서 일으키신다 / God raises up

- 남 유다 제18대 왕(왕하 23:34-24:6, 대하 36:5-8)
- 예수 그리스도의 족보에 기록되지 않았다.

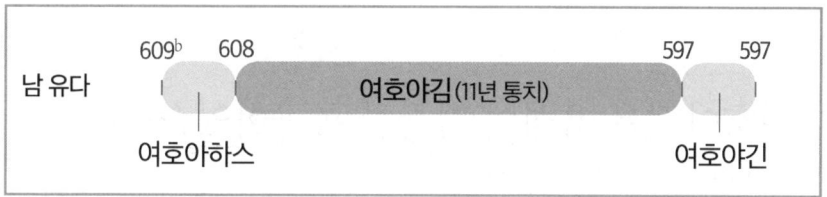

▶ **배경**
  - 부: 요시야
  - 모: 스비다(루마 브다야의 딸 - 왕하 23:36)

▶ **평가 - 악한 왕**(왕하 23:37, 대하 36:5)

▶ **활동 선지자** - 예레미야(렘 1:3, 22:18, 25:1, 26:1, 27:1, 35:1, 36:1),
  우리야(렘 26:20-23), 다니엘

▶ **사료(史料)** - 유다 왕 역대 지략(왕하 24:5, 대하 36:8)

여호야김은 동생인 여호아하스를 대신하여 남 유다의 제18대 왕이 되었습니다. 여호야김의 원래 이름은 '엘리아김'인데 애굽의 바로 느고가 '여호야김'으로 바꾼 것입니다. 바로 느고는 왕의 이름을 바꿈으로써 남 유다의 왕이 애굽에게 예속되었음을 나타내었습니다.

엘리아김은 히브리어 '엘야킴'(אֶלְיָקִים)으로, '엘'(אֵל)과 '쿰'(קוּם)

이 합성된 말입니다. '엘'은 '하나님'이라는 뜻이고 '쿰'은 '일어나다, 일으킨다'라는 뜻으로, 엘리아김은 '하나님께서 일으키신다'라는 의미입니다.

여호야김은 히브리어 '예호야킴'(יְהוֹיָקִים)으로, '여호와'라는 뜻의 '예호바'(יְהוָה)와 '일어나다, 일으키다'라는 뜻의 '쿰'(קוּם)이 합성되어 '여호와께서 일으키신다'라는 의미입니다.

1. 여호야김은 욕심이 가득한 폭군이었습니다.
Jehoiakim was a tyrant, full of greed.

여호야김은 바로에게 은과 금을 벌금으로 바치기 위하여 국민에게 힘대로 액수를 정하여 은금을 늑봉(勒捧)하였습니다(왕하 23:34-35). 여기 '늑봉하였더라'는 히브리어 '나가스'(נָגַשׂ)인데, '(돈을 억지로) 받아 내다, 강요하다, 압박하다, 괴롭히다, 폭정을 하다'라는 뜻입니다. 여호야김은 세금을 징수하기 위하여 백성을 강압적으로 통치한 것입니다.

그의 부친 요시야왕은, 31년간 여호와 보시기에 정직히 행하여 공평과 의를 지키며 조상 다윗의 길로 행하고 전심으로 하나님을 섬기며 좌우로 치우치지 않았습니다(왕하 22:1-2, 대하 34:1-2). 율법책을 귀히 여기며 하나님의 말씀이라면 벌벌 떨었습니다(왕하 22:11). 또한, 가난하고 빈궁한 자를 위해 판결하였으니, 하나님께서 그 입을 것과 먹을 것을 넉넉히 주시고, 그가 하는 모든 일마다 형통하도록 하셨습니다(렘 22:15-16).

그런데 여호야김은 부친 요시야와는 정반대로, 그의 눈과 마음은 오로지 불의한 이익을 탐하였고, 무죄한 자의 피를 흘리며 압박과 강포를 행할 뿐이었습니다(렘 22:17). 여호야김이 백성을 압박하고 강포를 행하면서까지 강력하게 세금을 거두어들인 것은 단순히 애굽에 바치기 위한 것만이 아니었습니다. 그는 애굽에 바치고 남은 돈으로 자신의 호화로운 궁전을 지었습니다.

이에 대해, 예레미야 선지자는 "그가 이르기를 내가 나를 위하여 광대한 집과 광활한 다락방을 지으리라 하고 자기를 위하여 창을 만들고 그것에 백향목으로 입히고 붉은 빛으로 칠하도다 네가 백향목으로 집 짓기를 경쟁하므로 왕이 될 수 있겠느냐 네 아비가 먹으며 마시지 아니하였으며 공평과 의리를 행치 아니하였느냐 그 때에 그가 형통하였었느니라 그는 가난한 자와 궁핍한 자를 신원하고 형통하였나니 이것이 나를 앎이 아니냐 여호와의 말이니라"(렘 22:14-16)라고, 여호야김왕의 공명심과 허영심을 통렬히 질책하였습니다.

여호야김은 나라가 망하는 위기 가운데 설상가상으로 애굽에게 엄청난 물질을 바쳐야 하는 국난(國難) 속에서도, 왕궁을 화려하게 치장하여 자신의 왕권을 과시하려는 헛된 사치와 안일함에 사로잡혀 있었습니다. 최고급 재료인 백향목으로 왕궁을 짓고, 희귀한 애굽산 붉은 물감으로 왕궁 벽을 칠하는 등 사치가 극에 달했습니다. 그렇게 화려한 건축물을 많이 지어야만 성공한 왕이 되는 것으로 여긴 것입니다.

그의 부친 요시야왕은 공평과 의리를 행하고 가난한 자와 궁핍한 자를 신원하여 줌으로써, 나라가 번창하고 백성이 평안한 복을 받았습니다. 그러나 여호야김은 부친과 정반대로 하나님을 알지 못하고, 백성의 평안은 무시하고 오직 자기만 아는 왕이었습니다. 나라의 최고 지도자이면서도, 나라가 망하든지 말든지, 백성이 도탄*에 빠지든지 말든지 전혀 관심이 없고, 오직 자신의 욕망을 채우는 일에만 몰두한 것입니다. 그가 통치한 햇수는 11년인데, 그 오랜 세월 동안 백성은 극심한 수탈과 압제와 강포에 시달려 고통과 가난으로 허덕였을 것입니다.

2. 여호야김은 하나님의 선지자를 핍박하고, 하나님의 말씀을 기록한 두루마리를 소도(小刀)로 베고 불태우는 잔인한 왕이었습니다.

Jehoiakim was a cruel king who persecuted God's prophet, cut the scroll of God's Word with a scribe's knife and burned it.

여호야김은 기럇여아림 스마야의 아들 우리야 선지자를 죽이려고 하였습니다. 우리야는 여호와의 이름을 의탁하고 예언한 사람이었습니다(렘 26:20). 그를 죽이려 한 이유는 그가 예레미야의 모든 말과 같이 예루살렘성과 그 땅의 멸망에 대하여 예언하였기 때문입니다(렘 26:20-21). 우리야는 이를 듣고 두려워하여 애굽으로 도피하였으나, 여호야김은 악볼의 아들 엘라단과 몇 사람을 함께 애굽으로 보내어 그를 잡아 오도록 하였습니다(렘 26:22). 그들이 우리야를 애굽에서 끌어내어 여호야김왕에게 데려오자, 왕이 칼로 그를 죽이고 그 시체를 평민의 묘실에 던지게 하였습니다(렘 26:23, 참고-렘 22:17).

만일 몇몇 장로가 나서서 히스기야 시대에 예루살렘과 성전의

---

*진흙 도(塗), 숯 탄(炭): 백성의 생활이 몹시 쪼들려 비참하고 고통스러운 상태

멸망을 예언한 모레셋 사람 미가의 일을 상기시키지 않았더라면 (렘 26:16-19), 예레미야 역시 선지자 우리야처럼 목숨을 잃었을 것입니다. 예레미야가 죽음을 면할 수 있었던 것은, 사반의 아들 아히감이 그를 보호하여 백성의 손에 내어 주지 않았기 때문이었습니다 (렘 26:24). 예레미야를 살려 준 아히감의 부친 사반은 요시야왕 때 서기관으로, 성전을 수리하던 중에 율법책을 발견하고 그것을 백성 앞에서 낭독한 자입니다(왕하 22:3-14, 대하 34:14-21). 한편, 아히감의 아들 그달리야(혹은 그다랴)도 예루살렘 함락 후에 임시총독을 맡았을 때 예레미야 선지자를 보호한 자입니다(렘 40:5-6, ^{참고}왕하 25:22-24). 사반과 그 아들들과 손자들은 나라가 망하고 종교 지도자들의 타락이 극에 달한 비극의 시대에 거룩한 신앙의 계보를 이어 가는 경건한 집안이었습니다.

또 사반의 다른 아들 그마랴는 부친과 마찬가지로 여호야김 때의 서기관이었습니다(렘 36:10). 예레미야가 숨어 생활하면서 하나님의 계시를 받고 그것을 바룩이 기록하고 낭독할 때, 그마랴는 자기 방(여호와의 집 윗 뜰, 곧 여호와의 집 새문 어귀 곁)에서 낭독할 수 있도록 바룩에게 편의를 제공하였습니다(렘 36:9-10). 사반의 손자, 그마랴의 아들 미가야는 바룩이 자기 부친의 방에서 낭독하는 그 말씀을 듣고, 그것을 서기관의 방으로 가서 모든 방백에게 전하였습니다 (렘 36:11-13). 이에 모든 방백은 여후디(יְהוּדִי: 유다인)를 바룩에게 보내어 그 두루마리를 가지고 오도록 하였고, 다시 바룩에게 직접 그 글을 들었습니다(렘 36:14-15). 방백들은 바룩이 전한 모든 말씀을 듣고 놀라 서로 쳐다보다가 이것을 왕에게 고해야 한다는 의견을 모으고, 그 글이 어떻게 쓰이게 되었는지 물은 뒤 바룩에게 예레미야와 함께 숨으라고 하였습니다(렘 36:16-19).

그들은 두루마리를 서기관 엘리사마의 방에 두고 뜰에 들어가 왕께 나아가서 이 모든 말로 왕의 귀에 고하였는데, 왕은 여후디를 보내어 두루마리를 가져오게 한 뒤에 왕과 왕의 곁에 선 모든 방백의 귀에 낭독하게 하였습니다(렘 36:20-21). 마침 9월(Chislev, 기슬래월)이라 왕은 겨울 궁전에서 화롯불을 쬐며 앉아 있었습니다(렘 36:22).

여호야김은 말씀을 듣고도 회개하지 않고, 여후디가 3편, 4편을 낭독하면 왕이 소도(小刀)로 그것을 연하여 베어서 화롯불에 던져 태우는 잔인한 짓을 하였습니다(렘 36:23). 그는 하나님의 말씀을 기록한 그 두루마리가 완전히 불에 타서 없어질 때까지 그것을 계속 태워 버리는 극악을 서슴지 않았습니다. 왕과 그의 신하들은 이 모든 말을 듣고도 두려워하거나 그 옷을 찢지 않았습니다(렘 36:24). 엘라단과 들라야와 그마랴가 두루마리를 사르지 말도록 간구하여도, 왕은 끝까지 듣지 않고 아무런 양심의 가책이나 두려움도 없이 계속하였습니다(렘 36:25).

그는 두루마리를 불사르는 것도 모자라, 왕의 아들 여라므엘과 아스리엘의 아들 스라야와 압디엘의 아들 셀레먀를 명하여 서기관 바룩과 선지자 예레미야를 잡으라 하였습니다(렘 36:26ᴸ). 그러나 아무리 찾아도 그들의 행방을 알 길이 없었으니, 그것은 여호와께서 예레미야와 바룩을 숨기시어 그들의 생명을 철저하게 보호하셨기 때문입니다(렘 36:26ᶠ).

여호야김은 하나님께서 보내신 선지자를 핍박하여 죽이고 하나님의 말씀이 기록된 두루마리를 불사름으로 하나님께 도전하였습니다. 하나님께 도전하는 자는 반드시 패망한다는 사실을 명심해야 합니다. 잠언 13:13에서 "말씀을 멸시하는 자는 패망을 이루고 계명을 두려워하는 자는 상을 얻느니라"라고 말씀하고 있습니다.

여호야김이 두루마리, 곧 바룩이 예레미야의 구전으로 기록한 말씀을 불사른 후에 하나님의 말씀이 다시 예레미야에게 임하였고, 불사른 첫 두루마리에 있던 모든 말씀이 다 기록되었으며, 그 외에도 더 많이 기록되었습니다(렘 36:27-28, 32). 사람이 하나님의 말씀을 아무리 태우고 없애도 그 말씀은 결코 없어지지 않습니다(눅 21:33). 오히려 하나님께서는 처음보다 더 많은 말씀을 주셨고, 말씀을 불태운 여호야김은 비참한 심판을 선고 받았습니다(렘 36:30-31). 살아 계신 하나님의 말씀을 핍박하고 외면하는 자의 최후에는 심판이 주어지고, 그 말씀을 붙잡는 자의 최후에는 승리와 큰 상급이 주어집니다.

3. 여호야김은 쇠사슬에 결박되어 바벨론에 끌려 갔습니다.

Jehoiakim was bound in chains and taken to Babylon.

주전 608년 여호야김이 남 유다의 왕이 될 무렵의 국제 정세는, 앗수르가 망하고 애굽, 바벨론이 앗수르의 옛 지역을 차지하기 위해 패권을 다투고 있었습니다. 이때 메소포타미아 북부는 바벨론이 장악하고, 애굽의 바로 느고는 팔레스타인 지역에 대한 영향력을 행사하게 되었습니다. 바로 느고는 여호아하스를 하맛 땅 립나에 가두고 예루살렘에서 왕이 되지 못하게 하였고, 이스라엘로 하여금 벌금으로 은 100달란트와 금 1달란트를 내게 했으며, 엘리아김의 이름을 여호야김으로 고치고 왕으로 세웠습니다(왕하 23:33-34). 주전 605년에 바벨론은 갈그미스 전투에서 애굽을 격파하고 당대 최강대국이 되었습니다(렘 46:2). 바벨론 왕 느부갓네살은 패권을 장

악한 다음에 남 유다를 공격했는데, 이것이 바벨론의 제1차 유다 침공이었습니다(왕하 24:1ᴸ). 여호야김이 왕이 된 지 3년(혹은 4년) 되었을 때입니다(단 1:1, 참고 렘 46:2).

3년 후 주전 602년에 다시 바벨론과 애굽의 전쟁이 있었는데, 애굽이 잠시 승리하고 느부갓네살은 바벨론으로 돌아갔습니다. 여호야김은 이 틈을 이용해 바벨론으로부터 벗어나려고 애굽의 도움을 기대하면서 느부갓네살왕을 배반하였습니다(왕하 24:1ᵀ). 그런데 당시 애굽은 바벨론의 공격을 막아 내기는 했으나 남 유다를 도울 만한 힘이 없었습니다. 이에 바벨론의 느부갓네살왕은 자기 수하에 있던 아람족과 모압족과 암몬 족속의 부대를 여호야김에게로 보내어 유다를 쳐 멸하려 하였습니다(왕하 24:2-4, 참고 렘 35:11). 느부갓네살왕은 여호야김을 쇠사슬로 결박하여 바벨론으로 잡아가고, 성전 기구들을 가져다가 바벨론에 있는 신당에 두었습니다(대하 36:6-7, 스 1:7, 단 1:2).

여호야김을 결박한 '쇠사슬'은 히브리어 쌍수로 기록되어 있으며 (נְחֻשְׁתַּיִם, 네후쉬타임), '놋쇠, 황동, 족쇄'라는 뜻입니다. 이는 그의 두 발이 모두 족쇄로 채워졌음을 의미합니다. 결국 여호야김은 하나님 대신 애굽이라는 세상 권력을 의지하고 자기만 위하다가 짐승처럼 묶여 비참한 모습으로 바벨론에 끌려간 것입니다.

4. 여호야김은 예레미야의 예언대로 비참하게 죽었습니다.

Jehoiakim died miserably just as Jeremiah had prophesied.

여호야김은 바벨론에 포로로 끌려간 얼마 후에 예루살렘으로 돌아와 주전 597년(통치 11년)까지 통치하였습니다. 그는 '그 하나님 여호와 보시기에 악'을 행하다가(대하 36:5) 젊은 나이 36세에 비참하게 죽었습니다.

예레미야 선지자는 여호야김의 최후에 대하여, 그의 죽음을 불쌍히 여기거나 애도할 자가 없을 것이며(렘 22:18), 그가 끌려 예루살렘 문밖에 던져지고 나귀같이 매장함을 당하겠고(렘 22:19), 또한 그 시체는 버림을 입어서 낮에는 더위, 밤에는 추위를 당하리라(렘 36:30)고 예언하였습니다. 이 예언대로 여호야김은 주전 597년 8월에 느부갓네살왕의 종들에게 죽임을 당한 뒤, 예루살렘성 밖에 던져졌다고 전해지고 있습니다.

여호야김왕은 모든 시대의 세계 역사가 하나님의 손에 달려 있으며(시 31:15), 모든 권세와 능력이 주의 손에 달려 있다는 것을 깨닫지 못했습니다(대상 29:12). 만일 여호야김이 예레미야 선지자가 전한 말씀대로 애굽을 의지하지 않고 하나님을 의지하였다면, 하나님께서 남 유다를 다시 일으켜 세워 주셨을 것입니다.

이사야 31:3에서 "애굽은 사람이요 신이 아니며 그 말들은 육체요 영이 아니라 여호와께서 그 손을 드시면 돕는 자도 넘어지며 도움을 받는 자도 엎드러져서 다 함께 멸망하리라"라고 말씀하신 대로, 여호야김은 상한 갈대 지팡이 같은 애굽의 도움을 받으려 하다가 도리어 망하고 말았습니다(사 36:6). 애굽을 의지한 그것이 오히려 수치와 욕이 되었습니다(사 30:1-5).

그러나 성도가 하나님만 의지하면 두려움이 없어지고, 아무리 강한 원수라도 물러가게 됩니다. 세상의 그 어떤 세력도 하나님만 힘 있게 의지하는 자를 어찌하지 못합니다(시 56:9-11).

3. 시드기야 (맛다니야)

Zedekiah / Σεδεκιας / צִדְקִיָּה
여호와께서 정의로우시다 / the Lord is righteous
Mattaniah / Mαθθανια / מַתַּנְיָה
여호와의 선물 / the Lord's gift

- 남 유다 제20대 왕(왕하 24:17-25:7, 대하 36:11-21)
- 예수 그리스도의 족보에 기록되지 않았다.

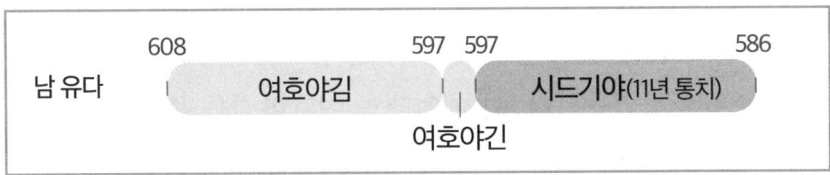

▶ **배경**
  - 부: 요시야
  - 모: 하무달(립나 예레미야의 딸 - 왕하 24:18)
  - 시드기야와 여호아하스(남 유다 제17대 왕)는 같은 부모에게서 난 친형제였다.

▶ **평가 - 악한 왕**(왕하 24:19, 대하 36:11-12)
▶ **활동 선지자** - 예레미야(렘 1:1-3), 다니엘, 에스겔
▶ **사료(史料)** - 기록이 없다.

시드기야는 여호야긴을 대신하여 남 유다의 제20대 마지막 왕이 되었습니다. 그는 요시야왕의 아들이자(렘 37:1) 여호야긴의 삼촌(아자비-왕하 24:17)입니다. 시드기야는 자기 때에 나라가 완전히 망하여 바벨론으로 끌려가는 비운을 겪어야 했습니다. 시드기야는 히브리어 '치드키야'(צִדְקִיָּה)인데, '의로움, 공정함'을 뜻하는 '체데크'(צֶדֶק)와 '여호와'의 압축형인 '야'(יה)가 합성된 단어로, '여호와께서 의로우시다'라는 뜻입니다.

1. 시드기야는 하나님의 예언을 무시했습니다.
Zedekiah ignored God's prophecy.

하나님께서는 예레미야 선지자를 통해, 이스라엘 백성이 바벨론 왕에게 항복해야만 살 수 있다고 여러 차례 말씀하셨습니다. 시드기야 통치 제9년(주전 588년)에 강대국 바벨론의 느부갓네살왕이 예루살렘을 공격하자(왕하 25:1, 렘 39:1, 52:4), 너무도 불안했던 시드기야왕은 말기야의 아들 바스훌과 제사장 마아세야의 아들 스바냐를 선지자 예레미야에게 보내어, 국가적 위기를 당하였으니 하나님께 기도하여 달라고 부탁하였습니다(렘 21:1-2).

이에 하나님께서는 예레미야 선지자를 통하여, 바벨론 왕과 군대가 예루살렘을 쳐서 그 안의 모든 것들을 멸할 것을 말씀하고, 그때에 백성이 바벨론 군대에게 대항하지 말고 항복할 것을 권고하였습니다(렘 21:3-10).

예레미야 21:9 "이 성에 거주하는 자는 칼과 기근과 염병에 죽으려니와 너희를 에운 갈대아인에게 나가서 항복하는 자는 살리니 그의 생명은 노략한 것같이 얻으리라"

이 외에도 '바벨론에 항복하라'라는 메시지는 예레미야 선지자를 통해서 끊임없이 전달되었습니다(렘 38:2, 17). 하나님께서 친히 예레미야 선지자에게 이르시기를, "바벨론 왕 느부갓네살을 섬기지 아니하는 국민이나 그 목으로 바벨론 왕의 멍에를 메지 아니하는 백성은 내가 그의 손으로 진멸시키기까지 칼과 기근과 염병으로 벌하리라"(렘 27:8)라고 말씀하셨습니다. 이 모든 말씀대로 예레미야 선지자는 시드기야왕에게 "왕과 백성은 목으로 바벨론 왕의 멍에를 메고 그와 그 백성을 섬기소서 그리하면 살리이다"(렘 27:12),

"바벨론 왕을 섬기라 그리하면 살리라 어찌하여 이 성으로 황무지가 되게 하겠느냐"(렘 27:17)라고 거듭거듭 권고하였습니다.

한편, 거짓 선지자들은 예레미야가 선포한 것과 반대되는 거짓 예언으로 지도자들과 백성을 미혹하며 충동질했습니다(렘 14:13-15, 27:9-10). 거짓 선지자들은 하나같이 참선지자 예레미야를 곤경에 빠뜨리려 했는데, 그 중에서도 하나냐가 대표적 인물입니다. 하나냐는 예레미야가 만든 나무 멍에를 꺾어 버리고, "두 해가 차기 전에 열방의 목에서 바벨론 왕 느부갓네살의 멍에를 이같이 꺾어 버리리라 하셨느니라"라고 하면서 예레미야의 예언에 정면으로 도전했습니다(렘 28:10-12). 그러나 하나님께서는 예레미야에게 나무 멍에보다 더 강한 쇠 멍에를 만들어 메라고 하셨습니다(렘 28:13). 하나냐는, 예레미야가 "너를 지면에서 제하리니 ... 금년에 죽으리라" 한 예언대로(렘 28:15-16) 그해 7월에 죽고 말았습니다(렘 28:17).

자기 민족이 재앙을 받아 멸망하며, 자기 민족을 파멸시키려는 적국에게 저항도 못 해 보고 항복해야 한다는 이 기막힌 현실은 참으로 받아들이기 힘든 일이었을 것입니다. 그러나 당시 민족의 안녕과 생명을 보존하는 최선의 길은, 민족의 죄과에 대한 하나님의 심판을 겸허히 받아들이고, 민족의 미래를 하나님의 주권에 맡겨 바벨론에게 항복하는 것이었습니다.

하지만 예레미야 선지자를 통해 선포된 하나님의 뜻을 신중히 헤아리지 못한 시드기야는, 하나님의 말씀을 무시하고 바벨론 왕을 배반하였습니다(왕하 24:20下, 대하 36:13, 렘 52:3下). 시드기야는 사자를 애굽 왕 바로 호브라(Pharaoh Hophra, 참고-렘 44:30)에게 보내어 말과 군대를 요청하였고(겔 17:15, 참고-겔 17:7-10), 이에 애굽의 원군이 파병되자 바벨론 군대는 그 소문을 듣고 예루살렘의 포위를 풀고 잠시 철수하였습니다(렘 37:5, 7, 11). 이때 시드기야는 애굽의 힘으로 바벨론을 완전히 물리칠 수 있을 것이라는 기대에 부풀었을 것입니다.

그러나 예레미야 선지자는, 허망한 기대로 스스로를 속이는 시드기야의 마음을 꼬집어, "너희는 스스로 속여 말하기를 갈대아인이 반드시 우리를 떠나리라 하지 말라 그들이 떠나지 아니하리라 가령 너희가 너희를 치는 갈대아인의 온 군대를 쳐서 그 중에 부상자만 남긴다 할지라도 그들이 각기 장막에서 일어나 이 성을 불사르리라"(렘 37:9-10) 하신 여호와의 말씀을 전했습니다. 과연 예레미야의 예언대로 유다를 도우려고 나온 바로의 군대는 자기 땅 애굽으로 곧 돌아갔으며, 바벨론이 다시 와서 성을 에워싸고 말았습니다(겔 17:17).

그 결과로 하나님께서는 예레미야의 예언대로 남 유다를 바벨론에서 70년 동안 징계 받게 하셨습니다(대하 36:21).

2. 시드기야와 그의 방백들은 하나님의 선지자를 무시했습니다.

Zedekiah and his officials ignored God's prophet.

예레미야 선지자는 예루살렘이 함락되기 직전 급박한 상황에서 "갈대아인에게 항복하는 자는 살리니"(렘 38:2), "이 성이 반드시 바벨론 왕의 군대의 손에 붙이우리니 그가 취하리라"(렘 38:3)라는 하나님의 말씀을 집중적으로 선포하였습니다. 이렇게 거듭 선포된 하나님의 말씀을 들으면서도, 나라의 최고 지도자 시드기야와 고위 방백들은 예레미야 선지자를 무시하고 그가 전한 하나님의 말씀을 전적으로 불신했습니다.

(1) 여호와의 집 베냐민의 윗문에 있는 착고에 채워진 예레미야

심지어 여호와의 집 유사장(성전 총감독) 바스훌까지도, 예레미야의 예언을 듣자마자 그를 때리고 여호와의 집 베냐민의 윗문에 있는 착고에 채웠습니다(렘 20:1-2). 나라가 기울어 망할 조짐이 확실한데도, 이스라엘 백성은 '전쟁은 절대 일어나지 않는다, 성은 멸망치 않고 곧 회복된다'라고 하는 평안의 메시지만을 구하면서 애써 불안한 마음을 떨치려 했습니다(렘 28:3-4, 9, 38:4). 결국 거짓 예언에 미혹되어 스스로를 속이다가 망하게 되었습니다.

(2) 토굴 옥 음실에 갇힌 예레미야

예레미야는 예루살렘성이 함락되기 직전까지, 하나님께 받은 그대로 자기 백성에게 임할 강포와 멸망을 외쳤습니다. 그러나 완악한 백성은 거짓 선지자의 말만 듣고 예레미야 선지자의 외침에는 귀를 막았습니다(렘 23:25, 27:14-16, 28:15). 심지어 예레미야는 매국노(賣國奴)*라는 누명을 쓰고 문지기 두목 이리야에게 붙잡혔습니다(렘 37:13). 이리야는 예레미야의 항변도 무시하고 그를 잡아 방백들에게 끌고 갔으며(렘 37:14), 방백들은 예레미야를 때리고 서기관 요나단의 집 토굴 옥 음실(陰室)에 가두었습니다(렘 37:15-16). 이렇게 예레미야는 하나님의 말씀을 증거하다가 햇빛이 들지 않는 음실에 갇혀서 엄격한 감시하에 자유를 박탈당하고, 인간 이하의 학대와 천대를 당하였습니다.

---

*팔 매(賣), 나라 국(國), 노예 노(奴): 사사로운 이익을 위하여 나라의 주권이나 이권을 남의 나라에 팔아먹는 행위를 하는 사람

예레미야가 "내가 거기서 죽을까 두려워하나이다"(렘 37:20) 할 정도로 그 고통이 극심했는데, 시드기야왕이 갑자기 사람을 보내어 예레미야를 거기서 이끌어 내었습니다. 그 이유는, 예레미야의 예언(렘 37:7)이 그대로 적중되어, 이미 퇴각한 줄 알았던 바벨론 군대가 다시 예루살렘을 침공해 왔고 애굽 군대는 시드기야를 돕지 않았기 때문입니다. 간사한 시드기야는 사람을 보내어 예레미야를 불러 놓고 "여호와께로서 받은 말씀이 있느뇨"라고 비밀히 물었습니다. 이에 예레미야는 "왕이 바벨론 왕의 손에 붙임을 입으리이다"(렘 37:17)라고 숨김없이 답하였습니다. 그리고 왕에게 자신의 무고함을 호소하면서(렘 37:18), '바벨론 왕이 쳐들어오지 않는다고 거짓을 예언하던 왕의 선지자들이 다 어디로 갔나이까?'(렘 37:19)라고 거세게 항변하였습니다. 시드기야왕이 신임했던 '왕의 선지자들'은 거짓 예언자들이었으며, 그들은 자신들의 예언이 빗나간 것을 알고 모두 자취를 감추어 버린 상황이었습니다.

거짓 선지자는 왕에게 대접을 받고, 하나님의 말씀만을 위해 살고 하나님의 말씀만을 증거하는 참선지자는 무시당하고 고통 받는 참혹한 시대였습니다. 예레미야의 호소와 항변을 듣고, 시드기야왕은 예레미야를 시위대 뜰에 두고 매일 떡 한 덩이씩 주라고 명령하였습니다(렘 37:21).

(3) 시위대 뜰 말기야의 구덩이에 던져진 예레미야

예레미야 선지자에 대한 시드기야와 방백들의 탄압은 여기서 그치지 않았습니다. 예레미야는 시드기야의 방백 네 사람(맛단의 아들 스바댜, 바스훌의 아들 그다랴, 셀레먀의 아들 유갈, 말기야의 아들 바스훌)

에게 고소를 당했습니다. 그들은 "이 사람이 백성의 평안을 구치 아니하고 해를 구하오니 청컨대 이 사람을 죽이소서"라고 하면서, 아무 죄 없는 예레미야를 죽이려 하였습니다(렘 38:1-4). 시드기야왕은 예레미야가 하나님의 참선지자임을 알았지만, 방백들이 두려워 "보라 그가 너희 손에 있느니라 왕은 조금도 너희를 거스릴 수 없느니라" 하면서 예레미야를 그들의 손에 넘겨주었습니다(렘 38:5).

예레미야를 죽이는 일에 하나가 된 방백 네 사람은, 그를 시위대 뜰에 있는 왕의 아들(בֵּן, 벤: 자손) 말기야의 구덩이에 던져 넣었습니다(렘 38:6). 이 구덩이는 땅을 깊이 파서 우물 등의 용도로 사용했던 곳으로, 예레미야가 갇힌 그 구덩이에는 "물이 없고 진흙뿐이므로 예레미야가 진흙 중에 빠졌더라"(렘 38:6下)라고 말씀하고 있습니다. 여기 '진흙'에 해당하는 히브리어 '티트'(טִיט)는 매우 끈적끈적한 상태의 점토 성질을 가진 진흙이고(사 41:25), '빠졌더라'에 해당하는 히브리어 '타바'(טָבַע)는 상당히 깊이까지 빠지는 것을 뜻합니다(출 15:4). 예레미야는 발이나 몸이 진흙 구덩이에 빠져, 추위와 굶주림과 온몸을 조여 오는 토압(土壓)으로 심한 고통을 당했으며, 생명을 잃을 수도 있는 절박한 지경이었습니다. 그러나 구스 사람 에벳멜렉이 시드기야왕에게 간청하여 예레미야를 구덩이에서 끌어냈기 때문에, 그는 간신히 생명을 건질 수 있었습니다(렘 38:7-13).

예레미야는 유다 왕국이 바벨론의 공격으로 멸망 직전에 도달한 가장 암울한 때에, 민족에 대한 애절한 사랑으로 나라의 멸망을 예언하며 애가를 부르던 눈물의 선지자였습니다. 하나님의 말씀을 받아 외칠 때마다 그들의 폭력을 고발하고 파멸을 선포하자, 예레미야에게 찾아온 것은 멸시와 핍박, 온갖 인격적 모욕과 심적 고통, 신체적 고난과 상처뿐이었습니다(렘 15:15, 18). 이에 예레미야 선지자는 "... 내가 조롱거리가 되니 사람마다 종일토록 나를 조롱하나이다 대저 내가 말할 때마다 외치며 강포와 멸망을 부르짖으오니 여호와의 말씀으로 하여 내가 종일토록 치욕과 모욕거리가 됨이니이다"(렘 20:7-8)라고 고백하였습니다. 친한 벗들도 예레미야가 타락하기를 기다리며 '그가 혹시 유혹 받으면 우리가 그를 이기어 우리 원수를 갚자'라고 서로 의논할 정도였습니다(렘 20:10). 참으로 가시밭 길을 걷는 고난 속에서 사명을 수행한 눈물의 사역이었습니다. 힘들어도 중단할 수 없고 끝내 감당할 수밖에 없었던 것은, 예레미야의 고백대로 '주께서 나보다 강하사' 이기셨기 때문이며(렘 20:7), 또한 '하나님의 열심'이 그를 강권적으로 이끄셨기 때문입니다.

살아 계신 하나님의 말씀을 선포하는 참된 사역자라면, 온갖 조롱과 핍박 그리고 극한 고독이 밀려와도 "내가 다시는 여호와를 선포하지 아니하며 그 이름으로 말하지 아니하리라 하면 나의 중심이 불붙는 것 같아서 골수에 사무치니 답답하여 견딜 수 없나이다"(렘 20:9)라고 고백할 수밖에 없습니다. 하나님께서는 장차 나타날 영광을 사모하며 고난 중에도 끝까지 인내하며 사명을 감당하는 자에게 최후 승리의 상급을 베풀어 주십니다(마 5:10-12, 롬 8:18, 히 10:36).

3. 시드기야왕 때 예루살렘 성전이 훼파되고, 남 유다는 패망하였습니다.

The temple of Jerusalem was destroyed and the southern kingdom of Judah collapsed during Zedekiah's reign.

바벨론 왕 느부갓네살은 시드기야 제9년 10월 10일부터 남 유다를 침공하여, 시드기야왕 제11년 4월 9일까지 약 2년 6개월 동안 (티쉬리 기준 방식) 예루살렘을 포위하였습니다(왕하 25:1-2, 렘 39:1-2, 52:4-7). 이때 예루살렘은 큰 기근에 시달렸는데, 포위 기간이 길어지자 심지어 자기 자식을 삶아 먹을 정도였습니다(^{참고}애 4:10, 5:10). 결국 예루살렘은 시드기야왕 제11년(주전 586년) 4월 9일에 함락되고 말았습니다.

시드기야는 도망가다가 바벨론 군사에게 붙잡혀, 자식들이 자기 눈앞에서 죽는 것을 목격하고 두 눈을 뽑혔습니다(왕하 25:7). 그 당시 눈을 뽑을 때는 불에 달군 인두를 사용하였습니다. 시드기야는 비참하게도 두 눈이 뽑힌 채로 바벨론으로 끌려갔으며, 거기서 죽고 말았습니다(겔 17:16).

바벨론 왕 느부갓네살 제19년 5월 7일, 바벨론 왕의 신하 시위대장관 느부사라단이 예루살렘에 이르러 여호와의 전과 왕궁을 사르고 예루살렘의 모든 집을 귀인의 집까지 불살랐으며, 바벨론 온 군대가 예루살렘 사면 성벽을 헐었습니다(왕하 25:8-10, 대하 36:19). 이는 하나님께서 '갈대아 왕의 손에 저희를 다 붙이신' 결과였습니다(대하 36:17). 여기 '갈대아 왕'은 바벨론 왕 느부갓네살 2세를 가리키며, 하나님께서는 남 유다의 심판 도구로 들어 쓴 느부갓네살을 가리켜 '내 종'이라 칭하셨습니다(렘 25:9, 27:6, 43:10).

바벨론은 제1차 바벨론 유수(幽囚) 때(주전 605년) '여호와의 전 기구 얼마'를 가져갔고(단 1:2), 제2차 바벨론 유수 때(주전 597년) '여호와의 전의 모든 보물'을 가져갔으며, 또 '솔로몬이 만든 것 곧 여호와의 전의 금 기명'을 다 훼파하였습니다(왕하 24:13). 이때 거짓 선지자들은 여호와의 이름을 빙자하여 "여호와의 집 기구를 이제 바벨론에서 속히 돌려 오리라"(렘 27:16)라고 거짓으로 예언하였습니다. 그러나 바벨론에서 가져오기는커녕 오히려 그나마 남아 있던 기구들마저 빼앗기고 말았습니다.

제3차 바벨론 유수 때(주전 586년)는, "여호와의 전의 두 놋기둥과 받침들과 여호와의 전의 놋바다를 깨뜨려 그 놋을 바벨론으로 가져가고 또 가마들과 부삽들과 불집게들과 숟가락들과 섬길 때에 쓰는 모든 놋그릇을 다 가져갔으며 시위대 장관이 또 불 옮기는 그릇들과 주발들 곧 금물(金物)의 금과 은물(銀物)의 은을 가져갔으며 또 솔로몬이 여호와의 전을 위하여 만든 두 기둥과 한 바다와 받침들을 취하였는데 이 모든 기구의 놋 중수를 헤아릴 수 없었으니"(왕하 25:13-16)라고 말씀하고 있습니다(참고-렘 27:18-22). 바벨론의 시위대 장관 느부사라단은 남아 있던 성전 기명들을 바벨론으로 옮겨 갔습니다(대하 36:18). 또한, 그는 성에 있던 많은 백성을 사로잡아 가고, 빈천한 국민만 그 땅에 남겨 포도원을 다스리는 자와 농부가 되게 하였습니다(왕하 25:11-12).

왕과 백성이 바벨론에 포로로 끌려가고 난 뒤, 남 유다의 땅은 그달리야 총독에게 맡겨졌습니다. 그러나 그달리야는 친애굽 세력인 이스마엘과 그의 추종자 10명의 손에 죽임을 당하였으며, 그달리야를 죽인 자들은 '이 땅에 거하여 바벨론 왕을 섬기라'라는 하나님의 말씀을 듣지 않고 애굽으로 도망갔습니다(왕하 25:22-26). 이것은 하나님만 의지하는 것을 끝끝내 거부하고, 애굽이라는 세상 권력을 의지하는 남 유다의 패역과 불신앙을 단적으로 보여 준 것입니다.

시드기야의 본래 이름은 '맛다니야'입니다(왕하 24:17). 맛다니야는 히브리어 '마탄야'(מַתַּנְיָה)로서, '선물'이라는 뜻의 '마탄'(מַתָּן)과 '여호와'의 압축형인 '야'(יָה)가 합성된 것으로, '여호와의 선물'이라는 뜻입니다.

시드기야가 남 유다의 마지막 왕이 된 것은, 하나님께서 그에게 주신 선물이었고, 그를 통해서 남 유다를 바벨론의 포로로 만들어 연단하시려는 하나님의 구속사적인 섭리였습니다. 그러나 시드기야는 예레미야 선지자의 권면을 거부하고 바벨론에 대항하여 싸우므로, 자기 때에 나라가 멸망을 당하는 비운의 왕이 되고 말았습니다.

결국 주전 930년에 시작된 남 유다의 역사는 344년 만인 주전 586년에 종말을 맞이하였습니다. 나라의 흥망성쇠는 오직 하나님의 손에 달려 있습니다(단 2:21, 4:17, 35). 하나님께서는 택하신 자기 백성일지라도 죄에 대해서는 철저하게 징계하시는 공의로운 분이십니다. 그러므로 오늘날 우리에게 필요한 것은, 하나님의 징계를 당하기 전에 먼저 하나님의 말씀을 따라 순종하며 죄를 이기는 삶입니다.

우리는 지금까지 예수 그리스도의 족보 제3기에 나오는 인물 14명의 행적과, 제3기의 족보에서 생략된 부분에 대하여 살펴보았습니다. 특별히 바벨론으로 끌려가던 시기를 전후로 하여 기록되지 않은 세 왕 여호아하스, 여호야김, 시드기야에 대해서 자세히 살펴보았습니다. 여기 세 왕에게는 몇 가지 공통점이 있습니다.

첫째, 세 왕은 모두 열조의 죄악된 행위를 본받았습니다(왕하 23:32, 37, 24:9).

우리는 조상의 불신앙이나 악한 행위를 본받지 말고 조상의 신앙과 선한 행위를 본받아야 할 것입니다. 여호아하스, 여호야김, 시드기야 세 왕의 아버지인 요시야왕은 그 조상 다윗의 모든 길로 행하고 좌우로 치우치지 아니하였습니다(왕하 22:2). 그러나 세 왕은 아버지 요시야왕과 다윗왕의 정직하고 선한 신앙과 행위를 본받지 아니하였습니다.

둘째, 세 왕은 모두 여호와 보시기에 악을 행하였습니다(왕하 23:32, 37, 24:9).

여기 '여호와 보시기에'는 히브리어 '베에네 예호바'(בְּעֵינֵי יְהוָה)로, '여호와의 눈 안에서'라는 뜻입니다. 사람의 눈은 속일 수 있어도 하나님의 눈은 결코 속일 수 없습니다. 하나님께서는 사람이 보기에는 모르시는 듯하나 다 아시는 분이라고 성경은 말씀하고 있습니다(삼상 16:7, 왕상 8:39, 대상 28:9, 대하 16:9, 시 7:9, 26:2, 139:23-24, 잠 15:11, 렘 11:20, 17:10, 20:12, 슥 4:10, 행 1:24, 15:8, 히 4:13, 요일 3:20, 계 2:23).

사람의 행위가 자기 보기에는 모두 깨끗한 것 같아도 사람의 속생각과 속마음을 꿰뚫어 보시는 하나님 앞에는 그렇지 않습니다(잠 16:2). 그래서 성경에는 여호와의 눈은 어디서든지 악인과 선인을 감찰하고 계시며(잠 15:3), 온 땅을 두루 감찰하신다(대하 16:9)고 말씀하고 있습니다. 욥기 34:22에서는 "악을 행한 자는 숨을 만한 흑암이나 어두운 그늘이 없느니라"라고 말씀하고 있습니다. 우리의 삶은 하나님께서 보시기에 악이 아니라 선을 행하는 삶이 되어야 합니다. 하나님 앞에서 선한 일에 열심을 내어야 합니다(엡 2:10, 딛 2:14).

셋째, **세 왕은 모두 하나님 대신 다른 것을 의지하였습니다.**

여호아하스는 요시야의 네 아들 가운데 가장 먼저 왕이 될 정도로 능력 있는 자였습니다. 그러나 그는 하나님을 의지하지 않고 자신을 의지하다가 애굽으로 잡혀 가서 죽었습니다(왕하 23:34). 여호야김과 시드기야는 바벨론에 항복하라는 하나님의 말씀을 듣지 않고, 하나님 대신 애굽을 의지하다가 바벨론에 잡혀 갔습니다(왕하 24:1, 7, 렘 27:1-8).

잠언 16:20에서 "삼가 말씀에 주의하는 자는 좋은 것을 얻나니 여호와를 의지하는 자가 복이 있느니라"라고 말씀하고 있습니다. 우리가 예기치 못한 위기를 당할 때 도울 힘이 없는 사람(시 146:3-5)을 찾지 말고, 먼저 하나님의 전에 찾아 나와 하나님의 말씀을 붙들고 하나님 앞에 마음을 토하듯 간구하기를 힘써야 합니다(시 62:8). 하나님을 찾는 자는 모든 좋은 것에 부족함이 없습니다(시 34:10).

남 유다는 세 번에 걸쳐서 바벨론에 끌려갔는데, 제1차가 주전 605년이요, 제2차가 주전 597년이요, 제3차가 주전 586년이었습니다. 이것은 우상을 숭배하고 하나님의 말씀을 멸시하고 범죄한 남 유다에 대한 하나님의 징계요 진노의 표현이었습니다(시 85:4, 107:10-11).

하나님께서는 시드기야왕 때 남 유다가 완전히 멸망을 당하고 포로로 끌려가게 하셨지만, 이것으로 모든 것이 끝난 것은 아니었습니다. 하나님께서는 남 유다를 바벨론 포로에서 회복시키심으로써 그 구속사적 경륜을 중단 없이 진행하셨습니다.

이제 다음 장에서는 바벨론 포로에서 회복되는 역사를 개괄적으로 살펴보겠습니다.

제 5 장

바벨론 포로와 귀환

The History of the Babylonian Captivity and the Return

바벨론 포로와 귀환
The History of the Babylonian Captivity and the Return

　예수 그리스도의 족보 제3기는 바벨론으로 이거한 후부터 예수 그리스도까지 14대입니다. 이 시기에는, 남 유다가 바벨론에 포로로 끌려가는 과정과 거기에서 돌아오는 과정이 가장 중요한 사건들입니다.

　하나님께서는 남 유다의 죄가 예루살렘과 유다 전체에 만연되는 것을 보시면서도 계속 참으시고, 여러 선지자를 새벽부터 때와 시를 가리지 않고 부지런히 보내어 수없이 책망하고 간절히 권면하셨습니다(대하 36:15-16, 느 9:29-31, 사 65:12, 렘 7:13, 24-26, 11:7-8, 25:3-4, 26:5, 29:19, 35:15, 44:4, 호 11:2, 슥 7:13). 그러나 완고한 이스라엘 백성은 끝까지 듣지 않았으며, 그 죄가 돌이킬 수 없을 정도로 가득 차게 되자, 하나님께서는 바벨론 포로 생활이라는 징계를 내리셨습니다.

　남 유다는 크게 세 번에 걸쳐 바벨론으로 끌려갔는데, 제1차 포로가 주전 605년, 제2차 포로가 주전 597년, 제3차 포로가 주전 586년이었습니다. 그러나 하나님께서는 70년 만에 돌아오게 하신다는 약속대로(렘 25:11-12, 29:10, ^{참고}대하 36:21-22, 단 9:2) 바사 왕 고레스의 마음을 움직이사 포로 해방의 칙령을 내리도록 역사하셨습니다(대하 36:22-23, 스 1:1-4). 이것은 하나님께서 한 번 택하신 민족은 결코 버리지 않으시고, 포로 생활이라는 징계를 통하여 연단하시고 정화시켜 다시 들어 쓰신다는 것을 보여 줍니다.

남 유다는 바벨론 포로지에서 크게 세 번에 걸쳐서 돌아왔는데, 제1차 귀환은 주전 537년, 제2차 귀환은 주전 458년, 제3차 귀환은 주전 444년이었습니다.

바벨론 포로에서 돌아온 이스라엘 백성은 주전 516년에 성전을 재건하였고, 주전 444년에는 성벽을 중수하였습니다. 재건된 성전은 '스룹바벨 성전'으로 불렸고, 이 후 약 500년 동안 이스라엘 백성의 신앙 생활의 중심지가 되었습니다.

예수 그리스도의 족보 제3기는 바사 지배 시대(주전 539-331년), 헬라 지배 시대(주전 331-164년), 마카비 혁명 시대(주전 167-142년), 하스몬 왕조 시대(주전 142-63년), 로마 지배 시대(주전 63년 이후)를 포함합니다.

성전과 성벽이 완성된 이후 예수 그리스도께서 오실 때까지, 이스라엘은 선지자들의 예언이 끊어지고 400년 남짓한 이스라엘의 역사가 성경에 기록되지 않는 영적 암흑기를 지나게 됩니다. 그러나 하나님께서는 이 영적 암흑 속에서도 전 우주의 구원의 빛이신 예수 그리스도(요 1:5, 8:12, 9:5)가 오시는 길을 구속사적 경륜 속에서 중단 없이 진행하셨으며, 때가 차매 예수 그리스도가 여자의 후손으로 오시도록 섭리하셨습니다(갈 4:4).

이제 예수 그리스도의 족보 제3기에 해당하는 이스라엘의 역사를 개괄함으로써, 그 속에 나타난 하나님의 구속사적 경륜을 찾아보고자 합니다.

I
바벨론 포로의 원인
THE CAUSE OF THE BABYLONIAN CAPTIVITY

　　이스라엘은 북방 강대국 앗수르와 바벨론, 남방 강대국 애굽 사이에 낀 약소국가였습니다. 앗수르의 멸망과 신흥 제국 바벨론의 등장 등 주변 강대국의 흥망성쇠가 급속하게 소용돌이치는 역사의 격변기에 예레미야 선지자는 강대국의 틈바구니에서 이스라엘이 취할 올바른 길을 눈물로 예언하였습니다. 당시에 하나님께서 예레미야 선지자에게 선포하라고 계속해서 주신 말씀은 '바벨론에 항복하라'라는 것입니다(렘 21:8-9, 38:2, 17-21). "바벨론의 멍에를 메고 바벨론 왕을 섬기라"라고 말씀하셨습니다(왕하 25:24, 렘 25:11, 27:8-9, 12, 17, 28:2, 14, 40:9). 예레미야 선지자는 시종일관 하나님 말씀에 순종하여 바벨론에 항복하는 것이 온 백성이 살 수 있는 길이라고 외쳤습니다.

　　그러나 그 시대의 모든 제사장과 선지자들과 백성이, 참된 예언자 예레미야를 '여호와의 이름을 빙자하여 거짓을 말하는 거짓 선지자, 사기꾼'으로 몰아 죽이려 했습니다(렘 26:8-11). 이제 예레미야 선지자가 일곱 번에 걸쳐서 바벨론에 항복하라고 전한 내용과 바벨론 포로의 원인에 대하여 살펴보도록 하겠습니다.

1. 남 유다의 비참한 최후
The tragic end of the southern kingdom of Judah

요시야왕이 므깃도에서 애굽의 바로 느고에게 죽임을 당하자, 국민이 요시야의 셋째 아들인 살룸(여호아하스, 주전 609ᵇ-608년)을 왕으로 세웠습니다(왕하 23:30-31, 렘 22:11). 애굽 왕 느고 2세는 약소국 유다가 자신의 허락을 받지 않고 왕으로 세운 여호아하스를 애굽으로 붙잡아 가고, 그 대신에 요시야의 아들 여호야김(주전 608-597년)을 왕으로 삼았습니다(왕하 23:34). 당시 팔레스타인을 지배하던 애굽의 세력에 눌려 여호야김은 친애굽 정책을 펼칠 수밖에 없었으나, 갈그미스 전투(주전 605년)에서 애굽이 패하고 바벨론이 패권을 차지하자 여호야김왕은 바벨론의 봉신(封臣)이 되어 느부갓네살에게 조공을 바쳐야 했습니다. 그러나 그는 3년 뒤 애굽이 바벨론의 침공을 잘 방어하는 것을 보자, 바벨론에게 조공 바치는 것을 중단하고 다시 친애굽으로 돌아서게 됩니다(왕하 24:1, 렘 25:1, 9, 46:2). 그러자 바벨론의 느부갓네살왕이 군대를 재정비하여 예루살렘에 군대를 파견하였고(주전 602년), 주전 597년 제2차로 갈대아군을 출정시켜 예루살렘을 에워쌌고, 여호야김은 애굽의 도움을 기다리다가 죽어 예루살렘 문밖에 던져졌습니다(왕하 24:1-5, 렘 22:18-19).

여호야김이 죽자 그의 아들 고니야(여호야긴)가 왕위를 이었으나 3개월 10일 만에 바벨론으로 사로잡혀 갔습니다(왕하 24:8, 대하 36:9). 느부갓네살은 요시야의 또 다른 아들이며 여호야긴의 삼촌인 맛다니야(시드기야)를 왕으로 세웠습니다(왕하 24:17, 대하 36:10).

시드기야왕은 얼마 지나지 않아 바벨론에 반기를 들고, 끝까지 하나님의 말씀을 거역하여 바벨론에 굴복하지 않고 친애굽 정책을 펼치려 하였습니다.

 결국 시드기야 통치 제9년에 느부갓네살이 다시 쳐들어왔고, 시드기야는 너무나 어리석게도 하나님의 말씀을 순종하지 않고 끝까지 애굽이 구원해 주기를 기대하였습니다. 시드기야는 끝내 바벨론 왕 앞에 끌려가, 그 목전에서 두 아들이 죽임을 당했고, 그는 두 눈이 뽑힌 채 사슬에 결박되어 바벨론으로 끌려갔습니다(왕하 25:5-7). 주전 586년 예루살렘은 함락되었고 성전은 파괴되었고, 수많은 유다 백성은 바벨론으로 포로 되어 끌려가는 뼈아픈 수모와 민족적 환난을 겪어야 했습니다.

2. 예레미야 선지자가 끊임없이 선포한 말씀 "바벨론에 항복하라"

Prophet Jeremiah's constant message: "Surrender to Babylon."

 하나님께서는 예레미야 선지자를 통해서 총 7회에 걸쳐 바벨론에 항복할 것을 전했습니다. 이것만이 이스라엘 백성이 하나님께서 작정하신 때까지 그 생명을 보존할 수 있는 길이었기 때문입니다(렘 29:5-7, 10-11). 하나님께서는 바벨론 유수 70년을 통해 이스라엘 백성을 연단하신 후에, 여호와의 택한 종 바사 왕 고레스를 통해 다시 고국으로 인도하실 원대한 계획을 세우고 계셨습니다(사 44:28, 렘 25:11-12, 29:10, 참고-대하 36:21-23, 스 1:1-4). 이에 예레미야 선지자는 하나님께서 이루실 장래 구원과 회복을 위해 이스라엘이 '회개할 것'을 눈물로 촉구하였습니다. 예레미야서에는 '회개'를 뜻하는 '돌아오다'라는 히브리어 동사 '슈브'(שׁוּב)가 92회나 사용되었습니다. 이 단어는 바벨론 유수가 끝나서 다시 돌아올 것을 암시하며, 동시에 죄악된 길에서 돌이켜 하나님의 품으로 다시 돌아올 것을 의미합니다. 예레미야 3:12에서는 "배역한 이스라엘아 돌아오라"라고 하였는데, 여기서 '돌아오라'라는 말이 히브리어 '슈브'(שׁוּב)입니다. 예레미야 4:1에서도 "이스라엘아 네가 돌아오려거든 내게로 돌아오라"라고 말씀하셨습니다. 어떤 역경에서도 하나님께 돌아가기만 하면 구원의 길이 있음을 뜻합니다. 예레미야 2:19에서 "그들이 여호와를 버렸고 그들 속에 여호와를 경외함이 없는 것이 악"이라고 지적한 바 있습니다. 그처럼 패역한 길에서 '돌아오면' 하나님은 그들의 죄를 씻기시고 포로로 끌려간 바벨론에서 '돌아오게' 하십니다(렘 29:11-14).

하나님께서는 바벨론에 항복할 것을 이렇게 일곱 번이나 거듭 말씀하셨습니다.

(1) 주전 608년입니다(제1차 포로 3년 전).

유다 왕 요시야의 아들 여호야김이 즉위한 지 오래지 않은 주전 608년(렘 27:1, ^{참고-}렘 26:1)에, "바벨론 왕 느부갓네살을 섬기지 아니하는 국민이나 그 목으로 바벨론 왕의 멍에를 메지 아니하는 백성은 내가 그의 손으로 진멸시키기까지 칼과 기근과 염병으로 벌하리라"(렘 27:8)라고 말씀하였습니다. 이 말씀은 미래적 예언으로 여호야김 통치 초기에 주어졌고, 시드기야왕 때 다시 선포되었습니다(렘 27:3, 12).

(2) 주전 605년입니다(제1차 포로 당시).

주전 605년(렘 25:1) 제1차 포로 때, "칠십 년 동안 바벨론 왕을 섬기리라 나 여호와가 말하노라 칠십 년이 마치면 내가 바벨론 왕과 그 나라와 갈대아인의 땅을 그 죄악으로 인하여 벌하여 영영히 황무케"하시겠다고 말씀하셨습니다(렘 25:11-12). 이 말씀은, 바벨론 포로 70년이 하나님께서 작정하신 징계의 기간이라는 것입니다. 그러므로 유다 백성이 하나님께서 정한 때까지 반드시 바벨론 왕의 멍에를 메어야 한다는 의미입니다.

(3) 주전 597년 후입니다(제2차 포로 후).

'바벨론 왕을 섬긴 지 70년 만에 고국으로 돌아오리라'라는 이 예언이 구체적으로 주어진 때는, 제1차 포로 때와 제2차 포로 때였습니다. 주전 597년(렘 29:2) 제2차 포로 때, "바벨론에서 칠십 년이 차면 내가 너희를 권고하고 나의 선한 말을 너희에게 실행하여 너희를 이곳으로 돌아오게 하리라"(렘 29:10)라고 말씀하셨습니다. 그 후에 하나님께서 예레미야 선지자에게 여호와의 전 앞에 놓인 무화과 두 광주리를 보여 주시고, 무화과 두 광주리의 비유를 통해 바벨론에 항복할 것을 예언했습니다.

두 광주리 가운데 한 광주리에는 첫 열매처럼 극히 좋은 무화과가 담겨 있는데, 이것은 바벨론에 끌려간 유대인들이고(렘 24:2-7), 다른 한 광주리에는 극히 악하여 먹을 수 없고 버려질 무화과가 담겨 있는데, 이는 유다 땅에 남거나 애굽 땅에 거하는 유대인들을 가리킨다고 예언하였던 것입니다(렘 24:8-10).

(4) 주전 593년입니다(제2차 포로 4년 후).

시드기야가 즉위한 지 오래지 아니하여(시드기야 통치 제4년)[36], 예레미야 선지자는 '바벨론에 항복하라'라는 하나님의 말씀을 다시 선포하였습니다(렘 27:1, 28:1 - '이 해'). 하나님께서는 그 내용을 확실히 전하기 위해 예레미야 선지자에게 '너는 줄과 멍에(수레나 쟁기를 끌기 위해 말이나 소의 목에 얹는 구부러진 막대)를 만들어 네 목에 얹으라'라고 말씀하셨습니다(렘 27:2). 나무 멍에는, 이스라엘이 힘들어도 반드시 바벨론 왕을 섬겨야만 살 수 있다는 메시지였습니다.

또한, 하나님께서는 예루살렘에 온 사신들의 손에도 줄과 멍에를 주어 에돔 왕과 모압 왕과 암몬 자손의 왕과 두로 왕과 시돈 왕에게 보내도록 명령하셨습니다(렘 27:3). 하나님께서는 남 유다에게뿐만 아니라 주변 국가들에게까지 바벨론에 항복하도록 분명히 알린 것입니다. 이 사신들은 반(反)바벨론 동맹 음모를 위해 각 나라에서 파견된 특사들로, 시드기야를 만나기 위해 유다의 수도 예루살렘에 모였습니다. 하나님께서는 매우 강한 어조로 "내가 이 모든 땅을 내 종 바벨론 왕 느부갓네살의 손에 주고 또 들짐승들을 그에게 주어서 부리게 하였나니 열방이 그와 그 아들과 손자를 섬기리라"라고 말씀하시면서, 현재 그들의 생각대로 바벨론에 항거하는 동맹은 오히려 칼과 기근과 염병의 저주를 초래하는 무모한 짓이라고 경고하셨습니다(렘 27:4-8). 이에 더하여, 거짓 선지자들이 "바벨론 왕을 섬기지 아니하리라"라고 예언할지라도 들어서는 안 되며, 그들의 거짓 예언은 "너희로 너희 땅에서 멀리 떠나게 하며 또 나로 너희를 몰아내게 하며 너희를 멸하게" 한다고 강력히 경계하셨습니다(렘 27:9-10). 그 목에 바벨론 왕의 멍에를 메고 그를 섬기는 나라만 하나님께서 그들을 자기 땅에 머물러서 밭을 갈며 거하게 하신다고 약속하셨습니다(렘 27:11).

또한, 시드기야가 즉위한 지 4년 5월에, 기브온 앗술의 아들 거짓 선지자 하나냐가, "하나님께서 바벨론의 멍에를 꺾었느니라"라고 거짓 예언을 하였으나(렘 28:1-4), 예레미야 선지자는 하나님께서 명하신 대로 자신의 목에 나무 멍에를 메고(렘 27:1-2), 누구든지 바벨론 왕의 멍에를 메지 않는 백성은 반드시 진멸당할 것을 행동으로 예언했습니다(렘 27:8-9, 11-13, 28:2-4, 10-14). 이에 거짓 선지자 하나냐가 강하게 반발하며 예레미야가 메고 있던 나무 멍에를 부러뜨렸습니다. 이때 하나님께서는 예레미야를 통해서 '나무 멍에 대신 쇠 멍에로 이 모든 나라의 목에 메워 바벨론 왕을 섬기게 하시겠다'라고 하나냐에게 말씀하셨습니다(렘 28:13-14). 만일 이스라엘 백성이 나무 멍에를 메고 바벨론에 항복하라는 하나님의 말씀을 그대로 순종하였다면, 쇠 멍에와 같이 돌이킬 수 없는 재앙을 받지 않고 하나님께서 정하신 때까지 소망 가운데 평안을 누렸을 것입니다(렘 29:11). 그러나 왕과 백성이 하나님의 말씀을 불순종한 결과로, 예루살렘은 완전히 훼파되고 성전은 불태워졌으며, 백성은 기근으로 비참하게 죽고 칼에 죽고 염병에 죽고 말았습니다. 거짓으로 예언하던 하나냐는 거짓 예언한 지 2개월 만인 '그해 칠월에' 죽었습니다(렘 28:17).

(5) 주전 588년입니다(제3차 포로 약 2년 전).

바벨론 느부갓네살이 올라와서 유다를 칠 때, 시드기야가 예레미야에게 바벨론이 물러가기를 기도해 달라고 부탁했습니다. 이에 예레미야 선지자는 "이 성에 거주하는 자는 칼과 기근과 염병에 죽으려니와 너희를 에운 갈대아인에게 나가서 항복하는 자는 살리니 그의 생명은 노략한것 같이 얻으리라"(렘 21:9)라는 예전과 동일한 내용으로 시드기야에게 답해 주었습니다.

그러나 거짓 선지자들은 예레미야의 예언에 정면으로 도전하면서, 하나같이 '유다 백성이 바벨론 왕 느부갓네살의 멍에를 메고 섬길 일은 결코 없을 것이다'라고 주장하였습니다(렘 27:9-10, 14-16, 28:2, 4, 11). 이들의 예언은 하나님으로부터 나온 것이 아니라 인간적인 술책에 불과했습니다(렘 27:15, 28:15, 29:23, 31). 이스라엘의 승리와 평화는 모든 사람들이 바라는 바였지만, 하나님의 말씀에 순종하는 것이야말로 유일한 생명의 길이요 구원의 방편이었습니다. 그러나 시드기야와 그 신하와 그 땅 백성은 하나님의 말씀을 듣지 않았습니다(렘 37:2).

(6) 주전 587년입니다(제3차 포로 1년 전).

시드기야 때에 예루살렘이 바벨론 군대에게 포위되었을 때였습니다(렘 37:5). 하나냐의 손자요, 셀레먀의 아들인 '이리야'라 하는 문지기 두목이 예레미야에게 "네가 갈대아인에게 항복하려 하는도다"라고 하면서 예레미야를 때리고 토굴 옥 음실에 가두었습니다(렘 37:11-15).

여러 날이 지나고, 시드기야가 사람을 보내어 예레미야를 이끌어 내어 '여호와께로부터 받은 말씀이 있나이까?'라고 물었습니다. 이에 예레미야는 동일하게 "왕이 바벨론 왕의 손에 붙임을 입으리이다"(렘 37:16-17)라고 답했습니다. 그리고 예레미야는 '나를 요나단의 집 옥으로 보내지 말아 달라'라고 애원하였고, 시드기야는 예레미야를 시위대 뜰에 거하면서 매일 떡 한 덩이씩을 얻어 먹도록 하였습니다(렘 37:18-21).

(7) 주전 586년 후입니다(제3차 포로 직후).

하나님께서는 예레미야를 통해 유다의 남은 자들에게 '애굽으로 내려가지 말고 바벨론 왕을 두려워 말고 가나안 본향에 머물라 그리하면 하나님께서 함께하시어 바벨론 왕의 손에서 건지시리라'라고 예언하셨습니다(렘 42:7-17). 그리고 바벨론에 포로로 끌려간 백성에게는 "예루살렘을 너희 마음에 두라"(렘 51:50)라고 말씀하셨습니다. 바벨론 땅은 곧 멸망하여 사라질 땅이지만(렘 51:20-64), 가나안 땅은 이스라엘의 조상에게 언약하시고 '영원 무궁히 준 땅'이기 때문입니다(렘 7:7, 참고-창 13:14-15, 48:4, 시 105:42-44).

3. 이스라엘이 바벨론 포로생활을 하게 된 원인
The cause of Israel's captivity in Babylon

이스라엘 백성이 본토 이스라엘에서 멀리 1,500㎞나 떨어진 바벨론 땅으로 포로가 되어 끌려간 것은, 율법적 관점에서 보면 언약의 땅에서 쫓겨나게 된 것을 말합니다. 레위기에는 이를 '땅이 그 거민을 토해 내는 것'으로 말씀하고 있습니다. 레위기 18:24-25을 보면 "내가 너희의 앞에서 쫓아내는 족속들이 이 모든 일로 인하여 더러워졌고 그 땅도 더러워졌으므로 내가 그 악을 인하여 벌하고 그 땅도 스스로 그 거민을 토하여 내느니라"라고 말씀하였습니다. 이어서 레위기 18:27-28에도 "너희의 전에 있던 그 땅 거민이 이 모든 가증한 일을 행하였고 ... 너희도 더럽히면 그 땅이 너희 있기 전 거민을 토함같이 토할까 하노라"라고 하였습니다.

일찍이 하나님께서 아브라함과 횃불 언약을 체결하실 때 4대 만에 그 후손들이 돌아와서 가나안 땅을 차지하게 된다고 하셨습니다. 그 이유가 '아모리 족속의 죄악이 아직 관영치 아니하였기 때문'이라고 말씀하였습니다(창 15:16). 이는 하나님께서 선민 이스라엘에게 가나안 땅을 주시는 것도 가나안 거민 아모리 족속의 죄에 대한 심판의 기간이 차야 함을 말해 줍니다. 즉, 아브라함의 후손 이스라엘이 가나안 땅을 차지하는 과정은, 한편으로는 아모리 족속과 가나안 거민들의 죄악에 대한 심판이었던 것입니다(레 18:24-25).

하지만 이러한 심판의 원리는, 선민 이스라엘에게도 공평하게 적용되었습니다. 모세를 통해 주신 율법의 명령을 이스라엘 백성이 순종하지 않고 각종 우상 숭배와 음란이 가득하고 안식일과 안식년 계명을 이행하지 않을 때, 하나님께서는 그 땅이 안식하도록 이스라엘 백성을 토해 버리게 하셨던 것입니다. 가나안 거민의 죄를 심판하고 그들을 토해 내는 도구로 선민 이스라엘을 사용하셨던 하나님께서, 이제 이스라엘 백성의 죄를 심판하고 그들을 토해 내는 도구로 바벨론을 사용하신 것입니다.

예레미야 2:13에서 예레미야 당시에 이스라엘 백성이 행한 근본적인 두 가지 악을 말씀하고 있는데, 이것이 이스라엘 백성이 바벨론에 포로로 끌려가게 된 원인이었습니다.

예레미야 2:13 "내 백성이 두 가지 악을 행하였나니 곧 생수의 근원 되는 나를 버린 것과 스스로 웅덩이를 판 것인데 그것은 물을 저축지 못할 터진 웅덩이니라"

첫 번째 악은 '생수의 근원 되는 하나님을 버린 것'입니다.

두 번째 악은 '스스로 웅덩이를 판 것'인데, 곧 다른 신을 섬기는 우상 숭배의 죄를 뜻합니다. 이스라엘이 이방 신에게 절하여 '행음'(렘 3:1, 6)하였으므로 '이혼서'(렘 3:8)를 주어 내어 쫓았다고 말씀하고 있습니다. 한마디로, 이스라엘은 본남편인 하나님(렘 3:14)을 버리고 다른 남자와 행음하므로 이혼 당한 음부(淫婦)라고 책망받고 있습니다.

더 큰 문제는, 이스라엘 백성이 이런 일을 하면서도 조금도 얼굴이 붉어지지 않을 만큼 마음이 굳어 버렸다는 것입니다(렘 6:15). 그들의 죄는 금강석 끝 철필로 마음에 새겨질 만큼 깊어졌던 것입니다(렘 17:1). 이스라엘 백성은 권면하시는 하나님의 말씀을 무시하고 경멸하며 '욕으로' 여길 정도로 타락하고 말았습니다(렘 6:10). 그렇게 생수의 근원이신 하나님을 버린 결과로, 우상 숭배하는 죄와 안식일, 안식년을 범하는 죄에서 돌이키지 못하고 바벨론에게 망하고 말았던 것입니다.

(1) 우상 숭배의 죄

남 유다가 망하기 직전에 활동한 예레미야 선지자는 이스라엘 백성의 죄를 지적하면서, 하나님을 배반하고 다른 신들을 좇는 우상 숭배에 대하여 여러 차례 경고하였습니다(렘 1:16-17, 3:13, 5:19, 7:6, 9, 18, 11:10, 12, 13:10, 16:11, 13, 19:4, 13, 22:9, 25:6-7, 35:15, 44:3, 5, 8, 15, 참고-왕하 22:17, 대하 34:25). 이스라엘 백성은 부어 만든 우상에게 절하며 섬겼습니다(렘 10:14, 51:17, 참고-사 2:8). 그들은 장소에 구애받지 않고 우상 숭배에 골몰하였고, 그들의 섬긴 우상의 수는 그들이 거한 성읍의 수와 같았습니다(렘 2:28, 11:13). 이렇듯 남 유다의 심각한 우상 숭배의 죄악을 깨우쳐 회개케 하시려고, 하나님께서는 하나님의 종 선지자들을 보내되 '부지런히' 보내어 말씀을 전파하셨습니다. 그러나 온 백성이 그 말씀을 전혀 듣지 않았고 아주 무시했습니다(렘 7:25, 25:4, 26:5, 29:19, 35:15, 44:4). 심지어 하나님의 실존을 불신했고, 하나님의 말씀을 그대로 전하는 선지자를 거짓 선지자로 매도하고 죽이는 데 앞장섰습니다(렘 5:12-13).

① 예레미야 선지자에게 세 가지 금지 명령을 통해서, 이스라엘에 대한 심판을 경고하셨습니다(렘 16:1-13).

하나님께서 예레미야에게 금하신 세 가지는 모두 장례와 결혼 등 인륜 대사에 관한 일로, 유다의 심판을 상징적으로 강력하게 말씀하신 것입니다.

첫째, **아내를 취하지 말며 자녀를 두지 말라**(렘 16:2-4).

예레미야에게 아내를 취하지 말고 자녀를 두지 말라고 하신 명령은, 장차 유다가 파멸하여 자녀들이나 그들을 낳은 부모들이 죽을 것이고, 그들을 위하여 슬퍼하거나 그 시체를 매장하여 줄 자가 없으므로, 공중의 새와 들짐승의 밥이 될 것을 유다 백성에게 깨우쳐 주시려는 것입니다(렘 16:4). 결혼과 출산이 하나님의 축복임에 틀림없지만, 국가적인 큰 재앙이 닥쳤을 때 그것은 너무도 큰 고통입니다. 특히 하나님의 사역을 담당하는 예레미야 선지자에게는 더없이 큰 고통이요, 장애물이 될 수밖에 없습니다. 예레미야 선지자는 이 말씀을 전폭적으로 순종하여, 백성에게 참된 순종의 본을 보였습니다.

이사야 선지자는 하나님께서 명하신 대로, 그 낳은 아들을 '노략이 속히 이루어질 것이다'라는 기괴한 뜻을 가진 '마헬살랄하스바스'라는 이름을 지어, 아람과 북 이스라엘의 멸망을 예언하였습니다(사 8:1-4). 또한, 이사야 선지자는 벗은 몸 벗은 발로 3년 동안 애굽과 구스의 수치를 예언하였습니다(사 20:1-6). 호세아는 북 이스라엘의 우상 숭배 곧 영적 간음이 얼마나 극악한 것인지를 깨우쳐 주기 위해 음란한 여인 고멜과 결혼하여 온갖 수치와 고생을 감수해야만 했습니다(호 1:1-9). 예레미야와 이 모든 선지자들은, 현실적으로 도저히 참기 어려운 고통과 수치를 감내하는 삶과 행동으로써,

하나님의 말씀을 가감 없이 그대로 순종하여 시대의 사명을 눈물겹게 감당하였습니다.

둘째, 상가(喪家) 출입을 하지 말라(렘 16:5-7).
 하나님께서 예레미야에게 초상집에 들어가서 통곡하지 말며 그들을 위하여 애곡하지 말라고 명하셨습니다.
 상가 출입 금지령은, 하나님께서 이제 유다 백성에게서 하나님의 평강을 빼앗으며 인자와 사랑을 제하여 버릴 것을 말해 줄 뿐 아니라(렘 16:5), 장차 유다가 하나님의 심판을 받아 작은 자나 큰 자가 다 죽게 되고 모든 집이 상가가 될 것이기에 그들을 매장하거나 위하여 슬퍼하거나 위로해 줄 자가 없게 될 것을 예언하라는 것입니다(렘 16:6).
 '큰 자'는 권력을 가진 자, 부자, 능력 있는 자를 말하고, '작은 자'는 사회적으로 힘 없는 자를 말합니다. 큰 자와 작은 자 모두 하나님 앞에서 죄를 범했기 때문에 다 죽어 매장되지 못하고, 그들을 위해 애곡할 자도 없게 된다는 것입니다. 또한, 유다에 내린 재앙은 그들의 죄에 대한 하나님의 심판이므로, 그들을 위로하기 위해 문상을 가서는 안 된다는 뜻입니다. 장례는 사람이 자기 생의 의미에 대해 가장 깊이 돌아볼 뜻깊은 기회가 되며, 죽은 자가 남긴 생의 업적을 기념하며, 슬픔을 당한 유가족들에게 깊은 위로를 전하는 엄숙한 의식입니다. 그러나 전 민족적으로 하나님의 저주를 받아 집집마다 죽은 자가 무수히 넘쳐나는 혹독한 재앙이 내린다면, 뜻깊은 장례식이나 죽은 자에 대한 애도가 무의미해집니다.
 이제 유다에서는 인생에서 가장 행복한 순간인 결혼식과 가장 엄숙한 시간인 장례식, 이 모든 일이 완전히 중단되는 무시무시한 심판을 당하게 된다는 것입니다.

셋째, 잔칫집 출입을 하지 말라(렘 16:8-9).

잔칫집은 사람들이 추구하는 행복과 즐거움을 가장 구체적으로 확인하는 장소입니다. 신랑 신부의 빛나는 모습과 기뻐하는 얼굴, 두 사람의 미래를 축복하기 위해 찾아온 하객들의 웃음 가득한 얼굴들은 인생의 행복의 절정일 것입니다. 또한, 결혼은 사회의 근간이 되는 가정을 이루게 하고, 가정은 사회 구성원을 유지하게 하는 출산의 필수적인 근거가 됩니다. 결혼이나 출산이 사라진다면, 그 사회는 곧 붕괴하고 말 것입니다. 예레미야가 결혼 잔치에 참석한다면, 그것은 유다 사회가 계속 유지된다는 것을 의미하고, 그가 전한 유다 멸망의 메시지는 거짓이 되고 맙니다. 이스라엘이 하나님의 말씀을 불순종한 결과로 그동안 누렸던 모든 행복과 희락이 완전히 사라질 것을, 하나님께서는 '잔칫집 출입을 금하심'으로써 강력하게 경고하셨습니다.

이 세 가지 행동 예언은 모두, 가장 극심한 형벌이 내려지므로 이스라엘이 완전히 몰락할 수밖에 없음을 강력히 경고하고 있습니다. 이 심판의 메시지를 듣고 백성이 항변하면서 "여호와께서 우리에게 이 모든 큰 재앙을 광포하심은 어찜이며 우리의 죄악은 무엇이며 우리가 우리 하나님 여호와께 범한 죄는 무엇이뇨"라고 묻는다면(렘 16:10), 그때에 하나님께서는 예레미야에게 이렇게 답하라고 가르쳐 주셨습니다(참고-렘 5:19).

예레미야 16:11-13 "너는 그들에게 대답하기를 여호와께서 말씀하시되 너희 열조가 나를 버리고 다른 신들을 좇아서 그들을 섬기며 그들에게 절하고 나를 버려 내 법을 지키지 아니하였음이라 ¹²너희가 너희 열조보다 더욱 악을 행하였도다 보라 너희가 각기 악한 마음의 강퍅함을 따라 행하고 나를 청종치 아니하였으므로 ¹³내가 너희를 이 땅에서 쫓아 내어 너희와 너희 열조의 알지 못하던 땅에 이르게 할 것이라 너희가 거기서 주야로 다른 신들을 섬기리니 이는 내가 너희에게 은혜를 베풀지 아니함이라 하셨다 하라"

② 깨어진 오지병(목이 좁은 항아리)의 비유를 통해서, 우상 숭배한 범죄의 대가로 이스라엘이 반드시 패망할 것을 경고하셨습니다 (렘 19:1-15, 참고-렘 7:30-34).

예레미야가 쓰레기를 태우는 소각장 또는 죽은 동물이나 시체를 태우는 화장터로 사용되던 힌놈의 골짜기에서 오지병을 깨뜨려 버린 것은, 유다에 내린 재앙이 너무 커서 사람의 시체가 무덤에 묻히지 못하고 각종 짐승의 먹이가 되는 처참한 결과에 이른다는 경고였습니다(렘 19:11-12, 참고-렘 7:32). 심지어 그 대적과 그들의 생명을 찾는 자에게 둘러싸여 곤핍을 당할 때에, 극심한 기근을 당하여 그 아들의 고기와 딸의 고기를 먹게 된다는 재앙의 선포였습니다(렘 19:9).

평화의 도시 예루살렘이 생지옥 같은 죽음의 표징이 되어 버린 이유는, 이스라엘 백성이 하늘의 만상에 분향하고 다른 신들에게 전제를 붓는 우상 숭배의 죄를 범하였을 뿐 아니라, 회개할 기회를 주어도 회개치 않았기 때문입니다(렘 19:1, 10-13).

예레미야 32:34을 볼 때, "내 이름으로 일컬음을 받는 집에 자기들의 가증한 물건들을 세워서 그 집을 더럽게" 하였습니다. 이는 유다가 심지어 성전 안에까지 우상을 갖다 놓고 섬긴 것을 가리키는 것으로서(왕하 21:1-7, 겔 8:1-18), 바벨론에 의해 성전이 파괴되기 전에 이미 이스라엘 백성이 스스로 성전을 더럽혔던 것입니다(겔 22:4).

(2) 안식일과 안식년을 이행하지 않은 죄
① 안식일의 불순종

안식일 준수의 여부는 율법에 대한 순종과 불순종을 나누는 기준이며 축복과 저주를 가르는 분기점입니다(렘 17:19-27). 이는 안식일이, 하나님께서 자기 백성을 거룩하게 하시는 여호와인 줄 알게 하는 영원한 표징이기 때문입니다(출 31:13, 겔 20:12, 20).

예레미야 선지자는 왕과 평민이 출입하는 예루살렘 모든 문에서, 그 문으로 들어오는 유다 왕들과 유다 모든 백성과 예루살렘 모든 거민에게, 안식일에 대한 교훈과 경고를 선포하였습니다(렘 17:19-20). 예루살렘 성문은 12개였으므로(참고-느 3:1-32, 8:1, 3, 16, 12:39, 슥 14:10), 예레미야는 이 말씀을 모든 문에서, 곧 열두 번이나 거듭하여 외친 것입니다. 이는 당시 안식일이 얼마나 지켜지지 않았는지를 잘 반증해 줍니다.

예레미야는 '스스로 삼가서 안식일에 짐을 지고 예루살렘 문으로 들어오거나 짐을 내어도 안 되며 아무 일이든지 하지 말고 안식일을 거룩히 지키라'라고 외쳤습니다(렘 17:21-26). 하나님께서는 "너희가 나를 청종치 아니하고 안식일을 거룩케 아니하여 안식일에 짐을 지고 예루살렘 문으로 들어오면 내가 성문에 불을 놓아 예루살렘 궁전을 삼키게 하리니 그 불이 꺼지지 아니하리라 하셨다"라고 예레미야를 통해 엄중하게 경고하셨습니다(렘 17:27).

예레미야의 예언대로 남 유다는 바벨론의 1, 2, 3차 침공을 받아 솔로몬 성전과 예루살렘 궁전이 불타 버렸습니다(왕하 25:9, 대하 36:19, 렘 39:8, 52:13, 암 2:5). 이처럼 안식일을 지키지 않은 것은 바벨론 포로의 직접적인 원인이 되었습니다.

에스겔 22장은 남 유다의 패망에 대하여 선포하고 있는데, 8절과 26절에서 패망의 원인이 안식일을 지키지 않았기 때문이라고 말씀하고 있습니다. 8절에서 "나의 안식일을 더럽혔으며"라고 말씀하고 있고, 26절에서 "그 눈을 가리워 나의 안식일을 보지 아니하였으므로 내가 그 가운데서 더럽힘을 받았느니라"라고 말씀하고 있습니다.

② 안식년의 불순종

안식년의 규례는 제7년에 땅을 쉬게 하라는 것과, 동족 히브리 사람 종을 7년째에 자유케 하라는 내용으로 구성되었습니다.

첫째, 6년 동안 땅에 파종하고, 제7년에는 그 땅을 쉬게 하라는 명령입니다(출 23:10-11, 레 25:1-7, 26:34-35).

이스라엘 백성은 언약의 땅 가나안에 들어간 후에는, 7년째 되는 해에는 그 땅에 파종해서는 안 되었으며(레 25:2-4), 스스로 난 곡물이나 열매라 할지라도 거두지 말고 땅이 안식하도록 해야 했습니다(레 25:5). 또한, 이 안식년에 땅을 쉬게 하여, 장차 땅 주인과 여종과 남종, 객, 그리고 육축과 땅에 있는 짐승들의 공동 양식이 되도록 해야 했습니다(출 23:11, 레 25:6-7). 즉, 안식년의 결과는 모든 피조 세계가 함께 누려야 할 공동 재산이었습니다. 안식년은 하나님과 피조 세계 사이의 언약이기 때문입니다.

하나님께서는 이스라엘 백성이 안식년을 지켜 제7년에 땅을 쉬게 하면 "내가 명하여 제육년에 내 복을 너희에게 내려 그 소출이 삼 년 쓰기에 족하게 할지라"(레 25:21)라고 약속하셨습니다. 제6년에 3년 소출을 주셨으므로 제7년 안식년에도 걱정 없이 먹을 수 있고, 제8년에도 그렇게 되고, 심지어 제9년까지도 부족함이 없게 해주신다는 약속이었습니다(레 25:22). 이로써 모든 것이 하나님의 것이요, 하나님으로부터 말미암는다는 사실을 알도록 했습니다(레 25:23).

그러나 이스라엘 백성은 이 말씀을 믿지 못하고 욕심을 부려 제7년에도 파종함으로 안식년을 지키지 않았습니다. 이에 하나님께서는 남 유다를 바벨론에 잡혀 가게 하심으로 땅이 안식하게 하셨던 것입니다. 역대하 36:21에서 "이에 토지가 황무하여 안식년을 누림같이 안식하여 칠십 년을 지내었으니 여호와께서 예레미야의 입으로 하신 말씀이 응하였더라"라고 말씀하고 있습니다(레 26:43).

둘째, 종이 동족 히브리 사람이면 6년 동안 부리다가 7년째는 자유케 하라는 명령입니다(출 21:2-6, 신 15:12-18).

율법에는 히브리 종(남종, 여종)을 사면, 6년 부리고 7년째 되는 해에 반드시 그를 놓아 자유하게 하도록 규정했습니다(출 21:2, 신 15:12). 그리고 자유의 몸이 된 종을 빈손으로 보내서는 안 되며, 양과 곡식과 포도주를 후히 주고, 하나님께서 복을 주신 대로 주도록 명령하셨습니다(신 15:13-14). 또한, 노예의 몸값을 받지 않고 아무런 조건 없이 해방해 주도록 규정하였습니다(출 21:2). 왜냐하면, 노예로 팔린 자가 행한 6년간의 노동이 곧 몸값에 해당하기 때문입니다. 신명기 15:18에 "그가 육 년 동안에 품꾼의 삯의 배나 받을 만큼 너를 섬겼은즉 너는 그를 놓아 자유하게 하기를 어렵게 여기지 말라 그리하면 네 하나님 여호와께서 너의 범사에 네게 복을 주시리라"라고 말씀하셨습니다.

하나님께서는 이스라엘 백성을 출애굽 시키신 후에 그들에게 안식 주실 것을 약속하셨습니다(신 12:9-10). 그러나 이스라엘 백성은 영원한 언약인 안식년의 규례를 지키지 않았습니다. 바벨론이 제3차로 쳐들어와 예루살렘성이 포위되기에 이르자, 겁을 먹은 시드기야왕이 예루살렘의 모든 백성과 언약하고 잠시 동족 히브리인 노비들을 자유케 하였습니다(렘 34:8-10). 그러나 얼마 후에 시드기야왕과 이스라엘 백성은 자유케 하였던 히브리인 노비를 끌어다가 다시 복종시켜 노비를 삼았습니다(렘 34:11). 예레미야 34:14에서 하나님께서는 "너희 형제 히브리 사람이 네게 팔렸거든 칠 년 만에 너희는 각기 놓으라 그가 육 년을 너를 섬겼은즉 그를 놓아 자유케 할지니라 하였으나 너희 선조가 나를 듣지 아니하며 귀를 기울이지도 아니하였느니라"라고 말씀하시고, 이어서 "너희가 나를 듣지 아니하고 각기 형제와 이웃에게 자유를 선언한 것을 실행치 아니하였은즉 내가 너희에게 자유를 선언하여 너희를 칼과 염병과 기근에 붙이리라 나 여호와의 말이니라 내가 너희를 세계 열방 중에 흩어지게 할 것이며"(렘 34:17)라고 선언하셨습니다. 여기 '내가 너희에게 자유를 선언하여'라고 하신 것은, 더 이상 하나님께서 이스라엘 백성을 권고하거나 보호하지 않으시겠다는 말씀입니다.

이스라엘 백성이 안식년의 규례를 어기고, 자유를 선언했던 종들의 자유를 빼앗았으므로, 하나님께서도 이스라엘 백성을 바벨론에 끌려가게 하시어 그들도 자유를 빼앗기게 하셨던 것입니다.

유다 백성은 무수한 죄 때문에 피 흘린 성읍이 되었고, 두껍게 녹

슬어 버린 가마같이 되고 말았습니다(겔 24:6). 그 더러운 것을 녹여서 소멸되게 하지 않고는(겔 22:18-20, 24:6-11), 유다는 더 이상 소망이 없게 되었습니다. 하나님께서는 유다 백성에게 장래에 소망을 주시기 위하여, 유다를 '바벨론 포로 생활 70년'이라는 풀무에 집어넣고, 하나님의 노와 분을 쏟아서 유다의 죄악을 정결케 하셔야만 했습니다(렘 29:10-11, 겔 22:21-22, 24:12-14).

그리고 하나님께서는 바벨론에 포로 된 자들을 통하여, 이스라엘 회복의 역사를 다시 시작하시기로 작정하셨던 것입니다. 하나님께서 포로 된 자기 백성을 정한 기간 동안 연단하신 후에, 그들을 예루살렘으로 귀환케 하시는 그 놀라운 섭리 속에는, 한없이 용솟음치는 하나님의 사랑이 출렁이고 있습니다.

하나님께서는 자기 백성을 바벨론에 포로로 보내셨으나, 70년이란 긴 시간 동안 영적 암흑 상태로 방치하지 않으셨습니다. 70년간 말씀을 보내어 철저하게 회개케 하시어 새로운 백성이 되게 하셨습니다. 예레미야가 선포한 메시지는 유다의 멸망뿐 아니라 희망의 근거를 함께 전하고 있습니다. 포로로 각지에 흩어진 상태에서도 이스라엘은 하나님에 의해 구원 받을 수 있다는 사실을 전했습니다. "너희를 향한 나의 생각은 내가 아나니 재앙이 아니라 곧 평안이요 너희 장래에 소망을 주려 하는 생각이라 ... 너희가 전심으로 나를 찾고 찾으면 나를 만나리라 ... 내가 너희에게 만나지겠고 너희를 포로 된 중에서 다시 돌아오게 하되 내가 쫓아 보내었던 열방과 모든 곳에서 모아 사로잡혀 떠나게 하던 본곳으로 돌아오게 하리라"(렘 29:11-14)라는 말씀 속에 예레미야가 전한 희망의 메시지가 잘 요약되어 있습니다. 정복자 바벨론에게 복종하고 그 땅에서 적응하며 그 역경 속에서 회개하여 정결케 됨으로써, 마침내 하나님의 정의와 구속 경륜을 확실히 깨닫고 믿게 하기 위함이었습니다.

예루살렘이 멸망한 후에, 바벨론에 잡혀 간 백성에게는 하나님께서 선지자를 세워 하나님의 말씀을 지속적으로 선포하셨지만, 바벨론에 복종하지 않고 애굽으로 도망친 자들에게는 하나님의 말씀이 더 이상 선포되지 않았습니다. 그들은 애굽에서 우상 숭배의 늪에 빠져서 영원히 돌아오지 못했습니다. '상한 갈대' 애굽을 의지한 결과로 영영 망하고 말았습니다(사 36:6, 겔 29:6-7).

죄는 인간의 크고 작은 모든 행복을 송두리째 앗아 가며, 모든 것을 허무하고 절망스럽게 만듭니다. 죄에 대한 무수한 경고를 받고도 그 죄를 뉘우치지 않고 철저히 회개하지 않으면 우리 삶의 자리도 평강이 사라지고 어두움과 사망의 그림자로 채워질 것입니다.

하나님의 말씀대로 안식일을 지키지 않으며 십일조 명령을 순종하지 않는다면, 그는 악인입니다. 악인에게는 결코 평강이 없습니다. 이사야 48:22에 "여호와께서 말씀하시되 악인에게는 평강이 없다"라고 말씀하고 있습니다(사 57:21). 그러한 자는 웃을 때에도 마음에 슬픔이 있고 즐거움의 끝에도 근심이 있습니다(잠 14:13, 참고-전 2:1-2). 악인의 웃음 속에는 애통과 슬픔과 근심의 그림자가 가득합니다(눅 6:25).

사도 바울은 이들을 가리켜 '소망이 없는 자들'이라고 하였습니다(살전 4:13). 예수 그리스도의 십자가와 부활로 말미암아 주신 소망은 '산 소망'입니다(벧전 1:3). 그 소망은 썩지 않고 더럽지 않고 쇠하지 아니하는 기업을 잇게 하는 산 소망이며, 우리를 위하여 하늘에 간직하신 것입니다(벧전 1:4). 이 소망은 예수 그리스도로 말미암은 하나님의 영광의 소망입니다(골 1:26-27).

II
바벨론 포로의 역사
THE HISTORY OF THE BABYLONIAN CAPTIVITY

　북 이스라엘은 주전 722년 앗수르에게 멸망당하고, 남 유다는 그로부터 약 136년 후인 주전 586년에 바벨론에게 완전히 멸망당합니다. 두 나라의 멸망은, 끊임없이 하나님께 불순종한 결과로 공의로운 심판을 받은 것입니다(왕하 18:9-12, 대상 9:1, 대하 36:15-20).

　남 유다 요시야왕 때에 앗수르는 쇠퇴해 가고 있었고, 바벨론이 신흥 세력으로 등장했습니다. 바벨론을 견제하기 위하여 애굽은 앗수르를 도우려 했고, 요시야왕은 앗수르의 회복을 원치 않았기 때문에 앗수르를 도우려고 북진하는 애굽 왕 바로 느고(Pharaoh Neco)를 막으려고 므깃도에서 싸우다가 죽었습니다(대하35:20-25). 이 후 애굽과 바벨론이 맞서는데, 이것이 갈그미스 전투(주전 605년)이며, 이 전투에서 승리한 바벨론은 당시 근동 지방을 장악하였고, 애굽은 다시 일어나지 못했습니다(왕하 24:7).

　바벨론의 느부갓네살왕은 남 유다를 공격하여, 주전 605년 여호야김왕 때 다니엘을 비롯한 왕족과 귀족을 포로로 끌고 갔는데, 이것이 제1차 바벨론 포로입니다. 그 후 느부갓네살왕은 주전 597년 여호야긴왕 때 제2차로, 주전 586년 시드기야왕 때 제3차로 남 유다 백성을 바벨론으로 잡아갔습니다.

3차에 걸친 바벨론 포로의 과정은 성전 파괴의 과정과 다름없었습니다. **주전 605년 바벨론 제1차 포로 때**(렘 25:1, 46:2, 단 1:1), 여호와의 전 기구들을 바벨론으로 가져갔습니다. 역대하 36:6-7에 "바벨론 왕 느부갓네살이 올라와서 치고 저를 쇠사슬로 결박하여 바벨론으로 잡아가고 느부갓네살이 또 여호와의 전 기구들을 바벨론으로 가져다가 바벨론에 있는 자기 신당에 두었더라"라고 기록하고 있습니다(참고 단 1:2).

주전 597년 바벨론 제2차 포로 때(왕하 24:8, 12), 여호와의 전의 모든 보물과 왕궁 보물을 집어내고 금 기명을 다 훼파하였습니다(왕하 24:10-13). 열왕기하 24:13에 "저가 여호와의 전의 모든 보물과 왕궁 보물을 집어내고 또 이스라엘 왕 솔로몬이 만든 것 곧 여호와의 전의 금 기명을 다 훼파하였으니 여호와의 말씀과 같이 되었더라"라고 기록하고 있습니다.

주전 586년 바벨론 제3차 포로 때(왕하 25:1-2, 8), 성전이 불태워졌습니다(왕하 25:9). 예루살렘 사면 성벽이 헐렸으며(왕하 25:10, 대하 36:19), 성전의 두 놋기둥과 받침들과 바다를 깨뜨려 그 놋을 바벨론으로 옮겨 가고, 가마들, 부삽들, 불집게들, 숟가락들과 섬길 때에 쓰는 모든 놋그릇까지 옮겨 갔습니다(왕하 25:13-17). 또한, 성전에서 대제사장 스라야와 부제사장 스바냐를 잡아다가 립나에 있던 바벨론 왕 앞에서 쳐 죽였습니다(왕하 25:18, 21).

이렇듯 하나님께서는 바벨론을 들어서 가장 아끼는 성전을 파괴하심으로써 이스라엘을 철저하게 징계하셨습니다(왕상 9:7-9).

유대인들이 바벨론에 포로 되어 1·2·3차 사로잡혀 간 경로
(왕하 24:1-25:21, 대하 36:6-21, 렘 39:1-10, 52:1-27)
The routes of the first, second, and third deportations to Babylon
(2 Kgs 24:1-25:21, 2 Chr 36:6-21, Jer 39:1-10, 52:1-27)

[제1차 포로, 주전 605년] 왕하 24:1-4, 대하 36:6-7, 단 1:1-3 / 왕족과 귀족이 사로잡혀 감(단 1:3)
[제2차 포로, 주전 597년] 왕하 24:10-17, 대하 36:10 / 예루살렘의 모든 백성과 모든 방백과 모든 용사 총 1만 명, 공장과 대장장이 1천 명이 사로잡혀 감(왕하 24:14, 16)
[제3차 포로, 주전 586년] 왕하 25:1-21, 대하 36:11-21, 렘 39:1-10, 52:1-27 / 빈천한 하층민을 제외한 모든 백성이 사로잡혀 감(왕하 25:8-12, 렘 39:8-10, 52:15-16)

열왕기하 25:21 "바벨론 왕이 하맛 땅 립나에서 다 쳐 죽였더라 이와 같이 유다가 사로잡혀 본토에서 떠났더라"
역대하 36:20-21 "무릇 칼에서 벗어난 자를 저가 바벨론으로 사로잡아 가매 무리가 거기서 갈대아 왕과 그 자손의 노예가 되어 바사국이 주재할 때까지 이르니라 ²¹이에 토지가 황무하여 안식년을 누림같이 안식하여 칠십 년을 지내었으니 여호와께서 예레미야의 입으로 하신 말씀이 응하였더라"

Ⅱ. 바벨론 포로의 역사

> ### 제1차 포로(주전 605년)
> / 왕하 24:1-4, 대하 36:6-7, 단 1:1-3
> **The first deportation (605 BC)** / 2 Kgs 24:1-4, 2 Chr 36:6-7, Dan 1:1-3

▶ 포로 시기
 - 유다 왕: 여호야김 제3(혹은 4)년(렘 25:1, 46:2, 단 1:1-2)
 - 바벨론 왕: 느부갓네살 원년(렘 25:1-3)

▶ 포로 대상
 - 다니엘을 포함한 왕족, 귀족 계급(단 1:1-3)

▶ 포로 당시 상황
 - 바벨론 왕 느부갓네살이 남 유다를 침입하여, 여호와의 전 기구들을 바벨론으로 가져다가 자기 신당에 두었다(왕하 24:1, 대하 36:6-7).

 - 3년 후(주전 602년), 갈대아 부대, 아람의 부대, 모압의 부대, 암몬 자손의 부대가 쳐들어와 남 유다를 멸하려 했고, 여호야김왕이 바벨론 왕을 배신하고 애굽과 동맹하자 그를 사로잡아 쇠사슬로 결박하여 바벨론으로 잡아갔으며(왕하 24:1-2, 대하 36:6), 여호야김은 얼마 후에 예루살렘으로 돌아왔다.

1. 포로 시기
The timing of the captivity

남 유다가 제1차 바벨론 포로로 끌려간 때는, 주전 605년 여호야김왕 제3년입니다(단 1:1). 느부갓네살왕이 갈그미스에서 애굽 군대를 몰아내고 남 유다로 쳐들어온 것입니다. 다니엘 1:1에서 "유다

왕 여호야김이 위에 있은 지 삼 년에 바벨론 왕 느부갓네살이 예루살렘에 이르러 그것을 에워쌌더니"라고 말씀하고 있습니다.

그런데 예레미야 46:2에는 "여호야김 제사년에 유브라데 하숫가 갈그미스에서 바벨론 왕 느부갓네살에게 패한 애굽 왕 바로 느고의 군대에 대한 말씀이라"라고 기록하고 있습니다. 여기에서는 갈그미스 전투가 일어난 해(주전 605년)를 여호야김 3년이 아니라 4년이라고 기록하여, 다니엘 1:1 말씀과 1년의 차이가 나타나고 있습니다.

예레미야 25:1에서도 여호야김 4년을 느부갓네살 원년이라고 기록하고 있는데, 느부갓네살 원년은 즉위년인 주전 605년을 가리킵니다. 여기 '원년'의 '원'에 해당하는 히브리어는 '리쇼니'(רִאשֹׁנִי)로, 그 어원은 '머리, 지도자'라는 뜻의 '로쉬'(רֹאשׁ)입니다. 따라서 느부갓네살 원년은 그가 왕(머리, 지도자)이 된 주전 605년(즉위년)을 가리키는 것이며, 이 구절 역시 다니엘 1:1과 1년의 차이가 있습니다.

이러한 차이를 해명할 수 있는 뒷받침은 열왕기하 23:34입니다.

열왕기하 23:34 "바로 느고가 요시야의 아들 엘리아김으로 그 아비 요시야를 대신하여 왕을 삼고 그 이름을 고쳐 여호야김이라 하고 여호아하스는 애굽으로 잡아갔더니 저가 거기서 죽으니라"

이 구절에서 열왕기 기자는, 여호야김이 그의 동생 여호아하스를 대신하여 왕이 되었다고 기록하지 않고, 여호야김이 그의 아버지 요시야를 대신하여 왕이 되었다고 기록하고 있습니다. 역사적으로는 요시야(주전 640-609[b]년), 여호아하스(주전 609[b]-608년), 여호야김(주전 608-597년) 순으로 왕이 되었지만(왕하 23:30, 34, 대하 36:1-

4), 열왕기 기자는 요시야 다음에 바로 여호야김이 왕이 된 것처럼 기술하고 있습니다. 이것은, 왕이 되어 3개월의 짧은 기간 동안 악을 일삼은 여호아하스를 왕으로 인정하지 않았기 때문입니다(왕하 23:31-32).

이러한 열왕기 기자의 관점에 따라 여호아하스가 왕이 된 주전 609년부터 여호야김의 즉위년을 두고 계산하면, 남 유다가 제1차 바벨론 포로로 끌려간 주전 605년은 여호야김 제4년이 되는 것이며(렘 25:1, 46:2), 예레미야서도 왕의 통치연대 표기에 있어서 이러한 관점을 따르고 있습니다.

2. 포로 대상과 당시 상황
Those taken into captivity and the situation at the time of deportation

바벨론의 느부갓네살왕은 주전 605년 갈그미스 전투에서 승리한 후, 아프리카 대륙과 근동 아시아 지역을 잇는 전략적 요충지인 남 유다 왕국마저 정복하기 위하여 예루살렘으로 직행하였습니다. 그 결과로 행해진 제1차 바벨론 포로 때에는 다니엘을 포함한 왕족과 귀족들이 끌려갔습니다. 다니엘 1:3에서 "이스라엘 자손 중에서 왕족과 귀족의 몇 사람"이 끌려갔다고 기록하고 있습니다.

여호야김은 처음 3년 동안 바벨론을 섬기다가 다시 애굽과 동맹하여 느부갓네살왕을 배반하였고(왕하 24:1), 주전 602년에 바벨론 느부갓네살왕은 아람, 모압, 암몬 자손과 연합하여 남 유다를 공격하였습니다(왕하 24:2). 그는 여호야김을 쇠사슬로 결박하여 바벨론으로 잡아가고, 성전 기구들을 가져다가 바벨론 시날 땅 자기 신의 보고에 두었습니다(단 1:1-2, 5:2).

역대하 36:6-7 "바벨론 왕 느부갓네살이 올라와서 치고 저를 쇠사슬로 결박하여 바벨론으로 잡아가고 ⁷느부갓네살이 또 여호와의 전 기구들을 바벨론으로 가져다가 바벨론에 있는 자기 신당에 두었더라"

여호야김왕은 주전 602년 쇠사슬에 묶여 바벨론으로 끌려갔다가, 얼마 후에 다시 예루살렘으로 돌아와 주전 597년까지 총 11년간 통치한 후 죽고, 여호야긴이 대신하여 남 유다 왕이 되었습니다(왕하 24:6).

3. 포로 당시 선지자들의 메시지
The messages of the prophets at the time of the captivity

(1) 예레미야 선지자의 메시지

남 유다가 제1차로 바벨론에 포로로 끌려갈 때를 전후하여, 예레미야 선지자는 여호야김의 비참한 종말을 선포하였습니다. 여호야김은 불의로 그 집을 세우며 불공평으로 그 다락방을 지었습니다(렘 22:13). 나라가 풍전등화(風前燈火)의 어려움 속에 있는데 그는 광대한 궁과 광활한 다락방을 짓는 데 여념이 없었습니다(렘 22:14). 당시 가장 값비싼 목재인 백향목으로 왕궁을 짓고, 구하기도 어려운 애굽산 붉은 물감으로 칠하였습니다(렘 22:14). 여호야김이 행한 이러한 악에 대하여 예레미야 선지자는 '탐람'(בֶּצַע, 베차)과 '무죄한 피를 흘림'과 '압박'과 '강포'를 행했다고 책망했습니다(렘 22:17).

예레미야 선지자는 이토록 불경건한 여호야김의 비참한 최후에 대하여 예레미야 22:18-19에 예언하기를, 동족 이스라엘 중에 아무도 그를 불쌍히 여겨 슬퍼하거나 통곡하는 자가 없을 것이며, 그가 끌려가 예루살렘 문 밖에 던져지고 나귀같이 매장을 당할 것이라고 하였습니다. 또한, "그 시체는 버림을 입어서 낮에는 더위, 밤에는 추위를 당하리라"(렘 36:30)라고 예언하였습니다.

성경에 정확한 기록은 없지만, 이 예언대로 여호야김은 바벨론으로 끌려갔다가 돌아온 후, 통치 마지막에 바벨론과의 전투에서 전사하여 그 시신이 예루살렘 성 밖에 버려져 방치되었다고 알려져 있습니다(Keil). 유대 역사가 요세푸스(Josephus)는 여호야김의 죽음과 관련하여, "바벨론 왕은 자기 맹약을 지키지 않고 예루살렘 안에 있는 가장 원기왕성하고 훌륭한 주민들과 같이 여호야김왕을 죽여 버렸다. 그리고 여호야김을 성벽 앞에 묻지 말고 버리라고 하였다"[37]라고 기록하고 있습니다.

(2) 다니엘 선지자의 메시지

다니엘 선지자는 주전 605년 제1차로 바벨론에 포로로 끌려가서(단 1:1-4), 바사 왕 고레스의 통치 원년(שְׁנַת אַחַת, 셰나트 아하트: 첫 번째 해)인 주전 538년을 지나 고레스 3년(주전 536년)에도 활동한 선지자입니다(단 1:21, 6:28, 10:1).

다니엘의 예언 가운데 바벨론 제1차 포로 시기와 관련이 있는 예언은 다니엘 1-2장입니다. 당시 느부갓네살왕(주전 605-562년)은 통치 제2년(주전 603년)에 꿈을 꾸었습니다. 왕은 꿈을 꾸고도 내용을 기억하지 못하였으며, 기억나지 않는 그 꿈을 인하여 번민하고 잠을 이루지 못하였습니다(단 2:1, 3). 느부갓네살은 자신의 꿈을 찾아내어 고하게 하려고 박수와 술객과 점쟁이와 갈대아 술사를 불렀습니다(단 2:2). 그들은 "왕은 그 꿈을 종들에게 이르시면 우리가 해석하여 드리겠나이다"라고 하였고(단 2:4), 왕은 그들에게 "너희가 만일 꿈과 그 해석을 나로 알게 하지 아니하면 너희 몸을 쪼갤 것이며 너희 집으로 거름터를 삼을 것이요"라고 하였습니다(단 2:5). 갈대아 술사들은 "왕의 물으신 것은 희한한 일이라 육체와 함께 거하지 아니하는 신들 외에는 왕 앞에 그것을 보일 자가 없나이다"라고 대답하였고, 왕은 이로 인하여 진노하고 통분하여 바벨론의 모든 박사를 다 멸하라고 명하였습니다(단 2:11-12). 바벨론의 모든 박사뿐만 아니라 다니엘과 그 동무들까지도 죽임을 당할 위기에 처하게 된 것입니다(단 2:13). 왕의 명대로 시위대 장관 아리옥이 바벨론 박사들을 죽이러 나가는 찰나에, 다니엘이 명철하고 슬기로운 말로 아리옥에게 "왕의 명령이 어찌 그리 급하뇨"라고 물었습니다. 일의 내용을 들은 다니엘은 왕에게 나아가서, "기한하여 주시면 왕에게 그 해석을 보여 드리겠다"라고 하면서 조급한 왕의 마음을 진정시켰습니다(단 2:14-16).

하나님께서는 느부갓네살왕이 꾸었던 그 꿈을, 기도하는 다니엘에게 밤에 이상으로 보여 주셨습니다(단 2:19-23). 다니엘은 그 꿈(단 2:31-35)과 그 꿈에 대한 해석(단 2:36-45)을 느부갓네살왕에게 모두 고하였습니다. 그 꿈은 구속사적 경륜 가운데 앞으로 펼쳐질 세계 역사의 진행 과정을 나타낸 것이었습니다.

느부갓네살왕이 꾼 꿈의 구체적인 내용은 다음과 같습니다.

크고 빛이 아주 찬란하고 그 모양이 무시무시한 한 큰 신상이 있는데, '머리는 정금이요 가슴과 팔들은 은이요 배와 넓적다리는 놋이요 그 종아리는 철이요 그 발은 얼마는 철이요 얼마는 진흙'이었습니다(단 2:31-33). 그런데 사람의 손으로 하지 아니한 '뜨인 돌이

신상의 철과 진흙의 발을 쳐서 부숴뜨리매 때에 철과 진흙과 놋과 은과 금이 다 부서져 여름 타작마당의 겨같이 되어 바람에 불려 간 곳이 없었고 우상을 친 돌은 태산을 이루어 온 세계에 가득'하였습니다(단 2:34-35).

정금으로 된 머리는 바벨론 나라의 느부갓네살왕을 가리킵니다(단 2:38). 은으로 된 가슴과 팔은 바벨론 후에 일어날 다른 나라 바사(페르시아)를 가리키며(단 2:39), 놋으로 된 배와 넓적다리는 그 후에 세계를 정복할 나라 헬라를 가리킵니다(단 2:39). 종아리가 철인 넷째 나라는 헬라 후에 등장하는 로마를 가리킵니다(단 2:40). 이 큰 신상의 발과 발가락이 얼마는 철이요 얼마는 진흙인 것은, 이 나라가 나뉘일 것을 예언한 말씀입니다(단 2:41). 로마 후에 세계가 여러 나라로 분열하되, 강대국(얼마는 든든하고)과 약소국(얼마는 부서질 만할 것이며)으로 나누어질 것을 나타낸 것입니다(단 2:41-42). 실제로 로마는 주후 395년 동로마와 서로마로 나누어지고, 실세인 서로마도 주후 476년 게르만족의 용병 오도아케르(Odoacer)에 의해 멸망하였습니다. 서로마는 멸망 후에 신상의 발가락처럼 여러 나라로 분열되었는데, 이들이 오늘날 영국, 독일, 프랑스, 스위스, 포르투갈, 스페인, 이탈리아 같은 나라들입니다.

그런데 '사람의 손을 대지 않은 뜨인 돌'(a stone cut out without hands: KJV)이 큰 신상을 부숴 버리고, 그 돌은 태산을 이루어 온 세계에 가득하였습니다(단 2:34-35). 뜨인 돌은 예수 그리스도를 나타냅니다. 예수님께서는 보배로운 산 돌(벧전 2:4-5), 시온의 한 돌(사 28:16, 롬 9:33), 신령한 반석(고전 10:4), 모퉁이 머릿돌(시 118:22, 마 21:42, 눅 20:17, 행 4:11)이십니다. 뜨인 돌이신 예수 그리스도께서 다시 오실 때, 다니엘 선지자를 통해 보이신 큰 신상 같은 세상 나라들은 멸망하고, 영원히 망하지 않는 하나님의 나라가 세워질 것입니다(단 2:44-45, ^{참고}사 28:16, 벧전 2:4).

이 꿈은 장래에 확실이 이루어지게 될 참된 것이었습니다(단 2:45^下). 다니엘 선지자는 느부갓네살왕의 꿈을 알아냈을 뿐만 아니라 그 꿈을 명쾌하고 정확하게 해석함으로써, 바벨론의 온 도(道)를 다스리게 되었고 바벨론 모든 박사의 어른(長)이 되었습니다(단 2:48). 또 다니엘의 청구대로 느부갓네살왕은 사드락과 메삭과 아벳느고를 세워 바벨론 도의 일을 다스리게 했습니다(단 2:49).

이 사건의 구속사적 의미는 첫째, 이방 사람들 앞에 하나님의 백성 다니엘을 높여 주신 것이고, 둘째, 남 유다를 포로로 사로잡아 간 바벨론도 언젠가는 망하고 하나님의 백성은 반드시 언약의 땅으로 귀환한다는 사실을 보여 주신 것이며, 셋째, 예수 그리스도께서 재림하실 때까지 세계 모든 역사는 하나님의 절대 주권 속에서 하나님의 구속 경륜대로 진행된다는 사실을 확인시켜 주신 것이었습니다.

제2차 포로(주전 597년) - 제1차 포로 후 8년째
/ 왕하 24:8-17, 대하 36:9-10

The second deportation (597 BC) - 8 years after the first deportation
/ 2 Kgs 24:8-17, 2 Chr 36:9-10

▸ 포로 시기
- 유다 왕: 여호야긴 즉위년(3개월 10일 통치 - 대하 36:9-10)
- 바벨론 왕: 느부갓네살 통치 8년(왕하 24:12)

▸ 포로 대상
- 세초에 느부갓네살이 보내어 여호야긴왕을 바벨론으로 잡아가고 왕의 모친, 왕의 아내들, 내시, 나라에 권세 있는 자들도 잡아갔다(왕하 24:12, 15, 대하 36:10, ^{참고-}겔 19:8-9).

- 에스겔 선지자가 포로로 잡혀 갔다(겔 1:1-2).

- 예루살렘의 모든 백성과 방백과 용사 총 1만 명(그 중에 용사 7천 명)과 공장과 대장장이 1천 명을 사로잡아 갔다(왕하 24:14, 16).

- 성중에 빈천한 자 외에 남은 자가 없었다(왕하 24:14).

▸ 포로 당시 상황
- 느부갓네살왕의 신복들이 예루살렘성을 에워싼 후 왕이 그 성에 이르렀고, 왕이 여호와의 전의 모든 보물과 왕궁 보물을 집어 내었으며 또 이스라엘 왕 솔로몬이 만든 것 곧 여호와의 전의 금기명을 다 훼파하였다(왕하 24:10-13, 대하 36:10).

- 바벨론 왕이 여호야긴의 아자비 맛다니야로 왕을 삼고, 그 이름을 고쳐 시드기야라고 하였다(왕하 24:17, 대하 36:10).

1. 포로 시기
The timing of the captivity

여호야김은 하나님의 말씀을 무시하고 바벨론 왕 느부갓네살에게 반기를 들었고(왕하 24:1), 무죄한 자의 피를 흘려 예루살렘에 가득하게 한 죄 때문에 예루살렘에서 11년을 치리하다가 쇠사슬에 결박된 채 바벨론으로 비참하게 끌려갔습니다(대하 36:5-6, ^{참고}렘 22:18-19). 그를 대신하여 그의 아들 여호야긴이 남 유다 제19대 왕이 되었습니다(왕하 24:8). 여호야긴은 통치 3개월 10일을 마치고 바벨론의 제2차 침공을 받았습니다.

남 유다가 제2차로 바벨론에 잡혀 간 때는 주전 597년(제1차 유수 8년 후)입니다. 남 유다의 여호야긴왕은 주전 597년에 즉위하여 3개월 10일을 통치하고 바벨론에 포로로 끌려갔습니다(왕하 24:8-12, 대하 36:9-10).

바벨론 역대기에 따르면, 티쉬리월(Tishri, 7월)로 시작되는 방식을 기준 삼을 때, 여호야김이 죽고 그 아들 여호야긴이 왕이 된 것은 주전 597년 불월(Bul, 8월)이며, 그 후 3개월 10일이 지나 여호야긴이 왕위에서 쫓겨난 것은 주전 597년 아달월(Adar, 12월) 2일입니다.[38]

열왕기하 24:10-11에서는 바벨론 왕 느부갓네살의 신복들이 예루살렘성을 에워쌌다고 기록하고 있는데, 여기 '에워쌀 때'는 히브리어 '추르'(צוּר)의 분사형으로, 얼마 동안 포위하고 있었음을 나타냅니다. 바벨론이 예루살렘을 포위한 후 얼마 동안의 시간이 경과한 후에 느부갓네살왕이 예루살렘성에 이르러, 주전 597년 아달월(Adar, 12월) 2일에 마침내 예루살렘성을 점령한 것입니다.

이때 왕위에서 쫓겨난 여호야긴은 주전 597년* 니산월(Nisan, 1월) 10일에 바벨론으로 끌려가게 됩니다(대하 36:10).[39]

2. 포로 대상과 당시 상황
The captives and the circumstances at the time of deportation

바벨론 느부갓네살왕의 신복들이 성을 에워싼 후에 왕이 그 성에 이르렀고, 왕이 여호와 전의 모든 보물과 왕궁 보물을 집어내었으며 또 이스라엘 왕 솔로몬이 만든 것 곧 여호와의 전의 금기명을 다 훼파하였습니다(왕하 24:10-13, 대하 36:10).

바벨론은 제2차로 침공하였을 때, 성전을 파괴하고 물질을 약탈할 뿐만 아니라 남 유다의 주요 인물들을 모두 포로로 끌고 갔습니다. 제2차 바벨론 포로 때에는, 왕과 왕의 모친과 왕의 아내들과 내시와 나라의 권세 있는 자들이 포로로 끌려갔습니다(왕하 24:12, 15). 이때 용사 7천 명을 포함하여 방백과 백성 총 1만 명, 그리고 공장과 대장장이 1천 명이 끌려갔는데, 그들은 모두 강장하여 싸움에 능한 자였습니다(왕하 24:14-16). 바벨론이 포로로 끌고 갈 때에는 반란의 구심점이 될 소지가 있는 고위층 인사들과, 노동력과 전투력을 가진 용사들(7천 명)과 기술이 있는 사람들(천 명)을 모두 사로잡아 갔던 것입니다(왕하 24:14, 16).

끌려간 무리들을 자세히 살펴보면 다음과 같습니다.
첫째, '**예루살렘의 모든 백성**'을 사로잡아 갔습니다(왕하 24:14).

---

* 남 유다 통치 연도는 티쉬리월 기준이므로 해가 바뀌지 않아 같은 해로 표기한다.

이는 예루살렘에 사는 모든 백성을 가리키는 것이 아니라, 수도 예루살렘을 중심으로 남 유다를 움직이는 핵심 인물을 가리킵니다.

둘째, **'모든 방백'**을 사로잡아 갔습니다(왕하 24:14). '방백'은 히브리어로 '사르'(שַׂר)로서, 칠천 용사들보다 높은 계급을 가진 두령을 가리킵니다. '사르'는 '장관'(창 21:22, 26:26), '대장'(창 37:36), '감독'(출 1:11), '족장'(민 21:18)으로 번역되었습니다.

셋째, **'모든 용사'**를 사로잡아 갔습니다(왕하 24:14). '용사'는 히브리어로 '깁보레 하하일'(וְגִבּוֹרֵי הַחַיִל)인데, '혈기왕성한 무리'를 가리키며, 일반 사병이 아닌 지휘급 군사 훈련을 전문적으로 받은 장교들로서, 전쟁에서 선봉장이 되는 무사들을 의미합니다. 성경은 잡혀간 용사의 수가 칠천이나 되었다고 거듭하여 말씀하고 있습니다(왕하 24:16).

넷째, **'공장과 대장장이 일천'**을 사로잡아 갔습니다(왕하 24:16). '공장'은 히브리어로 '하라쉬'(חָרָשׁ)이며, 돌이나 금속 또는 나무를 다룰 줄 아는 숙련된 기술자를 가리킵니다. '대장장이'는 히브리어로 '마스게르'(מַסְגֵּר)이며, 각종 무기를 만들 줄 아는 기술자를 가리킵니다. 또한, 공장과 대장장이를 '다 강장하여 싸움에 능한 자들'이라고 소개하였습니다(왕하 24:16). '강장(强壯)한 자'는 '남자 중에서도 혈기가 왕성하고 강한 힘을 가진 젊은이'를 뜻합니다. '영걸'(창 10:8), '장사'(시 120:4), '유력자'(전 9:11), '강포한 자'(시 52:1) 등으로 번역됩니다. 바벨론 왕이 제2차 포로 시에, 남 유다를 이끄는 최고 지도자들과 탁월한 인물들만 모두 뽑아서 끌고 갔던 사실을, 성경은 거듭 강조하고 있습니다.

바벨론은 이러한 최고 지도자들과 강장하여 싸움에 능한 자들을 모두 사로잡아 감으로써, 남 유다를 철저하게 무력화하였습니다. 이러한 사실을 다시 강조하여 '빈천한 자 외에는 그 땅에 남은 자가 없었다'라고 말씀했습니다(왕하 24:14). '빈천한 자'(דַּלָּה, 달라트)는 남 유다 땅에서 사회적 신분이 가장 낮은 계층을 지칭하며, 남 유다에는 더 이상 바벨론에 맞설 수 있는 세력이 없게 된 것입니다(겔 17:13-14).

하나님의 성전이 파괴되고 모든 지도층과 용사들과 기술자들이 포로로 끌려가게 된 것은, 하나님의 엄정한 징계로서, 이는 선지자들의 예언대로 이루어진 것이었습니다(렘 15:13). 이사야 선지자는 바벨론 침공 약 100년 전에 히스기야왕에게, 예루살렘의 왕궁에 쌓여 있는 모든 소유가 하나도 남김없이 바벨론으로 옮겨질 것이라고 예언한 바 있습니다(사 39:6). 당시 헛된 과시욕에 빠져 교만했던 히스기야에게 내린 하나님의 징계였던 것입니다(왕하 20:17).

제2차로 포로 된 자들 중에는, 에스겔 선지자와 에스더의 사촌 모르드개의 조상도 포함되어 있었습니다(겔 1:1-3, 에 2:5-6).

바벨론 왕 느부갓네살은 여호야긴왕을 대신하여 그의 삼촌인 맛다니야를 왕으로 세우고, 그 이름을 고쳐 시드기야라 하였습니다(왕하 24:17, 대하 36:10). 바벨론은 남 유다를 3차에 걸쳐 침공하여 유다 백성을 포로로 끌고 갔지만, 일반 백성을 모두 강제 이주시키지는 않았고, 유다가 망하기 전까지 왕정이 계속 유지될 수 있도록 시드기야를 왕으로 세웠습니다(왕하 24:17).

3. 포로 당시 선지자들의 메시지
The messages of the prophets at the time of the captivity

예레미야 선지자는 제2차 바벨론 유수(幽囚)를 전후하여, 다음과 같이 하나님의 말씀을 선포하였습니다.

첫째, 여호야긴을 '인장 반지'와 '천한 파기'로 비유하였습니다.

예레미야 선지자는 '여호야김의 아들 고니야'(렘 22:24)에 대하여 예언하였는데, 이 '고니야'(כָּנְיָהוּ)는 '여고냐'(יְכָנְיָה)의 단축형으로 여호야긴왕을 가리킵니다(렘 37:1, 대상 3:16). 여호야긴은 18세의 어린 나이에 왕이 되어 불과 3개월 10일(혹은 3개월) 동안 통치하였는데, 그는 부친의 모든 행위를 본받아 악을 행하였습니다(왕하 24:8-9, 대하 36:9).

하나님께서는, 여호야긴이 하나님의 오른손의 인장 반지라 할지라도 빼어서 바벨론 왕 느부갓네살의 손과 갈대아인의 손에 줄 것이라고 말씀하셨습니다(렘 22:24-25). 본래 인장 반지는 중요 문서나 편지에 날인하여 최후 결정을 보증하는 도장으로, 소유주 자신의 명예나 권위를 나타내는 징표입니다. 그러나 하나님께서는 여호야긴이 아무리 중요한 존재일지라도 그를 반드시 심판하시겠다고 선포하신 것입니다.

이어서 하나님께서는 여호야긴의 어머니 느후스다(왕하 24:8)도 여호야긴과 함께 바벨론에 잡혀 가서 죽을 것을 선포하셨습니다(렘 22:26-27). 이 예언대로 여호야긴이 포로로 끌려갈 때 느후스다도 같이 끌려갔습니다(왕하 24:15). 그런데 여호야긴은 포로 된 지 37년, 바벨론 왕 에윌므로닥이 즉위한 원년 12월 27일에 옥에서 풀려나 높임을 받았습니다. 그러나 예루살렘으로 돌아오지 못하고 바벨론에서 죽었습니다(왕하 25:27-30, 참고-렘 52:31-34에서는 '12월 25일').

또한, 하나님께서는 여호야긴을 '천한 파기(破器: 깨어진 그릇)'에 비유하시면서 이미 여호야긴의 멸망은 결정된 것이라고 선포하셨습니다(렘 22:28). 이어서 "이 사람이 무자하겠고 그 평생에 형통치 못할 자라 기록하라 이는 그 자손 중 형통하여 다윗의 위에 앉아 유다를 다스릴 사람이 다시는 없을 것임이니라"(렘 22:30)라고 예언하셨습니다. 실제로 여호야긴에게는 아들이 7명(스알디엘, 말기람, 브다야, 세낫살, 여가먀, 호사마, 느다뱌)이 있었는데(대상 3:17-18), 왜 예레미야 22:30에서는 무자(無子)할 것이라고 말씀하고 있습니까? 남 유다가 망했기 때문에 여호야긴의 아들들 가운데 다윗의 위에 앉아서 유다를 다스린 자가 아무도 없었기 때문입니다.

둘째, '무화과 두 광주리의 이상'을 전했습니다.

제2차 바벨론 포로로 여호야긴이 끌려간 후에, 하나님께서는 예레미야에게 여호와의 전 앞에 놓인 무화과 두 광주리를 보여 주셨습니다(렘 24:1). 한 광주리에는 처음 익은 듯한 극히 좋은 무화과가 담겨 있고, 한 광주리에는 먹을 수 없는 극히 악한 무화과가 담겨 있었습니다(렘 24:2). 여기 '처음 익은 듯한 극히 좋은 무화과'는 하나님의 말씀에 순종하여 바벨론에 포로로 끌려간 유다 백성을 의미합니다. 예레미야 24:5에서 "... 내가 이곳에서 옮겨 갈대아인의 땅에 이르게 한 유다 포로를 이 좋은 무화과같이 보아 좋게 할 것이라"라고 말씀하고 있습니다.

그러나 '극히 악한 무화과'는 바벨론에 항복하는 것을 거부하며, 애굽과 같은 이방 땅으로 도피하거나 예루살렘에 남아 있기를 고집한 유다 백성을 의미합니다. 예레미야 24:8에서 "... 내가 유다 왕 시드기야와 그 방백들과 예루살렘의 남은 자로서 이 땅에 남아 있는 자와 애굽 땅에 거하는 자들을 이 악하여 먹을 수 없는 악한 무화과같이 버리되"라고 말씀하고 있습니다. 바벨론 포로를 통하여 남 유다를 징계하시는 것이 하나님의 정하신 뜻이기 때문에, 하나님의 뜻에 순종하는 자들이 좋은 무화과 같은 하나님의 백성인 것입니다. 하나님께서는 이들을 회개시켜서 다시 돌아오게 하시겠다고 말씀하십니다(렘 24:6-7).

하나님의 말씀을 거역하고 바벨론에 포로 되어 가지 않은 자들에게는, 칼과 기근과 염병을 보내어 극히 악하여 먹을 수 없는 무화과처럼 되게 하신다고 저주를 선포했습니다(렘 29:17). 하나님께서 선과 악을 평가하시는 기준은, 오직 '하나님의 뜻에 대한 순종 여부'입니다. 하나님의 말씀은 살아서 역사하는 강력한 권세와 능력이 있으므로, 그 말씀에 순종함으로써 하나님의 선하신 뜻을 이루는 것이며, 그 결과로 구원의 역사를 체험하게 됩니다(사 55:10-11, 히 4:12). 그러므로 자기에게 주어진 하나님의 말씀에 순종하는 것이 하나님의 의를 이루는 첩경이고, 숫양의 기름으로 드리는 제사보다 낫습니다(삼상 15:22-23).

셋째, 포로 된 백성에게 하나님께 받은 말씀을 편지로 보내어 권고하였습니다.

예레미야 선지자는, 바벨론에 끌려간 장로들 중 살아남은 자들과 제사장들과 선지자들과 모든 백성에게 편지를 보냈습니다(렘 29:1). 이때는 '여고니야왕과 국모와 환관들과 및 유다와 예루살렘 방백들과 목공들과 철공들이 예루살렘에서 떠난 후'였고 유다 땅은 시드기야가 통치할 때입니다(렘 29:2-3).

첫 번째 편지는, 바벨론에 포로로 끌려간 백성에게 보낸 것입니다. 이 편지는, 시드기야왕의 사절로 바벨론으로 가는 사반의 아들 엘라사와 힐기야의 아들 그마랴의 손에 맡겨 전했습니다(렘 29:3). 예레미야 선지자는 유다 백성에게, 바벨론에 사는 동안 집을 짓고 거기 거하며 전원을 만들고 그 열매를 먹으며, 아내를 취하여 자녀를 생산하고, 며느리와 사위도 얻어 자녀를 낳게 하여 번성해야 한다고 전했고, 심지어 바벨론이 평안하기를 힘쓰고 위하여 기도하라고 하면서, 그래야 포로 된 유다 백성도 평안할 수 있다고 말씀하였습니다(렘 29:4-7). 예레미야는 여호와의 말씀으로 그 이유를 분명히 전했습니다. 하나님께서 '70년이 차면 내가 유다 백성을 권고하여 반드시 바벨론에서 예루살렘으로 돌아오게 하겠다'라고 약속하셨기 때문입니다(렘 29:10).

예레미야는, 바벨론에 항복하지 않고 남아 있는 자들은 반드시 칼과 기근과 염병으로 심판을 받을 것이며(렘 29:15-19), 나아가 백성을 거짓으로 유혹한 골라야의 아들 아합과 마아세야의 아들 시드기야는 바벨론 왕 느부갓네살에게 죽임을 당할 것을 선포했습니다(렘 29:20-23).

참으로 이 모든 예언은 하나님의 놀라우신 섭리의 선포였습니다. 하나님께서는 바벨론에 포로 되어 간 자들을 연단하시어, 정하신 때에 예루살렘으로 귀환시키시고, 그들을 통하여 구속의 역사를 다시 시작하시겠다고 작정하신 것입니다. 이 언약에는, 포로민들을 향해 한없이 용솟음치는 하나님의 사랑이 담겨 있습니다.

두 번째 편지는, 예레미야 선지자가 거짓 선지자 스마야가 보낸 편지의 내용을 듣고, 모든 포로에게(렘 29:31) 보낸 것입니다.

거짓 선지자 스마야는 예루살렘에 있는 모든 백성과 스바냐를 비롯한 모든 제사장에게 편지를 보냈습니다(렘 29:24-28). 이 편지에서 스마야는, 제사장 스바냐가 아나돗 사람 예레미야를 책망하지 않았다고 질책하였습니다. 스바냐가 여호와의 집 유사로서의 의무를 다하지 못했다는 것입니다. 예레미야는 '미친 자'이고 또 '자칭 선지자'이기 때문에, 마땅히 착고에 채우고 칼을 메워야 한다고 하였습니다.

거짓 선지자 스마야는 "때가 오래리니 너희는 집을 짓고 거기 거하며 전원을 만들고 그 열매를 먹으라"라고 예레미야가 편지(렘 29:5)한 것은 거짓 예언이고 미친 짓이라고 하면서, 예레미야가 전하는 하나님의 말씀에 도전하였습니다(렘 29:26-28). 참으로 자기 시대의 안녕과 궁극적인 구원을 위해 선포된 하나님의 말씀을 믿지 못하는 무지한 자의 모습입니다.

스바냐로부터 스마야의 편지 내용을 들을 때 여호와의 말씀이 예레미야에게 임하였고, 예레미야 선지자는 포로들에게 다시 편지를 써 보냈습니다(렘 29:29-31上). 예레미야는 스마야에 대하여 '그는 하나님께서 보내지 않은 거짓 선지자로, 거짓을 믿게 하는 자'라고 하면서 그의 비극적 종말을 예언했습니다(렘 29:31下-32).

하나님께서는 예레미야를 통해, 이렇게 패역한 말을 한 스마야와 그의 후손들을 벌하실 것이고, 스마야는 선한 일(바벨론 포로에서 귀환하는 일)을 보지 못할 것이라고 선포하셨습니다(렘 29:32). 그리고 편지의 마지막에 "여호와의 말이니라"라고 함으로써(렘 29:32下), 지금 전하는 말씀이 하나님의 말씀이기 때문에 반드시 성취된다는 것을 강조하셨습니다.

제3차 포로(주전 586년) - 제2차 포로 후 11년째
/ 왕하 25:1-21, 대하 36:11-21, 렘 39:1-10, 52:1-27

The third deportation (586 BC) - 11 years after the second deportation
/ 2 Kgs 25:1-21, 2 Chr 36:11-21, Jer 39:1-10, 52:1-27

▶ 포로 시기
- 유다 왕: 시드기야 제11년(왕하 25:1-7, 렘 39:1-7, 52:4-11)
- 바벨론 왕: 느부갓네살 통치 19년(왕하 25:8-9, 렘 32:1-5, 52:12-13)

▶ 포로 대상
- 갈대아 군사가 시드기야를 잡아 립나 바벨론 왕에게 끌어가서, 시드기야의 아들들을 그의 목전에서 죽이고 시드기야의 두 눈을 빼고, 사슬로 결박하여 바벨론으로 끌어가 죽는 날까지 옥에 두었다(왕하 25:6-7, 렘 39:4-7, 52:8-11).

- 빈천한 국민을 제외한 모든 백성을 사로잡아 갔다(왕하 25: 11-12, 렘 39:9-10).

▶ 포로 당시 상황
- 예루살렘은 시드기야 제9년(주전 588년) 10월 10일부터 제11년(주전 586년) 4월 9일까지 포위되었다가 함락되었고, 1개월 후 느부사라단 군대가 왕궁, 성전, 모든 귀인의 집까지 불살랐으며 갈대아 군대가 예루살렘 사면 성벽을 헐었다(왕하 25:1-3, 8-10, 대하 36:17-21, 렘 39:1-2, 8, 52:4-6, 12-14).

- 갈대아 사람이 성전의 두 놋기둥(야긴과 보아스)과 받침들과 놋바다를 깨뜨려 그 놋을 바벨론으로 가져갔고, 또 가마들, 부삽들, 불집게들, 숟가락들과 섬길 때에 쓰는 모든 놋그릇을 다 가져갔으며, 또 시위대 장관이 불 옮기는 그릇들과 주발들 곧 금물의 금과 은물의 은을 가져갔고, 또 솔로몬이 여호와의 전을 위하여 만든

두 기둥과 한 바다와 그 받침들을 취하였다(왕하 25:13-17, 대하 36:18-19, 렘 52:17-23).

- 바벨론 시위대 장관 느부사라단이 대제사장 스라야와 부제사장 스바냐와 전 문지기 세 사람을 잡고, 또 군사를 거느린 장관(내시) 하나와 성중에서 만난 왕의 시종 칠 인(혹은 다섯 사람)과 국민을 초모하는 군대 장관의 서기관 하나와 성중에서 만난 국민 육십 명을 잡아갔으며, 립나에서 바벨론 왕이 그들을 쳐 죽였다(왕하 25:18-21, 렘 52:24-27).

바벨론에 항복하지 않고 끝까지 항거하다가 잡혀 간 자들 4,600명

- 제1차: 느부갓네살 7년 - 3,023명(렘 52:28)
- 제2차: 느부갓네살 18년 - 832명(렘 52:29)
- 제3차: 느부갓네살 23년 - 745명(렘 52:30)

1. 포로 시기
The timing of the captivity

    남 유다가 제3차로 바벨론에 포로로 끌려간 때는, 시드기야 제11년인 주전 586년(제2차 유수 11년 후)입니다. 시드기야는 요시야왕의 네 아들 중 막내로, 21세에 왕위에 올라 11년 동안 통치하였습니다(왕하 24:18, 대하 36:11).

    예레미야 선지자는 시드기야왕에게 하나님의 말씀을 통해 남 유다의 갈 길을 분명하게 선포했습니다. "왕과 백성은 목으로 바벨론 왕의 멍에를 메고 그와 그 백성을 섬기소서 그리하면 살리이다"라고 바벨론에게 항복하라고 권면하였습니다(렘 27:12). 그러나 시드기야는 반(反)바벨론 정책을 고집하였고(왕하 24:20, 렘 27:12-13, 37:2), 이에 바벨론은 시드기야 제9년 10월 10일부터 예루살렘을 포위하였습니다(왕하 25:1, 렘 39:1, 52:4, ^{참고}겔 24:1-2). 시드기야는 애굽에 원군을 요청하였고(겔 17:15), 애굽 군대가 시드기야를 돕기 위해 애굽에서 나왔습니다(렘 37:5). 바벨론 군대가 그 소문을 듣고 바로의 군대를 두려워하여 예루살렘의 포위를 풀고 떠났습니다(렘 37:5, 11). 그런데 바벨론 군대가 예루살렘을 떠났다는 소식을 듣고 애굽 군대는 즉각 애굽으로 퇴각하였고, 바벨론 군대는 다시 예루살렘을 침공하여 예루살렘성은 시드기야왕 11년까지 에워싸였습니다(왕하 25:1-2, 대하 36:11-20, 렘 37:7-10, 겔 17:12-21).

바벨론 군대에게 포위되어 있는 동안 예루살렘성의 기근은 너무 극심하여 그 참상은 말로 할 수 없었습니다. 굶주림을 견디다 못해 자비한 부녀(婦女)조차도 자기 자녀를 잡아서 삶아 먹는 끔찍스런 일까지 있었습니다(애 2:20, 4:10, 사 9:20, 겔 5:10). 이것은 하나님의 종 모세가 예언한 대로(레 26:28-29, 신 28:53-57), 하나님의 말씀에 불순종한 결과였습니다.

결국, 주전 588년 시드기야 제9년 10월 10일부터 시작된 예루살렘 포위는 약 30개월(티쉬리 기준 방식) 동안 지속되었고, 마침내 주전 586년 시드기야 제11년 4월 9일에 예루살렘성은 바벨론에게 함락되고 말았습니다(왕하 25:1-3, 렘 39:1-2, 52:4-6).

이때 많은 사람이 전쟁, 기근, 굶주림, 질병으로 죽었고(애 2:11-12, 4:9, 렘 14:17-18), 제사장들과 선지자들은 성소에서 살육을 당하였습니다(애 2:20). 노인들은 길바닥에 엎드러지고, 처녀와 소년들이 긍휼함을 받지 못하고 칼에 죽어 갔습니다(애 2:21). 예레미야 선지자는 이스라엘 백성이 큰 파멸, 중한 창상을 당하며 망하는 것을 보고, 밤낮으로 눈물이 끊이지 아니하였다고 하였고(렘 14:17, 애 3:48-51), "밖으로는 칼의 살육이 있고 집에는 사망 같은 것이 있나이다"(애 1:20)라고 고백하였습니다. 남 유다가 망하고 예루살렘성이 함락된 4월 9일은, 유다인들에게 바벨론 유수 기간 내내 금식과 애통의 날로 지켜졌습니다(슥 7:5, 8:19).

2. 포로 대상과 당시 상황
The captives and the circumstances at the time of deportation

시드기야 제11년 4월 9일 예루살렘성이 함락되던 때, 시드기야 왕은 밤에 왕의 동산 결문길로 도망하여 두 담 샛문을 통하여 성읍을 벗어나서 아라바로 갔으나 갈대아 군대에게 잡혔습니다. 시드기야왕은 바벨론의 느부갓네살이 임시로 머물던 하맛 땅 립나로 끌려가 바벨론 왕에게 신문을 당하였습니다. 바벨론 왕은 시드기야의 목전에서 그 아들들을 죽이고, 시드기야의 두 눈을 빼고 사슬로 결박하여 바벨론으로 끌어다가 죽는 날까지 옥에 가두었습니다(왕하 25:4-7, 렘 39:4-7, 52:7-11). 이는 에스겔 선지자의 예언대로 이루어진 것입니다(겔 12:8-14).

예루살렘이 함락된 지 한 달 만인 5월 10일에, 느부갓네살의 명을 받은 느부사라단이 조직적으로 군대를 끌고 와서 여호와의 전과 왕궁과 예루살렘의 모든 집을 귀인의 집까지 불사르고 성벽을 헐었습니다(왕하 25:8-12, 대하 36:18-19, 렘 39:8-10, 52:12-16). 이때를 열왕기하 25:8에서는 주전 586년 5월 7일로 기록하였고, 예레미야 52:12에서는 주전 586년 5월 10일로 기록하고 있습니다. 이것은 처음 도착한 부대와 마지막 도착한 부대의 시간 차 때문일 것으로 추정됩니다.

유다의 모든 성읍은 파괴되어 황무하게 되었으며(렘 34:7, 겔 33:24, 애 2:1-5), 갈대아 사람이 성전의 두 놋기둥(야긴과 보아스)과 받침들과 놋바다를 깨뜨려 그 놋을 바벨론으로 가져갔고, 또 가마들, 부삽들, 불집게들, 숟가락들과 섬길 때에 쓰는 모든 놋그릇을 다 가져갔으며, 또 시위대 장관이 불 옮기는 그릇들과 주발들 곧 금물의 금과 은물의 은을 가져갔고, 또 솔로몬이 여호와의 전을 위하여 만든 두 기둥과 한 바다와 그 받침들을 취하였습니다(왕하 25:13-17, 대하 36:18-19, 렘 52:17-23). 본래 성전의 불집게와 숟가락은 금으로 제작되었지만(왕상 7:50), 놋기류로 분류되어 있는 것은, 이미 두 차례에 걸친 바벨론 침공 때 바벨론 군대가 성전의 금기물들을 탈취해 갔기 때문으로 여겨집니다. 바벨론의 군대가 여호와의 전에 있던 놋기구들을 탈취해 간 이유는, 당시 놋은 전쟁 시에 주요 약탈 대상물이 되는 귀중한 물건이었기 때문입니다(삼하 8:8, 왕하 25:13-17).

또한, 바벨론 군대는 성전에 있는 놋을 탈취했을 뿐만 아니라 '금물의 금과 은물의 은'을 가져갔습니다(왕하 25:15, 렘 52:19). '금물의 금'(זָהָב זָהָב, '자하브 자하브')과 '은물의 은'(כֶּסֶף כֶּסֶף, '케세프 카세프')은 히브리어 단어를 중복해서 사용함으로 최상급을 나타내는데, '순금'과 '순은'을 뜻합니다. 시위대 장관이 직접 금물의 금과 은물의 은을 탈취한 것을 볼 때(왕하 25:15, 렘 52:19), 그 물건이 매우 가치 있는 것이었음을 알 수 있습니다. 이것은 이사야 선지자가 히스기야왕에게 했던 예언의 성취이기도 합니다(왕하 20:17, 사 39:6). 느부사라단이 대제사장 스라야와 부제사장 스바냐와 전 문지기 세 사람을 잡고, 또 군사를 거느린 장관(내시) 하나와 성중에서 만난 왕의 시종 칠 인(혹은 다섯 사람)과 국민을 초모하는 군대 장관의 서기관 하나와 성중에서 만난 국민 육십 명을 잡아갔으며, 립나에서 바벨론 왕이 그들을 쳐 죽였습니다(왕하 25:18-21, 렘 52:24-27).

한편, 예레미야 52:28-30에 기록된, 세 차례에 걸쳐 잡혀간 유다인 총 4,600명은, 세 번의 공식적인 바벨론 유수와는 상관없이 중간에 바벨론에 항복하지 않고 끝까지 항거하다가 소규모로 잡혀간 자들입니다.

제1차로 느부갓네살 7년에 3,023명이요(렘 52:28),

제2차로 느부갓네살 18년에 832명이요(렘 52:29),

제3차로 느부갓네살 23년에 745명입니다(렘 52:30).

이제 이스라엘 민족은 포로로 끌려간 자와 고국 땅에 남겨진 자, 그리고 재난을 피하여 주변국으로 도망친 자 등으로 나뉘어, 민족 전체가 갈기갈기 찢기고, 그 존재가 점점 사라지는 최악의 비극적 상황에 처하게 되었습니다.

3. 포로 당시 선지자들의 메시지
The messages of the prophets at the time of the captivity

남 유다가 제3차 바벨론 포로로 끌려갈 때를 전후하여, 하나님께서 예레미야 선지자와 에스겔 선지자, 그리고 다니엘 선지자를 통하여 선포하신 말씀들이 있습니다.

① 예레미야 선지자의 메시지

예레미야 선지자는 제3차 바벨론 유수(幽囚) 때, 시드기야왕과 관련하여 다음과 같은 말씀을 선포했습니다.

첫째, 거짓 선지자 '하나냐'에 대한 경고입니다.

나라가 위태롭고 극도로 혼란한 상황에 이르자, 어느 때보다 거짓 선지자가 활개를 쳤습니다(렘 14:14-16, 23:25, 27:15, 29:8-9, 21, 23, 34:16). 시드기야왕 제4년 5월에 기브온 앗술의 아들 하나냐가 거짓 예언을 하였습니다(렘 28:1). 이때는 약 주전 593년경으로, 거짓 선지자 하나냐는 여호와의 전에서 제사장들과 모든 백성 앞에서 만군의 여호와 이스라엘의 하나님께서 '내가 바벨론의 멍에를 꺾었느니라 빼앗긴 여호와의 전 기물은 두 해가 차기 전에 다시 이곳으로 가져오게 하겠고 여고니야왕과 유다 모든 포로를 다시 이곳으로 돌아오게 하리라'(렘 28:1-4) 하셨다고 예언하였습니다. 거짓 선지자 하나냐는 하나님께서 바벨론 왕의 멍에를 꺾으셨다고 말했으나(렘 28:2), 이것은 역사적으로 전혀 성취되지 않았습니다. 당시 제1차와 2차로 바벨론이 침공했을 때 여호와의 전에 있던 기구들을 빼앗겼으므로(왕하 24:1, 10-13, 대하 36:6-7, 단 1:2), 이스라엘 백성은 그것들을 언제 다시 가져오게 되는가에 큰 관심을 가지게 되었습니다. 거짓 선지자들은 그 성전 기구들이 바벨론에서 속히 돌아오게 된다고 거짓 예언을 했습니다(렘 27:16-22).

하나냐는 예레미야의 목에 있던 나무 멍에를 취하여 꺾으면서(렘 28:10), 두 해가 차기 전에 바벨론 왕 느부갓네살의 멍에가 꺾이고 유다가 곧 해방될 것처럼 자신만만하였습니다(렘 28:2-4, 11). 그러나 예레미야 선지자는 "네가 나무 멍에를 꺾었으나 그 대신 쇠 멍에를 만들었느니라"라고 선포했습니다(렘 28:13). '쇠 멍에'는 사람의 힘으로 도저히 꺾을 수 없는 것입니다. 남 유다가 바벨론에 포로로 끌려가는 것과 더불어, 비참하게 멸망할 일이 더 이상 막을 수 없게 되었다는 메시지입니다(렘 28:14). 하나냐는 예레미야의 예언이 선포된 지 약 두 달 후 그해 7월에 죽고 말았습니다(렘 28:1, 16-17).

둘째, 시드기야왕에게 바벨론에 항복하라고 경고하였습니다.

시드기야는 요시야왕의 아들로, 조카인 여호야긴을 대신하여 남 유다의 왕이 되었습니다. 그러나 그는 줄곧 반(反)바벨론 정책을 취하여 에돔, 모압, 암몬, 두로, 시돈과 동맹을 맺고 바벨론에 대항하였습니다(렘 27:3). 이로 인해 시드기야는 제4년(주전 593년)에 바벨론으로 소환당했으나(렘 51:59) 다시 예루살렘으로 돌아왔고, 그 후로도 시드기야는 애굽과 동맹을 맺고 바벨론에 대항하였습니다.

바벨론의 제1차와 2차 공격을 받은 이후, 예루살렘에는 빈천한 자만 남아 있었고(왕하 24:14), 온 나라는 한시도 안정된 날이 없었습니다. 이에 시드기야는 예레미야 선지자를 비밀히 찾아가 하나님의 뜻을 물었고, 예레미야는 하나님께서 시드기야에게 '네가 바벨론 왕의 방백들에게 항복하면 네 생명이 살고, 이 성이 불사름을 입지 않을 것이며, 너와 네 가족이 살리라'라고 하신 같은 내용의 충고를 수차례 반복하여 전해 주었습니다(렘 38:14-17). 그러나 시드기야왕은 끝내 하나님의 뜻을 거스르고 순종하지 않았습니다.

시드기야의 첫 번째 예레미야 방문

바벨론 왕 느부갓네살은 주전 588년 시드기야 제9년에 그를 치러 올라왔습니다(렘 52:3下-4). 이런 위기 상황에서 시드기야는 바스훌과 스바냐를 예레미야 선지자에게 보내어, "너는 우리를 위하여 여호와께 간구하라 여호와께서 혹시 그 모든 기사로 우리를 도와 행하시면 그가 우리를 떠나리라"(렘 21:1-2)라고 말했습니다. 그는 옛날 히스기야 때처럼 앗수르 왕 산헤립을 이기게 하신 하나님께서 바벨론 왕 느부갓네살도 쳐부수어 주시리라고 요행을 기대한 것입니다(참고 사 37:36-38).

이러한 시드기야의 기도 요청에 대하여 예레미야 선지자는, 무조건 바벨론에 항복하라는 말씀으로 일관했습니다. 항복하는 자는 살지만 항복하지 않고 성에 남아 있는 자는 염병과 칼과 기근에 다 죽을 것이라고 경고하였습니다. 예레미야 21:8-9에 여호와께서 "너는 또 이 백성에게 여호와께서 이같이 말씀하신다 하라 보라 내가 너희 앞에 생명의 길과 사망의 길을 두었노니 이 성에 거주하는 자는 칼과 기근과 염병에 죽으려니와 너희를 에운 갈대아인에게 나가서 항복하는 자는 살리니 그의 생명은 노략한 것같이 얻으리라"라고 말씀하였습니다.

하나님께서는 오늘날도 우리 삶의 현장에서 선택의 길을 자주 제시하고 계시는데, 그것은 생명의 길과 사망의 길입니다. 하나님의 말씀에 순종하면 다 죽게 된 최악의 상황에서도 생명의 길이 열리지만, 인간적인 생각에 사로잡혀 하나님의 말씀에 불순종하면 그 길은 곧 사망의 길이 되는 것입니다(신 30:15-20).

시드기야의 두 번째 예레미야 방문

시드기야는 예레미야가 아직 갇히지 않고 백성 가운데 출입하고 있을 때, 여후갈과 제사장 스바냐를 예레미야 선지자에게 보내어 "너는 우리를 위하여 우리 하나님 여호와께 기도하라"라고 하면서,

예루살렘의 구원을 위한 중보기도를 요청하였습니다(렘 37:3-4).

　당시는 바로의 군대가 애굽에서 나오자 예루살렘을 에워쌌던 갈대아인이 그 소문을 듣고 예루살렘을 떠났을 때였습니다(렘 37:5). 이때 예레미야 선지자는 시드기야왕에게 "너희를 도우려고 나왔던 바로의 군대는 자기 땅 애굽으로 돌아가겠고 갈대아인이 다시 와서 이 성을 쳐서 취하여 불사르리라 … 너희는 스스로 속여 말하기를 갈대아인이 반드시 우리를 떠나리라 하지 말라 그들이 떠나지 아니하리라 가령 너희가 너희를 치는 갈대아인의 온 군대를 쳐서 그중에 부상자만 남긴다 할지라도 그들이 각기 장막에서 일어나 이 성을 불사르리라"라고 더욱 강도 높은 메시지를 전했습니다(렘 37:6-10).

시드기야의 세 번째 예레미야 방문

　바벨론이 예루살렘을 포위했다가 애굽의 왕 바로가 올라와서 잠시 물러갔을 때였습니다(렘 37:11). 바벨론 군대가 포위를 풀고 유다 외곽으로 퇴각하자, 성안에 갇혀 고생하던 사람들이 성밖으로 출입하기 시작했습니다. 예레미야 선지자도 자기 고향 베냐민 땅의 분깃을 받기 위해 예루살렘성을 떠나려고 베냐민 문을 막 나서려던 찰나였습니다(렘 37:12-13). 베냐민 문은 예루살렘 북동쪽에 있는 양문으로(느 3:1, 32, 12:39), 베냐민 지파의 땅으로 나아가는 출입구였습니다(렘 38:7). 예레미야가 베냐민 문에 이르자 하나냐의 손자요, 셀레먀의 아들인 이리야라 하는 문지기의 두목이 그를 붙잡았습니다(렘 37:13). 그는 예레미야를 조국을 배반한 도망자로 보고 체포하면서, "네가 갈대아인에게 항복하려 하는도다"라고 몰아붙였습니다(렘 37:13). 예레미야가 평소 바벨론에 항복하는 것은 여호와의 주권적 뜻에 절대적으로 순종하는 것이라고 전했기 때문입니다(렘

21:9, 38:2, 17-18). 이리야를 포함해, 유다 백성 중에는 이 메시지를 싫어하고 예레미야를 매국노로 간주하여 배척하는 자가 많았습니다. 예레미야 선지자가 "망령되다 나는 갈대아인에게 항복하려 하지 아니하노라"라고 단호하게 해명하였지만, 이리야는 무조건 그를 잡아 방백들에게로 끌고 갔고, 방백들은 노하여 예레미야를 때렸으며, 서기관 요나단의 집에 가두었습니다(렘 37:14-15). 예레미야가 요나단의 집 토굴 옥 음실에 갇힌 지 여러 날 되었을 때 시드기야가 또다시 비밀히 사람을 보내어 "여호와께로서 받은 말씀이 있느뇨"라고 물었고, 예레미야의 답변은 이전과 동일하게 "있나이다 ... 왕이 바벨론 왕의 손에 붙임을 입으리이다"라는 내용이었습니다(렘 37:16-17). 이때 예레미야는 자신을 서기관 요나단의 집 옥에 보내지 말아 달라고 애원하였고, 이에 시드기야는 그를 시위대 뜰에 거하게 하고 매일 떡 한 덩이씩을 얻어먹도록 했습니다(렘 37:18-21).

시드기야의 네 번째 예레미야 방문

시드기야 당시 못된 방백(스바댜, 그다랴, 유갈, 바스훌)들이 예레미야를 물 없는 진흙 구덩이에 빠뜨렸습니다(렘 38:1-6). 왕궁 환관 구스인 에벳멜렉이 30명을 동원하여 줄로 예레미야를 구덩이에서 끌어내었고, 예레미야는 시위대 뜰에 머물게 되었습니다(렘 38:7-13). 이때, 시드기야가 또 사람을 보내어 예레미야를 여호와의 집 제삼문으로 데려오게 하였습니다(렘 38:14). 예레미야가 "내가 왕을 권한다 할지라도 왕이 듣지 아니하시리이다"(렘 38:15)라고 말하면서, 하나님의 말씀을 털끝만큼도 숨김 없이 전달했습니다. 하나님께서 "네가 만일 바벨론 왕의 방백들에게 항복하면 네 생명이 살겠고 이 성이 불사름을 입지 아니하겠고 너와 네 가족이 살려니와 네가 만일 나가서 바벨론 왕의 방백들에게 항복하지 아니하면 이 성이 갈대아인의 손에 붙이우리니 그들이 이 성을 불사를 것이며 너는 그들의 손을 벗어나지 못하리라"(렘 38:17-18)라고 말씀하셨다고 전했습니다.

시드기야는 '갈대아인이 나를 갈대아인에게 항복한 유다인의 손에 넘겨주면, 그들이 나를 조롱할까 두렵다'라고 했습니다(렘 38:19). 예레미야가 "갈대아인이 왕을 유다인에게 붙이지 아니하리이다 원하옵나니 내가 왕에게 고한바 여호와의 목소리를 청종하소서 그리하면 왕이 복을 받아 생명을 보존하시리이다 그러나 만일 항복하기를 거절하시면 여호와께서 내게 보이신 말씀대로 되리이다"(렘 38:20-21)라고 대답하였습니다.

셋째, 아나돗 땅 구입을 통해 바벨론에 포로 된 자들의 귀환을 확증해 주었습니다.

시드기야왕 제10년, 곧 느부갓네살왕 제18년(주전 587년)에 여호와의 말씀이 예레미야 선지자에게 임하였습니다(렘 32:1). 이때는 주전 586년 남 유다가 완전 멸망하기 1년 전으로, 예레미야 선지자는 궁중의 시위대 뜰에 갇혀 있었습니다(렘 32:2).

하나님께서는 예레미야에게 '아나돗에 있는 하나멜의 밭을 사라'고 명하셨습니다(렘 32:7). 예레미야는 이 말씀에 순종하여 하나멜에게서 그 밭을 은 17세겔에 사고, 두 벌의 매매증서를 작성하였습니다. 하나는 법과 규례대로 인봉하고, 하나는 인봉하지 않은 채 하나멜과 증인과 유다 모든 사람 앞에서 바룩에게 주었습니다(렘 32:9-12). 바룩에게 두 벌의 매매증서를 주면서, 인봉하지 않은 매매증서는 여호와의 말씀대로 토기에 담아 오래도록 보관하라고 명하였습니다(렘 32:13-14).

하나님께서는 이 일을 통하여 남 유다가 바벨론에 잡혀 가지만 반드시 이 땅에 다시 돌아온다는 것을 확실히 보여 주셨습니다. 예레미야 32:15에서도 "... 사람이 이 땅에서 집과 밭과 포도원을 다시 사게 되리라 하셨다 하니라"라고 말씀하고 있습니다.

예레미야는 시위대 뜰에 갇혀 있었기 때문에 아나돗에 있는 땅이 좋은지 나쁜지, 은 17세겔의 가치가 있는지 알아볼 수 없었지만, 그는 하나님의 말씀에 순종하여 무조건 그 밭을 샀습니다. 이것이 바로 믿음입니다. 믿음은 계산하지 않고 말씀을 들은 즉시 따르고 몸소 실천하는 것입니다.

넷째, 바벨론 군대에 의해 예루살렘성이 불살라지고 성읍이 황무하여 거민이 없게 된다는 경고입니다.

예레미야 34장은 예레미야가 예루살렘성 함락 직전에 사역한 내용을 기록하고 있습니다. 예레미야 34:1-2, 22에서 예루살렘성이 바벨론에 의해서 멸망을 받아 불에 살라지고, 유다 성읍들이 황무하여 거민이 없게 된다고 예언하였습니다.

바벨론 왕의 군대가 예루살렘을 치므로 '라기스'와 '아세가' 두 유다의 성읍만 남은 상태에서, 사면초가에 빠진 시드기야는 예레미야의 말씀을 듣고 잠시 회개하는 듯했습니다. 시드기야왕과 백성은 바벨론의 침공으로 예루살렘성이 포위되어 함락할 위기에 처하자, 절박한 위기감을 느꼈습니다. 하나님의 진노하심을 누그러뜨리기 위하여 '동족 유다인으로 종을 삼지 못하게' 하신 하나님의 언약에 순복하여 히브리 노비들을 놓아주었습니다(렘 34:8-10, ^{참고-}신 15:12-18). 유다 방백들과 예루살렘 방백들과 환관들과 제사장들과 모든 백성은, 쪼갠 송아지 사이로 지나면서 하나님 앞에서 이 언약의 이행을 맹세하였습니다(렘 34:18-19).

그러나 얼마 후 시드기야의 원조 요청을 받은 애굽 군대가 출동하자, 그 소식을 들은 바벨론 군대가 예루살렘에서 잠시 떠났습니다(렘 37:5, 11, ^{참고}렘 34:21^下-22^上). 시드기야왕과 백성은 순간 교만하여져서 자유케 했던 노비들을 다시 끌어다가 노비를 삼았습니다(렘 34:11-16). 하나님께서는 동족 히브리 남자나 히브리 여자를 노비로 삼았을 때 "육 년을 너를 섬겼거든 제칠년에 너는 그를 놓아 자유하게 할 것"(신 15:12)이라고 말씀하면서, 그 노비가 6년 동안 품꾼의 삶의 두 배는 될 만큼 섬겼으므로 "그를 놓아 자유하게 하기를 어렵게 여기지 말라 그리하면 네 하나님 여호와께서 너의 범사에 네게 복을 주시리라"(신 15:18)라고 말씀하셨습니다.

그러나 시드기야왕은 거룩하게 세운 언약을 실행치 않고 뜻을 바꾸어 하나님의 이름을 더럽히고, 하나님의 언약을 범했습니다(렘 34:16, 18).

이에 하나님께서는 장차 유다 백성이 당할 엄청난 재앙을 선포하셨습니다.

첫째, "... 내가 너희에게 자유를 선언하여 너희를 칼과 염병과 기근에 붙이리라 나 여호와의 말이니라 내가 너희를 세계 열방 중에 흩어지게 할 것"이라고 말씀하셨습니다(렘 34:17). 여기 '자유를 선언하여'는, 유다 백성을 더 이상 언약 백성으로 인정하지 않으시겠다는 뜻입니다. 하나님께서 보호의 손길을 완전히 끊어 버리시겠다는 의미로, 그 결과로 유다 백성은 칼과 염병과 기근의 재앙을 당하게 되고 가나안 땅에서 쫓겨나 세계 열방 중에 뿔뿔이 흩어지는 민족적 슬픔과 설움을 당하게 될 것을 말씀하신 것입니다.

둘째, 많은 사람이 죽게 될 것이라고 말씀하셨습니다(렘 34:18-20). 예레미야 34:20에서 "내가 너희 원수의 손과 너희 생명을 찾는 자의 손에 붙이리니 너희 시체가 공중의 새들과 땅 짐승의 식물이 될 것이며"라고 말씀하셨습니다. 그것은 하나님 앞에서 언약을 체결할 때 쪼갠 송아지 사이로 지난 자들, 곧 '유다 방백들과 예루살렘 방백들과 환관들과 제사장들과 이 땅 모든 백성'이 하나님의 언약을 범했기 때문입니다(렘 34:18-19). 언약을 체결할 때 송아지를 둘로 쪼개고 약속을 맺는 당사자가 그 사이로 지나가는 것은, 언약을 파기한 사람은 둘로 쪼개진 그 짐승처럼 쪼개져 죽게 된다는 뜻입니다.

셋째, 마침내 남 유다가 완전히 멸망할 것이라고 말씀하셨습니다(렘 34:22). 유다 왕 시드기야와 그 방백들을 그 원수의 손과 그 생명을 찾는 자의 손과 예루살렘에서 잠시 떠나간 바벨론 왕의 군대의 손에 다시 붙여, 그들이 이 성을 쳐서 취하여 불사르게 하고, 유다 성읍들을 황무케 하여 거민이 없게 하시겠다고 말씀하셨습니다(렘 34:21-22). 이 예언대로 시드기야 제11년, 주전 586년 4월 9일에 남 유다는 완전히 멸망하고 말았습니다(렘 39:2). 마치 그들이 해방해 주었던 노비들을 다시 잡아 압제하였듯이, 예루살렘을 포위했다가 잠시 떠났던 바벨론 군대가 다시 돌아와서 성을 불사르고 성읍을 황무하게 만들어, 유다 백성을 자기 나라에 복종시켜 노비로 삼았던 것입니다(왕하 25:1-21, 대하 36:11-20, 렘 39:1-10, 52:3-27). 시드기야 왕과 남 유다의 종말, 그리고 유다 백성이 당하게 된 처참한 재앙들은, 그들이 하나님의 언약을 파기한 데 따른 필연적인 결과였습니다.

② 에스겔 선지자의 메시지

예레미야가 본국에서 사역하는 동안, 에스겔은 바벨론에 제2차 포로(주전 597년)로 끌려가, 임박해 있는 심판 곧 유다의 멸망을 전하고, 또 극한 환난 중에도 믿음으로 가져야 할 소망의 메시지를 전하였습니다(겔 1:1). 에스겔이 소명 받을 때 나이가 약 30세였으므로(주전 593년, 여호야긴왕의 사로잡힌 지 5년 - 겔 1:1-2), 그는 약 주전 623년 생임을 알 수 있습니다. 예레미야는 소명 받을 때 약 15세 정도의 소년("나는 아이라" - 렘 1:6)이었으므로(주전 627년, 요시야왕의 다스린 지 13년 - 렘 1:2) 대략 주전 642년생입니다. 따라서 예레미야 선지자는 에스겔 선지자보다 약 20세 정도 많은, 동시대의 사역자였습니다. 그 시대는 '이스라엘 나라가 다시 일어서느냐, 이대로 역사 속에서 영원히 사라지느냐' 하는 사상 초유의 국가적 위기 상황이었습니다. 이러한 상황에서 에스겔 선지자가 선포한 말씀은 다음과 같습니다.

첫째, 하나님께서 이스라엘을 반드시 심판하실 것을 전하는
　　'상징적인 행동 예언'(prophecy by symbolic action)입니다.

하나님께서는 이스라엘이 말씀을 깨닫고 믿게 하시려고 여러 가지 방법을 동원하셨는데, 그 마지막 방법이 바로 말이 아니라 '행동으로 보여 주는 예언'이었습니다. 말이 아니라 실제 행동으로 보여 주면 "비록 패역한 족속이라도 혹 생각이 있으리라"(겔 12:1-3)라고

기대하시는 하나님의 마음에는, 택한 백성을 향한 무한한 긍휼과 끝없는 사랑이 담겨 있습니다. 에스겔은 하나님의 명령하신 것이 사람들의 보기에 상식을 벗어난 행동, 비현실적인 행동, 이해할 수 없는 특이하고 어려운 행동일지라도, 하나님께서 일러 주신 그대로 하나도 빠뜨리지 않고 정확하게 백성 앞에서 보여 주었습니다.

에스겔의 상징적인 행동 예언 몇 가지를 살펴보면 다음과 같습니다.

첫째, 에스겔은 소명 받은 지 7일 만에 벙어리가 되는 충격적인 일이 있었습니다. 이때는 여호야긴왕의 사로잡힌 지 5년 4월 12일입니다(겔 1:1-2, 3:16, 26-27). 이 사건 후 7년이 지나 사로잡힌 지 12년 10월 5일에 예루살렘이 무너졌다는 소식을 들은 후에야, 에스겔은 입을 열어 말할 수 있었습니다(겔 33:21-22).[40] 이 기간 동안 에스겔 선지자는 하나님께서 그 입을 열어 말씀을 주실 때만 말하고, 그 외에는 두문불출하고 결코 입을 열지 않았습니다(겔 3:27, 24:25-27, 참고-겔 29:21). 하나님께서는 에스겔을 벙어리가 되게 하여 공적으로 예언하지 못하게 하심으로써, 이제 유다 백성에게 남은 것은 하나님의 용서와 긍휼이 아니라 심판뿐임을 보여 주신 것입니다. 하나님께서는, 예루살렘이 무너졌다는 비참한 망국의 소식이 전해진 그때, 비로소 에스겔의 입을 열어 말씀을 선포하도록 하셨습니다(겔 33:21-22).

둘째, 에스겔 선지자는 여호와의 말씀을 좇아, '낮에' 포로 행색을 하고 이사하듯 행구*를 밖으로 내고, '저물 때' 성벽을 뚫고, '캄

---

*행할 행(行), 갖출 구(具): 피난할 때 급한 대로 챙겨 가는 약간의 짐

캄할 때' 행구를 어깨에 메고, 얼굴을 가리고 땅을 보지 않고 포로가 되어 가는 행동으로써 예언하였습니다(겔 12:3-7). 이 모든 행동 예언은 하나님의 명령대로 이스라엘 백성의 '그 목전에서' 행하였습니다(겔 12:3, 42회, 5, 6, 7). 최대한 많은 사람이 있는 곳에서 한 사람이라도 깨우치기 위해 열정적으로 몸부림친 에스겔 선지자의 행동 예언들은, 기울어져 가는 나라를 끝까지 붙드시고 구원하시려는 하나님의 열심을 보여 줍니다.

이 행동 예언은 장차 바벨론의 침공으로 왕과 신하들이 성벽을 뚫고 도망가는 크나큰 슬픔과 참혹상을 보여 주는 예언으로, 주전 586년 바벨론 제3차 침공 때 그대로 이루어졌습니다(왕하 25:1-7).

셋째, 에스겔 선지자는 떨면서 식물을 먹고 놀라고 근심하면서 물을 마시는 이상한 행동으로 예언하였습니다(겔 12:18-20). 이것은 장차 많은 백성이 굶어 죽게 될 비참한 상황을 예언한 것입니다(겔 4:16-17). 실제로 바벨론 군대에게 포위되어 있는 동안 예루살렘 거민은 극심한 기근에 시달렸으며, '이게 마지막 음식이 아닌가? 누가 와서 이 음식을 빼앗지 않을까? 내가 먹다가 잡혀 가는 것은 아닌가?' 하면서 근심하고 두려워 떨면서 먹어야 했습니다. 성안의 형편은 말할 수 없을 정도로 처참하고 비참했습니다. 포위가 오래 지속되자 굶주림을 견디다 못해, 성안에는 아비가 아들을 먹고 아들이 그 아비를 먹는 일까지 있었다고 기록하고 있습니다(겔 5:10, ^{참고}애 2:20, 4:10, 사 9:20).

넷째, 에스겔 선지자는 포로로 사로잡힌 지 제9년 10월 10일에 '끓는 가마'의 비유를 통해, 뜨거운 불 같은 바벨론의 침공으로 '녹

슨 가마' 같은 남 유다가 멸망할 것을 예언하였습니다(겔 24:1-14).

이 예언에 이어, 하나님께서는 에스겔에게 그 아내의 죽음을 예고하시면서 슬퍼하거나 눈물을 흘려서는 안 된다고 명령하셨습니다. 그날 저녁 에스겔의 아내가 갑자기 죽었고, 에스겔은 하나님의 명령대로 그 감정을 억제하여 울거나 슬퍼하지 않고 조용히 탄식하며 수건으로 머리를 동이고 발에 신을 신고, 입술을 가리지 않고, 사람들이 부의(賻儀)*하는 식물을 먹지 않았습니다(겔 24:15-24).

이것을 본 백성은 에스겔의 행동을 이해할 수 없어, 그에게 그 행동이 유다 백성과 무슨 상관이 있는지 물었습니다(겔 24:19). 에스겔은 예루살렘이 멸망할 그때에 백성이 에스겔이 행한 바와 같이 '죄악 중에 쇠패(衰敗: 쇠하여 패망함)하여 피차 바라보고 탄식'(겔 24:20-24)하게 될 것이라고 답했습니다.

에스겔 선지자가 "패역한 족속아 내가 너희 생전에 말하고 이루리라 나 주 여호와의 말이니라"(겔 12:25)라고 선포했을 때, 이스라엘 족속은 "그의 보는 묵시는 여러 날 후의 일이라 그가 먼 때에 대하여 예언하는도다"(겔 12:27)라고 그의 예언을 무시했습니다. 그러나 하나님의 말씀은 하나도 더디지 않았고, 에스겔의 예언을 들은 백성의 생전에 말씀하신 그대로 이루어졌습니다(겔 12:28).

오늘날에도 허탄한 묵시(사실에 근거하지 않는 거짓 예언 - 겔 12:24), 아첨하는 복술(사람들의 귀를 솔깃하게 하는, 알랑거리거나 매끄러운 말- 겔 12:24)을 조심해야 합니다(렘 8:11, 23:17). 성경은 세상 끝에도 거짓 선지자가 많이 일어나 하나님의 말씀을 변질시키고 많은 사람을 미혹하게 할 것이라고 말씀합니다(마 24:11, 딤후 4:3-4).

---

*부의 부(賻), 법 의(儀): 초상 집에 부조로 보내는 돈이나 물건

둘째, 이스라엘이 회개하기를 기다리신다는 메시지입니다.

에스겔 선지자는 주전 593년부터 주전 586년까지 나라가 소멸될 위태로운 시기에, 이스라엘이 회개하기를 끝까지 기다리시는 하나님의 마음을 전했습니다. 에스겔 22:30에서는 '이 땅을 위하여 성을 쌓으며 성 무너진 데를 막아서서 나로 멸하지 못하게 할 사람'을 찾다가 얻지 못하였다고 말씀합니다. 하나님의 진노의 불을 잠 재울 사람이 없었던 것입니다(겔 22:23-31).

예루살렘 성읍에 불법과 강포가 가득하고 백성의 죄악이 심히 중하여 여호와의 노를 격동하였습니다(겔 8:17, 9:9-10). 심지어 가장 거룩해야 할 여호와의 전 안뜰에서는 '여호와의 전 문 앞 현관과 제단 사이에서' 약 25명이 여호와의 전을 등지고 낯을 동으로 향하여 동방 태양에게 경배하며 우상 숭배를 자행하고 있었습니다(겔 8:16, ^{참고-}신 4:19, 17:3-7, 왕하 21:5, 23:11).

이러한 때에 에스겔 선지자가 하나님의 이상을 보았는데, 하나님께서 남 유다를 심판하시기 위해 살육하는 기계를 잡은 여섯 사람을 호출하셨습니다. 그중에 가는 베옷을 입고 서기관의 먹그릇을 찬 사람에게, '예루살렘 성읍을 순행하여 성안에서 자행되는 모든 죄악과 가증한 일 때문에 탄식하며 우는 자가 있거든, 그 이마에 표를 하라'라고 명령하셨습니다(겔 9:1-4, ^{참고-}계 7:1-4, 9:4). 그 이마의 표는 예루살렘을 심판할 때 구원 받을 수 있는 구원의 표였습니다. 하나님께서는 무서운 심판 중에서도 살 길이 있음을 알려 주심으로써, 이스라엘 백성의 회개를 촉구하셨던 것입니다(겔 18:31-32, 33:11).

셋째, 고통하는 자기 백성과 여전히 함께하신다는 메시지입니다.

에스겔 선지자는 예루살렘에서 약 1,500㎞ 떨어진 갈대아 땅 그발 강가에서 이상을 보았습니다. 이 상황을 "사로잡힌 자 중에 있더니 하늘이 열리며 하나님의 이상을 내게 보이시니"(겔 1:1)라고 말씀하고 있습니다. '여호와의 말씀이 ... 특별히 임하고' 또 '여호와의 권능(יָד, 야드: 손)'이 에스겔 선지자 위에 있었습니다(겔 1:3).

하늘의 개폐권은 하나님의 말씀의 권세에 달렸습니다(^{참고}마 3:16, 요 1:51, 행 7:56). 열왕기상 17:1에서 "내 말이 없으면 수년 동안 우로가 있지 아니하리라"라고 말씀하였습니다(^{참고}레 26:19, 신 28:23, 눅 4:25). 선민 이스라엘이 포로가 되어 바벨론에서 망국의 설움과 무단 정치의 횡포로 절망의 나날을 보내고 있던 그때, 하늘이 열렸다는 사실! 그리고 평상시와는 다른 강력한 하나님의 말씀이 특별히 임하고, 하나님의 권능의 손이 에스겔 선지자의 머리 위에 머물렀다는 사실은, 하나님의 구원 경륜 속에서 큰 빛줄기가 한꺼번에 쏟아지는 듯한 환희의 소식이었습니다. 범죄함으로 징계를 받아 동서남북 사방이 다 막힌 그때에도, 하나님께서는 자기 백성을 향한 구원 계획을 잠시도 멈추지 않고 힘차게 진행하고 계셨습니다.[41]

또 한 가지 에스겔 선지자를 통해 선포하신 특별한 메시지가 있다면, 바로 여호와께서 포로민들 가운데 함께하시어 '거기'서 여전히 활동하고 계시다는 사실이었습니다. 참으로 놀라운 소망의 복음입니다. 에스겔 1:3에, 개역성경에는 빠져 있으나 히브리 원어에는 '샴'(שָׁם)이라는 단어가 기록되어 있습니다. '샴'은 '거기'라는 뜻입니다. 자기 백성이 포로 되어 고난 당하는 곳, 그 절망의 현장 속에 하나님께서 함께하고 계시다는 사실을 보여 준 것입니다.

에스겔서에서 포로 된 자기 백성을 향한 하나님의 구원 계획이 가장 역동적으로 드러난 것은, 바로 여호와의 영광의 형상의 모양, 네 생물의 모습이었습니다(겔 1:4-28). 특히 네 생물의 바퀴 둘레에 가득한 눈(겔 1:18)은, 포로생활 가운데 고통 당하는 자기 백성을 다 감찰하시는 전지하신 눈입니다(대하 16:9). 이는 하나님께서 사랑하는 언약 백성을 세심한 관심을 가지고 끝없이 지켜보시며, 또한 그들의 아픔을 다 아시고 그 아픔에 동참하고 계시다는 위로의 메시지입니다.

넷째, 유다 백성이 곧 회복되어 옛 영광을 재현한다는 소망의 메시지입니다(겔 33:1-48:35).

에스겔은 모든 역사가 하나님의 주권 하에서 움직인다는 철두철미한 신앙으로, 국가가 패망하는 상황에서도 하나님께서 말씀하신 회복의 소망을 잃지 않았습니다. 이스라엘의 회복이 불가능해 보이는 상황에서도 에스겔 선지자는, 마른 뼈가 소생하는 환상을 통해 하나님의 생기의 역사로 언약 백성이 반드시 회복될 것을 강력히 증거한 것입니다(겔 37:1-14).

에스겔서의 맨 마지막에 기록된 말씀은 '여호와 삼마'(יְהוָה שָׁמָּה)입니다(겔 48:35). 그 뜻은 '하나님께서 거기 계시다'(The Lord is there)입니다. 이는 바벨론의 압제와 죽음의 사슬에서 구원하시겠다는 회복의 확증이요, 구원의 하나님께서 이스라엘 백성을 예루살렘으로 옮겨 주시겠다는 소망의 약속이었습니다. 할렐루야!

③ 다니엘 선지자의 메시지

다니엘 선지자는 주전 605년 제1차 바벨론 포로로 끌려가서, 왕궁에 모실 만한 소년(바벨론 왕실 관리)으로 발탁되어 교육을 받았습니다(단 1:1-7). 느부갓네살왕 통치 제2년(주전 603년)에 느부갓네살왕이 꿈을 꾸었는데, 바벨론 천지에 그 꿈을 해석할 수 있는 자가 아무도 없었습니다. 그때 다니엘이 왕의 꿈과 그 해석을 알려 주었습니다(단 2:1, 25-45). 그 일 후에 느부갓네살왕은 다니엘을 높여 귀한 선물을 많이 주며 세워 바벨론 온 도를 다스리게 하며 또 바벨론 모든 박사의 어른을 삼았습니다(단 2:48). 그리고 다니엘의 청구대로 그의 세 친구인 사드락과 메삭과 아벳느고가 등용되어 바벨론 도(道)의 일을 다스리게 되었으며, 다니엘은 왕궁에 있게 되었습니다(단 2:49).

그 후 느부갓네살왕은 두라 평지에 큰 신상을 금으로 만들어 세웠는데, 고는 60규빗(약 27.4m)이요 광은 6규빗(약 2.74m)이었습니다(단 3:1). 이는 느부갓네살왕이 자신의 권세와 영광을 드러내기 위해 만들었고, 그가 남 유다를 완전 정복한 주전 586년 제3차 바벨론 유수 직후에 세운 것으로 추정되고 있습니다. 느부갓네살왕은 신상의 낙성 예식에 바벨론의 방백과 수령과 도백과 재판관과 재무관과 모사와 법률사와 각 도 모든 관원이 참집하게 하였습니다(단 3:2-3). 그리고 '누구든지 금 신상에 엎드리어 절하지 아니하는 자는 즉시 극렬히 타는 풀무에 던져 넣으리라'라는 왕의 명령이 반포되었습니다(단 3:6).

그러나 다니엘의 세 친구는 끝까지 그 금 신상에게 절하기를 거부하였습니다(단 3:12). 느부갓네살왕이 노하고 분하여 그들을 불러다가 "이제라도 너희가 예비하였다가 언제든지 나팔과 피리와 수금과 삼현금과 양금과 생황과 및 모든 악기 소리를 듣거든 내가 만든 신상 앞에 엎드리어 절하면 좋거니와 너희가 만일 절하지 아니하면 즉시 너희를 극렬히 타는 풀무 가운데 던져 넣을 것이니 능히 너희를 내 손에서 건져낼 신이 어떤 신이겠느냐"라고 회유하였습니다(단 3:13-15). 이에 사드락과 메삭과 아벳느고는 "느부갓네살이여 우리가 이 일에 대하여 왕에게 대답할 필요가 없나이다"(단 3:16)라고 당당히 맞서면서, "우리가 섬기는 우리 하나님이 우리를 극렬히 타는 풀무 가운데서 능히 건져내시겠고 왕의 손에서도 건져내시리이다 그리 아니하실지라도 왕이여 우리가 왕의 신들을 섬기지도 아니하고 왕의 세우신 금 신상에게 절하지도 아니할 줄을 아옵소서"(단 3:17-18)라고 대답했고, 결국 그들은 고의와 속옷과 겉옷과 별다른 옷을 입은 채 결박당하여 극렬히 타는 풀무 가운데 던져졌습니다. 왕의 엄한 명령으로 평일보다 7배나 뜨거워진 풀무는, 다니엘의 세 친구를 붙든 사람들을 태워 죽일 정도였습니다(단 3:19-22).

그러나 사드락과 메삭과 아벳느고 세 사람이 결박된 채 풀무에 떨어졌는데(단 3:23), 놀랍게도 결박되지 않은 네 사람이 불 가운데 다니고 있었고 그들은 전혀 상하지 않았습니다(단 3:24-25). 다니엘의 세 친구 외의 한 사람의 모양을 보고, 느부갓네살왕은 "신들의 아들과 같도다"라고 말했습니다(단 3:25下).

느부갓네살이 극렬히 타는 풀무 아구 가까이 가서 "지극히 높으신 하나님의 종 사드락, 메삭, 아벳느고야 나와서 이리로 오라"라고 하자, 그들이 마침내 불 가운데서 나왔습니다(단 3:26). 하나님의 오묘한 역사로, 다니엘의 세 친구는 불에 그 몸이 상하지 않았고, 머리털도 그슬리지 않았으며, 고의 빛도 변하지 않았고, 불탄 냄새조차 없었습니다(단 3:27). 이 사건을 계기로 느부갓네살왕은 사드락과 메삭과 아벳느고의 하나님을 찬송하면서 하나님 외에는 사람을 구원할 다른 신이 없다고 고백했습니다. 그리고 느부갓네살왕은 앞으로 하나님께 설만(褻慢)*히 말하는 사람이 있으면 그 몸을 쪼개고 그 집으로 거름터를 삼으라고 명령하였으며, 사드락과 메삭과 아벳느고를 바벨론 도에서 더욱 높였습니다(단 3:28-30).

제3차 바벨론 포로로 말미암아 남 유다가 완전히 망한 직후에 일어난 풀무불 사건은, 남 유다의 멸망이 결코 하나님의 능력이 부족해서 된 것이 아니라 남 유다를 징계하시는 하나님의 구속사적 섭리 가운데 이루어진 것임을 보여 준 것입니다. 남 유다 백성이 비록 바벨론 유수라는 풀무불 같은 고난 속에 던져졌지만, 그 현장에 하나님께서 반드시 함께하시고 마침내 다니엘의 세 친구처럼 구원해 주실 것을 약속하신 것입니다.

이상에서 우리는 남 유다가 멸망한 과정과, '영원한 언약의 약속'을 붙잡고 이스라엘의 회복을 선포한 선지자들의 메시지를 살펴보았습니다. 이스라엘 백성이 하나님께 범죄한 대가로 멸망을 받았으나, 그것이 이스라엘의 완전한 멸망은 아니었습니다. 하나님께서는 국가의 멸망이라는 극단적인 심판을 통해 하나님의 백성이 각성하고 회개하도록 촉구하신 것입니다. 이스라엘 백성은 바벨론 포로 생활이라는 연단과 고통을 통하여 자신들의 죄를 회개하고 하나님을 찾게 되었습니다.

시편 137:1에는, 바벨론에서 이스라엘 백성이 당하는 처절한 아픔과 가슴이 찢어지는 듯한 비통함을 "우리가 바벨론의 여러 강변 거기 앉아서 시온을 기억하며 울었도다"라고 표현하고 있습니다. 여기 '울었도다'는 히브리어 '바카'(בָּכָה)로, 이것은 그냥 우는 정도가 아니라 '통곡하다, 애통해 하다, 눈물을 흘리다'라는 뜻입니다. 이스

---

*더러울 설(褻), 교만할 만(慢): 행동이나 말이 무례하고 음란하고 방자함

라엘 백성은 비통한 마음으로 눈물을 흘리면서 하나님 앞에 회개하였습니다.

그리고 바벨론에 포로로 끌려간 지 70년이 채워지자, 하나님께서는 약속하신 대로 그들을 다시 고국으로 돌아오게 하셨습니다. 이는 언약에 신실하신 하나님의 무조건적인 아가페 사랑이요, 이미 예레미야 선지자를 통하여 선포되었던 예언의 성취였습니다(렘 25:11-12, 29:10, 대하 36:21).

4. 남은 백성과 땅의 약속
The remnant and the promise of the land

남 유다는 주전 586년에 바벨론에게 완전히 멸망했습니다. 그 후 느부사라단이 군대를 이끌고 와서 예루살렘의 건물을 불태우고 성벽을 파괴하였습니다. 느부사라단은 '백성 중 빈한한 자와 성중에 남아 있는 백성과 바벨론 왕에게 항복한 자와 무리의 남은 자'를 사로잡아 포로로 끌고 갔습니다(왕하 25:11, 렘 52:15). 바벨론 왕은 '빈천한(가난하고 천한) 국민' 일부만을 유다 땅에 남겨, 그들로 하여금 포도원을 다스리는 자와 농부가 되도록 하였습니다(왕하 25:12, 렘 39:10, 52:16).

(1) 총독 그달리야(그다랴)

바벨론 왕은 사반의 손자 아히감의 아들 그달리야를 총독으로 세워, 유다 땅에 남아 있는 백성과 그 땅을 다스리게 했습니다(왕하 25:22). 그달리야는 히브리어 '게달야'(גְּדַלְיָה)로, '가달'(גָּדַל)과 '야흐'(יָהּ)가 합쳐져 '여호와께서는 위대하시다'라는 뜻입니다. 그달리야는 남아 있는 백성을 다 모으고 "... 갈대아 신복을 인하여 두려워 말고 이 땅에 거하여 바벨론 왕을 섬기라 그리하면 너희가 평안하리라"(왕하 25:24)라고 권고했습니다.

그러나 왕의 장관 이스마엘과 그를 추종하는 사람들이 그달리야를 죽이려고 음모를 꾸몄습니다. 이 사실을 알게 된 가레아의 아들 요하난은 그달리야에게 비밀히 "청하노니 나로 가서 사람이 모르게 느다냐의 아들 이스마엘을 죽이게 하라 어찌하여 그로 네 생명을 취케 하여 네게 모인 모든 유다인으로 흩어지며 유다의 남은 자로 멸망을 당케 하랴"라고 말했습니다(렘 40:13-15).

그러나 그달리야는 이 말을 듣지 않고 방심하다가(렘 40:16), 식사 도중에 이스마엘의 칼에 죽임을 당하였습니다(렘 41:1-2). 그달리야가 사람을 믿고 방심하다가 유다 재건의 뜻을 펼치지 못하고 불의의 죽음을 당한 것은 너무도 안타까운 일입니다.

(2) 이스마엘

이스마엘은 '왕의 종친 엘리사마의 손자 느다냐의 아들 왕의 장관'이었습니다(렘 41:1). 여기 '종친'은 히브리어 '제라'(זֶרַע)로, '자손'이라는 뜻입니다. 이스마엘은 왕의 자손이었습니다. 이스마엘은 미스바에 이르러 그달리야와 함께 떡을 먹는 도중에 자기와 함께한 열 사람과 함께 그를 칼로 쳐 죽였습니다(왕하 25:25, 렘 41:1-2). 바벨론 왕이 방백으로 세운 그달리야는 예레미야가 전해 준 하나님의 말씀대로 바벨론 왕을 섬기라고 백성을 권고했으나(왕하 25:24), 이스마엘은 이것을 못마땅하게 여기고 반(反)바벨론 정책을 쓰던 암몬과 결탁하여 그달리야를 죽였던 것입니다. 이스마엘은 그달리야뿐만 아니라 미스바에서 그달리야와 함께한 모든 유다인과 거기에 있던 갈대아(바벨론) 군사들까지 죽였습니다(렘 41:3).

　이스마엘은 여기서 그치지 않고, 북 왕국 지역으로부터 80명의 순례자가 예루살렘의 멸망과 성전 파괴를 슬퍼하면서 하나님께 예물을 드리기 위하여 예루살렘을 방문하였을 때, 이들 가운데 70명을 살해하였습니다. 이스마엘은 그들을 영접하러 나가 거짓으로 울면서 유인하여 죽인 후, 아사왕이 북 이스라엘 바아사왕을 두려워하여 팠던 웅덩이에 던져 넣었습니다(렘 41:5-9). 이어 이스마엘은 미스바에 남아 있는 왕의 딸들과, 시위대장 느부사라단이 아히감의 아들 그다랴에게 위임하였던바 미스바에 남아 있는 모든 백성을 사로잡아 암몬으로 가려고 했으나(렘 41:10), 요하난과 그와 함께한 모든 군대 장관의 추격을 받아, 겨우 여덟 사람과 함께 요하난을 피하여 암몬 자손에게로 갔습니다(렘 41:11-15).

(3) 요하난

　요하난은 예루살렘 함락 후 군대 장관 중 한 사람으로, 가레아의 아들이었습니다(왕하 25:23, 렘 40:7-8). 요하난은 이스마엘이 행한 모든 악을 듣고 이스마엘과 싸우러 가다가 기브온 큰 물가에서 그를 만납니다. 이에 미스바에서 이스마엘에게 포로 되었던 모든 백성이 요하난과 함께한 모든 군대 장관을 보고 기뻐하였고, 요하난에게 돌아왔습니다(렘 41:11-14). 요하난은 바벨론 군대를 두려워하여 애굽으로 가려고 떠나 베들레헴 근처의 게롯김함에 머물렀습니다(렘 41:17-18).

　요하난은 예레미야 선지자에게 그들이 갈 길과 행할 일에 대하여 하나님께 물어 달라고 요청했습니다(렘 42:1-6). 10일 후에 하나님께서는 '애굽 땅에 결코 가지 말고 유다 땅에 머물라'라고 응답해 주셨습니다(렘 42:7-22). 예레미야 42:17에서는 "무릇 애굽으로 들어가서 거기 우거하기로 고집하는 모든 사람은 이같이 되리니 곧 칼과 기근과 염병에 죽을 것인즉 내가 그들에게 내리는 재앙을 벗어나서 남을 자 없으리라"라고 말씀하고 있습니다.

그러나 요하난과 그와 함께한 교만한 자들은, 예레미야의 예언이 거짓이라고 하면서 하나님의 말씀을 믿으려 하지 않았습니다(렘 43:2). 그들은 예레미야와 바룩까지 데리고 애굽 땅 다바네스로 갔습니다(렘 43:6-7). 이때 하나님의 말씀이 다시 예레미야 선지자에게 임하여, 큰 돌들을 가져다가 바로의 집 어귀의 벽돌 깔린 곳에 진흙으로 감추라고 명령하셨습니다(렘 43:9). 이 상징적인 행동은, 앞으로 바벨론 왕이 애굽에 쳐들어와서 이 돌 위에 보좌를 세울 것을 나타낸 것입니다. 실제로 주전 568년에 바벨론의 느부갓네살은 애굽을 공격하여, 애굽 제26왕조 제4대 왕인 바로 호브라와 여러 사람을 죽이고 바벨론으로 사로잡아 갔습니다(렘 43:10-13, 44:30, 겔 29:17-20, 30:10-26).

(4) 예레미야의 예언을 무시하고 애굽으로 내려간 유다 백성

예레미야 44장은 애굽에 거하는 유다인들의 우상 숭배에 대한 심판을 경고하고 있습니다(렘 44:24-27). 주전 586년 남 유다가 패망한 후 애굽으로 내려간 남 유다 백성은 믹돌과 다바네스와 놉과 바드로스 지방에 거하였습니다(렘 44:1).

예레미야의 예언을 무시하고 애굽으로 내려간 남 유다 백성은 요시야왕이 종교 개혁 때 완전히 척결했던 '하늘 여신' 곧 아스다롯(왕하 23:13-14)을 다시 섬기기 시작했습니다(렘 44:17-19, ^{참고}렘 7:18).

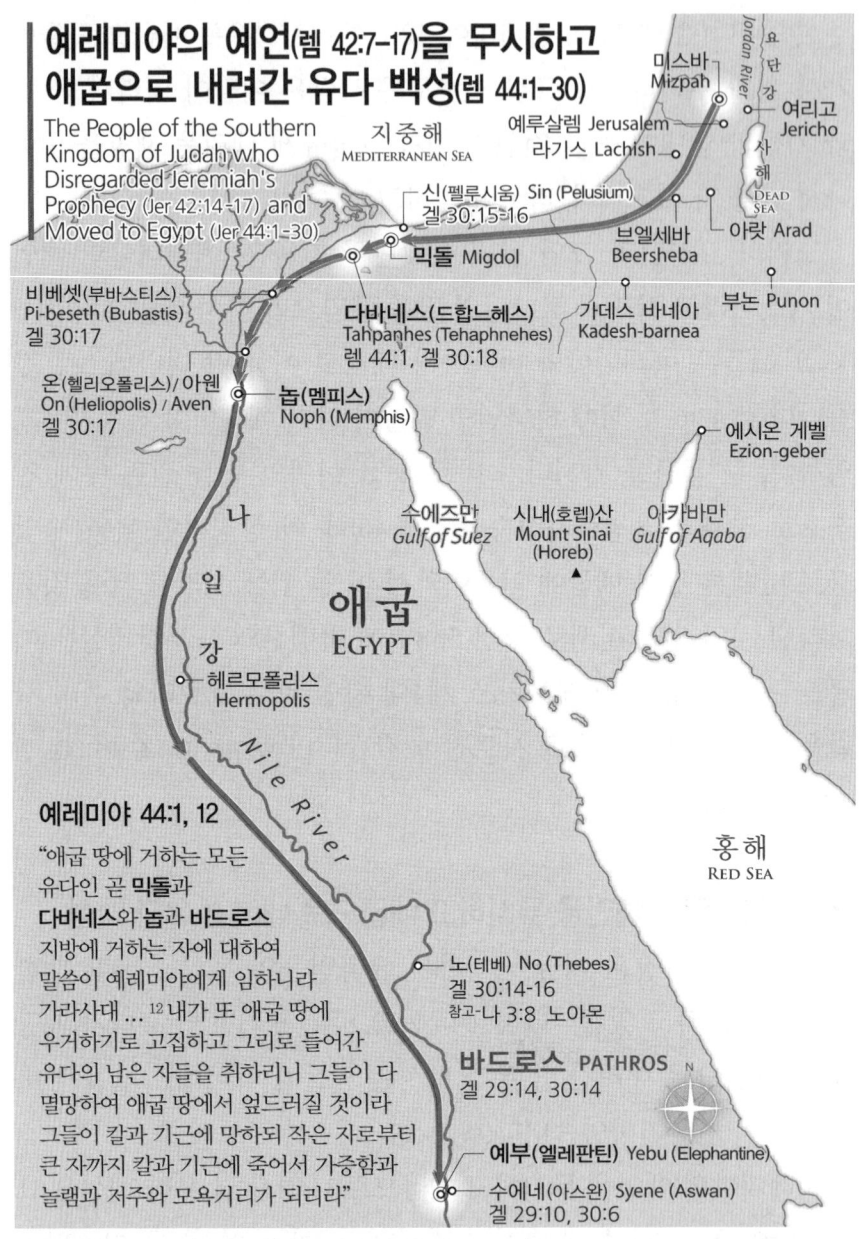

이들은 애굽 땅 바드로스에 내려가 거하던 유다의 큰 무리였습니다. 그들은 애굽으로 들어오기 전에는 예레미야에게 "... 우리에

게 이르시는 모든 말씀대로 행하리이다 ... 그의 목소리가 우리에게 좋고 좋지 아니함을 물론하고 청종하려 함이라 우리가 우리 하나님 여호와의 목소리를 청종하면 우리에게 복이 있으리이다"(렘 42:5-6)라고 말했습니다. 그러나 이제는 하늘 여신 아스다롯을 섬기기 위하여 '우리 입에서 낸 모든 말을 정녕히 실행'하겠다고 오히려 예레미야에게 항변하고 있습니다(렘 44:17). 또 그들은 자기들이 옛적에 우상을 숭배했을 때는 식물이 풍부하며 복을 받고 재앙을 만나지 않았는데, 주전 640-609^{b}년 남 유다 제16대 왕 요시야의 종교 개혁 때(왕하 23:4-25) 하늘 여신에게 분향하던 것을 폐한 후부터 모든 것이 핍절하고 칼과 기근에 멸망을 당했다고 불평하였습니다(렘 44:18). 그 아내들 또한 뻔뻔하게도 우상 숭배에 대하여 남편의 허락을 받고 하는 일인데 무엇이 잘못이냐고 반발하였습니다(렘 44:19).

요시야왕은 바알과 아세라와 더불어 하늘의 일월성신을 위하여 만든 모든 그릇을 예루살렘 성전에서 꺼내어 불사르게 하고, 바알과 해와 달과 열두 궁성과 하늘의 모든 별에게 분향하는 자들을 폐하였습니다(왕하 23:4-5). 그러한 요시야의 의로운 종교 개혁을 극도로 악평하며, 예전에 잘 섬기던 그 여신을 섬기지 않아서 남 유다가 망했다고, 참으로 우스꽝스럽고도 한심한 소리를 한 것입니다. 더 충격적인 것은, "우리의 본래 하던 것 곧 우리와 우리 선조와 우리 왕들과 우리 방백들이 유다 성읍들과 예루살렘 거리에서 하던 대로 하늘 여신에게 분향하고"(렘 44:17)라는 말입니다. 하나님을 믿지 못하고 우상 숭배한 것이 너무나 큰 죄악이었음에도 불구하고, 회개는커녕 하늘 여신을 섬기는 일을 조상들이 '본래 하던 것'이라며 떳떳해 하였습니다. 애굽으로 내려가 우상 숭배에 빠진 남 유다 백성은 예레미야의 예언대로 하나님의 심판을 받아 본국으로 돌아오지 못하고 아주 멸망하였습니다(렘 44:12-14, ^{참고}렘 24:8-10, 42:15-17, 겔 30:1-19). 하나님께서는 칼을 피한 소수의 사람만이 유다 땅으로 돌아와서 '하나님의 말씀이 성립된 것'을 알게 해 줄 것이라고 말씀하셨습니다(렘 44:26-29).

(5) 땅의 구속사적 의미

하나님께서는 아브라함의 후손들에게 가나안 땅을 영원한 기업으로 주신다고 약속하셨습니다. 창세기 17:8에서 "이 땅 곧 가나안 일경으로 주어 영원한 기업이 되게 하고"라고 말씀하고 있으며, 창세기 48:4에서 "이 땅을 네 후손에게 주어 영원한 기업이 되게 하리라"라고 말씀하고 있습니다. 그런데 남 유다는 주전 586년에 바벨론의 침략으로 포로로 끌려갔으며, 가나안은 버려진 땅이 되고 말았습니다. 그러나 하나님의 언약은 성취되어 아브라함의 후손들을 바벨론 포로에서 돌아오게 하셨습니다. 가나안 땅으로의 귀환 약속은 다음 몇 가지 명령을 통해 확증됩니다.

첫째, **예레미야에게 '아나돗 땅을 사라'고 하셨습니다**(렘 32:7).

시드기야왕 제10년, 곧 느부갓네살왕 제18년(주전 587년)에 여호와의 말씀이 예레미야 선지자에게 임하였습니다(렘 32:1). 이때는 주전 586년에 남 유다가 완전 멸망하기 1년 전으로, 예레미야 선지자는 궁중의 시위대 뜰에 갇혀 있었습니다(렘 32:2).

하나님께서는 예레미야에게 "아나돗에 있는 하나멜의 밭을 사라"라고 명하셨습니다(렘 32:7). 예레미야는 이 말씀에 순종하여 하나멜에게서 그 밭을 은 17세겔에 사고, 두 벌의 매매증서를 작성하였습니다. 하나는 법과 규례대로 인봉하고, 하나는 인봉하지 않은 채 하나멜과 증인과 유다 모든 사람 앞에서 바룩에게 주었습니다(렘 32:9-12). 바룩에게 두 벌의 매매증서를 주면서, 인봉하지 않은 매매증서는 여호와의 말씀대로 토기에 담아 오래도록 보관하라고 명하였습니다(렘 32:13-14).

나라가 망하고 폐허가 되는 상황에서 땅을 사라고 하신 것은 이 땅이 다시 회복될 것에 대한 확신을 심어 주시기 위함입니다.

한편, 바벨론의 시위대장 느부사라단이 예레미야의 손에서 사슬을 풀어 주면서 바벨론에 같이 가든지 유다 땅에 거하든지 선히 여기는 대로 결정하라고 했을 때, 그는 유다 땅을 선택했습니다(렘 40:1-6).

둘째, 남아 있던 백성에게 애굽으로 내려가지 말고 가나안 본향에 머물라고 말씀하셨습니다(렘 42:14-17).

유다에 남은 자들이 "... 우리는 이 땅에 거하지 아니하리라 ... 우리는 전쟁도 보이지 아니하며 나팔 소리도 들리지 아니하며 식물의 핍절도 당치 아니하는 애굽 땅으로 결단코 들어가 거하리라 ..."라고 고집했고, 예레미야 선지자는 그렇게 하면 잘못되리라고 선포했습니다(렘 42:13下-14). 그들이 하나님께서 회복하여 주실 본향을 버려두고 애굽에 내려가는 것은, 분명히 하나님의 약속을 믿지 못하는 죄악이었습니다.

그래서 하나님께서는 "너희가 만일 애굽에 들어가서 거기 거하기로 고집하면 너희의 두려워하는 칼이 애굽 땅으로 따라가서 너희에게 미칠 것이요 너희의 두려워하는 기근이 애굽으로 급히 따라가서 너희에게 임하리니 너희가 거기서 죽을 것이라 무릇 애굽으로 들어가서 거기 우거하기로 고집하는 모든 사람은 이같이 되리니 곧 칼과 기근과 염병에 죽을 것인즉 내가 그들에게 내리는 재앙을 벗어나서 남을 자 없으리라"라고 경고하셨습니다(렘 42:15-17). 여기 '따라가서'(תַּשִּׂיג, 탓시그)는 '나사그'(נָשַׂג)의 히필(사역) 미완료형으로, 그들이 어디를 가든지 하나님이 칼을 명하시어 그들에게 계속해서 따라 미치게 하시겠다는 뜻입니다. 또한, '임하리니'는 '다바크'(דָּבַק)의 칼(일반)형으로, 강하게 결합되어서 떼어 내기 어려운 상태를 의미합니다(애 4:4). 또한, '급히 따라가서'에 해당하는 히브리어 '아하레켐'(אַחֲרֵיכֶם)은, '너희들의 뒤에'라는 뜻으로, 그들이 두려워하는 기근이 바로 뒤에 딱 달라붙어서 따라간다는 의미가 됩니다.

참으로 하나님의 말씀에 불순종하는 자가 가는 곳은 어디든지 하나님의 심판을 결코 피할 수 없는 것입니다. 자신들이 가장 안전하다고 호언장담하던 바로 그 장소 애굽에 그들이 그토록 두려워하는 칼과 기근과 염병의 재앙이 선포되었습니다. 그 결과로 "너희가 거기서 죽을 것이라"(렘 42:16下), "내가 그들에게 내리는 재앙을 벗어나서 남을 자 없으리라"(렘 42:17下)라고 하신 하나님의 말씀대로, 그들은 다시는 고향 땅 가나안을 밟아 보지 못하고 애굽에서 비참하게 최후를 마치고 말았습니다.

셋째, 포로로 끌려간 백성에게는 "예루살렘을 너희 마음에 두라"라고 말씀하셨습니다(렘 51:50).

예레미야 51:50에서 "칼을 면한 자들이여 서지 말라 행하라 원방에서 여호와를 생각하며 예루살렘을 너희 마음에 두라"라고 하신 말씀은, 바벨론이 반드시 멸망 받는다는 것이고, 그때에 남은 자들은 속히 바벨론을 떠나서 예루살렘으로 귀환하라는 예언입니다. 이러한 예언은 솔로몬 성전이 완공되어 언약궤를 안치한 후 솔로몬

왕이 하나님 앞에 올린 기도와 유사한 내용입니다(왕상 8:46-50).

열왕기상 8:33-34 "만일 주의 백성 이스라엘이 주께 범죄하여 적국 앞에 패하게 되므로 주께로 돌아와서 주의 이름을 인정하고 이 전에서 주께 빌며 간구하거든 ³⁴주는 하늘에서 들으시고 주의 백성 이스라엘의 죄를 사하시고 그 열조에게 주신 땅으로 돌아오게 하옵소서"

솔로몬의 기도와 예레미야 선지자의 예언대로(렘 29:14, 32:15, 33장, 36-44장) 남 유다는 바벨론 유수에서 70년 만에 다시 예루살렘으로 돌아올 수 있었던 것입니다(대하 36:21-23).

가나안 땅에 대한 하나님의 말씀은 '영원한 언약의 약속'입니다. 따라서 하나님께서 유다 백성을 가나안으로 돌아오게 하시는 것은, 영원한 언약의 실현인 것입니다. 그래서 예레미야 32:37에서 "보라 내가 노와 분과 큰 분노로 그들을 쫓아 보내었던 모든 지방에서 그들을 모아 내어 이곳으로 다시 인도하여 안전히 거하게 할 것이라"라고 선언하신 다음에, 이것을 '영영한 언약'의 성취라고 선포하고 계십니다. 예레미야 32:40-41에서 "... 영영한 언약을 그들에게 세우고 ... 정녕히 나의 마음과 정신을 다하여 그들을 이 땅에 심으리라"라고 말씀하고 계십니다. 하나님께서는 영원한 언약의 약속을 지키시기 위하여 바벨론에 포로로 끌려간 유다 백성을 다시 귀환하도록 조처하셨던 것입니다. 하나님께서는 참으로 언약에 신실하신 분입니다. 그러므로 하나님의 약속을 믿는 자는 하나님의 구속사적 경륜 가운데 거하는 자입니다.

다음 장에서는 바벨론 포로 귀환의 역사를 통해서, 가나안 땅에 대한 언약을 성취하시는 하나님의 구속 경륜을 살펴보겠습니다.

III

바벨론 포로 귀환의 역사

The History of the Return from the Babylonian Captivity

　이스라엘 백성은 주전 605년, 597년, 586년 세 차례에 걸쳐서 바벨론에 포로로 끌려갔으나, 하나님께서는 무조건적인 은총을 베푸사, 약속하신 대로 이스라엘 백성이 다시 예루살렘으로 돌아오도록 역사하셨습니다. 절망적인 포로 상태에서 아무런 도움도 받지 못하는 이스라엘 백성의 상태는 마치 무덤 속의 마른 뼈와 같았습니다. 그러나 이제 하나님의 주권과 능력으로 포로에서 해방되어 귀환하게 된 것은 죽은 자의 부활만큼이나 큰 기쁨이 아닐 수 없었습니다 (참고-겔 37:1-14).

　이스라엘 백성의 귀환은 이사야 선지자의 예언(사 44:28, 45:1-3)과 예레미야 선지자의 예언(렘 25:11-12, 29:10, 14)대로, 바사(페르시아) 왕 고레스가 주전 538년에 바벨론에서의 귀환을 허락하는 칙령을 발표함으로 시작되었습니다(대하 36:22-23, 스 1:1-4). 이때부터 바사(페르시아) 제국 각처에 흩어져 있던 유다 포로들은 포로 생활을 청산하고 3차에 걸쳐 돌아오게 됩니다. 제1차 귀환은 주전 537년, 제2차 귀환은 주전 458년, 제3차 귀환은 주전 444년에 이루어졌습니다.

바벨론에서 예루살렘으로 1·2·3차 귀환 경로
(스 1:1-2:70, 7-8장, 느 2장, 7:5-72)
From Babylon to Jerusalem, the routes of the first, second, and third returns
(Ezra 1:1-2:70, 7-8, Neh 2, 7:5-72)

[제1차 귀환, 주전 537년] 에스라 1:11 "... 사로잡힌 자를 바벨론에서 예루살렘으로 데리고 올 때에 ..."
[제2차 귀환, 주전 458년] 에스라 7:9 "정월 초하루에 바벨론에서 길을 떠났고 하나님의 선한 손의 도우심을 입어 오월 초하루에 예루살렘에 이르니라"
[제3차 귀환, 주전 444년] 느헤미야 1:9 "... 너희 쫓긴 자가 하늘 끝에 있을지라도 내가 거기서부터 모아 내 이름을 두려고 택한 곳에 돌아오게 하리라 ..."

바벨론에서 예루살렘으로 제1차 귀환 경로
(1차 지도자 스룹바벨, 여호수아)
/ 스 1:1-2:70, 느 7:5-72

바벨론에서 예루살렘으로 제2, 3차 귀환 경로
(2차 지도자 에스라, 3차 지도자 느헤미야)
/ 스 7-8장, 느 2장

예레미야 29:10-11 "나 여호와가 이같이 말하노라 바벨론에서 칠십 년이 차면 내가 너희를 권고하고 나의 선한 말을 너희에게 실행하여 너희를 이곳으로 돌아오게 하리라 11 나 여호와가 말하노라 너희를 향한 나의 생각은 내가 아나니 재앙이 아니라 곧 **평안**이요 너희 장래에 소망을 주려는 생각이라"

제1차 귀환(주전 537년) / 스 1-6장
The first return (537 BC) / Ezra 1-6

▶ 지도자
- 유다 총독 스룹바벨(뜻: 바벨론 출생)
- 대제사장 여호수아(예수아, 뜻: 여호와께서 구원하신다)
  (스 2:1-2, 참고-학 1:1, 14-15)

▶ 바사 왕
- 고레스 원년에 귀환 조서 발표(대하 36:22-23, 스 1:1-4)

▶ 귀환 목적
- 여호와께서 바사 왕 고레스의 마음을 감동시키시어 그에게 명하사, 유다 예루살렘에 하나님의 성전을 짓게 하기 위함이었다(스 1:2-3). 이에 고레스는 필요한 물질을 즐거이 자원하도록 지시했고, 마음이 하나님께 감동을 받고 올라가서 예루살렘 하나님의 전을 건축코자 하는 자들만 돌아왔다(스 1:4-5).

▶ 귀환자: 총인원 49,897명
- 회중 42,360명(스 2:1-64, 느 7:5-66)
  • 지도자 11명 • 평민 15,604명(가계별) • 평민 8,540명(지역별)
  • 제사장 4,289명 • 느디님 사람과 솔로몬 신복의 자손 392명
  • 레위인 341명 • 종족과 계보가 불명확한 자 652명
  • 계수에 포함되지 않은 사람 12,531명

- 노비 7,337명(스 2:65, 느 7:67)

- 노래하는 남녀 200명(스 2:65, 느 7:67 - 245명으로 기록)

▶ 귀환 때 가지고 나온 재물
- 고레스왕이 준 재물
  • 여호와의 전 기명들을 꺼내어 주었는데, 그 수효는 금반이 30이요, 은반이 1,000이요, 칼이 29요, 금대접이 30이요, 그보다

차(次)한 은대접이 410이요, 기타 기명이 1,000이었다(스 1:9-10). 그렇게 세스바살이 그 기명들을 가지고 돌아올 때 금과 은 기명이 도합 5,400이었다(스 1:11).

- 그 사면 사람들이 은그릇, 황금, 기타 물건, 짐승, 보물로 돕고, 하나님께 자원하여 예물을 드렸다(스 1:4, 6).

- 짐승: 말 736, 노새 245, 약대 435, 나귀 6,720마리를 가지고 나왔다(스 2:66-67, 느 7:68-69).

- 제1차 귀환자들이 바친 예물(느 7:70-72)
  - 어떤 족장들은 역사를 위해 보조하였다.
  - 방백(스룹바벨)은 금 1,000다릭(8.4kg)과 대접 50과 제사장의 의복 530벌을 보물 곳간에 드렸다(느 7:70).
  - 어떤 족장들은 금 20,000다릭(168kg), 은 2,200마네(1,254kg)를 역사 곳간에 드렸다(느 7:71).
  - 나머지 백성은 금 20,000다릭(168kg)과 은 2,000마네(1,140kg), 제사장의 의복 67벌을 드렸다(느 7:72).

▸ 귀환 당시 주요 사건

- 조석으로 번제를 드리고, 초막절을 지켰다(스 3:1-7).
- 하나님의 전에 이른 지 2년 2월에 성전 건축을 시작하였으나(스 3:8-13), 사마리아 사람의 방해로 성전 건축이 약 16년간 중단되었다(스 4:1-5).
- 다리오왕 2년 6월 24일에 성전 재건이 시작되었다(학 1:14-15).
- 다리오왕 6년 12월 3일, '4년 5개월' 만에 성전이 완공되었다(스 6:14-15).
- 하나님의 전을 봉헌하고, 하나님을 섬길 제사장과 레위인을 세웠다(스 6:16-18).
- 성전을 완공한 그해 1월 14일에 유월절을 지키고 7일 동안 무교절을 지켰다(스 6:19-22).

1. 귀환 목적과 시기
The purpose and timing of the return

(1) 제1차 귀환 목적

바사 왕 고레스 원년(통치 첫 해: 주전 538년)에 여호와께서 예레미야의 입으로 하신 말씀을 응하게 하시려고 왕의 마음을 감동시키셨습니다(대하 36:22, 스 1:1). 여기 '감동시키시매'는 히브리어 '우르'(עוּר)로, '깨우다, 자극하다, 흥분시키다'라는 뜻입니다. 특별히 '우르'의 히필(사역)형이 사용되어, 하나님께서 강권적으로 바사 왕 고레스의 마음을 움직이셨음을 나타내고 있습니다.

바사 왕 고레스는 주전 538년에 조서를 내려 "하늘의 신 여호와께서 세상 만국으로 내게 주셨고 나를 명하사 유다 예루살렘에 전을 건축하라 하셨나니 이스라엘의 하나님은 참신이시라 너희 중에 무릇 그 백성 된 자는 다 유다 예루살렘으로 올라가서 거기 있는 여호와의 전을 건축하라 너희 하나님이 함께하시기를 원하노라"라고 공포했습니다(스 1:2-3, 참고-대하 36:22-23). 이에 유다와 베냐민 족장들과 제사장과 레위 사람들을 비롯하여 하나님의 감동을 받아 성전을 건축하고자 하는 자들이 다 일어났습니다.

에스라 1:5 "이에 유다와 베냐민 족장들과 제사장들과 레위 사람들과 무릇 그 마음이 하나님께 감동을 받고 올라가서 예루살렘 여호와의 전을 건축코자 하는 자가 다 일어나니"

하나님께서 고레스의 마음을 감동시키시어 하나님의 성전 건축을 명하게 하신 것은 '여호와께서 예레미야의 입으로 하신 말씀을 응하게 하시기 위한' 것이었습니다(스 1:1). 바벨론 포로 귀환과 관련해 예레미야 선지자는 성전 회복과 그것을 통한 예배의 회복을 자세히 예언하였습니다. 이방인에게 성전이 짓밟히는 수치를 당한 것(렘 51:51)을 하나님께서 보수하시고(렘 50:28, 51:11), 다시 성전에서 제사를 드리게 될 것이라고 예언하였습니다(렘 33:10-11, 18). 바벨론에서 돌아온 귀환민들의 최우선 과제는, 성전을 재건하고 성전을 중심하여 하나님께 예배드림으로써 선민으로서의 정체성을 회복하는 것이었습니다.

고레스가 발표한 유다인의 귀환 조서는, 예레미야 선지자가 예언한 대로 예루살렘 성전 건축을 명령하고 있습니다. 고레스는 하나님의 명령을 받아, 온 나라에 유다 예루살렘에 성전을 건축하라고 공포도 하고 조서도 내려 명령하였습니다(스 1:1-4). 바벨론에 사로잡혔던 자들은 고레스가 발표한 귀환 명령을 받고, 처참하게 무너진 예루살렘 성전을 다시 짓는다는 감격과 열망으로, 제1차 귀환 대열에 자발적으로 모였을 것입니다(스 1:5-6).

(2) 제1차 귀환 시기

하나님께서는 예레미야 선지자를 통해서 바벨론 포로 생활이 70년이 될 것이라고 말씀하셨습니다(렘 25:11-12, 29:10). 이 70년 기간을, 역대하 36:21에서는 "이에 토지가 황무하여 안식년을 누림같이 안식하여 칠십 년을 지내었으니 여호와께서 예레미야의 입으로 하신 말씀이 응하였더라"라고 말씀하였습니다. 이것은 안식년이 지나면 다시 경작이 시작되듯이, 바벨론 유수 기간이 끝나면 유다 땅이 다시 회복될 것을 말씀하신 것입니다. 이스라엘 백성의 불순종으로 안식하지 못했던 토지가 안식년을 누림같이 안식하게 된 것입니다. 어떤 학자는 땅이 70년을 안식한 것은, 이스라엘 백성이 사사 시대와 통일 왕국 시대에 걸쳐 490년(70년×7년) 동안 7년 주기 안식년을 70번 지키지 못한 죄에 대한 보응이라고 말하기도 합니다. 그러나 이스라엘 백성은 출애굽 이후 안식일, 안식년, 희년을 대부분 온전히 지키지 못했기 때문에, 시기적으로 정확히 어느 때부터 지키지 않았다고 단정키는 어렵습니다. 다만, 하나님께서 안식년마다 농사를 금하시고 땅을 쉬게 하라고 명하신 안식년의 율법을 이스라엘 백성이 불순종한 결과로 형벌을 받아 바벨론에 포로 되어 감으로써, 비로소 땅이 70년간 안식할 수 있었습니다.

예레미야 선지자가 예언한 이스라엘 백성의 바벨론 포로 기간 '70년'은, 실제 포로로 잡혀 간 때와 귀환하여 성전 건축을 시작한 때를 중심으로 볼 때 말씀대로 정확히 성취되었습니다.

제1차로 바벨론에 포로로 잡혀 간 때는 여호야김 3(혹은 4)년(바벨론 왕 느부갓네살 원년), 곧 주전 605년입니다(왕하 24:1, 렘 25:1, 참고 단 1:1-2). 그리고 이스라엘 백성에게 바벨론 유수에서 제1차 귀환령이 내려진 것은, 고레스 원년인 주전 538년입니다. 바사 왕 고레스는 하나님께 "유다 예루살렘에 전을 건축하라"(스 1:2)라는 명을 받고, "이스라엘의 하나님은 참신이시라 너희 중에 무릇 그 백성 된 자는 다 유다 예루살렘으로 올라가서 거기 있는 여호와의 전을 건축하라 너희 하나님이 함께하시기를 원하노라"(스 1:3)라고 조서를 내렸습니다. 고레스가 조서를 내린 후 유다 민족은 얼마 동안 준비를 하고 그 이듬해 주전 537년에 마침내 예루살렘으로 돌아오게 되었습니다(스 1:5, 11, 3:1). 고레스의 조서를 받은 유다 백성이 예루살렘으로 올라가서 성전 건축을 시작한 것은 주전 536년 2월(시브월)입니다(스 3:1, 8). 그러므로, 제1차로 바벨론에 끌려간 주전 605년에서 성전을 짓기 시작한 주전 536년까지 햇수로 70년이 성취된 것입니다.

2. 귀환자와 귀환 당시 상황
The returnees and the circumstances at the time of return

(1) 제1차 귀환자

제1차 귀환로는 당시의 통상로였던 유브라데강을 따라 북서쪽에 위치한 알레포와 하맛을 지나 아래로 내려왔을 것으로 추정됩니다.

제1차로 귀환할 때의 지도자는 스룹바벨과 예수아(여호수아)였으며, 총 49,897명(회중 42,360명, 노비 7,337명, 노래하는 자 200명)이 귀환했습니다(스 2:64-65). 느헤미야는 총 49,942명으로, 에스라의 기록보다 45명 더 많은 것으로 기록하고 있습니다(느 7:66-67). 이것은 에스라가 노래하는 자를 200명으로, 느헤미야는 245명으로 기록하고 있기 때문입니다.

또한, 에스라와 느헤미야는 제1차 귀환자 명단을 기록하면서, 귀환할 때 가지고 온 짐승들을 그 숫자까지 자세히 기록하였습니다. 말 736마리, 노새 245마리, 약대 435마리, 나귀 6,720마리로, 모두 8,136마리입니다(스 2:66-67, 느 7:68-69). 말은 뛰어난 기동력을 가진 가장 값비싼 운송 수단이었습니다. 반면에 노새는 말보다 싸고, '암말과 수나귀 사이에 태어난 중간 잡종'으로 말과 나귀의 장점을 다 지니고 있어 산악 지형의 운송 수단으로 적합했습니다. 약대는 장거리 여행에 유용하게 사용되었습니다. 또 나귀는 체구가 작지만 허리가 튼튼하고 가장 싸서 일반 서민들에게 친숙한 짐승이었습니다. 이상의 짐승들의 수를 귀환자 중 '온 회중'의 숫자(42,360명 - 스 2:64, 느 7:66)와 비교해 보면, 대략 다섯 사람에 짐승이 한 마리 정도입니다(5인 기준 한 가족당 1마리). 이스라엘 자손이 이렇게 많은 짐승을 소유할 수 있었던 것은, 바벨론에서 떠날 때 그곳 원주민들로부터 상당한 은과 금과 기타 물건과 짐승, 보물 등 많은 재물을 받아

왔기 때문입니다(스 1:4, 6).

　이스라엘 백성이 출애굽 할 때에도 '양과 소와 심히 많은 생축'이 그들과 함께하였습니다(출 12:38).
　이스라엘의 생축은 다섯 번째 악질 재앙 때에 구별되었습니다(출 9:4). 일곱 번째 우박 재앙 때에 이스라엘 자손이 거했던 고센 땅은 구별되었는데(출 9:26), 이때 바로의 신하 중에도 하나님의 말씀을 두려워한 자는 그 종들과 생축을 집으로 들여 재앙을 피했으나(출 9:19-20), 하나님의 말씀을 마음에 두지 않은 자는 그 종들과 생축을 들에 그대로 두었으므로 재앙을 면치 못했습니다(출 9:21-25).
　또한, 여덟 번째 메뚜기 재앙 때에, 모세가 여호와를 섬기기 위하여 그 앞에 절기를 지킬 남녀노소와 우양을 함께 데리고 가겠다고 하였으나(출 10:8-9), 애굽 왕 바로는 허락지 않았습니다(출 10:10-11). 아홉 번째 흑암 재앙 때에 바로가 "양과 소는 머물러 두고 너희 어린것은 너희와 함께 갈지니라"(출 10:24)라고 하자, 이에 모세는 "우리의 생축도 우리와 함께 가고 한 마리도 남길 수 없으니"(출 10:26)라고 대답하였습니다. 그러나 마지막 장자 재앙 때에 "바로의 장자로부터 옥에 갇힌 사람의 장자까지와 생축의 처음 난 것을 다 치시매"(출 12:29), 그제서야 바로는 "너희의 말대로 너희의 양도 소도 몰아가고 나를 위하여 축복하라"(출 12:32) 하고는 굴복하였습니다. 이처럼 이스라엘이 가지고 나온 생축은 하나님을 섬기기 위해 거룩하게 구별된 것들이었습니다(참고-출 3:12, 18, 4:23, 5:3, 7:16, 8:1, 20, 27, 9:1, 13, 10:3, 24-26).
　가나안 입성 1년 전 정월, 가데스에 도착하였을 때 하나님께서는 반석에서 생수를 많이 솟아나오게 하셨는데, 온 회중뿐만 아니라 짐승들까지도 물을 마시게 하심으로 보호하셨습니다(민 20:4-11). 그 생수는 '강같이 흐를' 정도이고(시 78:15-16, 105:41), '시내가 넘칠' 정도이며(시 78:20), '못이 될' 정도였고(시 114:8ᴸ), 시편 114:8 하반절에서는 '차돌로 샘물이 되게' 하셨다고 말씀하고 있습니다. 약 200만 명의 백성과 심히 많은 생축이 모두 흡족히 마실 수 있었습니다.

하나님께서는 출애굽 할 때나 바벨론 포로에서 돌아올 때 짐승들도 같이 오게 하심으로, 하나님께 제물을 드릴 뿐만 아니라 일상생활에서도 어려움이 없도록 지극한 사랑으로 돌보아 주셨습니다.

이상에서 보듯이, 바벨론 포로에서 돌아온 귀환민들뿐만 아니라 각 생축의 숫자까지도 정확하게 기록된 것은, 귀환하는 모든 과정 가운데 하나님의 손길이 구석구석 미치지 않은 곳이 없으며, 나아가 만물을 하나하나 빠짐없이 주관하고 섭리하셨음을 나타냅니다. 실로 "이는 만물이 주에게서 나오고 주로 말미암고 주에게로 돌아감이라 영광이 그에게 세세에 있으리로다 아멘"(롬 11:36)이라고 사도 바울이 고백한 그대로입니다.

(2) 제1차 귀환 때 가지고 나온 재물

유다인들이 귀환할 때 고레스의 명을 따라 무릇 남아 있는 백성이 어느 곳에 우거하였든지 그곳 주변의 이웃들이 은그릇, 황금, 기타 물건, 짐승, 보물로 도와주었으며, 그 외에도 그곳 주민들이 하나님께 자원하는 예물을 드리기까지 하였습니다(스 1:4, 6). 또 고레스 왕은 옛적에 느부갓네살왕이 예루살렘에서 옮겨다가 자기 신들의 당에 두었던 여호와의 전 기명을 돌려보냈습니다(스 1:7).

바사 왕 고레스가 고지기 미드르닷을 명하여 그 그릇을 꺼내어 계수하여 유다 목백(牧伯: 고위 관리, 총독) 세스바살에게 붙였습니다(스 1:8). 그 수효는 금반이 30이요, 은반이 1,000이요, 칼이 29요, 금대접이 30이요, 그보다 차(次)한 은대접이 410이요, 기타 기명이 1,000이었습니다(스 1:9-10). 그렇게 세스바살이 그 기명들을 가지고 돌아올 때 금과 은 기명이 도합 5,400이었습니다(스 1:11). 이는 제1차 귀환자들이 신분에 관계없이 최선을 다해 하나님의 성전 건축 역사를 위해 몸과 마음을 다해 헌신하였음을 말해 줍니다.

(3) 제1차 귀환 계기

다니엘 선지자는 당시 세계의 패권을 쥐고 있던 강대국 바사의 총리로 있으면서 메대 왕 다리오 시대뿐만 아니라 바사 왕 고레스의 시대까지 형통하였습니다(단 6:28). 이 말씀을 볼 때, 다니엘이 정치적으로 바사 제국의 기틀 확립에 영향을 끼쳤을 것으로 추정됩니다.

다니엘은 메대의 다리오 통치 원년에, "예루살렘의 황무함이 칠십 년 만에 마치리라"라고 했던 예레미야 선지자의 예언의 말씀을 깨달았으므로(단 9:2), 귀환 1년 전(주전 538년)에 고레스가 하나님의 감동하심으로 온 나라에 유다인의 해방을 공포한 일에 간접적으로 영향을 미쳤을 것으로 추정됩니다(스 1:1, 5:13). 또한, 역대하 36:22에 "바사 왕 고레스 원년에 여호와께서 예레미야의 입으로 하신 말씀을 응하게 하시려고 바사 왕 고레스의 마음을 감동시키시매 저가 온 나라에 공포도 하고 조서도 내려"라고 기록하고 있습니다. 유대 고대사 제11권에는 고레스왕이 210년 전에 자신에 대해 예언한 이사야 선지자의 글(사 44:28)을 읽고서, 자신의 사명을 알고 있었다고 적고 있습니다(*Ant.* 11.5).

한편, 다니엘 선지자는 고레스왕 3년에도 바사 제국에 남아 활동하고 있었습니다(단 10:1). 그런데 다니엘 1:21에서는 다니엘의 최종 활동 시기를 고레스 3년이라고 하지 않고 "다니엘은 고레스왕 원년까지 있으니라"라고 기록하였습니다. 이 기록 또한, 고레스왕이 즉위 원년에 이스라엘 자손에게 귀환하라는 조서 발표(스 1:1-4)에, 다니엘이 어떤 영향력을 행사한 것을 능히 추정케 합니다.

(4) 성전 건축의 과정

출애굽 한 이스라엘 백성이 우선적으로 출애굽 제2년 1월 1일에 성막을 완성한 것처럼(출 40:17), 바벨론에서 귀환한 백성도 오직 성전 건축을 열망하였고, 무너지고 불태워진 그 자리에 다시 성전을 세우고자 하였습니다.

주전 537년에 바벨론에서 귀환한 이스라엘 백성은, 옛 성전이 있던 터 위에 단을 세우고(스 2:68, 3:3) 그 단 위에서 아침 저녁으로 번제를 드렸습니다. 초막절을 지키고 성전 지을 준비를 하였고(스 3:1-7), 주전 536년 2월에 마침내 성전의 지대를 놓고 성전 건축 역사를 시작하였습니다(스 3:8-13).

그러나 사마리아인들이 집요하게 성전 재건을 방해했기 때문에 성전 건축은 중단되고 말았습니다.

에스라 4:5 "바사 왕 고레스의 시대부터 바사 왕 다리오가 즉위할 때까지 의사들에게 뇌물을 주어 그 경영을 저희(沮戲)하였으며"

여기 '의사'는 히브리어 '야아츠'(יָעַץ)로, 당시 왕에게 조언을 하던 자들(모사)인데, 사마리아 사람들에게 뇌물을 받고 유다인들을 참소했던 것입니다. 저희(沮戲)*는 히브리어 '파라르'(פָּרַר)이며, '좌절시

---

*막을 저(沮), 희롱할 희(戲): 몹시 끈덕지게 괴롭히며 방해함

키다, 분쇄하다, 깨뜨리다'라는 뜻으로, 방해 공작이 너무 심해서 도저히 성전 건축이 진행될 수 없는 상태였음을 나타냅니다.

그 후 성전 건축은 약 16년 동안 중단되었다가(주전 536-520년), 주전 520년에 하나님께서 학개 선지자와 스가랴 선지자를 통해, 스룹바벨과 여호수아를 비롯한 백성의 마음을 감화하여 흥분시키시므로, 다리오왕 제2년 6월 24일에 재개되었습니다(스 5:1-2, 6:14, 학 1:14-15, ^{참고}슥 4:6-10). 성전은 다리오왕 제6년(주전 516년) 12월 3일에 약 4년 5개월 만에 완성되었습니다(스 6:15).

(5) 선지자들의 메시지

제1차 바벨론 포로 귀환의 배경이 되는 메시지를 전한 선지자는 다니엘이었으며, 귀환 후에 16년 동안 중단된 성전 건축을 완성하는 데 지대한 공헌을 한 선지자는 학개(뜻: 축제)와 스가랴(뜻: 여호와께서 기억하신다)였습니다(스 5:1-2, 6:14).

① 다니엘 선지자의 메시지

유다 백성이 세 번에 걸쳐 바벨론에 포로로 끌려간 후에 주전 537년에 처음으로 바벨론에서 귀환한 사건은, 다니엘 선지자가 하나님께 받아 예언한 말씀들이 그 배경이 되고 있습니다. 제1차 포로 귀환과 관련된 다니엘의 메시지를, 역사적인 시간 순서대로 정리하면 다음과 같습니다.

첫째, 느부갓네살왕에게 보여 주신 '땅 중앙에 있는 한 나무'에 대한 말씀입니다(제1차 귀환 32년 전).

느부갓네살왕(주전 605-562년)은 통치 2년(주전 603년)에 '큰 신상'의 꿈을 꾸었습니다(단 2:31-35). 그 후 느부갓네살왕은 꿈에 '땅의 중앙에 있는 한 나무'를 보았습니다(단 4:4-18). 이때는 대략 주전 569년으로, 제1차 바벨론 포로 귀환(주전 537년)이 있기 약 32년 전으로 추정됩니다. 느부갓네살이 '집에 편히 있으며 왕궁에서 평강할 때'였습니다(단 4:4). 느부갓네살은 당시 바다를 주름잡던 두로를 13년 동안 포위한 끝에 마침내 주전 573년에 정복하고 다스리면서(참고-겔 29:17-18), 잠시 평화로운 시기를 누렸던 것입니다.

느부갓네살의 꿈의 내용은 '땅의 중앙에 있는 한 나무'에 관한 것이었습니다. 그 나무가 자라서 하늘에 닿았는데, 들짐승이 그 그늘에 있으며 공중에 나는 새가 그 가지에 깃들였습니다(단 4:10-12). 이어서 보니, 한 거룩한 자가 하늘에서 내려와 "그 나무를 베고 그 가지를 찍고 그 잎사귀를 떨고 그 열매를 헤치고 짐승들로 그 아래서 떠나게 하고 새들을 그 가지에서 쫓아내라 그러나 그 뿌리의 그루터기를 땅에 남겨 두고 철과 놋줄로 동이고 그것으로 들 청초 가운데 있게 하라 그것이 하늘 이슬에 젖고 땅의 풀 가운데서 짐승으로 더불어 그 분량을 같이하리라 또 그 마음은 변하여 인생의 마음 같지 아니하고 짐승의 마음을 받아 일곱 때를 지나리라"라고 소리질러 외쳤습니다(단 4:13-16).

다니엘은 이 꿈에 대하여, 이 나무가 느부갓네살왕이며, 왕이 강성하다가 쫓겨날 것이고, 인간 나라를 다스리시는 분이 하나님이심을 깨달은 후에야 회복되리라고 예언하였습니다(단 4:22-26).

이 예언이 있은 지 열두 달이 지났습니다(단 4:29). 하나님께서 1년의 유예를 주셨으나 깨닫지 못하고 회개하지 않은 느부갓네살왕은, 화려한 바벨론 궁을 다 지은 어느 날 지붕 위를 거닐면서 "이 큰 바벨론은 내가 능력과 권세로 건설하여 나의 도성을 삼고 이것으로 내 위엄의 영광을 나타낸 것이 아니냐"(단 4:30)라고 교만을 쏟아 내었습니다. 이 말이 오히려 그의 입에 있을 때에 하늘에서 소리가 느부갓네살왕에게 내리기를, "나라의 위가 네게서 떠났느니라"(단 4:31), "네가 사람에게서 쫓겨나서 들짐승과 함께 거하며 소처럼 풀을 먹을 것이요 이와 같이 일곱 때를 지내서 지극히 높으신 자가 인간 나라를 다스리시며 자기의 뜻대로 그것을 누구에게든지 주시는 줄을 알기까지 이르리라"(단 4:32)라고 했습니다. 이 말씀과 동시에 느부갓네살에게 그 일이 응하여, 왕은 사람에게 쫓겨나서 소처럼 풀을 먹으며 몸이 하늘 이슬에 젖고 머리털이 독수리털과 같았고 손톱은 새 발톱과 같이 되어, 짐승처럼 미치광이 생활을 하게 되었습니다(단 4:33).

'일곱 때'(단 4:16, 23, 25, 32)를 지나서 그 기한이 차매(at the end of the days), 느부갓네살이 하늘을 우러러보는 순간 그에게 총명이 돌아왔습니다. 느부갓네살은, 자신은 아무것도 아닌 존재요 오직 하나님만이 지극히 높으시며, 그 권세는 영원한 권세요 그 나라는 영원하여 대대에 이르고, 그분은 모든 것을 자기 뜻대로 행하시는 절대 주권자이심을 고백하면서 찬양하였습니다(단 4:34-35). 그와 동시에(at the same time) 느부갓네살의 총명이 회복되고 그 위엄과 광명이 돌아왔고, 그의 모사들과 관원들이 그를 찾아 왕위에 복귀시키고, 지극한 위세가 더하였습니다(단 4:36). 느부갓네살은 과거에 어두웠던 표정이 밝아졌고, 떠났던 신하들이 찾아와 그를 왕으로 받들어 섬겼으며, 처음 가졌던 영광과 권세보다 더 많은 영광과 더 큰 권세를 가지게 되었습니다.

하나님께서 주신 회개할 기회(^{참고}히 12:17, 계 2:21)를 놓치고 교만하면, 그 순간 자신에게 있던 모든 존귀가 사라지고 짐승 같은 삶을 살게 됩니다(참고 잠 16:18, 18:12, 겔 28:12-19). 그러나 회개하고 돌이킨 후 하나님의 말씀에 겸손히 순종하면, 그 순간 모든 것이 회복되고 전보다 더한 영광도 얻게 됩니다(참고 벧전 5:5, 약 4:6).

느부갓네살왕은 하나님의 권능을 체험하고 극도로 낮아진 후에 위대한 신앙 고백을 하였습니다.

다니엘 4:37 "그러므로 지금 나 느부갓네살이 하늘의 왕을 찬양하며 칭송하며 존경하노니 그의 일이 다 진실하고 그의 행하심이 의로우시므로 무릇 교만하게 행하는 자를 그가 능히 낮추심이니라"

하나님께서는 당시 최강국 바벨론 왕의 입술을 통하여, 사람이 높아지거나 낮아지는 것이 오직 하나님 손에 있다고 하는 하나님의 절대 주권을 만방에 선포하게 하셨습니다. 하나님께서는 이 일을 통해 바벨론을 낮추시고 포로 된 하나님의 백성을 높여 주셨습니다. 그리고 이스라엘 백성이 하나님께서 그들을 해방하실 것을 대망(待望)하도록 하셨던 것입니다.

둘째, '네 짐승'에 대한 말씀입니다(제1차 귀환 15년 전).

다니엘은 바벨론 왕 벨사살 원년(בִּשְׁנַת חֲדָה, 비쉬나트 하다: 통치 첫 해)에 큰 짐승 넷이 바다에서 나오는 이상을 보았습니다(단 7:1-3).

주후 1854년에 발견된 바벨론 때의 점토 기둥에 새겨진 바에 의하면, 벨사살왕은 나보나이두스왕(주전 556-539년)의 장자입니다. 나보나이두스는 주전 553년부터 장자 벨사살에게 나라를 섭정케 하였으므로, 벨사살 원년은 주전 552년입니다. 그러므로 다니엘은 제1차 바벨론 포로 귀환이 있기 15년 전에 네 가지 큰 짐승에 대한 이상을 받은 것입니다.

이때는 다니엘이 포로로 끌려온 때(주전 605년)로부터 약 53년째 였고, 느부갓네살왕이 큰 신상에 대한 이상을 본 때(주전 603년 - 단 2:31-35)로부터 약 51년이 지난 때였습니다.

다니엘 2장과 7장의 계시는 같은 내용의 계시를 다른 모양으로 중복해서 보여 주신 것으로, 이 계시들이 반드시 이루어진다는 확실성과 중요성을 강조하고 있습니다.

다니엘이 밤에 이상으로 보았던, 바다에서 나온 큰 짐승 넷은 그 모양이 각각 달랐습니다. 첫째는 사자 같고, 둘째는 곰 같고, 셋째는 표범 같고, 넷째는 무섭고 놀라우며 '큰 철 이'가 있는 짐승이었습니다(단 7:3-8). 큰 짐승 넷은 세상에 일어날 네 왕으로(단 7:17), 그 당시 세상을 지배하고 있던 바벨론과 그 후에 차례로 나타날 바사, 헬라, 로마를 가리킵니다.

벨사살왕은 바벨론의 여러 통치자 가운데 가장 포악한 왕으로, 포로인 유다 백성은 그의 통치 기간 중 큰 두려움 가운데 있었습니다. 그러나 하나님께서는 그의 통치 원년에 다니엘에게 '큰 짐승 넷의 이상'을 보여 주심으로써, 바벨론이 반드시 망할 것과 유다 백성은 바벨론 유수에서 해방되어 귀환할 것을 소망하게 해 주셨던 것입니다. 나아가 다니엘은, 보좌에 앉아 심판하시는 하나님의 모습(단 7:9-10)과 장차 하늘 구름을 타고 오실 메시아이신 '인자 같은 이'의 모습(단 7:13-14)에 대한 이상을 보았습니다. 이것은 세상 나라의 통치자들은 계속 바뀌고, 궁극적으로 세상 나라는 심판을 받을 것이며, 영원한 통치자는 오직 하나님이심을 선포한 것이었습니다.

셋째, '숫양과 숫염소'에 대한 말씀입니다(제1차 귀환 13년 전).

다니엘 2장과 7장은 역사 속에서 바벨론, 바사, 헬라, 로마 등의 나라들이 유다 지역을 포함하여 세계를 어떻게 지배하게 될 것인가를 보여 주고 있습니다. 이어서 다니엘 8장은, 다니엘이 을래 강변에서 보았던 숫양과 숫염소에 대한 이상을 통해, 하나님의 구속사가 어떻게 펼쳐질 것인가를 보다 상세하게 예언하고 있습니다. 다니엘은 벨사살왕 3년에 숫양과 숫염소에 대한 이상을 받았습니다. 이때는 주전 550년으로, 제1차 바벨론 포로 귀환이 있기 약 13년 전이었습니다.

다니엘은 먼저 두 뿔 가진 숫양을 보았습니다. 이 두 뿔 가진 숫양은 메대와 바사 왕들을 가리킵니다(단 8:3-4, 20). 다음으로 한 숫염소가 나타나서 숫양의 두 뿔을 꺾어 버렸습니다(단 8:5-7). 이 숫염소는 헬라 왕이요, 그 두 눈 사이에 있는 큰 뿔은 헬라의 첫째 왕인 알렉산더 대왕을 가리킵니다(단 8:21-22). 이 숫염소의 큰 뿔이 꺾이고 그 대신 네 개의 현저한 뿔이 난다는 것은, 알렉산더 대왕 사후에 나라가 네 장군에 의해서 쪼개어질 것을 나타냅니다(단 8:8, 22). 이 네 장군의 이름은 프톨레미(Ptolemy), 셀류쿠스(Seleucus), 리시마쿠스(Lysimachus), 카산더(Cassander)입니다.

또한, 네 뿔 가운데 한 뿔에서 또 작은 뿔 하나가 나서 남편과 동편과 또 영화로운 땅을 향하여 심히 커졌습니다(단 8:9). 이 작은 뿔은 장차 나타날 셀류쿠스 왕조의 폭군 안티오쿠스 4세(에피파네스)를 가리킵니다. 안티오쿠스 4세는 주전 167년에 예루살렘 성전에서 매일 드리는 제사를 폐하였으며, 제우스* 신상을 세워 성전을 크게

---

*제우스(Zeus): 그리스 신화에 나오는 최고의 신. 천지의 모든 현상을 주재하고 인간 사회의 정치, 법률, 도덕을 지키는 존재로, 로마 신화의 유피테르(Jupiter)에 해당합니다.

모독하였습니다(단 9:27).

　하나님께서는 숫양과 숫염소, 큰 뿔과 네 개의 현저한 뿔, 작은 뿔의 이상을 통하여, 하나님께서 홀로 절대 주권을 가지시고 세계 모든 나라의 흥망성쇠를 주관하시는 분임을 알리시며, 바벨론 유수 중에 있는 자기 백성이 오직 하나님만을 믿고 의지할 것을 촉구하셨던 것입니다.

넷째, **왕궁 분벽에 쓰여진 글자에 대한 말씀입니다**
　　　(제1차 귀환 2년 전).

　신바벨론 제국은, 나보폴라살에 의하여 성립된(주전 626년) 이후 마지막 벨사살왕을 끝(주전 539년)으로 약 87년 만에 멸망하였습니다. 다니엘 5장은 바벨론의 마지막 왕 벨사살의 죽음에 대하여 기록한 말씀입니다(단 5:30). 신바벨론 제국은 벨사살의 극한 사치와 향락, 무분별한 통치의 결과로 하나님의 심판을 받아 갑자기 망하고, 메대와 바사가 신흥 제국으로 등장하였습니다(단 5:1-31).

　벨사살왕은 귀인 일천 명을 위하여 잔치를 배설하고, 느부갓네살왕 시대에 예루살렘 성전에서 탈취하여 온 금은 기명으로 술을 마시면서 금, 은, 동, 철, 목, 석으로 만든 신들을 찬양하였습니다(단 5:1-4). 그런데 갑자기 왕궁 촛대 맞은편 분벽에 손가락이 나타나 글자를 썼는데, 기록한 글자는 '메네 메네 데겔 우바르신'이었습니다(단 5:5, 25). 벨사살왕은 너무도 놀라 두려워 떨면서 '이 글자를 읽고 해석하라'고 술객, 갈대아 술사, 점쟁이, 바벨론 박사 등 내로라 하는 지혜자들을 다 불러들여 물었으나, 놀랍게도 그들은 당시 국제 통용어인 아람어로 기록된 그 글자를 해석하기는커녕 능히 그 글자를 읽지도 못하였습니다(단 5:7-8). 그러므로 벨사살왕이 크게 번민하여 낯빛이 변하고 귀인들도 다 놀랐습니다(단 5:9).

이때 태후(太后)가 잔치하는 궁에 들어와, 불안과 공포에 떨며 번민하고 있는 벨사살왕을 위로하면서, 전에 느부갓네살 때부터 있어 온 다니엘을 불러 물을 것을 제안하였습니다(단 5:10-12). 태후는 다니엘을 가리켜 "거룩한 신들의 영이 있는 자"(단 5:11)이며, "명철과 총명과 지혜가 있어 신들의 지혜와 같은 자"(단 5:11)이며, "그의 마음이 민첩하고 지식과 총명이 있어 능히 꿈을 해석하며 은밀한 말을 밝히며 의문을 파할 수 있는 자"(단 5:12)라고 하였습니다. 부름을 입은 다니엘이 들어오자 다급해진 벨사살은 후한 상급을 약속했으나, 다니엘은 "왕의 예물은 왕이 스스로 취하시며 왕의 상급은 다른 사람에게 주옵소서 그럴지라도 내가 왕을 위하여 이 글을 읽으며 그 해석을 아시게 하리이다"(단 5:17)라고 대답하였습니다.

과연 태후의 말대로 수많은 지혜자 중 단 한 사람도 읽지 못했던 그 글을, 다니엘은 하나님께서 주신 지혜로 또박또박 읽었으며, 그 뜻을 하나하나 해석하였습니다. 분벽에 새겨진 글자는 '메네 메네 데겔 우바르신'(מְנֵא מְנֵא תְּקֵל וּפַרְסִין)이었습니다(단 5:25). '메네'(מְנֵא)는 '계수된'이라는 뜻으로, '하나님께서 이미 벨사살왕의 나라의 시대를 세어서 그것을 끝나게 하셨음'을 나타내고(단 5:26), '데겔'(תְּקֵל)은 '무게를 달다'라는 뜻으로, '벨사살왕이 저울에 달려서 부족함이 뵈었음'을 나타내며(단 5:27), '우바르신'(וּפַרְסִין)은 접속사 '우'(וּ)와 '페라스'(פְּרַס: 나누다)의 복수형이 합쳐진 단어로, '벨사살왕의 나라가 나뉘어서 메대와 바사 사람에게 준 바 되었음'을 나타낸다고 해석해 주었습니다(단 5:28).

이 글자의 계시대로 바로 그날 밤에 갈대아 왕 벨사살이 죽임을 당하였고, 메대 사람 다리오가 나라를 얻었습니다(단 5:30-31). 이때 메대의 다리오왕은 바사의 고레스 2세(주전 539/538-530년)와 동맹한 상태였기 때문에, 바벨론은 메대와 바사 연합군에게 멸망을 당한 것입니다.

바벨론의 멸망은 하나님의 말씀대로 이루어진 것입니다. 이처럼 바벨론은 하나님의 주권적인 심판 역사로 벨사살 때에 메대와 바사에 의해서 갑작스럽게 몰락하였으니, 이는 하나님께서 약속하신 권고의 때, 곧 바벨론에 사로잡힌 유대인들의 귀환의 날이 눈앞에 다가왔음을 보여 준 구속사의 놀라운 성취였던 것입니다(렘 25:11-12, 29:10).

다섯째, 70이레에 대한 말씀입니다(제1차 귀환 1년 전).

다니엘은 다리오 통치 원년(בִּשְׁנַת אַחַת, 비쉬나트 아하트: 첫 해)에 예레미야서를 읽다가 70년 만에 바벨론에서 해방된다는 예언의 말씀을 깨닫고, 금식하며 민족의 죄를 걸머지고 하나님께 기도하였습니다(주전 538년 - 단 9:1-3). 다니엘 9:1에서 "메대 족속 아하수에로의 아들 다리오가 갈대아 나라 왕으로 세움을 입던 원년"이라고 말씀하고 있습니다. 여기 다리오왕은 바사 제국의 역사에 등장하는 다리오 1세(주전 522-486)와 다리오 2세(주전 423-404)와 다리오 3세(주전 336/335-331)와는 다른 인물로, 고레스 2세의 장인인 키악사레스 2세(주전 539-538)를 가리킵니다. 그러므로 다리오의 아버지 아하수에로 역시 에스더서(書)에 나오는 아하수에로왕과는 다른 사람으로, 키악사레스 2세의 아버지인 아스티아게스(Astyages)를 가리킵니다.

이때는 금빛 찬란한 바벨론 제국이 메대와 바사 연합국의 침략으로 완전히 무너져 내려, 세계 역사의 판도가 뒤바뀌는 대변혁기로, 비상(非常)한 시기였습니다. 또한, 주전 538년은 제1차 바벨론 포로 귀환이 있기 1년 전으로, 다니엘이 주전 605년에 포로로 끌려온 이래 약 67년이 지난 때였습니다. 어린 소년(17세 정도) 때에 바벨론으로 끌려온 다니엘(단 1:1-4)은 어느덧 약 84세로 연로해졌습니다.

이때는 다리오왕의 시대로, 다니엘은 전국을 통치하는 총리 셋 중의 하나였습니다(단 6:1-2). 다니엘은 그 마음이 민첩하여 총리들과 방백들 위에 뛰어났고, 그를 시기한 악한 총리들과 방백들이 다니엘을 고소할 틈을 얻고자 하였으나, 그가 충성되어 아무 그릇함도 없고 아무 허물도 없었으므로 고소하지 못했습니다(단 6:3-4). 이에 그들은 비열하게도 한 금령을 정하여 다니엘을 올무에 걸려들게 했습니다(단 6:5-9). 그들은 다니엘이 유일하신 하나님 곧 이스라엘의 하나님만을 변함없이 섬기고 있음을 알고 있었으므로 사람들을 풀어 은밀하게 감시케 하였고, 오랜 시일이 지나지 않아 다니엘이 예루살렘을 향하여 열린 창에서 하루 세 번씩 무릎을 꿇고 기도하는 것을 발견하고 그것을 빌미로 왕에게 고발한 것입니다(단 6:10-13). 왕이 다니엘을 구원하려고 고민하자, 악한 무리들이 또 모여 왕에게 와서 메대와 바사의 규례는 변개치 못할 것이라고 주장했습니다(단 6:14-15). 결국 다니엘은 왕의 명대로 사자 굴에 던져졌으나, 하나님께서 사자들의 입을 봉하시므로 기적적으로 살아나왔습니다(단 6:16-23). 그리고 다리오왕은 다니엘을 참소한 자들을 그 처자들과 함께 사자 굴에 던져 넣었으며, 그들이 굴 밑에 닿기 전에 사자가 곧 그들을 움켜서 그 뼈까지도 부숴뜨렸습니다(단 6:24).

다리오왕은 온 땅에 있는 모든 백성과 나라들과 각 방언하는 자들에게 "내 나라 관할 아래 있는 사람들은 다 다니엘의 하나님 앞에서 떨며 두려워할지니 그는 사시는 하나님이시요 영원히 변치 않으실 자시며 그 나라는 망하지 아니할 것이요 그 권세는 무궁할 것이며 그는 구원도 하시며 건져내기도 하시며 하늘에서든지 땅에서든지 이적과 기사를 행하시는 자로서 다니엘을 구원하여 사자의 입에서 벗어나게 하셨음이니라"라고 조서를 내렸습니다(단 6:25-27). 이처럼 다니엘은 다리오 시대와 고레스 시대에 형통하였습니다(단 6:28).

다니엘은 이 일 후에 다니엘 9장에서 70이레의 계시를 받게 됩니다(단 9:24-27).

다니엘이 받은 70이레의 계시는 크게 세 부분으로 나누어집니다.

첫 번째 부분은 7이레와 62이레에 대한 내용입니다. "예루살렘을 중건하라는 영이 날 때부터 기름 부음을 받은 자 곧 왕이 일어나기까지 일곱 이레와 육십이 이레가 지날 것이요 ..."라는 말씀입니다(단 9:25).

두 번째 부분은 62이레 후에 "기름 부음을 받은 자가 끊어져 없어질 것이며 장차 한 왕의 백성이 와서 그 성읍과 성소를 훼파하려니와 그의 종말은 홍수에 엄몰됨 같을 것이며 또 끝까지 전쟁이 있으리니 황폐할 것이 작정되었느니라"라는 말씀입니다(단 9:26).

세 번째 부분은 마지막 한 이레에 대한 계시로, "그가 장차 많은 사람으로 더불어 한 이레 동안의 언약을 굳게 정하겠고 그가 그 이레의 절반에 제사와 예물을 금지할 것이며 또 잔포하여 미운 물건이 날개를 의지하여 설 것이며 또 이미 정한 종말까지 진노가 황폐케 하는 자에게 쏟아지리라"라는 말씀입니다(단 9:27).
 이 계시는 바벨론 포로 귀환과 예루살렘 성의 중건, 그리고 예수 그리스도의 초림과 십자가에 죽으심, 마지막에 일어날 대환난과 세상 종말을 예언한 말씀입니다(참고-마 24:15).

 70이레의 기간은 하나님께서 이스라엘 역사에 나타내실 특별한 섭리의 기간이었습니다. 하나님께서는 70이레의 계시를 통해 이미 약속하신 말씀대로 유다 백성에게 바벨론 포로 귀환이 머지않아 있을 것을 선포하신 것입니다. 나아가, 각 시대마다 이루실 구속사의 이정표(里程標)를 제시함으로써, 성도로 하여금 '허물이 마치며 죄가 끝나며 죄악이 영속되며 영원한 의가 드러나는' 주의 재림의 때를 사모하고, 정신을 차리고 깨어 예비하는 신앙을 갖도록 인도하셨습니다(단 9:24, 참고-마 24:42-44).

여섯째, '큰 전쟁'에 관한 말씀입니다(제1차 귀환 1년 후).
 다니엘은 세 이레(3주) 동안 슬퍼하며 금식한 후에, 힛데겔 강가에서 정월 24일에 큰 전쟁에 관한 이상을 보았고 그것을 깨달았습니다(단 10:2-4). 이때는 바사 왕 고레스 3년이었습니다(단 10:1). 고레스왕은 메대의 다리오왕과 연합한 고레스 2세(Cyrus II)입니다. 그는 주전 539년에 메대의 다리오왕을 앞세워 바벨론을 멸망시키고, 주전 538년에 메대까지 통합하고 다리오로부터 왕권을 이양받아 실질적인 바사 제국의 왕이 되었습니다. 바사 왕 고레스 3년은 주전 536년을 가리키며, 다니엘 선지자의 사역 말기로, 그의 나이 약

86세 되었을 때입니다.

한편, 예레미야의 예언대로 이스라엘 백성이 고국으로 돌아가게 되었음에도 불구하고, 다니엘은 여전히 바사 제국에 남아 있으면서 세 이레(3주) 동안이나 슬퍼하며 금식하였습니다. 그 이유는 자신과 이스라엘 백성의 죄와 그들이 당하는 민족적 환난과 고통 때문이었습니다. 다니엘은, 바벨론 유수에서 귀환한 백성과 바벨론에 남아 있는 백성으로 민족이 나누어진 어려운 상태에서, 구속사를 이어 가야 할 민족의 장래를 가슴에 품고 기도했던 것입니다.

다니엘 11장은 세계를 지배하는 강대국으로 이제 막 등장한 바사 제국도, 장차 올 '한 능력 있는 왕'(알렉산더 대왕)에게 망할 것이라는 예언이었습니다(단 11:2-3). 또 알렉산더 대왕이 죽고 나라는 넷으로 나누어질 것이며(단 11:4), 그 가운데 프톨레미 왕국(남방 왕)과 셀류쿠스 왕국(북방 왕)이 선민 이스라엘을 사이에 두고 서로 싸울 것이며(단 11:5-20), 그 후 셀류쿠스 왕조에서 안티오쿠스 4세(에피파네스)가 나타나서 유다 백성을 극심하게 핍박할 것을 구체적으로 예언하였습니다(단 11:21-45). 그는 장차 세상 끝날에 나타날 적그리스도를 예표하는 자입니다. 하나님께서는 안티오쿠스 4세의 행적을 통하여, 종말에 필연적으로 일어날 일들을 보여 주심으로써, 하나님의 오묘한 구원 섭리를 드러내셨습니다.

마지막으로, 다니엘 12장에서는 하나님의 백성의 위대한 승리를 선포하고 있습니다. 전무후무한 환난이 있을 것이지만 "그때에 네 백성 중 무릇 책에 기록된 모든 자가 구원을 얻을 것이라"라고 말씀하고 있습니다(단 12:1). 또한, 지혜 있는 자는 궁창의 빛과 같이 빛날 것이요 많은 사람을 옳은 데로 돌아오게 한 자는 별과 같이 영원토록 비췰 것입니다(단 12:3). 그러므로 성도에게 필요한 것은, 인류 역사상 최대의 환난이 닥칠지라도(단 12:1) 끝까지 참고 견디는 믿음입니다(마 24:13). 그렇기에 다니엘서는 "기다려서 일천 삼백 삼십오 일까지 이르는 그 사람은 복이 있으리라 너는 가서 마지막을 기다리라 이는 네가 평안히 쉬다가 끝날에는 네 업을 누릴 것임이니라"라는 말씀으로 끝을 맺고 있습니다(단 12:12-13).

다니엘이 마지막 계시를 받은 주전 536년은 예루살렘의 멸망 후에 파괴된 성전이 다시 건립되기 시작한 해로서, 하나님께서는 이 계시를 통하여 이스라엘 백성의 성전 재건을 격려하셨습니다. 뿐만 아니라, 말세의 성도들이 견디기 힘든 고난과 다시 일어서기 힘든 절망 상태와 신앙의 정조를 지키기 어려운 큰 환난이 닥쳐와도, 모든 역사를 주관하시는 하나님만 의지하고 하나님 나라의 도래를 믿고 간절히 소망하면 '최후 승리가 보장되어 있다'라는 위로의 메시지를 전하셨습니다. 세상 끝날 하나님께서 구속의 역사를 완성하실 때까지 낙심치 않고 하나님의 영원한 언약의 약속을 굳게 붙잡고 끝까지 견디는 성도에게, "끝날에는 네 업을 누릴 것임이니라"(단 12:13下)라고 약속하신 그 업(業)이 주어질 것입니다.

② 학개 선지자의 메시지

'학개'는 히브리어 '하가이'(חַגַּי)로, '축제'라는 뜻이며, 그의 메시지는 크게 네 말씀으로 구분할 수 있습니다.

첫 번째 메시지, 학개 1:1-15

이 메시지는 성전 재건 공사가 재개되기 직전인 다리오왕 제2년

6월 1일에 선포되었습니다(학 1:1). 학개 선지자는 당시 백성의 상태를 세 가지로 표현하고 있습니다.

첫째, 결과 없는 헛된 삶입니다.

이것을 학개 1:6에서는 "너희가 많이 뿌릴지라도 수입이 적으며 먹을지라도 배부르지 못하며 마실지라도 흡족하지 못하며 입어도 따뜻하지 못하며 일꾼이 삯을 받아도 그것을 구멍 뚫어진 전대에 넣음이 되느니라"라고 말씀하고 있습니다. 성전 건축이 중단된 이래, 유다 백성은 열심히 살았지만 늘 열매 없는 헛된 삶이었습니다.

둘째, 불어 버림을 당하는 삶입니다.

아무리 많은 것을 가질지라도 하나님께서 불어 버리시면 다 없어져 버립니다. 학개 1:9에서 "너희가 많은 것을 바랐으나 도리어 적었고 너희가 그것을 집으로 가져갔으나 내가 불어 버렸느니라 나 만군의 여호와가 말하노라 이것이 무슨 연고뇨 내 집은 황무하였으되 너희는 각각 자기의 집에 빨랐음이니라"라고 말씀하고 있습니다.

셋째, 재앙 가운데 거하는 삶입니다.

이것을 학개 1:10-11에서는 "그러므로 너희로 인하여 하늘은 이슬을 그쳤고 땅은 산물을 그쳤으며 내가 한재를 불러 이 땅에, 산에, 곡물에, 새 포도주에, 기름에, 땅의 모든 소산에, 사람에게, 육축에게, 손으로 수고하는 모든 일에 임하게 하였느니라"라고 말씀하고 있습니다. 이 말씀은 사람이 아무리 수고를 많이 할지라도, 하나님께서 재앙을 부르시면 아무 소용이 없음을 가르쳐 주고 있습니다.

이러한 삶의 궁극적인 원인은 어디에 있습니까? 하나님의 성전은 황무하였는데 자신들은 판벽한 집에 거했기 때문입니다(학 1:4). 이것은 하나님의 성전 건축을 중단하고 내버려둔 죄입니다. 학개 1:4에서 "이 전이 황무하였거늘 너희가 이때에 판벽한 집에 거하는 것이 가하냐"라고 말씀하고 있습니다. 여기 '판벽(板壁)한 집'은 백향목 판자나 아로새긴 판자로 벽을 두르고 지붕을 덮은 아주 화려한 집을 말합니다. 유다 백성은 "여호와의 전을 건축할 시기가 이르지 아니하였다"라고 말하면서(학 1:2), 자기들의 집을 화려하게 꾸미는 데는 큰 비용과 시간과 노력을 투자했던 것입니다. 이러한 상태에 대해 학개 1:9에서는 "... 내 집은 황무하였으되 너희는 각각 자기의 집에 빨랐음이니라"라고 표현하고 있습니다. 하나님의 성전보다 자기 일에 관심을 쏟는 사람의 삶은, 아무리 노력해도 열매 없는 삶이 되고 맙니다.

유다 백성은 그 하나님의 목소리와 선지자 학개의 말을 청종하였습니다(학 1:12). 그들은 자신들의 가슴을 찌르는 정확하고도 강력한 말씀을 듣고, 자신들의 죄악된 삶을 돌아보게 되었습니다. 이때 학개는 백성에게 여호와의 명을 의지하여 "내가 너희와 함께하노라"라고 선포하였습니다(학 1:13). 그리고 하나님께서 유다 총독 스룹바벨의 마음과 대제사장 여호수아의 마음과 남은바 모든 백성의 마음을 흥분시키시매 그들이 성전 재건 역사를 시작하였는데, 그때가 다리오왕(다리오 1세: 주전 522-486년) 제2년 6월 24일이었습니다(학 1:14-15).

두 번째 메시지, 학개 2:1-9

이 메시지는 성전 재건 공사가 재개된 지 약 한 달이 지나 다리오왕 제2년 7월 21일에 선포되었습니다(학 2:1). 학개 선지자는 새로운 성전이 솔로몬 성전에 비해 초라할지라도 "... 나 여호와가 이르노라 스룹바벨아, 스스로 굳세게 할지어다 ..."라고 위로의 말씀을 선포했습니다(학 2:2-4).

그 이유는 무엇입니까? 이 성전에 하나님의 언약의 말씀과 성령이 머물러 있기 때문입니다(학 2:5). 외형적으로 아무리 보잘것없을지라도 하나님의 말씀과 성령이 머물러 있는 이 성전을, 하나님께서는 이 세상에서 가장 크고 가치 있는 것으로 여기십니다.

또, 이 성전의 나중 영광이 이전 영광보다 클 것이기 때문입니다(학 2:9). 이 성전에는 만국의 보배가 이를 것인데(학 2:7), 이 보배는 바로 '예수 그리스도'입니다(골 2:2-3). 아무리 초라한 성전도, 예수 그리스도께서 임재하시면 바로 그곳이 이 땅에서 가장 고귀하고 거룩한 장소가 되는 것입니다. 예수님 자신이 신령한 성전이며(요 1:14, 2:19-22), 이 세상의 무엇과도 견줄 수 없는 가장 큰 만국의 보배이십니다.

세 번째 메시지, 학개 2:10-19

하나님의 말씀에 순종하여 성전을 재건하는 백성에게 임할 놀라운 축복을 선포하고 있습니다. 이 말씀은 두 번째 메시지가 선포된 후 약 두 달이 지나 다리오왕 제2년 9월 24일에 학개에게 임한 말씀입니다(학 2:10). 유다 백성에게 재앙이 끊이지 않았는데(학 2:16-17, 19ᴸ), 그 이유는 그들이 부정한 상태였기 때문입니다. 학개 2:14에서 "이에 학개가 대답하여 가로되 여호와의 말씀에 내 앞에서 이 백성이 그러하고 이 나라가 그러하고 그 손의 모든 일도 그러하고 그들이 거기서 드리는 것도 부정하니라"라고 말씀하고 있습니다.

그렇다면 왜 유다 백성의 상태가 부정합니까? 하나님의 성전을 황무하게 내버려두고 손으로 자기 집을 짓는 데 빨랐기 때문이며, 그 손으로 예배를 드렸기 때문입니다. 하나님의 일보다 자기 일을 먼저 하는 자는 부정한 가운데 있는 자입니다.

그러나 이제 부정은 제거되었으며, 이 말씀이 선포되는 오늘부터는 하나님께서 복을 내려 주실 것입니다. "복을 주리라"(학 2:19下)라는 말씀은 히브리어 '바라크'(בָּרַךְ)의 '피엘(강조) 미완료형'으로, 하나님께서 복을 크게 그리고 계속적으로 부어 주신다는 뜻입니다. '성전 우선' 주의로 살아가는 성도에게는, 하나님께서 복을 주시되 크게 그리고 계속 쏟아부어 주십니다.

네 번째 메시지, 학개 2:20-23

네 번째 메시지는 세 번째 메시지와 같은 날인 다리오왕 제2년 9월 24일에 임하였습니다(학 2:20). 하나님께서는 학개 선지자에게 세상을 심판하시는 하나님의 모습을 계시하시고, 그것을 스룹바벨에게 고하게 하셨습니다(학 2:21-22). 그리고 스룹바벨을 하나님의 인(印: 도장)으로 삼으신다고 약속하셨습니다(학 2:23). 인장은 당시에 왕관이나 홀과 같이 왕의 권세와 권위를 나타내었습니다. 하나님께서 스룹바벨을 '하나님의 인'으로 삼으신 것은, 장차 하나님께서 예수 그리스도에게 하늘과 땅의 모든 권세를 주시고(마 28:18), 그를 통하여 종말적 구원을 완성하시고 참성전을 이루실 것(계 21:22)을 예표로 보이신 것입니다.

③ 스가랴 선지자의 메시지

'스가랴'(זְכַרְיָה)는 '여호와께서 기억하신다'라는 뜻입니다. 다리오왕 제2년 8월에 여호와의 말씀이 스가랴에게 임하였습니다(슥1:1). 이때는 학개가 처음 말씀을 전한 때부터 대략 두 달 정도가 지난 후였습니다(학 1:1). 하나님의 전 역사는 다리오왕 제2년 6월 24일이었습니다(학 1:14-15).

이어서 다리오왕 제2년 11월(스밧월) 24일에 다시 여호와의 말씀이 임하였습니다(슥 1:7). 이때는 학개 선지자가 마지막 메시지를 선포한 다리오왕 2년 9월 24일, 여호와의 전 지대를 쌓던 날로부터(학 2:18-20) 2개월이 지난 때였습니다. 스가랴의 메시지는 어렵게 재개된 성전 재건 작업이 다시는 중단되는 일 없이 완성되도록 독려하기 위하여 주어진 것이었습니다.

스가랴 선지자의 메시지는 크게 세 부분으로 나눌 수 있습니다. 첫 번째 부분은 스가랴 1-6장인데 여덟 가지 환상을 통해 성전 재건의 비전에 대하여, 두 번째 부분은 스가랴 7-8장인데 성전 재건의 태도에 대하여, 세 번째 부분은 스가랴 9-14장인데 메시아 왕국에 대한 비전에 대하여 말씀하고 있습니다.

첫 번째 메시지, 스가랴 1-6장
이 부분은 여덟 가지의 환상으로 이루어져 있습니다.
첫 번째 환상은 '네 명의 말을 탄 자의 환상'(슥 1:8-17)입니다. 한 사람이 홍마(紅馬)를 타고 화석류나무 사이에 섰으며, 그 뒤에는 홍마와 자마와 백마가 있었습니다(슥 1:8). 뒤에 있는 '홍마(紅馬)와 자마(紫馬)와 백마(白馬)'는 '여호와께서 땅에 두루 다니라고 보내신 자들'(슥 1:10)이었습니다. 화석류나무 사이에 서 있는 '홍마를 탄 사람'은 '여호와의 사자'였습니다(슥 1:11). 여기서 '사자'에 해당하는 히브리어 '말라크'(מַלְאָךְ)는 '보냄을 받은 자'라는 의미입니다. 천사들의 보고를 받은 여호와의 사자가 "만군의 여호와여 여호와께서 언제까지 예루살렘과 유다 성읍들을 긍휼히 여기지 아니하시려나이까 이를 노하신 지 칠십 년이 되었나이다"라고 아뢰자, 여호와께서 낙심하고 상심해 있는 이스라엘 백성에게 위로와 소망을 주시기 위하여 '선한 말씀, 위로하는 말씀'으로 대답하셨습니다(슥 1:12-13). 이때 여호와의 사자는 "내가 긍휼히 여기므로 예루살렘에 돌아왔은즉 내 집이 그 가운데 건축되리니 예루살렘 위에 먹줄이 치어지리라 나 만군의 여호와의 말이니라"라는 하나님의 말씀을 전하였습니다(슥 1:16). 이것은 다리오왕 2년 6월 24일에 시작된 성전 재건의 역사(학 1:15)가 중단되지 않고 반드시 완성될 것이라는 확신을 심어 준 말씀이었습니다.

두 번째 환상은 '네 뿔과 네 공장(工匠)의 환상'(슥 1:18-21)입니다. '네 뿔'은 '유다와 이스라엘과 예루살렘을 헤친 뿔'로(슥 1:19), 이스라엘을 대적하는 악의 세력을 가리킵니다. 그런데 '네 공장'이 나타나 '네 뿔'을 떨어칩니다(슥 1:20-21). '공장'은 '자르다, 새기다'라는 뜻을 지닌 히브리어 '하라쉬'(חָרָשׁ)에서 유래한 것으로서 '기술공들'(craftsmen)을 의미합니다. '네 공장'은 악의 세력을 멸망시키는 하나님의 도구를 가리킵니다. 이것은 성전 재건을 방해하는 세력을 하나님께서 치신다는 말씀으로, 궁극적으로 주님께서 재림하셔서 사단을 멸망시키실 것을 나타냅니다(계 20:10).

세 번째 환상은 '척량 줄을 손에 쥐고 있는 사람의 환상'(슥 2:1-13)입니다. 이 사람은 '예루살렘을 척량하여 그 장광을 보고자' 한 사람이었습니다(슥 2:2). 이렇게 예루살렘을 척량한다는 것은 예루살렘이 재건된다는 확신을 심어 준 것입니다. 스가랴 2:12의 "다시 예루살렘을 택하시리니"라는 말씀 역시(슥 1:17), 예루살렘이 재건될 것이라는 확신을 심어 주시는 말씀입니다.

네 번째 환상은 '여호수아가 깨끗함을 입은 환상'(슥 3:1-10)입니다. 여호수아는 더러운 옷을 입고 있었으나(슥 3:3), 하나님께서 그 더러운 옷을 벗기시고 아름다운 옷을 입히고 정한 관을 그 머리에 씌워 주셨습니다(슥 3:4-5). 여호수아는 이스라엘 민족의 대제사장이므로(스 3:2, 5:2), 그의 회복은 곧 이스라엘 전체의 회복을 나타내는 것입니다. 더 나아가, 이 환상은 영원한 대제사장 예수 그리스도를 통한 성도의 회복을 나타냅니다.

다섯 번째 환상은 '순금 등대와 두 감람나무의 환상'(슥 4:1-14)입니다. 순금 등대는 당시 재건 중인 성전을 상징하며(참고 계 1:20), 두 감람나무는 성전 재건의 두 지도자인 여호수아와 스룹바벨을 가리킵니다(슥 4:14). 하나님께서는 이 환상을 통해서 성전 재건이 사람의 힘으로 되는 것이 아니라 오직 성령의 역사하심으로 가능하다는 것을 보여 주셨습니다. 스가랴 4:6에서 "이는 힘으로 되지 아니하며 능으로 되지 아니하고 오직 나의 신으로 되느니라"라고 말씀하고 있습니다.

여섯 번째 환상은 '날아가는 두루마리의 환상'(슥 5:1-4)입니다. 이것은 "온 지면에 두루 행하는 저주라 무릇 도적질하는 자는 그 이편 글대로 끊쳐지고 무릇 맹세하는 자는 그 저편 글대로 끊쳐지리라"라고 말씀하고 있습니다(슥 5:3). 도적질과 거짓 맹세는 성전 재건 시에 백성 사이에 만연했던 죄입니다. 이 환상은 성전 재건을 위해서 죄를 없애야 함을 가르쳐 주었습니다.

일곱 번째 환상은 '에바 가운데 앉은 여인의 환상'(슥 5:5-11)입니다. 여기 '에바'는 곡물이나 액체의 양을 재는 단위, 또는 계량에 쓰이는 도구(그릇)를 가리키는데, 성경에서 에바를 속이는 것은 가증한 악이라고 말씀합니다(암 8:5, 미 6:10, ^{참고}레 19:35-36, 겔 45:9-12).

에바 가운데 앉은 여인은 악(惡)을 의인화한 것으로, 스가랴 5:8에서 '이는 악'이라고 말씀하고 있습니다. 이 여인을 시날 땅으로 데려가서 머물게 하는데(슥 5:11), 시날 땅은 바벨탑을 쌓음으로 하나님의 심판을 받은 장소입니다(창 11:1-9). 이것은, 하나님께서 반드시 악을 심판하시어 벌을 받게 하신다는 것을 나타냅니다(^{참고}계 20:3, 10).

여덟 번째 환상은 '네 병거의 환상'(슥 6:1-8)입니다. '첫째 병거는 홍마들이, 둘째 병거는 흑마들이, 셋째 병거는 백마들이, 넷째 병거는 어룽지고 건장한 말들'이 메었습니다(슥 6:2-3). 네 병거는 하늘의 네 바람(슥 6:5)으로, 하나님의 심판을 대행하는 천사들을 가리킵니다(^{참고}계 7:1).

흑마와 백마는 북편 땅으로 가고(슥 6:6), 어룽진 말은 남편 땅으로 가고(슥 6:6), 건장한 말은 땅에 두루 다닙니다(슥 6:7). 북편 땅은 바벨론을, 남편 땅은 애굽을 가리키며, 이것은 하나님께서 하나님을 대적하는 나라들을 반드시 심판하심을 가르쳐 줍니다. 또한, 건장한 말이 땅에 두루 다니는 것은 세상 어느 곳도 하나님의 심판을 피할 수 없음을 나타냅니다.

두 번째 메시지, 스가랴 7-8장

스가랴 7-8장은 '다리오왕 사년 구월 곧 기슬래월 사일'에 여호와의 말씀이 스가랴에게 임함으로 주어진 것이며, 주전 518년경입니다(슥 7:1). 벧엘 사람이 금식에 대하여 질문한 것을 계기로(슥 7:2-3), 성전을 재건하고 있는 선민 이스라엘이 가져야 할 올바른 신앙의 태도와 장차 이루어질 이스라엘의 회복을 가르쳐 주고 있습니다.

스가랴 7장은 올바른 신앙의 태도를 말씀하고 있는데,

첫 번째 태도는 외식을 버리는 것입니다. 하나님께서는 이스라엘 백성이 70년 동안 오월과 칠월에 금식하였는데, 그것은 하나님을 위한 것이 아니었다고 하십니다(슥 7:5-6). 여기 70년(슥 7:5)은 성전이 파괴되어 금식을 시작한 때로부터 현재 다리오왕 4년까지의 기간(주전 586-518년)을 개략적으로 나타내는 것입니다. 참된 성도는 자기의 유익과 자랑을 위한 금식이 아니라 하나님께 영광 돌리는 금식을 해야 합니다(마 6:16-18, 고전 10:31).

두 번째 태도는 불순종을 버리는 것입니다. 지금까지 이스라엘은 하나님의 말씀에 불순종했습니다. 스가랴 7:10-11에서 "과부와 고아와 나그네와 궁핍한 자를 압제하지 말며 남을 해하려 하여 심중에 도모하지 말라 하였으나 그들이 청종하기를 싫어하여 등으로 향하며 듣지 아니하려고 귀를 막으며"라고 말씀하고 있습니다. 하나님의 말씀에 순종하는 것이 참된 성전 완성의 지름길인 것입니다.

스가랴 8장은 이스라엘의 회복과 행할 일, 그리고 회복 후의 영광을 말씀하고 있습니다. 먼저 스가랴 8:1-13에서는 이스라엘의 회복에 대하여 말씀하고 있습니다. 이스라엘의 회복은 하나님께서 시온에 돌아오셔서 예루살렘 가운데 거하심으로 이루어집니다(슥 8:3, ^{참고}사 52:8). 하나님께서는 흩어진 이스라엘 백성을 구원하여 인도하셔서 예루살렘에 거하게 하시고(슥 8:4-8), 평안히 추수를 얻으며 이스라엘로 하여금 축복이 되게 하실 것입니다(슥 8:9-13). 이어 스가랴 8:14-17에서는 회복된 이스라엘이 실천해야 할 일을 말씀하고 있습니다. 스가랴 8:16-17에서 "너희는 각기 이웃으로 더불어 진실을 말하며 너희 성문에서 진실하고 화평한 재판을 베풀고 심중에 서로 해하기를 도모하지 말며 거짓 맹세를 좋아하지 말라 이 모든 일은 나의 미워하는 것임이니라 나 여호와의 말이니라"라고 말씀하고 있습니다.

다음으로, 스가랴 8:18-23에서는 이스라엘이 회복된 후에 누릴 영광을 표현하고 있습니다. 금식의 절기가 기쁨과 즐거움과 희락의 절기로 바뀔 것이며(슥 8:18-19), 많은 백성과 강대한 나라들이 예루살렘으로 와서 하나님을 찾고 하나님께 은혜를 구하는, 전 세계적인 구원의 역사가 일어날 것입니다(슥 8:20-23).

세 번째 메시지, 스가랴 9-14장

이 부분은 예언편으로, 메시아 왕국에 대한 비전을 다루고 있습니다. 예수 그리스도의 초림으로 시작된 메시아 왕국과, 재림으로 완성될 메시아 왕국에 대하여 예언하고 있습니다. 스가랴 9-11장은 주로 초림에 대한 예언이고, 스가랴 12-14장은 주로 재림에 대한 예언입니다. 메시아에 대한 주요 예언들은 다음과 같습니다.

첫째, 스가랴 9:9의 말씀입니다.

> **스가랴 9:9** "시온의 딸아 크게 기뻐할지어다 예루살렘의 딸아 즐거이 부를지어다 보라 네 왕이 네게 임하나니 그는 공의로우며 구원을 베풀며 겸손하여서 나귀를 타나니 나귀의 작은 것 곧 나귀 새끼니라"

이것은 만왕의 왕이신 예수 그리스도께서 예루살렘에 입성하실 때 나귀 새끼를 타고 오신다는 예언입니다(마 21:7, 막 11:7, 눅 19:35, 요 12:14-15).

둘째, 스가랴 11:12의 말씀입니다.

> **스가랴 11:12** "내가 그들에게 이르되 너희가 좋게 여기거든 내 고가를 내게 주고 그렇지 아니하거든 말라 그들이 곧 은 삼십을 달아서 내 고가를 삼은지라"

'고가'(雇價)는 '품삯, 보상'이라는 의미로 예수님을 은 30에 팔 것이라는 예언입니다(참고-출 21:32). 이 예언대로 예수님께서는 가룟 유다에 의해 은 30에 팔리셨습니다(마 26:15).

셋째, 스가랴 12:10의 말씀입니다.

> **스가랴 12:10** "내가 다윗의 집과 예루살렘 거민에게 은총과 간구하는 심령을 부어 주리니 그들이 그 찌른바 그를 바라보고 그를 위하여 애통하기를 독자를 위하여 애통하듯 하며 그를 위하여 통곡하기를 장자를 위하여 통곡하듯 하리로다"

여기 '찌른바'는 예수님께서 십자가에 못 박히시고 창으로 허리를 찔리실 것에 대한 예언이며(요 19:37), '그를 위하여 애통한다'라는 것은 장차 이스라엘 백성이 예수님을 십자가에 죽인 것을 회개할 것이라는 예언입니다(롬 11:11, 25).

넷째, 스가랴 13:1의 말씀입니다.

스가랴 13:1 "그날에 죄와 더러움을 씻는 샘이 다윗의 족속과 예루살렘 거민을 위하여 열리리라"

여기 '샘'은 히브리어 '마코르'(מָקוֹר)로, '원천, 근원'이라는 뜻이며, 타락한 인생들의 죄와 더러움을 씻어 주시는 생명의 근원이신 예수님을 나타냅니다(사 55:1, 요 4:14, 7:37). 요한계시록 22:17에서도 "목마른 자도 올 것이요 또 원하는 자는 값없이 생명수를 받으라"라고 말씀하고 있습니다. 주님께서 재림하실 때 전 세계 하나님의 백성에게 영원한 생명의 역사가 열리게 될 것입니다.

다섯째, 스가랴 14:4의 말씀입니다.

스가랴 14:4 "그날에 그의 발이 예루살렘 앞 곧 동편 감람산에 서실 것이요 감람산은 그 한가운데가 동서로 갈라져 매우 큰 골짜기가 되어서 산 절반은 북으로, 절반은 남으로 옮기고"

하나님의 발이 감람산에 서실 것이라는 표현은 신인동형론(神人同形論, anthropomorphism)적 표현으로, 예수 그리스도께서 나타나시는 모습을 생생하게 나타내는 것입니다. 여호와께서 감람산에 나타나실 것이라는 표현은 에스겔의 환상 가운데도 나타납니다. 에스겔 11:23에서는 "여호와의 영광이 성읍 중에서부터 올라가서 성읍 동편 산에 머물고"라고 말씀하고 있습니다. 이처럼 스가랴서의 세 번째 부분은 메시아가 오시므로 완성될 장엄한 하나님의 나라의 신비로운 역사를 보여 주고 있습니다.

결국 16년 동안 중단되었던 성전이 학개 선지자를 통하여 재건되기 시작하였을 때 스가랴 선지자는, 성전 건축의 진정한 의미가

'메시아의 도래와 그의 왕국을 맞이하는 데 있음'을 밝히고 있습니다. 스가랴 선지자는 이것을 통하여 유다 백성의 바른 신앙 회복을 촉구하였던 것입니다.

이 같은 시대적 배경으로 보아, 스가랴 선지자의 활동 시기는 성전을 다시 짓기 시작한 주전 520년부터 성전이 완성된 후 오랜 시간이 지난 480년까지로 대략 추정할 수 있습니다.[42]

바벨론 유수에서 제1차로 돌아온 유다 백성은 주전 536년에 성전 건축을 시작하였으나, 사마리아인들의 방해로 곧 중단되었습니다. 그 후 성전 건축은 16년 동안 중단된 상태로 있다가, 주전 520년 다리오왕 제2년 6월 24일에 다시 시작되었고(학 1:15), 주전 516년 다리오왕 제6년 아달월(Adar, 12월) 3일에 약 4년 5개월 만에 끝났습니다(스 6:15). 이것은 주전 586년에 예루살렘 성전이 파괴된 후 무려 70년 만이었습니다. '바벨론에서 70년이 차면 귀환한다'라는 예레미야의 예언이 어김없이 성취된 것입니다(렘 25:11-12, 29:10).

이 모든 일의 원동력은 학개와 스가랴 선지자를 통하여 선포된 하나님의 말씀이었습니다(스 5:1-2, 6:14, 학 1:12-15). 하나님의 말씀은 살았고 운동력이 있습니다(히 4:12). 하나님의 말씀은 힘이 있어 흥왕하여 세력을 얻으며(행 19:20), 주의 몸 된 교회를 세우고 부흥시키고 재건하는 원동력입니다.

제2차 귀환(주전 458년) - 제1차 귀환 후 79년째 / 스 7-10장

The second return (458 BC) - 79 years after the first return / Ezra 7-10

- **지도자**: 학사 겸 제사장 에스라(뜻: 주께서 도우심 - 스 7:1-10)

- **바사 왕**: 아닥사스다 1세 제7년(스 7:7-26)

- **귀환 계기**: 아하수에로 통치 당시 주전 474년
  - 바사 127도에 흩어진 전 유다인을 아달월 곧 12월 13일에 몰살하려 했던 하만의 악한 음모가 있었으나(에 3:7-15), 오히려 유다인의 대적이 몰살되므로, 12월 14-15일은 구원받은 유다인이 대대로 지키는 부림절이 되었다(에 9:1-32).

- **귀환 목적**

  ① 성전을 중심으로 한 언약 신앙의 공동체를 온전히 회복하기 위함이었다.

  ② 성전 제사의 회복에 필요한 큰 물질을 보충하기 위함이었다. 에스라를 주축으로 한 제2차 귀환민들은 바사의 왕과 모사들이 성심으로 드린 은금을 하나님의 전으로 가져갔다(스 7:15). 그리고 바벨론 온 도(道)에서 얻은 모든 은금과 및 백성과 제사장들이 하나님의 전에 즐거이 드린 예물을 가져갔다(스 7:16-18). 또 성전에서 섬기는 일에 쓰일 기명을 왕의 내탕고에서 취하여 하나님 앞에 드렸다(스 7:19-20).

  ③ 에스라로 하여금 하나님의 율법을 가르치도록 하기 위함이었다(스 7:25-26).

- **귀환자**: 남자만 대략 1,775명(스 8:1-20)
  ① 총 지도자 에스라 ② 제사장 2명 ③ 다윗왕 가문 1명
  ④ 남자 1,496명 ⑤ 가계별 대표 15명 ⑥ 레위인 38명
  ⑦ 레위인의 대표 2명 ⑧ 수종자들 220명

귀환 때 가지고 나온 재물

- 아닥사스다왕은 에스라에게 은은 100달란트(3,400kg)까지, 밀은 100고르(22,000ℓ)까지, 포도주는 100밧(2,200ℓ)까지, 기름도 100밧(2,200ℓ)까지, 소금은 무제한으로 허락하였다(스 7:22).

- 바사의 왕과 모사들과 방백들과 또 바사에 있는 이스라엘 무리가 하나님의 전을 위하여 드린 은과 금과 기명들을 에스라가 제사장 12인에게 달아 준 것은 은 650달란트(22,100kg), 은 기명 100달란트(3,400kg), 금 100달란트(3,400kg), 금잔 20개(1천 다릭, 8.4kg: 금잔 1개당 420g), 아름답고 빛난 금같이 보배로운 놋그릇 2개였다(스 8:25-27, 참고-스 7:15-16).
  *1달란트 = 34kg, 1고르 = 220ℓ, 1밧 = 22ℓ, 1다릭 = 8.4g으로 계산

- 하나님의 전에서 일하는 자들에게는 조공과 잡세와 부세를 면제하도록 했다(스 7:24).

귀환 당시 주요 사건

- 아하와 강가에서 3일간 장막을 치고, 성전에서 수종들 자, 곧 레위인 38명과 느디님 사람 220명을 데려왔다(스 8:15-20).

- 아하와 강가에서 금식하며, 귀환자들과 어린아이들과 모든 소유를 위하여 하나님께 평탄한 길을 간구하였다(스 8:21).

- 바벨론에서 1월 1일 출발, 1월 12일에 아하와강을 떠나, 5월 1일 예루살렘에 도착했다(스 7:9, 8:31-32).

- 예루살렘에 3일간 유하고, 제4일에 성전에서 은과 금과 기명을 다 계수하고 달아 보아, 그 중수를 당장에 책에 기록하였으며(스 8:32-34), 하나님께 번제와 속죄제를 드렸다(스 8:35).

- 왕의 조서를 왕의 관원과 강 서편 총독들에게 부치자, 저희가 백성과 하나님의 전을 도왔다(스 8:36).

- 10월 1일부터 1월 1일까지 대제사장, 제사장, 레위인, 노래하는 자, 이스라엘 중에서 이방 여인과 통혼한 자들을 조사하고, 그 명단을 낱낱이 공개하였다(스 10:16-44).

1. 귀환 목적과 시기
The purpose and timing of the return

제1차 바벨론 포로 귀환이 있은 지 79년 후인 주전 458년에 학사 겸 제사장 에스라(스 7:11-12, 21, 느 8:9, 12:26)의 지도하에 제2차 귀환이 있었습니다. 예루살렘에 성전이 건축되었는데도 거룩한 선민 공동체로서 합당한 모습을 갖추지 못하고 있던 유다인들에게, 2차 귀환을 통해 인적·물적으로 큰 지원이 이루어지고, 에스라의 대대적인 개혁 운동으로 유다인들 내부의 영적 문제들을 해결해 나가면서 신앙을 회복하는 계기가 되었습니다.

(1) 제2차 귀환 목적

① 성전을 중심으로 한 언약 신앙의 공동체를 온전히 회복하기 위함입니다.

포로 귀환의 지도자 에스라는 아닥사스다왕의 허락을 얻어 예루살렘으로 올라갈 뜻이 있는 자들을 모아 바벨론을 출발하였습니다(스 7:7-9). 그런데 에스라가 무리를 이끌고 아하와로 흐르는 강가에서 삼 일 동안 장막에 유하면서 귀환자들을 조사한즉, 그 가운데 레위 자손이 한 명도 없었습니다(스 8:15).

성전 제사에서 중추적 역할을 감당해야 할 레위인이 귀환에 전혀 응하지 않은 것은 심각한 문제였습니다. 제1차 귀환 때도 제사장은 4,289명이나 되었으나(스 2:36-39, 느 7:39-42), 레위인(문지기, 노래하는 자 포함)은 341명(혹은 360 - 느 7:43-45)밖에 모이지 않았습니다(스 2:40-42). 레위인은 예루살렘으로 돌아간다 할지라도 성전에서 감당할 일이 매우 힘들고, 보수도 일정치 않거나 너무 적을 것이기 때문에, 예루살렘으로 돌아가기보다는 오랜 기간 정착해 산 포로

지에 남으려 했을 것입니다. 이에 에스라는 성전 봉사자들을 모으기 위해 먼저 가시뱌라는 지역에 파송할 대표자들을 뽑았는데, '모든 족장 곧 엘리에셀과 아리엘과 스마야와 엘라단과 야립과 엘라단과 나단과 스가랴와 므술람을 부르고 또 명철한 사람 요야립과 엘라단'을 불렀습니다(스 8:16-17상). 그리고 가시뱌 지방의 족장인 잇도와 그 형제 느디님 사람들에게 할 말을 일러 주고, 하나님의 전을 위하여 수종들 자를 데리고 오도록 했습니다(스 8:17). 이때 하나님의 선한 손의 도우심을 입고 레위의 자손 말리의 자손 중에서 한 명철한 사람을 데려오고, 또 세레뱌와 그 아들들과 형제 18명, 그리고 하사뱌와 므라리 자손 중 여사야와 그 형제와 저의 아들들 20명을 데려왔습니다(스 8:18-19). 이렇게 38명의 레위인이 확보되었습니다. 또한, 레위 사람을 수종들게 한 그 느디님 사람 중에 220명을 데려왔고, 그들의 이름을 다 기록하였습니다(스 8:20).

이처럼 제2차 귀환에 동참할 레위인들과 느디님 사람들을 모은 사실을 중점적으로 기록한 것은, 제2차 귀환의 궁극적인 목적이 성전을 중심하여 하나님을 섬기는 언약 신앙의 공동체가 온전히 회복되게 하려는 데 있었음을 가르쳐 줍니다.

② 성전 제사의 회복에 필요한 큰 물질을 보충하기 위함입니다.

에스라는 바사의 왕과 모사들이 하나님께 드리는 은금과 바벨론 온 도(道)에서 은금을 얻었고, 또 바사에 있는 이스라엘 무리와 제사장들이 예루살렘 성전을 위해 즐거이 드린 예물을 받았습니다(스 7:15-16).

에스라 8:25-27 "저희에게 왕과 모사들과 방백들과 또 그곳에 있는 이스라엘 무리가 우리 하나님의 전을 위하여 드린 은과 금과 기명들을 달아서 주었으니 ²⁶내가 달아서 저희 손에 준 것은 은이 육백 오십 달란트요 은 기명이 일백 달란트요 금이 일백 달란트며 ²⁷또 금잔이 이십 개라 중수는 일천 다릭이요 또 아름답고 빛나 금같이 보배로운 놋그릇이 두 개라"

그 예물로는 각종 제사에 쓰이는 제물과 전제의 물품을 구입하도록 했습니다(스 7:17). 또한, 성전에서 하나님을 섬기는 데 필요한 기명을 받았고, 그 외에도 성전에서 필요한 무엇이든지 왕의 내탕고에서 취하여 가져가라는 파격적인 허락을 받았습니다(스 7:18-20). 그리고 아닥사스다왕은 "무릇 하늘의 하나님의 전을 위하여 하늘의 하나님의 명하신 것은 삼가 행하라 어찌하여 진노가 왕과 왕자의 나라에 임하게 하랴"라고 하며, 하나님의 전에서 일하는 자들에게는 조공과 잡세와 부세를 받지 않도록 하라고 명령했습니다(스 7:23-24).

이러한 조치들로 귀환자들의 공동체가 성전을 중심으로 하나님을 섬기는 데 필요한 재정적인 뒷받침이 이루어지게 되었습니다.

③ 에스라로 하여금 하나님의 율법을 가르치도록 하기 위함입니다.

에스라는 아닥사스다왕으로부터 종교 지도자로서 율법을 가르치라는 명령과(스 7:25), 행정 지도자로서 왕이나 유사와 같은 역할을 할 수 있는 큰 권세까지 부여 받았습니다. 에스라 7:26에 "무릇 네 하나님의 명령과 왕의 명령을 준행치 아니하는 자는 속히 그 죄를 정하여 혹 죽이거나 정배(定配: 귀양 보냄)하거나 가산을 적몰하거나 옥에 가둘지니라 하였더라"라고 말씀하고 있습니다.

이와 같은 아닥사스다왕의 호의에 대하여, 에스라는 '하나님께서 왕의 마음에 예루살렘 여호와의 전을 아름답게 할 뜻을 두시고, 왕과 그 모사들의 앞과 왕의 권세 있는 모든 방백의 앞에서 은혜를 얻게 하셨다'라고 하나님을 찬미하였습니다(스 7:27-28). 전적인 하나님의 은혜로 왕의 적극적인 지원에 힘입어, 에스라는 제2차 귀환의 지도자로서 하나님의 말씀으로 개혁 운동에 박차를 가할 수 있었던 것입니다.

(2) 제2차 귀환 시기

이스라엘 백성이 주전 458년 바사(페르시아) 왕 아닥사스다 1세 제7년에 학사 겸 제사장인 에스라의 인도로 바벨론에서 제2차로 귀환하였습니다(스 7:7-9). 이때는 제1차 귀환 후 79년이 지났을 때이고, 주전 516년에 예루살렘 성전이 재건되고 58년이 지난 때였습니다. 이 58년이 지나는 동안에 바사의 왕들도 계속 바뀌었는데, 캄비세스 2세(주전 530-522년), 바르디야(주전 522년), 다리오 1세(주전 522-486년), 아하수에로(주전 486-465/464년)를 지나, 제2차 귀환 때는 아닥사스다 1세(주전 464-423년)가 통치하고 있었습니다.

(3) 제2차 귀환 계기

주전 516년 예루살렘 성전이 완성되고 제2차 귀환이 있은 주전 458년까지는 약 58년의 시간이 흘렀습니다.
그 가운데 아하수에로왕(주전 486-465/464년)이 통치하던 시기에 '에스더 사건'이 발생하였으며, 이 사건은 제2차 바벨론 포로 귀환을 준비케 하시는 하나님의 절대적인 섭리의 결과였습니다.

이때의 일을 정리하면 다음과 같습니다.

아하수에로왕은 아각 사람 함므다다의 아들 하만의 지위를 높이 올려 함께 있는 모든 대신 위에 두었습니다. 대궐 문에 있는 왕의 모든 신복이 다 왕의 명대로 하만에게 꿇어 절하였습니다. 그러나 유다 사람 모르드개는, 왕의 신복들이 날마다 권해도 듣지 않고 하만에게 꿇지도 않고 절하지도 않았습니다(에 3:1-4). 이에 신복들이 이 일을 하만에게 고하였고, 하만은 심히 노하였습니다(에 3:5).

신복들이 하만에게 모르드개가 유다 민족임을 전하자, 하만은 "모르드개만 죽이는 것이 경하다" 하고 "아하수에로의 온 나라에 있는 유다인 곧 모르드개의 민족을 다 멸하자"라고 하였습니다(에 3:6). 이에 무리가 하만 앞에서 날과 달에 대하여 '부르' 곧 제비를 뽑았는데, 아달월 곧 12월을 얻었습니다(에 3:7). 제비를 뽑은 때는 아하수에로왕 제12년 니산월(정월)로, 에스더가 왕후로 간택된 지 5년째 되는 해였습니다(에 2:16-17, 3:7).

하만은 모르드개와 함께, 왕의 총애를 한 몸에 받고 있는 왕후 에스더까지 죽일 속셈으로, 왕에게 '유다 민족'이라 하지 않고 '한 민족'이라 하여 교묘하게 속이고, '그 법률이 만민(萬民)보다 달라서 왕의 법률을 지키지 아니하오니 용납하는 것이 왕에게 무익하니이다 왕이 옳게 여기시거든 조서를 내려 저희를 진멸하소서'라고 참소함으로써 왕이 부지중에 유다 민족을 증오하여 진멸하도록 왕을 자극했습니다(에 3:8-9). 아하수에로왕은 그 '한 민족'이 왕후 에스더의 유다 민족인 줄은 전혀 알지 못한 채, 왕의 반지를 빼어 하만에게 맡기고 하만의 소견대로 할 것을 허락했습니다(에 3:10-11).

하만은 왕의 허락을 받아 낸 정월 13일에 서기관들을 소집하여 조서를 작성케 했습니다(에 3:12-13). 그 내용은, 12월 13일 하루 동안에 모든 유다인을 '노소나 어린아이나 부녀를 무론하고 죽이고 도륙하고 진멸하고 재산을 탈취하라'(에 3:13)라는 것이었습니다. 하만은 이 일을 완벽하게 진행하려고 아하수에로왕에게 은 1만 달란트(340톤)를 왕의 부고(府庫: 왕실 보물 창고)에 드리기로 약속했습니다(에 3:9).

모르드개는 이 모든 일을 알고, 그 옷을 찢으며 굵은 베를 입고 재를 무릅쓰고 성중에 나가서 대성통곡하였고, 각 지방의 유다인도 애통하여 금식하며 곡읍하며 부르짖고 굵은 베옷을 입고 재에 누운 자가 무수하였습니다(에 4:1-3). 이러한 소식을 들은 에스더는 내시 하닥을 모르드개에게 보내어 자초지종을 알아보게 하였고, 비로소 유다 민족이 몰살될 위기에 있다는 소식을 전해 들었습니다(에 4:5-9).

이때 사촌 모르드개는 에스더에게 "너는 왕궁에 있으니 모든 유다인 중에 홀로 면하리라 생각지 말라 이때에 네가 만일 잠잠하여 말이 없으면 유다인은 다른 데로 말미암아 놓임과 구원을 얻으려니와 너와 네 아비 집은 멸망하리라 네가 왕후의 위를 얻은 것이 이때를 위함이 아닌지 누가 아느냐"(에 4:13-14)라고 전했습니다. 모르드개는 바사 제국 내에 있는 유다 민족에 대한 하나님의 보호 섭리를 강하게 확신하고 있었던 것입니다.

에스더는 이 말을 듣고, 3일 동안 금식의 기한을 정해 놓고 모르드개에게 수산에 있는 유다인을 다 모아 금식하도록 부탁하고, 자기의 시녀까지 모두 금식하고 기도하도록 했습니다(에 4:15-16).

에스더는 왕께 나아가지 못한 지가 30일이나 되었으며(에 4:11), 누구든지 왕의 부름 없이 안뜰에 들어가서 왕께 나아가면 죽는다는 사실을 알고 있었습니다. 그럼에도 불구하고 에스더는 3일 금식 후 '죽으면 죽으리이다' 하는 각오로 왕께 나아갔으며(에 4:16), 왕은 금홀을 그녀에게 내밀었습니다(에 5:1-2). 그리고 "왕후 에스더여 그대의 소원이 무엇이며 요구가 무엇이뇨 나라의 절반이라도 그대에게 주겠노라"(에 5:3)라고 하였으나, 에스더는 왕의 물음에 대한 답을 유보하고 왕이 하만과 함께 자기가 베푼 잔치에 오기를 청하였습니다(에 5:4). 왕은 하만을 급히 불러 에스더가 베푼 잔치에 나아갔습니다. 술을 마실 때, 왕이 에스더에게 "그대의 소청이 무엇이뇨 곧 허락하겠노라 그대의 요구가 무엇이뇨 나라의 절반이라 할지라도 시행하겠노라"라고 말했습니다(에 5:5-6). 이에 에스더는 또 왕의 물음에 대한 답을 유보하고, 왕과 하만을 위하여 베푸는 잔치에 또 나아오는 것이 자기의 소청이라고 하였습니다(에 5:7-8).

잔치에 참석했던 하만이 기뻐 즐거이 대궐을 나오는데, 모르드개가 대궐 문에 있어 일어나지도 않고 몸을 움직이지도 않는 것을 보고 심히 노하였으나 참고 집에 돌아왔습니다. 하만이 모르드개 때문에 불쾌했던 마음을 하만의 아내 세레스와 모든 친구들에게 말하자, 그들은 '모르드개를 50규빗(약 22.8m) 되는 높은 나무에 달기를 왕에게 구하라'라고 제안하였습니다(에 5:14).

그런데 에스더가 베푼 첫 잔치가 있은 그날 밤에 왕이 잠이 오지 않아 역대 일기를 읽다가, 왕의 목숨을 노려 음모를 꾸민 두 내시 빅단(빅다나)과 데레스의 반역(에 2:21-23)이 모르드개에 의해 고발되었던 사실을 발견하였습니다(에 6:1-2). 반역을 꾀한 두 사람은 최악의 범죄자였기에 나무에 달려 처형되었는데(에 2:23), 그들의 반역을 고발하여 대제국 바사 왕의 목숨을 구하는 큰 공을 세운 모르드개는 5년이 지나도록 아무 보상도 받지 못한 것을, 아하수에로왕이 뒤늦게 확인한 것입니다.

왕은 당장에 "누가 뜰에 있느냐?"(에 6:4)라고 급히 사람을 불렀고, 마침 하만이 자기가 세운 나무에 모르드개 달기를 왕께 구하고자 하여 왕궁 바깥뜰에 와 있었으므로, 그를 들어오게 하였습니다. 그리고 왕이 하만에게 "왕이 존귀케 하기를 기뻐하는 사람에게 어떻게 하여야 하겠느뇨"라고 묻자, 하만은 심중(心中)에 "나 외에 누구리요"(에 6:6)하고 허탄한 공명심에 빠져 흥분하여, "왕의 입으시는 왕복과 왕의 타시는 말과 머리에 쓰시는 왕관을 취하고 그 왕복과 말을 왕의 방백 중 가장 존귀한 자의 손에 붙여서 왕이 존귀케 하시기를 기뻐하시는 사람에게 옷을 입히고 말을 태워서 성중 거리로 다니며, 그 앞에서 반포하기를 왕이 존귀케 하기를 기뻐하시는 사람에게는 이같이 할 것이라 하게 하소서"라고 고하였습니다(에 6:8-9). 이에 왕이 "유다 사람 모르드개에게 네가 말한 것에서 조금도 빠짐이 없이 하라"(에 6:10)라고 하였고, 하만의 제안대로 모르드개가 크게 존귀함을 받았습니다. 하만은 자기가 그렇게 존귀케 함을 받고 싶어서 왕에게 고했던 것인데, 상황이 완전히 반전되고 말았습니다.

그 후 왕이 하만과 함께 둘째 날 잔치에 나아갔습니다. 왕이 술을 마실 때 에스더에게 "그대의 소청이 무엇이뇨 곧 허락하겠노라 그대의 요구가 무엇이뇨 곧 나라의 절반이라 할지라도 시행하겠노라"(에 7:2)라고 세 번째 묻자(참고-첫 번째와 두 번째 - 에 5:3, 6), 이에 비로소 왕후 에스더는 "내 생명을 내게 주시고 내 요구대로 내 민족을 내게 주소서 나와 내 민족이 팔려서 죽임과 도륙함과 진멸함을 당하게 되었나이다"(에 7:3-4)라고 하였습니다. 왕이 노하여 "감히 이런 일을 심중에 품은 자가 누구며 그가 어디 있느뇨"라고 묻자, 왕후 에스더는 "대적과 원수는 바로 이 악한 하만이니이다"라고 대답하였습니다(에 7:5-6).

왕이 크게 노하여 술자리에서 일어나 후원으로 들어가고, 다급해진 하만은 일어서서 왕후 에스더에게 생명을 구했습니다(에 7:7). 그런데 왕이 후원으로부터 돌아왔을 때 하필이면 하만이 왕후 에스더의 앉은 걸상 위에 엎드려 있었는데, 그것을 본 왕의 입에서 "저가 궁중 내 앞에서 왕후를 강간까지 하고자 하는가"라는 말이 나오자 무리가 하만의 얼굴을 쌌습니다(에 7:8).

왕을 모신 내시 중에 하르보나(일곱 내시 중 한 사람 - 에 1:10)가, 하만이 모르드개를 달고자 하여 50규빗(약 22.8m) 되는 나무를 하만의 집에 준비해 세웠다고 보고하자, 왕이 "하만을 그 나무에 달라"라고 명하였고, 하만을 그 나무에 달고 나서야 왕의 노가 그쳤습니다(에 7:9-10). 당일에 아하수에로왕이 유다인의 대적 하만의 집을 왕후 에스더에게 주었고, 왕이 하만에게 거둔 반지를 빼어 모르드개에게 주었습니다. 에스더는 모르드개에게 하만의 집을 주관하게 하였습니다(에 8:1-2).

에스더는 왕에게 두 번째로 "아각 사람 함므다다의 아들 하만이 왕의 각 도에 있는 유다인을 멸하려고 꾀하고 쓴 조서를 취소하소서"라고 구하였습니다(에 8:3-5). 아하수에로왕은 시완월 곧 3월 23일에 왕의 서기관을 소집하였고, 그들은 모르드개가 시키는 대로 조서를 썼습니다(에 8:9ᵃ). 그리고 인도로부터 구스까지 127도 유다인과 대신과 방백과 관원에게 그 조서를 전할 때, 각 도의 문자와 각 민족의 방언과 유다인의 문자와 방언대로 썼습니다(에 8:9ᵇ). 그리고 그 조서는 아하수에로왕의 명의로 쓰고 왕의 반지로 인을 쳤으며, 왕궁에서 길러서 왕의 일에 쓰는 준마(駿馬)를 타는 역졸들에게 부치도록 했습니다(에 8:10). 조서 내용에는 각 성에 사는 유다인들이 함께 모여서 목숨을 지킬 수 있도록 했으며, 뿐만 아니라 각

도의 백성 중에 세력을 가지고 유다인을 치려 하는 자들은 물론 그들의 아내와 자식들까지 다 죽이고 도륙하고 진멸하고 또 그들의 재산까지도 빼앗을 수 있게 하였습니다(에 8:11). 이것을 12월(Adar, 아달월) 13일 하루 동안에 행하도록 하였습니다(에 8:12, 참고 3:13). 그날에 유다인들이 바사의 각 도, 각 읍에 모여 자기를 해하고자 하는 자를 죽이려 하니 모든 민족이 저희를 두려워하여 능히 막을 자가 없었습니다(에 9:1-2). 각 도의 모든 관원과 대신과 방백과 왕의 사무를 보는 자들이 다 모르드개를 두려워하여 유다인을 도왔으며, 모르드개는 왕궁의 높은 자리를 차지하여 세력이 점점 커졌고 그의 명성은 각 도에 퍼졌습니다(에 9:3-4).

마침내 12월 13일, 유다인이 칼로 그 모든 대적을 쳐서 도륙하고 진멸하고 유다인을 미워하는 자에게 마음대로 행하고, 도성 수산에서는 500인을 죽이고 멸하였습니다(에 9:5-6). 또한, 하만의 열 아들을 한꺼번에 죽였는데, 그들의 이름은 '바산다, 달본, 아스바다, 보라다, 아달리야, 아리다아, 바마스다, 아리새, 아리대, 왜사다'입니다(에 9:7-10).

그날에 아하수에로왕에게 도성 수산에서 도륙한 자의 수효(500인)를 고하자, 왕이 왕후 에스더에게 "... 이제 그대의 소청이 무엇이뇨 곧 허락하겠노라 그대의 요구가 무엇이뇨 또한 시행하겠노라"라고 하였고, 에스더는 수산에 거하는 유다인으로 하여금 다음 날(12월 14일)도 12월 13일처럼 조서대로 행하게 하고, 하만의 열 아들의 시체를 나무에 달게 해 달라고 간청하였습니다(에 9:11-13). 왕이 그대로 행하기를 허락하고 12월 14일에 조서를 수산에 내리니, 하만의 열 아들이 나무에 달렸습니다(에 9:14). 이렇게 유다인의 대적 아각 자손(에 3:1)인 하만 일가가 완전히 진멸됐다는 사실을 공개함으로써, 유다인을 미워하는 자들에게 엄중하게 경고한 것입니다(참고-신 21:22-23, 삼상 31:10, 스 6:11). '아각'은 아말렉 족속의 왕으로(삼상 15:8), 아각 사람 하만 일가의 진멸은 하나님께서 '아말렉을 도말하여 천하에서 기억함이 없게 하리라'라고 말씀하신 것과 또한 '아말렉으로 더불어 대대로 싸우리라'라고 맹세하신 말씀이 역사 속에서 성취된 것입니다(출 17:14-16, 참고-신 25:17-19, 삼상 15:1-3, 민 24:20).

그리고 12월 14일에 수산성에서만 300인을 다시 도륙하였으며, 다른 지방의 유다인들도 모여서 자기 생명을 지키고, 원수들을 물리쳤습니다. 유다인은 자기들을 미워하던 사람 7만 5천 명을 죽였으나, 그들의 재산에는 손을 대지 않았습니다(에 9:15-16).

참으로 12월 13일과 14일은 유다인 최후의 날이 아니라 유다인 대적의 최후의 날이 되었습니다. 대적의 세력이 완전히 소탕된 날이요, 유다인들에게는 한없는 영광과 기쁨의 날이었습니다. 유다인들은 14일에 쉬며 잔치를 베풀었고, 도성 수산에서는 이틀간(12월 13일-14일) 대적을 도륙했으므로 15일에 쉬며 잔치를 베풀어 즐겼습니다(에 9:17-18). 그러므로 모든 촌촌의 유다인, 곧 성이 없는 고을 고을에 거하는 자들이 12월 14일을 경절로 삼아 잔치를 베풀고 즐기며 서로 예물을 주고 받았습니다(에 9:19).

모르드개는 아하수에로가 다스리는 모든 유다인들에게 편지를 보내어, 해마다 12월 14일과 15일을 명절로 지키도록 했습니다(에 9:20-22). 유다인들을 한 날에 없애기 위해서 뽑은 '제비'를 뜻하는 '부르'(פּוּר)라는 말을 따라, 이 두 날을 복수형으로 '부림'(פּוּרִים)이라 부르게 되었습니다(에 9:23-26). 유다인이라면 어느 민족 중에서, 어느 지방, 어느 성에 살든지 누구나 이 두 날을 기억하고 지키기로 했고(에 9:27), 유다 자손들이 영원히 기억하여 기념하는 날이 되었습니다(에 9:21-22, 26-28).

이 에스더 사건이 일어난 때는 아하수에로왕 제12년(에 3:7)인 주전 474년입니다. 꺼져 가는 언약의 등불을 밝힌 역사적인 대사건이었습니다. 이때로부터 16년이 지난 주전 458년에 제2차 포로 귀환이 이루어졌습니다. 제2차 귀환은 제1차 귀환이 있은 지 79년째에 이루어졌습니다. 바사 제국 127도에 흩어져 있던 유다인의 마음이 무섭게 뒤흔들렸고 하루에 유다인이 진멸당할 뻔했다가, 하나님의 절대 주권 섭리 가운데 기적적으로 구원 받은 이 사건이, 제2차 포로 귀환의 중요한 계기가 되었을 것입니다.

2. 귀환자와 귀환 당시 상황
The returnees and the circumstances at the time of return

(1) 제2차 귀환자

에스라는 '왕에게 구하는 것은 다 받는 자'로서(스 7:6), 왕의 허락을 받고 왕의 보병과 마병을 거느릴 수도 있었습니다. 그러나 그것을 거부하고 오직 '하나님의 선한 손'의 도우심만을 구함으로써 안전하게 귀환하는 데 성공하였습니다(스 8:21-23). 제2차 귀환자는 남자 1,496명, 레위인 38명, 수종자 220명 등으로 대략 1,775명이었습니다(스 8:1-20).

제2차 귀환을 위해 모인 무리 중에 많게는 스가냐 자손이 300명, 요압 자손이 218명, 바핫모압 자손이 200명, 슬로밋 자손이 160명, 스가냐 자손이 150명이나 모였습니다(스 8:3-5, 9-10). 게다가 제1차 때 이미 귀환한 자손의 후손 중에 아홉 자손이 또다시 귀환을 결단하고 모였습니다. 제1차 귀환자 수는 에스라 2장 기준입니다.

구분	스가냐 (바로스) 자손	바핫모압 자손	아딘 자손	엘람 자손	스바댜 자손	브배 자손	아스갓 자손	아도니감 자손	비그왜 자손
1차 귀환자 수	2,172	2,812	454	1,254	372	623	1,222	666	2,056
2차 귀환자 수	150	200	50	70	80	28	110	60	70
1차 + 2차	2,322	3,012	504	1,324	452	651	1,332	726	2,126

아닥사스다왕은 그가 내린 조서의 초본을 통해 "우리나라에 있는 이스라엘 백성과 저희 제사장들과 레위 사람들 중에 예루살렘으로 올라갈 뜻이 있는 자는 누구든지 너와 함께 갈지어다"(스 7:13)라고 공포하였습니다. 그리고 아닥사스다왕은 그의 조서에 에스라가 유다와 예루살렘의 정형을 살피는 일을 순적하게 할 수 있도록, 에스라가 '왕과 일곱 모사의 보냄을 받았다'고 기록하여, 에스라의 권한을 강하게 해 주었습니다(스 7:14).

(2) 제2차 귀환 때 가지고 나온 재물

제2차 귀환자들은 아하와 강가에서 금식하며 귀환자들과 그에 딸린 어린아이들, 그리고 소유물을 위하여 평탄한 길을 하나님께 간구하였습니다(스 8:21). 아하와 강가에서 금식하며 기도한 후에, 에스라는 제사장의 두목 중 열두 명을 따로 세워, 왕과 모사들과 방백들과 또 바사에 있는 이스라엘 무리가 하나님의 전을 위하여 바친 은과 금과 기명들을 달아 주어서 이 제사장들과 레위 사람들이 그 모든 것을 예루살렘 하나님의 전으로 가져가게 하였습니다(스 8:24-25, 28-30). 그것들은 은이 650달란트(22,100㎏), 은 기명이 100달란트(3,400㎏), 금이 100달란트(3,400㎏), 금잔이 20개, 또 아름답고 빛나 금같이 보배로운 놋그릇이 두 개였습니다(스 8:26-27, 참고-스 7:15-16).

그리고 1월 12일에 아하와강을 떠나 마침내 예루살렘에 도착하였습니다(스 8:31). 바벨론에서 아닥사스다왕 제7년 1월 1일에 떠났고 예루살렘에 5월 1일에 도착하였으므로, 약 4개월이 걸린 것입니다(스 7:9).

실제 여행 거리는 약 1,500㎞가 넘는 험한 노정이었지만, 하나님의 선하신 손이 귀환하는 자들을 도우셔서, 대적과 길에 매복한 자의 손에서 건져 주셨습니다(스 8:31).

귀환민들은 예루살렘에 도착하여 3일간 유하고, 제4일에 하나님의 전에서 은과 금과 기명을 전하니 제사장 므레못의 책임 하에 다 계수하고 달아 보고 그 중수를 당장 책에 기록하였습니다(스 8:32-34). 그리고 이스라엘 전체를 위하여 하나님께 번제(수송아지 12, 숫양 96, 어린 양 77마리)와 속죄제(숫염소 12마리)를 드렸습니다(스 8:35). 무리가 또 왕의 조서를 왕의 관원과 강 서편 총독들에게 부치매, 저희가 백성과 하나님의 전을 도왔습니다(스 8:36).

(3) 에스라의 개혁 운동
① 학사 겸 제사장 에스라

제2차 귀환의 지도자는 '에스라'(עֶזְרָא)이며, 그 이름의 뜻은 '여호와께서 도우신다'입니다. 에스라는 대제사장 아론의 후손으로(스 7:1-5, 참고-대상 6:3-15, 49-53) 제사장이었으며, 학사(서기관)를 겸한 지도자였습니다(스 7:6, 11, 12, 21, 10:10, 16, 느 8:1, 2, 4, 5, 9, 13, 12:26).

"바사 왕 아닥사스다가 위에 있을 때에 에스라라 하는 자가 있으니"(스 7:1上)라는 기록과 "그 하나님 여호와의 도우심을 입으므로 왕에게 구하는 것은 다 받는 자더니"(스 7:6下)라는 기록을 볼 때, 에스라가 활동을 시작한 시기는 바사 왕 아닥사스다가 즉위한 해인 주전 464년으로 추정할 수 있습니다. 또한, 느헤미야 12:26에서는 대제사장 '요사닥의 손자 예수아의 아들 요야김' 때에 에스라가 함께 활동한 것으로 기록하고 있으며, 또한 에스라가 방백(총독) 느헤미야와도 함께 활동한 것으로 기록하고 있습니다. 특별히 대제사장 요야김은 예수아(여호수아)의 아들(느 12:10, 26)이고, 여호수아는 여호사닥의 아들(학 1:1, 12, 14, 2:2, 4, 슥 6:11)이며, 여호사닥은 주전 586년 남 유다가 멸망할 때의 대제사장이었던 스라야의 아들입니다(왕하 25:18-20, 대상 6:14-15).

바벨론에서 출생한 에스라는 바벨론에서 얻은 모든 기득권을 버리고, '여호와의 율법을 연구하여 준행하며 율례와 규례를 이스라엘에게' 가르치기로 결심한 율법에 익숙한 학사였습니다(스 7:6, 10). 에스라 7:6의 '익숙한'은 히브리어로 '마히르'(מָהִיר)로서, '민첩한, 능숙한'이란 뜻이며, 제사장 에스라가 하나님의 율법에 능숙하게 통달하고 있었음을 뜻합니다. 그러므로 에스라는 율법의 어느 곳에 어느 내용이 있는지를 누구보다 재빨리 알아낼 수 있었고, 또 그것을 민첩하게 준행하는 사람이었던 것입니다. 국가적 대혼란기에 학사 겸 제사장이었던 에스라는, 유다 역사에 변화의 첫 물꼬를 튼 위대한 개척자였습니다.

'학사'는 히브리어로 '쓰다'라는 뜻을 가진 '사파르'(סָפַר)의 분사로서, 명사적 용법으로는 '쓰는 자' 곧 '서기관'을 뜻합니다. 당시 서기관들은 포로에서 귀환한 백성에게 모세의 율법을 연구하고 가르침으로써, 이방의 우상들을 제거하고 여호와 신앙을 회복하는 일에 주력하였습니다. 주의 사역자는 하나님의 말씀을 가르치는 것이 평생의 사명이 되어야 함은 물론이고, 에스라처럼 먼저 하나님의 말씀을 '연구'하며, '준행'하며, '가르치기'에 힘써야 할 것입니다.

② 에스라의 개혁 운동

에스라의 개혁 운동은 여러 가지 모습으로 진행되었습니다.

바벨론에서 귀환한 에스라는, 백성과 제사장과 레위인이 이방과 결혼하고 방백과 두목이 앞장서서 이스라엘 백성을 이방과 연혼시킨 것을 알고, 그 죄를 걸머지고 자복했습니다. 그때 많은 백성이 심히 통곡하며, 이방 여인과 그 소생을 내어 보내기로 결단하고 하나님과 언약을 세우며 하나님의 진노가 떠나기를 바랐습니다(스 9:1-15, 10:1-14). 10월 1일부터 1월 1일까지 석 달간 대제사장, 제사장, 레위인, 노래하는 자, 이스라엘 중에서 이방 여인과 혼인한 자들에 대한 조사를 마치고 그 명단을 낱낱이 공개하였습니다(스 10:16-44).

첫째, 하나님의 전 앞에 죄를 자복하고 울며 기도하였습니다.

모든 개혁은 기도와 회개로 시작되어야 합니다. 에스라가 예루살렘에 도착했을 때, 이스라엘 백성이 성전 재건 이래 58년이 지나는 동안 이방 여인들과 혼인해 온 사실을 알게 되었습니다. 에스라는 속옷과 겉옷을 찢고 머리털과 수염을 뜯으며 기가 막혀 앉아 있었습니다(스 9:1-3). 그리고 저녁 제사를 드릴 때에 옷을 찢은 그대로 일어나 하나님의 전 앞에 엎드려 울며 기도하며 죄를 자복하였습니다(스 9:5-15). 이때 많은 백성이 심히 통곡하매 큰 무리가 그 앞에 모였고(스 10:1), 백성 중에 한 사람 스가냐가 먼저 에스라에게 나아와서 회개와 율법 준수를 결단하였습니다(스 10:2-3). 기도와 회개가 없는 개혁은 참된 개혁이 아닙니다. 회개와 기도가 있을 때에만 그 개혁은 승리할 수 있습니다.

둘째, **스가냐의 회개와 결단, 그리고 백성의 맹세가 있었습니다.**

에스라와 백성이 죄를 자복하며 통곡할 때, 엘람 자손 중 여히엘의 아들 스가냐가 '우리가 하나님께 범죄하여 이방 여자를 취하여 아내를 삼았다'라고 죄를 자복하였습니다(스 10:2). 그는 '이방에서 얻은 모든 아내와 그 소생까지도 다 내어 보내기로 하나님과 언약을 세우고 율법대로 행하겠다'라고 선언하며(스 10:3), 에스라에게 "일어나소서 우리가 도우리니 힘써 행하소서"라고 용기를 북돋우어 주었습니다(스 10:4). 이에 에스라가 일어나 제사장들과 레위 사람들과 온 이스라엘에게 이 말대로 행하기를 맹세케 하매 무리가 맹세하였습니다(스 10:5).

셋째, **이스라엘 총회가 소집되었습니다.**

에스라는 하나님의 성전 앞에서 일어나 엘리아십의 아들 여호하난의 방으로 들어갔습니다. 에스라는 포로로 잡혀 갔다가 돌아온 백성이 또 죄를 지은 일로 인하여 근심하며, 떡도 먹지 않고 물도 마시지 않았습니다(스 10:6). 이스라엘의 총회를 예루살렘에 소집하고, 누구든지 3일 내에 오지 않으면 재산을 다 적몰(籍沒)*하고 선민 공동체에서 제하여 버리겠다고 강력하게 선포하였습니다(스 10:7-8).

모든 사람이 3일 내에 예루살렘에 다 모였는데, 이때가 9월 20일 이었습니다. 사람들이 능히 밖에 서 있지 못할 정도로 큰 비가 쏟아졌으며, 그로 인하여 백성의 마음속에 죄로 인한 떨림이 가득해졌습니다(스 10:9, 13). 에스라는 "이제 너희 열조의 하나님 앞에서 죄를 자복하고 그 뜻대로 행하여 이 땅 족속들과 이방 여인을 끊어 버리라"라고 명하였고(스 10:11), 총회의 무리는 큰 소리로 "당신의 말씀대로 우리가 마땅히 행할 것이니이다"(스 10:12)라고 대답하였습니다.

그러나 이 일은 하루 이틀에 할 수 있는 일이 아니었기 때문에, 이 일을 담당할 방백을 세우고 기한을 정하여, 이방 여인과 혼인한 사람들은 자기가 속한 본성의 지도자인 장로나 재판관들과 함께 기한 내에 와서 이 일을 처리하도록 하자는 의견이 제시되었습니다. 오직 요나단과 야스야가 이 일을 반대하고, 므술람과 레위 사람 삽브대가 저희를 도왔습니다(스 10:13-15). 에스라가 종족을 따라 지명된 족장 몇 사람을 세워 이 일을 위임하고, 10월 1일부터 1월 1일까지 3개월 동안 이방 여자와 혼인한 자의 일을 자세하고 신중하게 조사하기를 마쳤습니다(스 10:16-17).

넷째, 이방 여인과 혼인한 자들의 명단이 공개되었습니다.

에스라 10장에는 3개월간 조사한 끝에 얻은, 이방 여인과 혼인한

---

*호적 적(籍), 빠질 몰(沒): 죄인의 재산을 몰수하고 그 가족까지 벌하던 일.

자들의 명단을 낱낱이 공개하였는데, 대제사장 집안 5명(18절), 제사장 집안 13명(20-22절), 레위인 10명(23-24절), 평민 86명(25-43절) 등 도합 114명이었습니다. 이 명단을 보면, 백성보다 지도자들 가운데 죄가 더 크게 만연해 있었음을 알 수 있습니다(스 9:2). 에스라 2장에 언급된 제1차 귀환자 명단 가운데 제사장의 비율은 약 10% 정도인데, 이방 여자와 혼인한 자들의 명단 가운데 제사장의 비율은 약 15%나 됩니다. 이것은 지도자들이 앞장서서 죄를 지었음을 보여 줍니다.

또 에스라 10:44에는 "... 그중에 자녀를 낳은 여인도 있었더라"라고 했으니, 이 개혁으로 인해 많은 사람이 아내뿐만 아니라 자녀와도 생이별해야 하는 쓰라린 아픔을 감수해야 했습니다. 하나님의 구속 경륜을 이루기 위해 말씀의 뜻대로 하는 개혁은, 육정을 끊는 아픔까지도 능히 참고 견디며 이겨 내야 하는 것입니다(마 10:37).

앞에서 본 바와 같이, 주전 516년 성전이 건축된 후 58년 동안 유다인들이 영적으로 침체되어 있을 때, 하나님께서는 모르드개와 에스더를 통해 제2차 귀환의 영적 터전을 준비하게 하셨던 것입니다.

제1차 귀환 후 어렵게 성전 건축을 마치고도 타락의 길을 걷고 있던 자기 백성을 위해, 하나님께서는 제2차 귀환과 함께 학사 겸 제사장 에스라를 바벨론에서 예루살렘으로 불러 올리셨습니다(스 7:6-9). 하나님께서는 에스라를 통해 온 백성이 회개하고 각성하여 믿음의 순수성을 회복할 수 있도록, 크신 긍휼과 사랑을 베풀어 주셨던 것입니다.

제3차 귀환(주전 444년) - 제2차 귀환 후 14년째 / 느 1-13장
The third return (444 BC) - 14 years after the 2nd return / Neh 1-13

▶ 지도자: 느헤미야(뜻: 여호와의 위로)
- 바사 왕 아닥사스다의 술 맡은 관원(느 1:1, 11)
- 아닥사스다 제20-32년까지 12년간 유다의 총독(느 2:1-10, 5:14, 13:6)

▶ 바사 왕: 아닥사스다 1세 제20년(느 1:1, 2:1)

▶ 귀환 계기
- 아닥사스다 20년(주전 444년) 기슬르월(9월)에 느헤미야가 예루살렘성이 훼파되고 성문들이 불타 버렸다는 소식을 들었다(느 1:1-3). 느헤미야는 아닥사스다 20년 니산월까지, 4개월이나 나라와 민족을 위해 슬퍼하며 금식하며 기도하였다(느 1:4-2:2). 마침내 하나님의 선한 손의 도우심으로(느 2:8, 18), 아닥사스다 왕에 의해 유다의 총독으로 임명되어 예루살렘에 이르러 성벽을 중건하게 된다.

▶ 귀환 목적
- 느헤미야를 유다 땅의 총독으로 세워, 예루살렘 성벽을 중건케 하고 유다 공동체의 질서를 세우기 위함이었다(느 2:5-8, 5:14, 13:6).

▶ 귀환자: 느헤미야 단 한 사람만 기록되었다(느 2:1-11).

▶ 귀환 때 가지고 나온 재물
- 일찍이 예루살렘 성벽 재건을 중단시킨 바 있는 바사 왕 아닥사

스다가(스 4:7-24), 느헤미야의 간청을 듣고 다시 성벽 재건을 허락하고 적극적으로 건축 재료까지 도왔다(느 2:1-9). 이는 하나님의 손이 도우신 결과였다(느 2:8, 18).

> **귀환 당시 주요 사건**
> - 느헤미야는 아닥사스다왕 제20년 니산월(1월)에 왕의 허락 즉시 출발했을 것이며(느 2:1), 제2차 귀환 때처럼 약 4개월이 걸려 5월 1일에 도착했을 것이다(느 2:11, 6:15, ^{참고}스 7:9).
> - 성벽 재건에 대해 산발랏, 도비야 및 게셈 등 대적들의 방해 공작이 극심하였다(느 4:1-14).
> - 예루살렘에 도착하여 엘룰월 곧 6월 25일까지 52일 만에 성벽을 재건하였고(느 6:15), 에스라가 율법을 가르치고(느 8:1-12), 7월에는 초막절을 지켰으며(느 8:13-18), 7월 24일에 모여 회개한 후 언약에 인쳤고(느 9:1-38, 10:1-27), 그 후 성벽 낙성식을 거행하였다(느 12:27-43).
> - 이스라엘 가운데 섞인 무리를 몰수히 분리하였다(느 13:1-3).

1. 귀환 목적과 시기

The purpose and timing of the return

(1) 제3차 귀환 목적

제1차 귀환 때 하나님께서는 성전을 건축하게 하심으로써 유다 백성을 구속사의 주역으로 다시 회복시켜 주셨습니다. 제2차 귀환 때는 에스라 선지자의 개혁을 통하여 내면적인 신앙 회복을 이루게 해 주셨습니다. 이제 제3차 귀환 때는, 성벽 재건을 통하여 외부로부터의 공격을 차단하고, 개혁과 부흥 운동을 통하여 선민의 성결함을 회복시켜 주셨습니다.

바벨론 포로 제1차 귀환과 제2차 귀환은, 제3차 귀환 때 이루어진 성벽 재건과 개혁 운동으로 결실을 맺게 되었으며, 유다는 다시 구속사를 이끌어 갈 하나님의 백성으로서의 면모를 갖추게 되었던 것입니다.

(2) 제3차 귀환 시기

아닥사스다왕 제20년인 주전 444년에 제3차 귀환이 이루어집니다. 느헤미야가 형제 하나니를 통해 예루살렘성이 훼파되고 성문들이 소화되었다는 소식을 들은 것은 아닥사스다왕 제20년 기슬르월(Chislev, 9월)이었습니다(느 1:1-3). 그리고 느헤미야가 왕에게 예루살렘 성벽 중건을 허락해 달라고 호소한 것은 아닥사스다왕 제20년 니산월(Nisan, 1월)이었습니다(느 2:1-5). 느헤미야는 9월(기슬르)부터 1월(니산)까지 4개월간 나라와 민족을 위하여 슬퍼하며 금식하며 기도한 것입니다. 유다인들이 제1, 2차 귀환자를 중심으로 예루살렘에서 성전을 세우고 새롭게 출발했지만, 이방인들에게 능욕을 당하고 예루살렘성은 훼파되었으며 성문이 불타 버렸다는 가슴 아픈 소식을 듣는 순간, 느헤미야는 하나님 앞에 기도하지 않을 수 없었던 것입니다.

한편, 시간 순서상 9월 다음에 10월, 11월, 12월이 지나 다음해 1월이 오기 때문에, 원래 달력대로 한다면 1월은 아닥사스다왕 제21년이 되어야 합니다. 그러나 느헤미야서에서는 티쉬리 기준 방식으로 달력을 계산했기 때문에, 아닥사스다왕 21년이 아니라 '아닥사스다왕 20년 니산월'이라고 표기하고 있는 것입니다. 아닥사스다가 비록 이방 왕이지만, 느헤미야는 그의 통치 연수를 유다 방식으로 바꾸어 티쉬리월을 기준으로 계산하였음을 알 수 있습니다.

당시 바사는 니산 기준 방식을 사용했었는데, 느헤미야는 왜 티쉬리 기준 방식을 사용해서 연도를 계산했을까요? 느헤미야가 비록 바사에서 생활했고 바사 왕의 통치 연도를 말하고 있지만, 느헤미야는 유다 왕의 통치 연도에 사용했던 티쉬리 기준 방식으로 햇수를 계산하고 있는데, 이것은 느헤미야 마음 중심의 뜨거운 애국심이 유다의 관습을 따르게 했던 것이 분명합니다.[43] 아람어로 쓰인 주전 5세기경의 엘레판틴 문서(Elephantine papyri)에서도, 바사 왕들의 통치 연도들을 바사의 관습인 니산 기준 방식을 따르지 않고 유다의 티쉬리 기준 방식을 따르고 있는 것을 볼 수 있습니다.[44] 아닥사스다왕이 즉위한 것은 주전 464년이었기 때문에 이것을 기준으로 계산한 아닥사스다왕 20년은 주전 444년이 되는 것입니다. 이때는 주전 458년 제2차 귀환이 있은 지 약 14년이 지난 후였습니다.

그런데 연대상 한 가지 이상하게 보이는 것은, 에스라 7:7에서 제2차 바벨론 포로 귀환의 때를 '아닥사스다왕 칠년'이라고 표기하고 있다는 것입니다. 주전 464년을 아닥사스다왕이 즉위한 해로 본다면, 아닥사스다왕 제20년은 주전 444년이며, 아닥사스다왕 제7년은 주전 458년이 아니라 주전 457년이기 때문입니다. 그렇다면 왜 1년의 차이가 발생하는 것입니까? 그것은 비록 느헤미야서와 에스라서가 히브리어 성경에서 한 책으로 묶여있다 할지라도, 느헤미야서에서는 연도 계산에 티쉬리 기준 방식을 사용하고 있지만 에스라서에서는 니산 기준 방식을 사용하고 있기 때문입니다. 「구속사 시리즈」 제4권에서 살펴본 대로, 티쉬리 기준 방식과 니산 기준 방식은 1년 중 6개월은 서로 1년의 연도 차이가 발생합니다.

그렇다면 구약성경 에스라서가 니산 기준 방식을 사용하고 있다는 증거는 무엇입니까?

이것을 해명하기 위해 우리는 먼저 구약성경 학개서에서 어떤 방식으로 연도를 계산하는지 살펴보아야 합니다. 학개서는 정확하게 니산 기준 방식을 사용하고 있습니다. 바벨론 유수에서 제1차로 귀환한 다음에 성전을 짓기 시작하였으나 중단된 다음, 그것을 다시 시작할 때를 '다리오왕 2년 6월 24일'이라고 표현하고 있고(학 1:15), 그로부터 3개월이 지나서 하나님의 말씀이 학개에게 임한 때를 '다리오왕 2년 9월 24일'이라고 표현하고 있습니다(학 2:10). 만일 학개서에서 티쉬리 기준 방식을 사용하였다면, 6월 24일은 해가 바뀌기 전이므로 '다리오왕 1년'으로 표기되어야 합니다. 그런데 6월 24일을 '다리오왕 2년'이라고 표기한 것은 학개서가 니산 기준 방식을 사용하고 있다는 증거입니다.

이와 마찬가지로 에스라서 역시, 성전 건축이 중단되었다가 다시 시작한 때(학 1:14-15)를 '다리오왕 제1년'이 아니라 '다리오왕 제2년'으로 표기하고 있습니다(스 4:24). 구약성경 에스라서 역시 연도 계산에 니산 기준 방식을 사용하고 있다는 확실한 증거입니다.

에스라 7:7-9을 볼 때, 제2차 바벨론 포로 귀환자들은 아닥사스다왕 7년 1월 1일에 출발하여 5월 1일에 예루살렘에 도착하였습니다. 그러나 이 기간은 니산 기준 방식으로 계산된 것이므로 이것을 다시 티쉬리 기준 방식으로 환산하면 아닥사스다왕 6년이 됩니다. 제3차 바벨론 포로 귀환 연대인 주전 444년이 티쉬리 기준 방식으로 계산되었듯이, 제2차 바벨론 포로 귀환 연대도 티쉬리 기준 방식으로 계산된다면 주전 457년이 아니라 아닥사스다왕 6년인 주전 458년이 되는 것입니다.

제2차 포로 귀환이 이루어진 주전 458년부터 주전 444년까지 14년이 흘렀습니다. 이 14년 동안 이스라엘 백성은 예루살렘 성곽

(성벽)을 건축하고자 노력하였습니다. 예루살렘 성곽을 중수해야 국가적인 면모를 갖추고 주변 대적들의 영향력에서 벗어날 수 있기 때문입니다. 그러나 성곽을 중수하는 일은 방백 르훔과 서기관 심새를 비롯한 대적들의 방해로 말미암아 중단되고 말았습니다. 그들은 성곽이 완성되면 유다인들이 세금을 바치지 않고 반역할 것이라고 모함하여, 아닥사스다왕에게서 성곽 공사를 중단하라는 조서를 받아서 그 권력으로 하나님의 전 역사를 그치게 하였던 것입니다 [스 4:7-23, ^{참고-}에스라 4:7-23은 아닥사스다(주전 464-423) 때의 사건임].

그러나 주전 444년에 아닥사스다왕이 느헤미야의 호소를 듣고 유다 백성의 제3차 귀환을 허락했습니다. 왕이 조서를 내려 느헤미야가 예루살렘으로 귀환하고 성벽을 중건하도록 허락한 것은, 참으로 하나님의 선한 손의 도우심이 있었기 때문입니다(느 2:8, 18).

2. 귀환자와 귀환 당시 상황
The returnees and the circumstances at the time of return

(1) 제3차 귀환자

제3차 귀환 시에 몇 명이 돌아왔는지 정확한 기록은 없고, 느헤미야 한 사람이 바사 왕 아닥사스다에 의해 유다 총독으로 임명되어 예루살렘에 보내진 것으로 기록하고 있습니다(느 2:5-8, 5:14). 느헤미야는 아닥사스다왕의 술 맡은 관원장이었으며(느 1:11), 아닥사스다 제20년부터 32년까지 12년 동안 유다 총독으로 이스라엘 백성과 함께하면서(느 2:1, 5:14, 13:6), 그들의 정착과 신앙 개혁을 매우 힘있게 이끌었습니다. 그는 이스라엘의 회복을 위하여 기도를 멈추지 않았습니다(느 1:4-11, 13:14, 22, 29-31). 느헤미야는 '여호와께서 위로하신다'라는 그 이름의 뜻대로, 귀환자들에게 하나님의 말씀을 통해 참된 위로와 소망을 준 위대한 지도자였습니다.

(2) 제3차 귀환 계기

오랜 세월이 흘러서(142년 = 586-444) 성벽이 어렵게 완성되었는데, 그 이유는 방해 세력이 너무나 막강했기 때문입니다. 당시 유다는 바사 제국에서 파견된 총독의 관할 지역에 속해 있었던 관계로, 성벽을 짓는다는 것은 곧 독립 국가를 만들어 보겠다는 반란이나 폭동을 계획하고 있는 것으로 오인될 수도 있었습니다. 그래서 방백 르훔(사마리아 총독)과 서기관 심새를 중심한 강 서편의 아닥사스다의 신하들이 아닥사스다왕에게 고소한 초본에 보면(스 4:8-16), 만일 이스라엘 사람들이 성읍을 건축하며, 성곽을 마치면 세금을 바치지 않게 되어 결국 왕에게 손해가 될 것이며(스 4:13), '이 성읍은 패역하여 예로부터 항상 반역을 행하여 왕과 각 도에 손해가 되었고, 이 성읍이 훼파됨도 이 까닭이라'(스 4:15, 참고-스 4:19)라고 적혀 있었습니다.

아닥사스다왕은 방백 르훔과 서기관 심새의 고소장을 받고 예루살렘 성곽 공사를 중단시켰습니다. 에스라 4:21-22에 "이제 너희는 명을 전하여 그 사람들로 역사를 그치게 하여 그 성을 건축하지 못하게 하고 내가 다시 조서 내리기를 기다리라 너희는 삼가서 이 일에 게으르지 말라 어찌하여 화를 더하여 왕들에게 손해가 되게 하랴 하였더라"라고 기록하고 있습니다. 아닥사스다왕의 조서 초본이 르훔과 서기관 심새와 그 동료 앞에서 낭독되자, 그들은 시간을 지체하지 않고 예루살렘으로 급히 가서 유다 사람들을 보고 권력으로 억제하여 더 이상 성을 건축하지 못하게 하였습니다(스 4:23).

이에 대적들은 부분적으로 세워졌던 성벽을 무너뜨리고 분명히 불을 질렀을 것입니다.

　느헤미야는 자기 민족 유다 사람이 큰 환난을 만나고 능욕을 받으며, 또 예루살렘성이 훼파되고 성문이 불타 버렸다는 소식을 듣는 순간 앉아서 울고 수일 동안 슬퍼하며 하늘의 하나님 앞에 금식하며 기도하였습니다(느 1:2-11). 자기 조국을 염려하며 상한 심령으로 기도한 지 4개월이 되었을 때(느 2:1), 아닥사스다왕의 눈에는 느헤미야가 병이 있는 것처럼 보일 정도였으므로, 왕은 "어찌하여 얼굴에 수색이 있느냐"라고 물었습니다(느 2:2). 이때 느헤미야는 크게 두려워하였습니다(느 2:2^下). 아닥사스다가 일찍이 예루살렘 성벽 재건을 엄하게 중단시킨 적이 있었기 때문에(스 4:17-23), 예루살렘의 형편을 말하면 오히려 상황을 더 악화시키지 않을까 염려하였기 때문입니다. 그런데 놀랍게도 왕은 예루살렘성을 중건하게 해 달라는 느헤미야의 간청을 듣고, 귀환을 허락했을 뿐만 아니라 적극적으로 예루살렘 성벽 중건을 도와주었습니다. 왕은 느헤미야에게 강 서편 총독들에게 내리는 조서를 주고, 왕의 삼림 감독 아삽에게 조서를 내려 재목을 쓸 수 있도록 허락했습니다(느 2:3-8).

　일찍이 성벽 재건을 심하게 방해했던 왕이 다시 그것을 허락한 것은 납득하기 어려운 일입니다. 전에 아닥사스다왕은 방백 르훔과 서기관 심새가 보낸 고소장을 보고(스 4:8), 성벽 건축 중단 명령을 내렸습니다(스 4:21-23). 그런데 얼마 지나지 않아서 느헤미야를 통해 성벽 중건령을 내리고 성벽을 중수하게 허가한 것입니다(느 2:1-9). 바사 왕실의 전통상 한번 정해진 왕의 정책은 변개될 수 없었습니다(스 6:11-12, 에 1:19, 단 6:8, 15). 왕이 자기가 내렸던 조서를 취소하고 그 내용을 번복해서 다시 조서를 내리는 일은, 하나님의 크신 섭리가 아니고서는 불가능합니다. 참으로 그 배후에서 하나님의 선하신 손이 느헤미야를 도우셔서 왕이 성벽 재건을 허락하도록 하신 것입니다(느 2:18).

느헤미야 2:8 "또 왕의 삼림 감독 아삽에게 조서를 내리사 저로 전에 속한 영문의 문과 성곽과 나의 거할 집을 위하여 들보 재목을 주게 하옵소서 하매 내 하나님의 선한 손이 나를 도우심으로 왕이 허락하고"

하나님께서는 사람의 마음을 임의대로 주장하시고 움직이십니다. 한 나라의 최고 통치자인 왕의 마음도 하나님께서 주장하십니다(잠 21:1). 하나님께서는 왕을 세우기도 하시고 폐하기도 하시며 자기 뜻대로 인간 나라를 다스리십니다(단 5:21). 어느 시대든지 세상 모든 나라의 흥망성쇠와 개인의 흥망성쇠는 모두 하나님의 주권에 달려 있습니다. 그러므로 우리의 삶이 아무리 힘든 역경에 처할지라도, 하나님의 주권적인 손의 도우심을 절대 의지할 때 범사에 형통케 하시는 은혜를 체험하게 됩니다.

(3) 성벽 재건의 끊임없는 방해 공작

바벨론 포로에서 제3차로 귀환한 느헤미야는 성벽 재건 공사를 시작하였습니다. 그러나 성벽 공사는 결코 쉽지 않았습니다. 산발랏과 도비야 같은 대적들이 끝없이 훼방하고 위협하면서 공사가 진행되지 못하도록 막았습니다(느 4:1-3, 7-8).

유다 귀환민의 처지에서는, 무너진 성벽을 재건하여 회복한다는 것은 현실적으로 감당하기 벅찬 과제였습니다. 게다가 성벽을 지으려고 계획만 해도, 대적들이 심각하게 위협했기 때문에, 위험천만한 상황이었습니다.

① 내부의 귀환자들 중의 방해 세력
첫째, 담부(擔負)치 않은 드고아 귀족들입니다.

성벽 재건은 무거운 돌과 나무, 흙 등을 등이나 허리에 지고, 혹은 수레에 실어서 끊임없이 날라야 하는, 매우 고된 노동이었습니다. 그래서 성벽 재건 과정에는 '담부'라는 단어가 자주 등장합니다 (느 3:5, 4:10, 17). '담부'의 한자는 '멜 담(擔), 질 부(負)'이며, '등에 지고 어깨에 멤'이란 뜻입니다. 한편, 느헤미야 4:10의 '담부하는 자'는 히브리어 '사발'(סַבָּל)로, '운반자, 짐꾼'이라는 뜻이며, 느헤미야 4:17의 '담부하는 자'는 '짐을 싣다, 짐을 지다'라는 뜻을 가진 '아마스'(עָמַס)의 '칼형 분사 남성 복수형'으로, '무거운 짐을 지고 나르는 자들'을 뜻합니다.

성벽을 쌓는 52일 내내 지위의 고하를 막론하고 무거운 돌과 나무와 흙더미 등을 수없이 지고 날라야 하는, 매우 고된 일이었음을 알 수 있습니다. 그런데 드고아에 거주하는 유대인 귀족들이 예루살렘 성벽을 쌓는 일에 있어서 무거운 짐을 나르지 않았다고 기록하고 있습니다.

느헤미야 3:5 "그 다음은 드고아 사람들이 중수하였으나 그 귀족들은 그 주의 역사에 담부치 아니하였으며"

여기 '담부치 아니하였으며'의 히브리어는 '로헤비우 차바람'(לֹא־הֵבִיאוּ צַוָּרָם)입니다. 여기 '헤비우'는 '오다'라는 뜻의 '보'(בּוֹא)가 사역분사형으로 쓰여서, '실어 오다(대상 12:40), 궤나 물건을 메고 들어가다'(대상 13:5, 대하 5:7)라는 뜻으로 풀이됩니다. 또한, '차바람'의 기본형은 사람이나 짐승의 어깨나 목을 지칭하는 '차바르'(צַוָּאר)입니다. 이러한 뜻에 따라 직역하면, '귀족들이 그들의 목이나 어깨에 어떤 물건을 메고 들어가지 않았다'가 됩니다. 드고아 지역의 유대인 귀족들은 무거운 짐을 져 나르는 일을 자신들의 높은 신분에 맞지 않는 비천한 일로 여긴 것입니다. 하나님의 구속 사역을 이루는 가장 중대한 때요, 모두가 뜻을 모아 합심해야 할 때요, 대적들의 방해를 받아 노심초사하며 주의 역사를 이루는 시점에, 저들은 주의 일보다 자신들의 신분이나 지위를 앞세운 것입니다. 사도 바울도 자기 일만 돌보고 주의 일을 하지 않는 게으른 자들을 책망한 적이 있습니다. 빌립보서 2:21에서 "저희가 다 자기 일을 구하고 그리스도 예수의 일을 구하지 아니하되"라고 말씀하였습니다.

둘째, 예루살렘 근처에 있으면서 성벽 재건에 협조하지 않은 귀환자들입니다.

성벽 재건은 지역을 초월해서 이루어졌습니다. 결코 예루살렘 거민들만 참가한 것이 아니었습니다. 각 지방을 다스리는 지도자들의 주도하에 적극적인 참여가 잇따랐습니다. '여리고 사람들'(느 3:2), '드고아 사람들'(느 3:5, 27), '기브온 사람들'(느 3:7), '미스바 사람들'(느 3:7, 19), '벧학게렘 지방'(느 3:14), '벧술 지방'(느 3:16), '그일라 두 지역'(느 3:17-18)의 사람들이 맡은 구역에서 떠나지 않고 끝까지 헌신하였습니다.

그런데 예루살렘 근처에 살면서도 성벽 재건에 참여하지 않은 귀환자들이 있었습니다. 그들과 그 자손들은 산발랏 일당의 집요한 위협을 당하였습니다. 공포와 불안감이 극에 달한 유다인들은 그 각처에서 열 번이나 성벽 재건 공사 현장에 찾아와서 "너희가 우리에게로 와야 하리라"라고 하면서 자신들이 사는 곳으로 데려가려 했습니다. 느헤미야 4:12에 "그 대적의 근처에 거하는 유다 사람들도 그 각처에서 와서 열 번이나 우리에게 고하기를 너희가 우리에게로 와야 하리라 하기로"라고 기록하고 있습니다. 그들은 성벽 근처에 살고 있었으면서도 성벽 재건에 참여하지 않은 자들이며, 자기 신변의 안전만 먼저 생각한 자들입니다.

그러나 성벽 재건에 참여한 사람들은, 성벽 근처에 사는 유다인들의 다급한 요청을 열 번이나 받았는데도 느헤미야와 함께 굳게 서서 믿음으로 하나가 되어 있었고, 단 한 사람도 거기 응하지 않고 성벽 재건에 힘을 모았습니다.

② 대적들의 방해 공작 - 성벽 재건 초기

이스라엘 자손이 예루살렘 성벽 재건 공사를 개시하는 순간부터 끝날 때까지 대적들의 방해 공작이 끊이지 않았던 사실을, 성경은 자세히 기록하고 있습니다.

느헤미야가 매우 치밀하게 성벽 전체를 42구역으로 나누어 이스라엘 백성이 힘을 내어 조직적으로 공사에 동참하자(느 3:1-32), 산발랏과 대적들이 이를 비웃으며 조롱했습니다. 느헤미야 4:1-2에 "산발랏이 우리가 성을 건축한다 함을 듣고 크게 분노하여 유다 사람을 비웃으며 자기 형제들과 사마리아 군대 앞에서 말하여 가로되 이 미약한 유다 사람들의 하는 일이 무엇인가, 스스로 견고케 하려는가, 제사를 드리려는가, 하루에 필역하려는가, 소화된 돌을 흙무더기에서 다시 일으키려는가"라고 기록하고 있습니다. 산발랏은 호론 사람으로, 당시 사마리아 지역을 다스리는 총독이었습니다. 호론은 에브라임 지파에 속했던 성읍인 벧 호론을 가리킵니다(수 16:3, 5). 산발랏은 앗수르의 인종 혼합 정책에 따라 이스라엘 사람과 이방인 사이에서 난 자의 후손일 것으로 추정됩니다.

그리고 암몬 사람 도비야는 곁에 섰다가 "저들의 건축하는 성벽은 여우가 올라가도 곧 무너지리라"라고 조롱하였습니다(느 4:3).

이렇게 대적들은 약한 유다 민족을 업신여기고 욕설을 했습니다(느 4:4). 이러한 조롱과 노골적인 방해를 당하면서도 느헤미야는 묵묵히 참고, 하나님 앞에 "우리 하나님이여 들으시옵소서 우리가 업신여김을 당하나이다 원컨대 저희의 욕하는 것으로 자기의 머리에 돌리사 노략거리가 되어 이방에 사로잡히게 하시고"라고 기도하였습니다(느 4:4).

③ 대적들의 방해 공작 - 성벽 공사의 절반 진행(느 4:6-23)

사마리아를 다스리는 호론 사람 산발랏이 중심이 된 대적자들은 이스라엘의 힘으로는 성벽을 재건할 수 없으며, 비록 성을 세운다 할지라도 부실하여 곧 무너질 것이라고 조롱하였습니다(느 4:1-3). 그러나 성 전체 둘레를 연결하여 그 높이도 절반에 이를 만큼 공사는 빠르게 진척이 되었습니다. 느헤미야 4:6에 "이에 우리가 성을 건축하여 전부가 연락되고 고가 절반에 미쳤으니 이는 백성이 마음들여 역사하였음이니라"라고 기록하고 있습니다.

여기 '전부가 연락되고'라고 했으므로, 부분적으로 재건되던 성벽들이 어느 순간에 하나로 연결되었던 것입니다. 여러 사람이 각기 분담하여 재건 공사를 진행해 온 예루살렘의 성벽 둘레가 하나로 연결되는 순간, 그들은 참으로 감격하였을 것입니다(참고-엡 4:1-7, 16).

느헤미야 4:8에 보면, 대적들은 이스라엘의 예루살렘 성 중건을 방해하기 위하여 단순한 조롱과 위협이 아니라, 군사적인 방법까지 동원하려 했습니다. 대적들이 연합하여 이스라엘 백성이 알지 못하고 보지 못하는 사이에 예루살렘을 기습 공격하고 살육함으로써 이스라엘을 혼란케 하고 공사를 중단시키려고 했던 것입니다(느 4:11).

이전에 대적들이 말로 조롱하며 훼방할 때까지는 모든 백성이 성벽 재건을 위해 담부하는 일이 과중한데도 흔들리지 않고 공사에 임했습니다. 그러나 갑작스레 너무나 큰 위기에 직면하자, 사기가 떨어지고 말았습니다. 이때 유다 백성은 "흙 무더기가 아직도 많거늘 담부하는 자의 힘이 쇠하였으니 우리가 성을 건축하지 못하리라"라고 하면서 일할 의욕을 상실하고 말았습니다(느 4:10). 참으로 성벽 재건 방해 공작이 너무나 위협적이어서, 공사를 상당 부분 진행한 상태인데도 불구하고 당장 포기하고픈 생각이 앞선 것입니다. '흙 무더기'는 히브리어로 '베헤아파르'(וְהֶעָפָר)이며, 이는 '그리고 그 흙'이란 뜻입니다. 과거에 바벨론의 공격으로 예루살렘이 함락될 때(주전 586년) 파괴된 건물의 잔해들과 대적들에 의해 허물어진 흙더미가 아직도 성벽 주위에 산더미처럼 쌓여 있었던 것입니다. 그렇지 않아도 일이 과중한 상태에서 대적들이 군사적 방법까지 동원하여 위협해 오려는 순간, 성벽 재건이 큰 짐으로 더욱 무겁게 느껴지면서 심리적으로 크게 위축되고 말았던 것입니다.

④ 느헤미야의 빈틈없는 작전(성벽 건축과 병행한 철통 방비)

대적들의 위협이 더욱 구체적이고 직접적으로 다가오자, 느헤미야는 이에 대비하여 성벽 재건을 위한 치밀한 계획을 세우고 신속하게 실행에 옮겼습니다.

첫째, 건축 공사와 함께 전투 무기 준비를 병행하였습니다.

느헤미야는 자기 종자의 절반은 역사하고, 절반은 갑옷을 입고 창과 방패와 활을 가지고, 민장은 유다 온 족속의 뒤에 있도록 했습니다(느 4:16). 또 성을 건축하는 자도 다 각각 한 손으로 일을 하며, 한 손에는 병기를 잡았습니다(느 4:17). 당시 예루살렘성 안에는 무기를 보관하는 군기고가 있었습니다(느 3:19).

둘째, 전투 시에 적군의 공격을 알리고 군사들을 집결시키기 위해 나팔 부는 자가 느헤미야 곁에 섰습니다(느 4:18).

예루살렘 성벽 전체를 42구역으로 나누어 동시에 공사가 진행되었으므로, 느헤미야는 "이 역사는 크고 넓으므로 우리가 성에서 나뉘어 상거가 먼즉"이라고 하였습니다(느 4:19). 저마다 성벽의 일정 부분을 책임지고 한꺼번에 42구역의 공사가 진행되고 있었으므로, 백성은 서로 멀리 떨어져서 공사를 할 수밖에 없었습니다. 그래서 위기가 닥치면 나팔을 크게 소리 내어 불어서 언제든지 군대가 되어 모이게 함으로써, 일사불란하게 적의 공격에 대처하여 예루살렘성을 지키도록 했습니다(느 4:20).

이같이 하여 '동틀 때부터 별이 나기까지' 무리의 절반은 파수꾼으로서 무기를 갖추고 파수하였으며, 그 절반은 성벽 재건을 위해 힘껏 건축하였습니다(느 4:21).

셋째, 각 사람이 공사하는 동안 그 종자와 함께 예루살렘 안에서 자도록 했습니다(느 4:22).

여기 '종자'(נַעַר, 나아르)는 역사에 참여한 사람들이 데려온 노비들을 말합니다(참고-스 2:65, 느 7:67). 성벽 건축 역사는 예루살렘 거민들만이 참여한 것이 아니었습니다. 여리고 사람들(느 3:2), 드고아 사람들(느 3:5), 기브온 사람(느 3:7), 벧학게렘 사람들(느 3:14), 미스바 사람들(느 3:15), 벧술 사람들(느 3:16), 그일라 사람들(느 3:17-18)도 참여하였습니다. 성벽 재건에 참여하는 모든 사람은 멀리 사는 사람들도 52일 동안 집에 들어가지 못하고 성안에서 자기 자리를 끝까지 지켰던 것입니다.

넷째, 느헤미야 자신과 그를 따르는 수하의 측근들은, 잠자리에 들 때도 옷을 벗지 않고 병기를 손에 잡았습니다(느 4:23).

느헤미야와 그 곁에서 파수하는 자들은 혼연일체가 되어, 하루도 빠짐없이 긴장을 늦추지 않고 철통같은 방비를 하며 성을 건축했습니다.

성벽 전체를 둘러싸고 빈틈없이 방비한 결과로, 대적들은 단 한 번도 예루살렘을 습격하지 못하였고, 성벽 공사를 중단시키지 못했습니다.

⑤ 대적들의 막판 방해 공작(느헤미야를 살해하려는 음모)

마침내 성벽 공사가 마무리되어 문짝을 달기 직전이었습니다(느 6:1-14). 느헤미야 6:1에 "산발랏과 도비야와 아라비아 사람 게셈과 그 나머지 우리의 대적이 내가 성을 건축하여 그 퇴락한 곳을 남기지 아니하였다 함을 들었는데 내가 아직 성문에 문짝을 달지 못한 때라"라고 기록하고 있습니다. 유다인들의 성벽 재건 공사가 의외로 빠르고 성이 견고하게 건축되자, 대적들은 급기야 성벽 재건의 총지휘자인 느헤미야를 살해하려고 음모를 꾸몄습니다(느 6:2). 그들은 느헤미야를 성 밖으로 유인하여 살해하기 위하여 욥바에서 동쪽으로 약 16㎞나 떨어져 있는 오노 평지의 한 마을에서 만나자고 거듭 제안하였습니다. 그러나 느헤미야는 "큰 역사를 하니 내려가지 못하겠노라"라고 말하고, 그것을 피하였습니다(느 6:2-4). 느헤미야가 회담을 거부하자 다섯 번째 제안에서 산발랏은 심부름꾼을 시켜 봉하지 않은 편지를 보냈는데, 느헤미야가 왕이 되려 한다는 반역의 소문이 바사 왕의 귀에 들릴 것이라고 협박하면서, 그 문제를 해결하기 위해서 의논하자고 했습니다(느 6:6-7).

그러나 느헤미야가 전혀 요동하지 않으므로 모든 시도가 실패로 돌아가자, 산발랏은 엉뚱한 일을 꾸몄습니다. 그것은 성소에 출입할 수 있는 제사장 스마야를 매수하여 느헤미야에게 거짓 예언을 하도록 한 것입니다. 스마야는 두문불출함으로 느헤미야의 관심을 끌어 느헤미야가 자기 집으로 오게 하였습니다. 스마야는 느헤미야에게 "... 저희(산발랏 일당)가 너를 죽이러 올 터이니 우리가 하나님의 전으로 가서 외소(성소) 안에 있고 그 문을 닫자 저희가 필연 밤에 와서 너를 죽이리라"라고 거짓 예언을 하였습니다(느 6:10). 이 예언은 느헤미야를 생각해 주는 척하면서, 실상은 느헤미야를 해치려는 음모였습니다(느 6:13). 만약 느헤미야가 이 거짓 예언대로 성소에 들어가 숨었다면, 백성에게 비겁한 지도자로 낙인이 찍혔을 것이요, 제사장이 아닌데도 성소에 들어가므로 율법을 범하는 죄를 짓게 되었을 것입니다. 느헤미야는 "나는 들어가지 않겠노라"라고 단호하게 거절하였습니다(느 6:11). 느헤미야는 스마야가 도비야와 산발랏에게 뇌물을 받고 이런 예언을 하였다는 것을 깨닫고(느 6:12), 하나님께 "내 하나님이여 도비야와 산발랏과 여선지 노아댜와 그 남은 선지자들 무릇 나를 두렵게 하고자 한 자의 소위를 기억하옵소서"라고 기도하였습니다(느 6:14).

(4) 성벽 재건의 기적적인 완성과 낙성식

① 6(엘룰)월 25일, 52일 만에 예루살렘 성벽 완성(느 6:15)

성벽 완성은 유다인들이 하나님의 구속사적 경륜 속에서 국가적인 면모를 갖추게 된 사건이었습니다.

성벽은 외부로부터의 공격을 막으며, 선민으로서의 성결을 유지하게 할 목적으로 세우는 것입니다. 느헤미야는 예루살렘에 도착하여 사흘째 날 밤에 일어나 무너진 성벽을 비밀히 살펴보고, 성의 중건을 위해 세밀하게 계획을 세우고 철저하게 준비하였습니다(느 2:11-16). 그리고 유다 사람과 제사장들과 방백들, 그리고 일하는 자들이 모두 힘을 내어 이 선한 일을 시작하게 했습니다(느 2:17-18).

성벽 건축은 아브월(Av, 5월) 4일에 시작하여 엘룰월(Elul, 6월) 25일까지 52일 만에 마쳤습니다(느 6:15). 느헤미야가 왕에게 예루살렘으로 갈 것을 허락해 달라고 탄원했던 것이 그해 니산월(Nisan, 1월)이었습니다(느 2:1-5). 느헤미야는 허락이 떨어지자마자 출발하였고(느 2:6-9), 마침내 예루살렘에 5월 1일 도착하여 3일째에 황무한 성벽과 불에 타 버린 성문을 샅샅이 살펴보았고, "예루살렘성을 중건하여 다시 수치를 받지 말자"하고, 5월 4일부터 사람들이 힘을 내어 성벽 중건을 시작하게 했던 것입니다(느 2:13-18).

성벽 재건 역사는 모든 방해와 음모를 이겨 내고, 52일 만인 주전 444년 아닥사스다왕 제20년 엘룰월(Elul, 6월) 25일에 전격적으로 끝났습니다(느 6:15).

② 에스라를 통한 율법책 낭독과 초막절 준수

성벽을 완성한 유다인들은 에스라를 청하여 율법을 듣고 온 백성이 눈물로 회개하였으며(느 8:1-12), 초막절을 규례대로 잘 지키되,

여호수아 때로부터 전무했던 성대한 초막절을 지켰고 이스라엘 자손이 크게 즐거워했습니다(느 8:13-18).

③ 언약에 인침

7월 24일에는 이스라엘 자손이 다 모여 금식하며 굵은 베를 입고 티끌을 무릅쓰며 모든 이방 사람과 절교하고, 서서 자기의 죄와 열조의 허물을 자복하였습니다. 이스라엘 자손이 다 모여 낮 사분지 일은 율법책을 낭독하고, 낮 사분지 일은 하나님께 경배하였습니다 (느 9:1-3). 또 견고한 언약을 세워 기록하고 이스라엘의 방백들과 레위 사람들과 제사장들이 다 인(印)을 쳐서, 언약을 갱신하였습니다 (느 9:38). 바벨론에서 귀환한 이스라엘 백성은 고국으로 돌아오긴 했지만, 여전히 바사의 지배를 받으며 마치 이방인과 같은 신세를 면치 못하고 있었습니다. 이제 성이 중건되었으므로 실질적으로 하나님의 언약 공동체로서 새롭게 출발할 수 있었습니다.

④ 성벽 낙성식

제3차로 귀환하여 엘룰월 곧 6월 25일에 성벽 공사는 마쳤지만 (느 6:15), 낙성식은 한참 후에야 진행되었습니다(느 12:27-43). 예루살렘 거민이 너무 적었던 탓에 예루살렘 성벽의 낙성식은 계속 연기되었습니다. 느헤미야는 성벽을 재건한 후 백성의 10분지 1을 제비 뽑아 예루살렘성에 거하게 하고, 나머지 10분지 9는 다른 성읍에 거하게 함으로써 이스라엘 백성의 거주지를 재배치하였습니다 (느 11:1). 예루살렘에는 백성의 두목들과, 백성 중에 제비 뽑힌 10분지 1, 그리고 자원하는 자들(느 11:2)이 거하게 되었습니다. 그렇게 예루살렘에 거주하게 된 두목들의 이름을 낱낱이 기록하였습

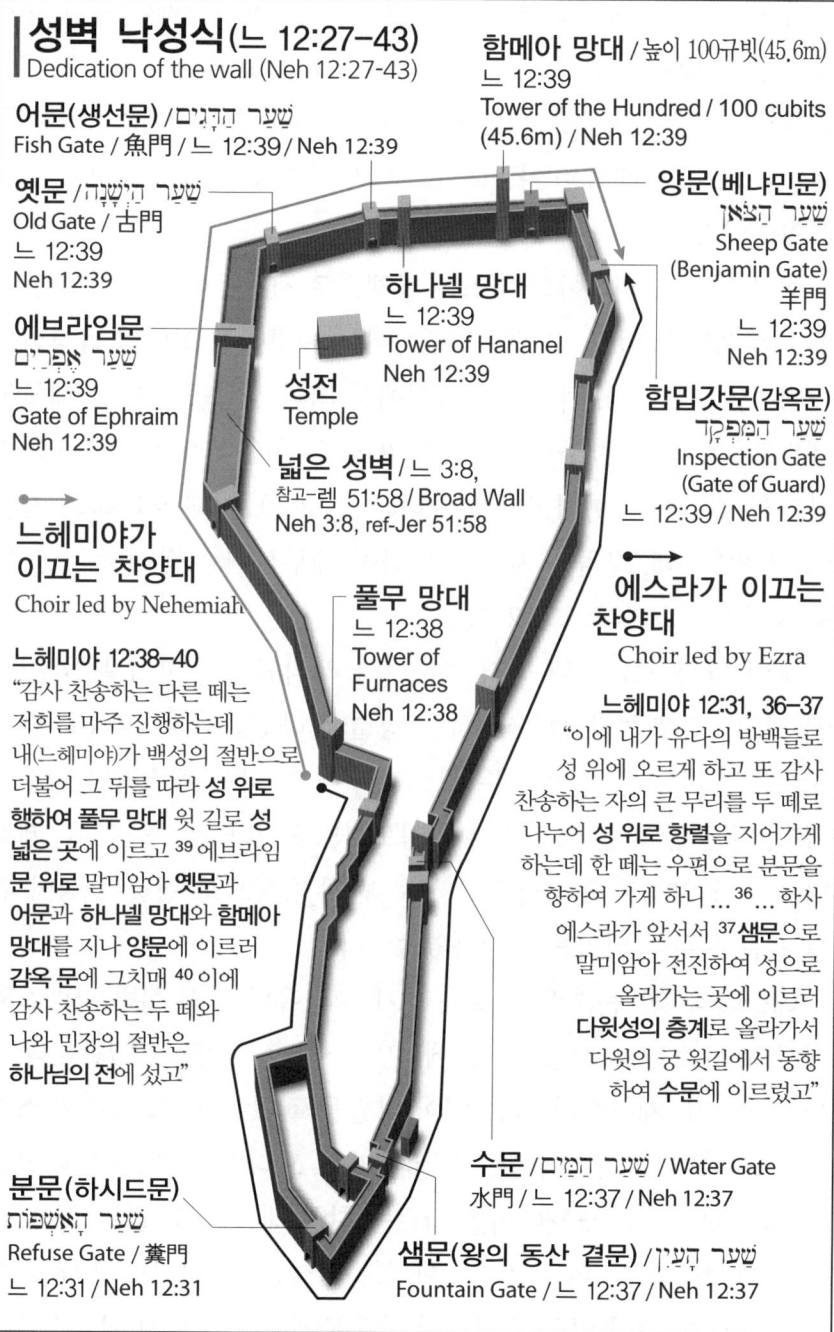

니다(느 11:3-24). 유다 자손과 베냐민 자손 중 예루살렘에 거한 자들의 가문과 명수(느 11:3-9, 참고-대상 9:3-9), 제사장들(느 11:10-14, 참고-대상 9:10-13), 레위인들(느 11:15-18, 참고-대상 9:14-16), 성 문지기(느 11:19, 참고-대상 9:17-27), 노래하는 자들(느 11:22-23, 참고-대상 9:33)의 순서로 소개하였습니다.

이와 같은 느헤미야의 현명한 방책으로 사람들이 예루살렘성 안에 거주하게 되었고, 그제야 느헤미야는 예루살렘 성벽의 낙성식을 거행하였습니다. 느헤미야는 각처에서 레위 사람들을 찾아 예루살렘으로 데려다가 감사하며 노래하며 제금 치며 비파와 수금을 연주하면서 즐거이 봉헌하고자 했습니다(느 12:27). 이때 노래하는 자들이 모여왔는데, 그들은 자기를 위하여 예루살렘 사방에 동네를 세운 자들이었습니다(느 12:28-29).

성벽 낙성식을 위해 먼저 제사장과 레위인들이 자기 몸을 정결케 하고, 또 백성과 성문과 성을 정결케 하였습니다. 그리고 감사 찬송하는 자의 큰 무리를 두 떼로 나누어 한 떼는 에스라가 인도하였고, 다른 한 떼는 느헤미야가 인도하였습니다. 무리들이 두 떼로 나뉘어, 찬양하고 감사하면서 서로 반대 방향으로 향하여 성벽 위를 걷는 독특한 의식을 거행하였습니다.

에스라를 따르는 찬양 대열은 호세야와 유다 방백 절반이었고 또 아사랴, 에스라, 므술람, 유다, 베냐민, 스마야, 예레미야였습니다(느 12:32-34). 또 제사장의 자손 몇이 나팔을 잡았는데 그 이름은 스가랴, 스마야, 아사렐, 밀랄래, 길랄래, 마애, 느다넬, 유다, 하나니였습니다(느 12:35-36). **느헤미야를 따르는 찬양 대열**은 성 넓은 곳에 이르고 에브라임 문 위로 말미암아 옛문과 어문과 하나넬 망대와 함메아 망대를 지나 양문에 이르러 감옥문에까지 이르게 되었습니다

(느 12:38-39).

느헤미야를 따르는 찬양 대열에서는 제사장 엘리아김, 마아세야, 미냐민, 미가야, 엘료에내, 스가랴, 하나냐가 다 나팔을 잡았고, 또 마아세야, 스마야, 엘르아살, 웃시, 여호하난, 말기야, 엘람, 에셀이 함께했습니다(느 12:41-42^上). 노래하는 자는 그 감독 예스라히야의 지도하에 크게 찬송하였습니다(느 12:42^下). 이에 감사 찬송하는 두 떼와 느헤미야와 민장의 절반은 하나님의 전에 섰습니다(느 12:40). 낙성식은 그날에 무리가 다시 성전에 모여 하나님께 크게 제사를 드리고 마쳤습니다. 이때 백성은 심히 즐거워하였고 부녀와 어린아이도 즐거워하였으므로, 예루살렘이 즐거워하는 소리가 멀리까지 들렸습니다(느 12:43^下).

성벽 낙성식이 거행된 그날에 이스라엘 백성이 모세의 책을 낭독하다가 그 책에 기록된 대로(신 23:3-6) 이스라엘 가운데서 섞인 이방인을 몰수히 분리하여 언약 공동체를 새롭게 하였습니다(느 13:1-3).

(5) 느헤미야의 재귀환과 개혁

느헤미야가 12년의 총독 임기(주전 444-433년)를 끝내고 바사로 돌아간 후에, 유다인들은 다시 타락하기 시작하였습니다. 그래서 1년 만인 주전 432년에 예루살렘으로 돌아온 느헤미야는 다시 일련의 개혁 정책을 실시하게 됩니다(느 13:4-31).

① 느헤미야는 도비야를 쫓아내었습니다(느 13:4-9).

도비야는 하나님의 전 골방을 맡은 제사장 엘리아십과의 친분을 이용하여 성전에 큰 방을 하나 얻어서 사용하였습니다. 그 방은 원래 소제물과 유향과 기명과 또 레위 사람들과 노래하는 자들과 문지기들에게 십일조로 주는 곡물과 새 포도주와 기름과 또 제사장들에게 주는 거제물을 두는 곳이었습니다(느 13:4-5). 도비야가 성전 안에 거주하게 되어서, 그의 거처가 이스라엘 전체를 썩게 하는 거점으로 사용되었던 것입니다. 이에 느헤미야는 귀국하자마자, 도비야의 세간을 방 밖으로 내어 던지고 그 방을 정결하게 하고, 하나님의 전의 기명과 소제물과 유향을 다시 들여놓았습니다(느 13:7-9).

② 느헤미야는 자신의 직무를 포기하고 떠난 레위인들을 복직시켰습니다(느 13:10-13).

레위인들이 떠난 이유는 백성이 십일조를 바치지 않으므로 생계가 어려웠기 때문입니다. 이에 느헤미야는 민장(백성의 우두머리)들을 꾸짖고, 고지기(창고를 지키는 사람)와 버금(두 번째 사람, 돕는 사람)을 임명하여 십일조를 관리하고 분배하게 하였습니다(느 13:10-13).

③ 느헤미야는 안식일을 철저히 지키게 했습니다(느 13:15-22).

느헤미야가 돌아왔을 때, 사람들은 안식일에도 상거래를 하면서 돈을 버는 데 혈안이 되어 있었습니다. 이에 느헤미야는 안식일 전날 어두워 갈 때에 성문을 닫고 안식일이 지날 때까지 열어 주지 않았으며, 레위 사람들로 몸을 정결케 하고 와서 성문을 지켜, 안식일을 거룩하게 지키도록 하였습니다(느 13:22).

④ 느헤미야는 이방 여자와 혼인한 사람들을 책망하고 쫓아내었습니다(느 13:23-28).

그때에 유다 사람이 아스돗과 암몬과 모압 여인을 취하여 아내를 삼았습니다. 이에 느헤미야는 두어 사람을 때리고 그 머리털을 뽑고, 다시는 자녀들을 이방인과 혼인시키지 않겠다는 맹세를 시켰습니다(느 13:23-25).

또 대제사장 엘리아십의 손자 요야다의 아들 하나가 호론 사람 산발랏의 사위가 되었으므로, 느헤미야가 쫓아내었습니다(느 13:28). 느헤미야는 마지막으로 "내 하나님이여 나를 기억하사 복을 주옵소서"(느 13:31)라고 기도함으로 그의 개혁을 마무리하였습니다. 느헤미야의 개혁은 말라기 선지자의 개혁과 함께 성경에 나오는 마지막 개혁이었습니다. 실로, 느헤미야는 믿음의 불이 활활 타오른 위대한 지도자였습니다. 하나님의 열심으로 이스라엘 백성의 가슴에 강력하게 회개를 촉구하였던 것입니다. 그러나 느헤미야의 개혁을 끝으로, 이스라엘은 신구약 중간 시대라는 영적 암흑기로 접어들게 됩니다.

(6) 말라기 선지자의 메시지

'말라기'(מַלְאָכִי)는 히브리어로 '나의 사자'라는 뜻입니다. 말라기서는 3차에 걸친 바벨론 포로 귀환(주전 537년, 458년, 444년)이 지나서 성전 재건과 성곽 건축이 다 이루어진 후, 주전 432년경에 주어진 메시지입니다. 바벨론 포로에서 귀환하였음에도 불구하고 여전히 바사의 압제 아래 있으면서 아직 영광된 메시아 왕국이 이루어지지 않은 상황에서, 말라기 선지자는 6편의 설교를 통해 이스라엘 백성의 형식주의적인 신앙과 부도덕한 죄악을 각성시키는 말씀을 선포하였습니다.

첫 번째 설교는 말라기 1:2-5입니다. 영광스러운 메시아 왕국의 도래가 늦어지자, 이스라엘 백성은 과연 하나님께서 자신들을 사랑하시는지 의심을 품게 되었습니다. 이에 하나님께서는 에서와 야곱을 비교하시면서 이스라엘에 대한 사랑을 확증해 주셨습니다. 말라기 1:2-3에서 "여호와께서 가라사대 내가 너희를 사랑하였노라 하나 너희는 이르기를 주께서 어떻게 우리를 사랑하셨나이까 하는도다 나 여호와가 말하노라 에서는 야곱의 형이 아니냐 그러나 내가 야곱을 사랑하였고 에서는 미워하였으며 그의 산들을 황무케 하였고 그의 산업을 광야의 시랑에게 붙였느니라"라고 말씀하고 있습니다.

두 번째 설교는 말라기 1:6-2:9입니다. 여기서 말라기 선지자는 제사장들의 죄악상과 그들에게 내려질 저주를 선포하고 있습니다. 첫째, 제사장들의 죄악상은 하나님을 멸시하는 것이었습니다. 말라기 1:6에서 "내 이름을 멸시하는 제사장들아"라고 말씀하고 있습니다. 제사장들은 더러운 떡과 흠이 있는 짐승(눈 먼 희생, 저는 것, 병든 것, 토색한 것)을 하나님께 바쳤으며(말 1:7-8, 13-14), 하나님께 제사드리는 것을 번폐스러운 일로 여기며 코웃음지었습니다(말 1:13). 둘째, 제사장들에게 내려질 저주는 "보라 내가 너희의 종자를 견책할 것이요 똥 곧 너희 절기의 희생의 똥을 너희 얼굴에 바를 것이라 너희가 그것과 함께 제하여 버림을 당하리라"라는 말씀입니다(말 2:3). 이러한 저주를 당하는 이유는 '레위의 언약'을 파하였기 때문입니다(말 2:8).

세 번째 설교는 말라기 2:10-16입니다. 여기에서 말라기 선지자는 이스라엘 백성의 잘못된 결혼 생활을 책망하고 있습니다. 첫째, 이방 여인과 결혼하는 것입니다. 말라기 2:11에서 "유다는 여호와의 사랑하시는 그 성결을 욕되게 하여 이방 신의 딸과 결혼하였으니"라고 말씀하고 있습니다. 둘째, 아내와 이혼하는 것입니다. 이스라엘 백성은 조강지처(糟糠之妻)를 학대하고 버리는 죄를 지었습니다. 말라기 2:14에서 "너희는 이르기를 어찜이니까 하는도다 이는 너와 너의 어려서 취한 아내 사이에 여호와께서 일찌기 증거하셨음을 인함이니라 그는 네 짝이요 너와 맹약한 아내로되 네가 그에게 궤사를 행하도다"라고 말씀하고 있습니다.

네 번째 설교는 말라기 2:17-3:6입니다. 세 번째 설교까지 제사장들과 백성의 죄악을 책망한 다음에, 이제 그 죄악을 심판하실 메시아의 도래를 예언하고 있습니다. 이 메시아를 말라기 3:1에서는 '주' 또는 '언약의 사자'라고 표현하고 있습니다. 특히 '언약의 사자'는 새 언약의 중보자로 오실 예수 그리스도를 나타내는 표현입니다(히 12:24). 이 메시아는 심판하러 오시기 때문에 "내가 심판하러 너희에게 임할 것이라"(말 3:5)라고 말씀하고 있습니다.

다섯 번째 설교는 말라기 3:7-12입니다. 이제 말라기 선지자는 하나님과 이스라엘 백성이 바른 관계를 정립할 수 있는 길을 제시합니다. 지금까지 이스라엘은 하나님을 떠나 그의 규례를 지키지 않았지만, 이제 이스라엘이 하나님께 돌아가면 하나님도 이스라엘에게 돌아오신다고 말씀합니다(말 3:7). 그 길은 바로 하나님의 것을 도적질한 것을 회개하고, 하나님께 온전한 십일조와 헌물을 다시 드리는 것입니다(말 3:8). 그런 자에게 하나님께서는 하늘 문을 여시고 복을 쌓을 곳이 없도록 부어 주실 것입니다(말 3:10).

여섯 번째 설교는 말라기 3:13-4:3입니다. 말라기 선지자는 마지막 설교를 통해 의인과 악인의 종국이 어떻게 될 것인지를 알려 주었습니다. 당시 이스라엘 백성 가운데는 하나님을 섬기는 것이 헛되며(말 3:14), 오히려 교만한 자나 악인이나 하나님을 시험하는 자가 더 잘 살고 잘된다고 생각하는 사람들이 있었습니다(말 3:15). 이런 사람들에게 하나님께서는 분명 의인과 악인의 종국이 다르다는 것을 선포하셨습니다. 여호와를 경외하는 자와 여호와의 이름을 존중히 생각하는 자들은 기념책에 기록됩니다(말 3:16). 그들은 하나님의 특별한 소유가 되고 하나님께서 아끼시는 복을 받을 것입니다(말 3:17). 그리하여 의인과 악인, 하나님을 섬기는 자와 섬기지 않는 자가 정확하게 분별될 것입니다(말 3:18).

그때 교만한 자와 악을 행하는 자는 다 초개같이 되고 발바닥 밑의 재와 같이 될 것이지만(말 4:1, 3), 하나님의 이름을 경외하는 자에게는 "의로운 해가 떠올라서 치료하는 광선을 발하리니 너희가 나가서 외양간에서 나온 송아지같이 뛰리라"라고 하신 말씀이 성취될 것입니다.

이러한 모든 역사는 메시아가 오심으로 이루어질 것입니다. 말라기는 결론적으로 메시아가 오시는 날을 '여호와의 크고 두려운 날'이라고 선포하고, 그날이 오기 전에 엘리야가 올 것을 선포하고 있습니다(말 4:5). 이 엘리야는 아버지의 마음을 자녀들에게로 돌이키게 하고, 자녀들의 마음을 아버지에게로 돌이키게 할 것입니다. 엘리야는 말라기 시대와 같은 극심한 죄악으로 단절된, 하나님과 이스라엘 백성의 관계를 바른 관계로 회복하는 사역을 하게 될 것입니다. 이처럼 구약의 마지막 선지자인 말라기는 구약의 역사를 마감하면서, 신약 시대의 주인공인 예수 그리스도와 구약을 연결하는 자 엘리야를 예고하고 있습니다(참고마 11:14, 눅 1:17).

결언: 바벨론 포로 귀환의 구속사적 경륜
Conclusion: The redemptive-historical administration in the return from the Babylonian captivity

바벨론 포로의 귀환 과정은 전적으로 하나님의 선한 손의 도우심으로 이루어진 것입니다. 이제 바벨론 포로 귀환에 담긴 구속사적 경륜을 살펴봅니다.

1. 유다의 범죄에 대한 하나님의 진노가 끝났음을 뜻합니다.
It signifies the end of God's wrath towards Judah's transgressions.

선민 유다 백성이 하나님 없는 이방 나라 바벨론으로 포로 되어 끌려간 것은, 하나님의 진노로 말미암은 최대의 비극이요 수치였습니다. 이는 우상을 숭배하고, 안식일과 안식년을 지키지 않고, 하나님의 말씀을 거역하고 그 거룩하신 뜻을 멸시한 죄에 대한 하나님의 징계와 진노의 표현이었습니다(대하 36:21, ^{참고}렘 34:8-16). 이것에 대해 시편 107:10-11에서는 "사람이 흑암과 사망의 그늘에 앉으며 곤고와 쇠사슬에 매임은 하나님의 말씀을 거역하며 지존자의 뜻을 멸시함이라"라고 말씀하고 있습니다.

저들은 하나님의 징계를 받아 복된 땅 가나안을 빼앗기고, 바벨론에 강제로 잡혀가 자유 없는 비참한 노예가 되고 말았습니다. 하나님의 진노는 실로 무섭고 고통스러운 것이었습니다. 그들은 바벨론에서 부정한 음식을 먹었고 예배를 드리지 못했으며, 고향에 돌아갈 기약도 없이 절망적인 나날을 보낼 수밖에 없었습니다. 시편 137:1에서 그들은 '바벨론의 여러 강변 거기 앉아 시온을 기억하면서 지난날 범죄를 한없이 통탄하며 큰 슬픔에 잠겨 통곡하였다'라고 말씀하고 있습니다.

바벨론 사람들은 비참한 처지에 있는 유다 백성을 희롱하고 모욕하면서 자신들의 흥취를 돋우기 위해 '악기를 연주하며 시온의 노래 중 하나를 노래하라'라고 청하였습니다(시 137:3). 이것은 바벨론 사람들이 하나님을 조롱하는 행위였습니다. 그러나 하나님만을 찬양했던 거룩한 악기로 저들의 쾌락을 위해 연주할 수는 없었습니다. 유다 백성은 아예 연주를 못하도록 바벨론 강변에 있는 버드나무들 위에 수금을 매달아 놓았습니다(시 137:2). 저들은 '어찌 불결한 이방 민족 앞에서 거룩한 여호와의 노래를 부를 수 있겠느냐'라고 하면서, "예루살렘아 내가 너를 잊을진대 내 오른손이 그 재주를 잊을지로다 내가 예루살렘을 기억지 아니하거나 내가 너를 나의 제일 즐거워하는 것보다 지나치게 아니할진대 내 혀가 내 입 천장에 붙을지로다"(시 137:5-6)라고 결단하면서 바벨론의 요구를 거절하였습니다. 바벨론의 압제가 날로 극심해지면서 포로에서 해방될 가능성은 전혀 보이지 않고, 고통이 극에 달하여 식욕마저 상실하고 죽음 직전에 처하게 되었습니다(시 107:18). 시편 107편에서는 저들이 '그 근심 중에 여호와께 부르짖었다'라고 여러 번 강조하고 있습니다(시 107:19, ^{참고-}시 107:6, 13, 28).

'그 근심 중에'는 '에워싸다, 압박하다'라는 뜻의 히브리어 '차라르'(צָרַר)에서 유래하여 '좁은 곳, 꽉 막혀 있는 곳'을 의미합니다. 이스라엘 백성이 애굽에서 430년간 바로의 탄압으로 비참한 종살이에 시달렸을 때, "이스라엘 자손은 고역으로 인하여 탄식하며 부르짖으니 그 고역으로 인하여 부르짖는 소리가 하나님께 상달한지라"(출 2:23)라고 하신 말씀과 같이, 하나님께서는 바벨론에 사로잡힌 유다 백성이 근심 중에 부르짖을 때에도 그 기도 소리를 외면치 않으시고 원수의 손에서 구속하셨습니다(시 107:2, 참고-출 2:24-25, 렘 31:11). 마침내 절대로 망하지 않을 것만 같던 바벨론의 '놋문'을 깨뜨리시며 '쇠빗장'을 꺾으셨습니다(시 107:16). 하나님의 주권 역사로, 당시 최대 강국이었던 바벨론이 메대와 바사의 연합군에 의해 멸망하였습니다(참고-렘 50:3, 9, 41-46장, 51장). 하나님께서는 바사 왕 고레스의 마음을 움직이셔서 이스라엘 백성이 고향으로 돌아가도록 허락하는 귀환 명령을 내리게 하셨습니다(대하 36:22-23, 스 1:1-4). 방황하던 저들에게 살 길을 찾아 주시고, 거할 성에 이르도록 인도해 주신 것입니다(시 107:7). 이에 시편 107:20에서는 "저가 그 말씀을 보내어 저희를 고치사 위경에서 건지시는도다"라고 말씀하였습니다.

오늘도 하나님께서는 그 말씀을 보내어 언제나 우리의 일거수일투족을 섭리하고 계시며, 여전히 우리의 구속을 위하여 달음질하며 일하고 계시는 것입니다(시 147:15, 살후 3:1).

바벨론에서 기적적으로 해방된 사실은 오랜 세월 압제와 억눌림에 갇혀 있던 유다 백성에게 도저히 믿기지 않는 꿈만 같은 사실이었습니다. 이때의 감격을 시편 126:1에서는 "여호와께서 시온의 포로를 돌리실 때에 우리가 꿈꾸는 것 같았도다"라고 노래하였습니다.

포로 기간 동안 예루살렘의 회복을 갈망하고 고향에 대한 향수(鄕愁)에 젖어 있던 저들이(시 137:5-6) 하나님의 주권적인 역사로 해방되는 순간, 이제는 잃어버린 웃음을 회복하여 마음껏 웃고 찬양할 수 있게 되었습니다(시 126:2). 그리하여 시편 기자는 "여호와의 인자하심과 인생에게 행하신 기이한 일을 인하여 그를 찬송할지로다"(시 107:8, 15, 21, 31)라고 연거푸 감격적인 고백을 토했던 것입니다.

하나님의 전을 멀리 떠난 순간부터 계속된 예배의 자유가 없는 생활, 매일 눈칫밥을 먹는 굴욕적인 생활을 청산하고 그토록 그리던 예루살렘으로 돌아올 때, 저들은 "여호와께서 우리를 위하여 대사를 행하셨으니 우리는 기쁘도다"(시 126:3)라고 거듭 벅찬 감격을 노래하였습니다. 하나님을 알지 못하는 이방인들까지도 '여호와께서 저희를 위하여 행하신 대사(大事)'(시 126:2下)라고 하면서 하나님의 주권과 위대한 구원 역사 앞에 놀라움을 금치 못했습니다(참고-사 45:14, 52:10).

이 모두가 하나님께서 주의 땅에 은혜를 베푸사 진노를 돌이키시고, 주의 백성의 죄악을 사하시고 저희 모든 죄를 덮으신 결과였습니다(시 85:1-2). 유다 백성은 '저희 범과와 죄악의 연고로 곤란'을 당하였는데(시 107:17), 하나님께서는 크신 긍휼과 사랑으로 그것을 허물치 않으시고 없던 것처럼 모두 덮어 주신 것입니다.

이제 유다 백성을 향한 하나님의 분노와 진노가 그치게 되었습니다. 시편 85:3-4에 "주의 모든 분노를 거두시며 주의 진노를 돌이키셨나이다 우리 구원의 하나님이여 우리를 돌이키시고 우리에게 향하신 주의 분노를 그치소서"라고 말씀하고 있습니다.

우리의 죄는 얼마나 크고 얼마나 많습니까? 그러나 도저히 용서받을 수 없는 것이라 할지라도, 하나님께서는 우리의 나약함을 아시고 모든 수치와 허물을 덮어 주시기를 기뻐하시는 분입니다. 마음이 상한 자를 고치시며, 가난한 자에게 복음을 전파하시며, 포로된 자와 눌린 자에게 자유를, 갇힌 자에게는 놓임을 주기 원하시는, 실로 긍휼과 사랑이 한없는 분이십니다(사 61:1, 눅 4:18).

2. 미래적이고 종말적인 구원의 확실성을 보여 줍니다.
It testifies of the certainty of the future, eschatological salvation.

하나님께서는 유다 백성을 바벨론 포로에서 구원하셨습니다. 바벨론에 포로로 끌려가 있는 상태를 시편 107편에서는 크게 네 가지로 표현하고 있습니다.

첫째, 방황하며 주리고 목마름으로 영혼이 피곤한 상태입니다(시 107:4-5). 둘째, 흑암과 사망의 그늘에 앉으며 곤고와 쇠사슬에 매인 상태입니다(시 107:10, 14). 셋째, 하늘에 올랐다가 깊은 곳에 내리므로 취한 자같이 비틀거리며 지각이 혼돈한 상태입니다(시 107:26-27). 넷째, 바다에서 광풍이 일어 곤란을 당한 상태입니다(시 107:29). 이러한 근심 가운데 유다 백성은 하나님께 부르짖었고, 하나님께서는 저들을 그 고통에서 구원하여 내시고(시 107:6, 13, 19, 28), 소원의 항구로 인도해 주셨습니다(시 107:30).

이 모든 구원의 역사는 전적으로 하나님의 은혜입니다. 시편 85:1에서 "주께서 주의 땅에 은혜를 베푸사 야곱의 포로 된 자로 돌아오게 하셨다"라고 말씀하고 있으며, 시편 85:11에서 "의는 하늘에서 하감하였도다"라고 말씀하고 있습니다. 유다 백성이 죄인으로서 바벨론에 포로로 끌려갔다가 돌아와 다시 의(義)가 회복된 것은, 하늘로부터 그 의가 하감하셨기 때문입니다. 그것은 하나님께서 과거에 애굽 사람이 이스라엘 백성을 괴롭게 하는 학대와 그들의 고통을 정녕히 보고, 그 부르짖음을 듣고, 그 우고(憂苦: 근심하고 괴로워함)를 알고 친히 내려오셔서 애굽에서 구원하여 주심과 같았습니다(출 3:7-10).

세상 종말에도 성도는 큰 성 바벨론의 포로 생활에서 건짐을 받아야 합니다. "힘센 음성으로 외쳐 가로되 무너졌도다 무너졌도다 큰 성 바벨론이여 귀신의 처소와 각종 더러운 영의 모이는 곳과 각종 더럽고 가증한 새의 모이는 곳이 되었도다 ... 또 내가 들으니 하늘로서 다른 음성이 나서 가로되 내 백성아, 거기서 나와 그의 죄에 참예하지 말고 그의 받을 재앙들을 받지 말라"라고 말씀하고 있습니다(계 18:2-4). 유다 백성을 바벨론 포로 생활에서 건지신 하나님께서, 반드시 죄악의 큰 성 바벨론에서 성도들을 확실하게 건져 주실 것입니다.

3. 남은 자가 있음을 가르쳐 줍니다.
It affirms the existence of the remnants.

이사야 선지자는 남 유다가 바벨론에 포로로 끌려가지만 반드시 남은 자가 있어서 돌아오게 된다는 것을 예언하였습니다. 이사야 11:11-12에서 "그날에 주께서 다시 손을 펴사 그 남은 백성을 앗수르와 애굽과 바드로스와 구스와 엘람과 시날과 하맛과 바다 섬들에서 돌아오게 하실 것이라 여호와께서 열방을 향하여 기호를 세우시고 이스라엘의 쫓긴 자를 모으시며 땅 사방에서 유다의 이산한 자를 모으시리니"라고 말씀하고 있습니다(렘 31:7-8).

심지어 이사야 선지자의 아들 '스알야숩'은 히브리어 '셰아르 야슈브'(שְׁאָר יָשׁוּב)로, '남은 자가 돌아올 것이다'라는 뜻입니다. 이사야 선지자가 그 아들 스알야숩을 데리고 아하스왕에게 찾아간 이유는, 아람과 북 이스라엘의 공격을 받아 심각한 위기에 처해 있는 아하스왕에게 메시지를 전해 주기 위한 것이었습니다. 곧 민족의 위기 가운데서도 여호와를 신뢰하는 소수는 끝까지 남지만, 믿지 않는 자는 파멸되어 결코 돌아올 수 없을 것이라는 경고였습니다. 아모스 선지자는 남은 자를 '알갱이'(암 9:9)로, 이사야 선지자는 남은 자를 '그루터기'(사 6:13)로 표현하였습니다.

실제로 바벨론에 포로로 끌려간 이스라엘 백성은 세 번(주전 537년, 458년, 444년)에 걸쳐서 예루살렘에 돌아옴으로 남은 자가 있다는 말씀을 성취하였던 것입니다. 이러한 남은 자의 귀환을 통하여 우리는 네 가지 큰 교훈을 얻을 수 있습니다.

(1) 구속사의 시대마다 남은 자가 있음을 알 수 있습니다.

하나님께서는 인간의 불신과 패역 속에서 하나님의 구속사가 단절될 위기에 놓일 때마다, 거룩한 하나님의 백성을 각 시대에 남겨 두셨습니다. 그리하여 태초부터 종말까지 하나님의 구속사가 단절되지 않고 변함없이 전진하도록 섭리하셨습니다.

창세기의 아담은 비록 선악을 알게 하는 나무의 실과를 따 먹고 타락하였지만 여자의 후손에 대한 약속(창 3:15)과 가죽옷을 받고(창 3:21), 에덴동산 밖에서도 후손들에게 하나님의 말씀을 가르치면서(^{참고}창 5:28-29), 하나님의 구속사를 성취하는 남은 자의 역할을 담당하였습니다. 노아는 죄악이 관영한 세상을 심판하신 홍수 속에서 살아남은 '남은 자'였습니다. 창세기 7:23에서 "지면의 모든 생물을 쓸어 버리시니 곧 사람과 짐승과 기는 것과 공중의 새까지라 이들은 땅에서 쓸어 버림을 당하였으되 홀로 노아와 그와 함께 방주에 있던 자만 남았더라"라고 말씀하고 있습니다. 아브라함 역시 우상을 숭배하는 갈대아 우르에서 빼내심을 받아 가나안 땅으로 옮김을 받은 남은 자였습니다(창 11:31, 12:1-4, 행 7:3-4). 애굽의 고난의 학정을 이기고 출애굽 한 후, 40년 광야의 연단을 거쳐 마침내 살아서 가나안에 입성한 여호수아를 비롯한 이스라엘 백성은 구속사의 남은 자들이었습니다(민 14:29-30). 바벨론 포로에서 귀환한 백성 역시 구속사의 남은 자들이었습니다.

이제 신약 시대를 거쳐(롬 9:27, 11:5) 세상 종말에도 남은 자들이 있을 것입니다. 그들은 '해를 입은 여자'(계 12:1)의 남은 자손으로, '하나님의 계명을 지키며 예수의 증거를 가진 자들'입니다(계 12:17). 우리도 하나님의 구속사를 이어갈 주역으로 이 시대에 하나님의 남은 자가 되어야 합니다. 그것은 내 힘으로 되는 것이 아니라 오직 하나님의 절대 주권과 무조건적인 은혜의 역사로만 되는 것입니다(롬 9:8, 11:5, 렘 31:7).

(2) 세상 종말에도 예수 그리스도 앞으로 돌아오는 남은 자가 있다는 것을 확신하게 됩니다.

이사야 10:21에서 "남은 자 곧 야곱의 남은 자가 능하신 하나님께로 돌아올 것이라"라고 말씀하고 있습니다. 여기에 '남은 자가 ... 돌아올 것이라'라는 표현은 히브리어 '쉐아르 야슈브'로, 이사야 선지자의 아들인 '스알야숩'과 같은 단어입니다. 하나님께서는 비록 남 유다가 바벨론에 포로로 끌려가지만 다시 돌아올 남은 자가 있음을 알려 주신 것입니다. 이것은 거룩하신 여호와를 진실되게 의뢰하는 자들이었습니다(사 10:20). 또한, 이사야 10:21의 '능하신 하나님'은 히브리어 '엘 깁보르'(אֵל גִּבּוֹר)인데, 이사야 9:6에서 메시아이신 예수 그리스도를 가리키는 표현으로 사용된 것입니다. 우리는 바벨론 포로로 끌려가서 귀환한 남은 자들을 통하여, 신약 시대에도 예수 그리스도에게 돌아올 남은 자들이 있다는 것을 확신하게 됩니다.

사도 바울도 로마서 9:27에서 "또 이사야가 이스라엘에 관하여 외치되 이스라엘 뭇 자손의 수가 비록 바다의 모래 같을지라도 남은 자만 구원을 얻으리니"라고 말씀하였고, 로마서 11:5에서 "그런즉 이와 같이 이제도 은혜로 택하심을 따라 남은 자가 있느니라"라고 선포하였습니다. 예수님께서도 재림 때에 천사들을 보내어 그 택하신 자들을 하늘 이 끝에서 저 끝까지 사방에서 모으실 것을 말씀하셨습니다(마 24:31). 하나님께서 택하신 자들은 영적 시온, 곧 하나님의 약속이 머무는 우주적인 예수 그리스도의 교회 안에 하나로 모이게 될 것입니다.

(3) 남은 자가 누릴 축복이 있음을 알게 됩니다.
① 남은 자는 죄 사함을 받게 됩니다.

미가 7:18에서 "남은 자의 허물을 넘기시며"라고 말씀하고 있습니다. 여기 '넘기시며'는 히브리어 '아바르'(עָבַר)로, '사라지다, 소멸되다, 치우다'라는 뜻입니다(욥 7:21, 슥 3:4). 미가 7:19에서는 "죄악을 발로 밟으시고 우리의 모든 죄를 깊은 바다에 던지시리이다"라고 말씀하고 있습니다.

② 남은 자는 번성하게 됩니다.

미가 선지자는 남은 자가 '보스라의 양 떼'나 '초장의 양 떼'처럼 번성하게 될 것이라고 말씀하였습니다(미 2:12). 예레미야 선지자는 바벨론 포로에서 귀환한 남은 자들의 번성에 대하여 "내가 내 양 무리의 남은 자를 그 몰려갔던 모든 지방에서 모아 내어 다시 그 우리로 돌아오게 하리니 그들의 생육이 번성할 것이며"라고 예언하였습니다(렘 23:3). 여기 '생육이 번성할 것이며'는 히브리어 '파라'

(פָּרָה)와 '라바'(רָבָה)라는 두 동사가 연결된 표현입니다. 이 표현은, 하나님께서 세상을 창조하실 때(창 1:28)와 노아 시대 홍수 심판 후 (창 9:1)에 '생육하고 번성하여'라는 표현에 사용되었습니다(참고-출 1:7). 이것은 실로 남은 자들의 귀환이 새로운 창조의 역사임을 보여 주며, 이들에게 영육 간에 지극히 풍성한 축복이 주어질 것을 나타 낸 것입니다.

스가랴 선지자 역시 스가랴 8:11-12에서 "만군의 여호와가 말하노 니 이제는 내가 이 남은 백성을 대하기를 전일과 같이 아니할 것인 즉 곧 평안한 추수를 얻을 것이라 포도나무가 열매를 맺으며 땅이 산물을 내며 하늘은 이슬을 내리리니 내가 이 남은 백성으로 이 모 든 것을 누리게 하리라"라고 예언하였습니다. 이것은 일차적으로 바 벨론 포로에서 귀환하여 성전 재건을 진행 중인 백성을 가리키지만, 궁극적으로 예수 그리스도 안에서 하나님의 백성이 된 남은 자들을 가리킵니다. 스가랴 8:12의 '누리게 하리라'는 히브리어 '나할'(נָחַל) 로, 유산을 상속 받을 때 사용하는 단어입니다. 그러므로 남은 자들 이 받을 축복은, 물질적인 축복만이 아니라 천국에서 상속 받아 누 리게 될 영원한 기업에 대한 약속입니다.

③ 남은 자는 강한 나라가 됩니다.

미가 4:7에서 "그 저는 자로 남은 백성이 되게 하며 멀리 쫓겨났 던 자로 강한 나라가 되게 하고 나 여호와가 시온산에서 이제부터 영원까지 그들을 치리하리라"라고 말씀하고 있습니다. 여기 남은 자는 본래는 '저는 자(약한 자)'요 '멀리 쫓겨났던 자'였습니다. 그러 나 이제 하나님께서 그들을 '강한 나라'가 되게 하신다고 약속하십 니다. 이 '강한 나라'는 바로 하나님께서 이제부터 영원까지 치리하시는 나라입니다. 남은 자들이 장차 하나님의 나라에서 영원토록 하나님의 통치를 받게 될 것을 확신시켜 주시는 말씀입니다.

(4) 어떤 자가 하나님의 남은 자인지를 알게 됩니다.
① 남은 자는 하나님께 택하심을 입은 자들입니다.

이사야 10:22-23에서 "이스라엘이여 네 백성이 바다의 모래 같을지라도 남은 자만 돌아오리니 넘치는 공의로 훼멸이 작정되었음이라 이미 작정되었은즉 주 만군의 여호와께서 온 세계 중에 끝까지 행하시리라"라고 말씀하고 있습니다. 여기에서 남은 자와 관련하여 '작정'이라는 단어가 두 번이나 나옵니다. 로마서 11:5에도 "이제도 은혜로 택하심을 따라 남은 자"라고 말씀하고 있습니다. 여기 '이제도'는 헬라어 '카이 엔 토 뉜 카이로'(καὶ ἐν τῷ νῦν καιρῷ)로, '하나님의 시간'을 나타내는 '카이로스'(καιρός)를 사용하고 있습니다. 이것은 남은 자가 구원을 받는 것이 사람의 시간에 속한 것이 아니라, 하나님의 시간에 속해 있음을 알려 줍니다.

② 남은 자는 진실한 자들입니다.

스바냐 3:13에서 "이스라엘의 남은 자는 악을 행치 아니하며 거짓을 말하지 아니하며 입에 궤휼한 혀가 없으며 먹으며 누우나 놀라게 할 자가 없으리라"라고 말씀하고 있습니다(암 5:15, 사 1:9). 이들은 요한계시록의 144,000을 연상케 합니다. 144,000 역시 "그 입에 거짓말이 없고 흠이 없는 자들이더라"라고 말씀하고 있습니다.

③ 남은 자는 오직 하나님만 의지하는 자들입니다.

미가 5:7에서 "야곱의 남은 자는 많은 백성 중에 있으리니 그들은 여호와에게서 내리는 이슬 같고 풀 위에 내리는 단비 같아서 사람을 기다리지 아니하며 인생을 기다리지 아니할 것이며"라고 말씀하고 있습니다. 스바냐 3:12에서 "내가 곤고하고 가난한 백성을 너의 중에 남겨 두리니 그들이 여호와의 이름을 의탁하여 보호를 받을지라"라고 말씀하고 있습니다. 이사야 10:20에서도 "이스라엘의 거룩하신 자 여호와를 진실히 의뢰하리니"라고 말씀하고 있습니다. 여기 '진실히'는 히브리어 '베에메트'(בֶּאֱמֶת)로, '진리 안에서'라는 뜻입니다. 하나님의 말씀은 진리입니다(시 119:43, 160, 잠 22:21, 전 12:10, 요 17:17, 고후 6:7, 골 1:5, 딤후 2:15, 약 1:18). 남은 자는 하나님의 말씀 안에서 하나님만 온전히 의지하는 자입니다. 예레미야 42:15에서 "너희 유다의 남은 자여 이제 여호와의 말씀을 들으라"라고 말씀하고 있습니다(사 46:3).

예레미야 23:3에서 "... 남은 자를 그 몰려갔던 모든 지방에서 모아 내어 다시 그 우리로 돌아오게 하리니"라고 말씀하고 있는데(느 1:9), 여기 '다시 ... 돌아오게 하리니'는 히브리어 '슈브'(שׁוּב)의 히필완료형으로, 하나님께서 '하나님의 단호한 의지와 주권적인 능력'으로 돌아오게 만드신다는 의미입니다. 이 하나님의 단호한 의지와 주권적인 능력은 하나님께서 손을 펴심으로 나타납니다. 이사야 11:11에서 "그날에 주께서 다시 손을 펴사 그 남은 백성을 앗수르와 애굽과 바드로스와 구스와 엘람과 시날과 하맛과 바다 섬들에서 돌아오게 하실 것이라"라고 말씀하고 있습니다(출 13:3). 또한, 하나님께서 열심을 내심으로 나타납니다. 이사야 37:32에서 "이는 남는 자가 예루살렘에서 나오며 피하는 자가 시온에서 나올 것임이라 만군의 여호와의 열심이 이를 이루시리이다"라고 말씀하고 있습니다.

하나님께서는 재림 때 남은 자를 위하여 '대로'(大路)를 준비하실 것입니다. 그 대로는 마치 홍해가 갈라지면서 마른 땅이 생겼듯이 하나님의 기적적인 역사로 열리게 될 것입니다(출 14:21). 이사야 11:16에서 "그의 남아 있는 백성을 위하여 앗수르에서부터 돌아오는 대로가 있게 하시되 이스라엘이 애굽 땅에서 나오던 날과 같게 하시리라"라고 말씀하고 있습니다. 그러므로 오늘날 성도는 하나님께서 손을 펴심과 열심히 행하심으로 대로가 열릴 것을 믿고 하나님만을 의지함으로써, 이 시대의 남은 자들이 되어야 합니다. 날마다 오직 하나님만 의지하는 가운데, 하나님의 장엄한 구속사를 한치의 오차 없이 이어 가는 성도가 끝날의 남은 자입니다.

4. 하나님의 말씀의 성취를 나타냅니다.
It manifests the fulfillment of the Word of God.

하나님께서 바벨론 포로 기간이 70년이 될 것이라고 예레미야 선지자를 통해서 말씀하셨습니다(렘 25:10-11, 29:10). 이 70년 기간을, 역대하 36:21에서는 '토지가 황무하여 안식년을 누림같이 안식한' 기간이라고 표현하였습니다. 이것은 안식년이 지나면 다시 경작이 시작되듯이, 바벨론 포로 기간이 끝나면 유다 땅이 다시 회복될 것을 말씀하신 것입니다.

이 말씀은 성전을 중심으로 한 구속사적 관점에서 볼 때, 70년 만에 성취되었습니다. 예루살렘 성전은 주전 586년 제3차로 바벨론에 포로로 끌려갈 때 파괴되었는데, 70년 만인 주전 516년에 재건되었습니다. 또, 포로로 잡혀간 것을 중심으로 볼 때, 70년 만에 성취되었습니다. 제1차로 바벨론에 포로로 잡혀간 때가 주전 605년이요, 바사 왕 고레스의 칙령으로 제1차로 바벨론에서 돌아올 때는 주전 537년입니다. 그리고 성전 건축을 시작한 것이 주전 536년이므로, 주전 605년에서 주전 536년까지 햇수로 70년이 됩니다. 포로귀환과 성전 건축은, 하나님의 말씀이 다 성취가 되어, 이제 하나님의 백성으로서 국가적인 면모를 다시 갖추며, 열방을 향하여 하나님의 영광을 나타낼 수 있게 되었음을 의미합니다.

하나님께서는 여러 지도자와 선지자들을 통해서, 하나님의 구속사적 경륜을 이루어 갈 언약 백성으로 이스라엘을 회복해 나가셨습니다. 이것을 위하여 무너진 성전과 성벽과 성읍이 재건되었고, 포로로 끌려간 남은 백성이 귀환해야 했습니다. 그래서 시편 기자는 시편 126:4에서 '우리의 포로를 남방 시내들같이' 회복해 주십사 기도하였습니다. 유다의 남방(Negeb)은 '바짝 마르다'라는 뜻에서 파생한 단어로서, 팔레스타인 남부의 광야 지대를 가리킵니다(^{참고-}창 20:1, 삿 1:15). 그러나 우기가 되면 메마른 그 시내에도 물이 가득 넘쳐 세차게 흐르고 생명의 땅이 되는 것처럼, 바벨론에서 고향 땅으로 돌아오는 그 길이 시온의 포로들로 가득 채워지게 해 달라는 간구입니다. 지난날 범죄한 이스라엘은, 집집마다 거주하는 사람이 없을 정도로 황폐하게 되는 징계를 받았지만, 이제 예레미야 선지자의 예언대로 '사람의 씨와 짐승의 씨를 이스라엘 집과 유다 집에 뿌릴 날'이 이르게 된 것입니다(렘 31:27).

시편 기자는 이러한 위대한 과업을 성취하기 위하여, 남은 자들이 피와 땀과 눈물을 흘리며 헌신하고 희생해야 할 것을 가리켜, "눈물을 흘리며 씨를 뿌리는 자는 기쁨으로 거두리로다 울며 씨를 뿌리러 나가는 자는 정녕 기쁨으로 그 단을 가지고 돌아오리로다"(시 126:5-6)라고 표현하였습니다. 현재는 씨앗을 뿌려도 결실하기 어려운 최악의 상황이며 미래가 보이지 않는 암담한 현실이지만, 그런 현실에 안주하거나 낙심하지 않고 씨를 뿌리러 밭으로 나가야 한다는 것입니다. 그리고 끝내는 하나님께서 저들로 하여금 기쁨의 단을 거두게 하실 것이라는 확신에 찬 고백입니다. 이러한 시편 기자의 확신대로 하나님께서는 주전 516년에 성전을 완성하게 하시고, 제1차 포로 귀환(주전 537년)이 있은 지 79년 만에 제2차(주전 458년)로 남은 자들을 바벨론 유수에서 돌아오게 하시어 거족적으로 신앙을 개혁시켜 주셨고, 주전 444년 제3차 귀환으로 느헤미야를 통해 무너진 성벽을 중수하게 하셨던 것입니다.

오늘날 우리도 절망스러운 상황이 연이어 펼쳐질 때, 하나님의 구속사적 경륜과 섭리 속에서 하나님의 주권 은총의 승리를 확신함으로써, 소망 가운데 한 알의 밀알이 되어 복음을 위해 희생과 헌신의 씨를 뿌린다면, 최후에는 큰 기쁨으로 선하고 의로운 열매를 많이 거두게 될 것입니다(요 12:24). 하나님께서는 복음의 사명을 감당하면서 흘린 눈물과 땀방울을 모두 세시고 그대로 갚아 주십니다(마 16:27, 롬 2:6, 딤후 4:14, ^{참고}고후 9:6, 갈 6:7). 현재 당하고 있는 고난은 장차 주어질 영광과 족히 비교할 수 없습니다(롬 8:18).

바벨론에서 귀환한 모든 역사는 전적으로 하나님의 주권 섭리였습니다. 하나님의 주권 섭리 속에 바벨론에서 해방되어 본토로 돌아온 후에, 에스라와 느헤미야와 같은 하나님의 사람들의 강력한 권고로 신앙 부흥 운동이 일어나, 이방인들과의 혼인으로 더럽혀진 민족의 혈통을 바로 세워 순수하게 회복시키는 개혁이 실시되었습니다. 그런데 시간이 흐르면서 유다 백성은 또다시 영적으로 나태해지고 이방과 혼잡되고 타락하기 시작하였습니다. 이러한 때에 느

느헤미야가 "내 하나님이여 나를 기억하사 복을 주옵소서"라고 한 마지막 기도는, 인간의 한계를 절실히 깨달은 느헤미야 자신의 겸손한 고백이요, 유다 백성을 진심으로 하나님께 의탁하며 하나님의 자비를 구하는 애절한 기도였습니다(느 13:31). 이 기도는 여호수아로부터 시작된 구약 역사서의 마지막 기도이며 결론이었습니다. 이 기도에는 참구원자이신 예수 그리스도를 대망하는 간절한 염원이 담겨 있습니다.

하나님께서는 다윗의 자손을 보존하셔서, 택한 백성을 구원하시려는 언약을 지속적으로 성취해 오셨습니다. 하나님께서는 바벨론이라는 이방 땅에서 고통 받는 다윗의 자손들을 약속의 땅으로 다시 불러오심으로써, 메시아 왕국의 도래를 위해 중단 없이 구속사적 경륜을 성취해 오셨습니다.

구약 성도 느헤미야의 그 마지막 기도는 결코 땅에 떨어지지 않았습니다. 예수 그리스도께서 이 땅에 오시고, 사시고, 십자가에 죽으시고, 부활 승천하셨으므로, 그 기도는 성령께서 세우신 교회와 구속 받은 성도들을 통하여 성취되었습니다. 우리는 주께서 재림하시어, 마지막 남은 자들을 통해 이루실 구속사의 완성, 그 찬란한 메시아 왕국의 도래를 대망하면서, 믿음으로 천성을 향하여 힘을 다하여 전진해야 하겠습니다.

제6장

바벨론 포로 귀환 후
예수 그리스도까지의 역사

The History of the Postexilic Period until Jesus Christ

바벨론 포로 귀환 후 예수 그리스도까지의 역사
THE HISTORY OF THE POSTEXILIC PERIOD UNTIL JESUS CHRIST

유다 백성이 바벨론 유수에서 마지막으로 귀환한 것은 주전 444년이었습니다. 이때 느헤미야는 백성을 독려하여 성벽을 재건하였으며(느 6:15), 주전 432년까지 개혁 운동을 진행하였습니다. 그러나 그 이후 예수 그리스도께서 오실 때까지의 약 400년 역사는 성경에서 생략되어 있습니다. 그래서 이때를 '공백기'라고 부르는 분들도 있습니다. 그러나 하나님의 구속사에 공백기가 있을 수 없습니다. 역사는 칠흑 같은 암흑기였으나, 하나님의 구속사는 결코 중단되지 않고 마치 여울목처럼 더 힘차고 빠르게 전진해 왔습니다. 이 400여 년의 기간에 세계를 지배하던 나라들의 흥망성쇠가 빠르게 진행되었는데, 이 모든 역사는 하나님께서 예언하신 대로 진행된 것이었습니다.

하나님께서는 모든 역사의 시작과 진행과 끝을 미리 아시고 주권적으로 섭리하시는 분입니다(참고-민 12:6, 사 42:9, 46:9-10, 호 12:10, 벧후 1:21). 자기 백성을 위한 하나님의 구속 계획을 성취하시기 위하여 열강의 군주들과 열국의 역사를 다스리시고 섭리하셨던 것입니다. 지금도 하나님께서는 이 세상에서 일어나는 모든 일에 주권적으로 개입하셔서 적극적으로 활동하고 계십니다(신 32:8, 단 2:21, 4:17, 34-35, 행 17:26).

구약성경 다니엘서는 이와 같이 세계의 전 역사가 하나님의 주권대로 진행된다는 것을 선명하게 보여 주고 있습니다. 다니엘 2장의 '한 큰 신상'(단 2:31), 다니엘 7장의 '네 가지 짐승'(단 7:3), 다니엘 8장의 '숫양과 숫염소'(단 8:3-14), 다니엘 9장의 '칠십 이레'(단 9:24-27), 그리고 다니엘 11장의 북방 시리아 지역의 셀류쿠스 왕국과 남방 애굽 지역의 프톨레미 왕국 사이의 전쟁에 대한 계시는 장차 이루어질 세계 역사에 대하여 정확하게 예언한 것입니다. 앗수르로부터 시작하여 바벨론, 바사, 헬라, 로마로 이어지는 세계 열강의 각축전은 다니엘을 통해 하나님께서 예언하신 대로 이루어져 갔습니다.

역사는 결코 우연한 사건의 연속이 아닙니다. 역사는 하나님께서 작정하신 대로 구속사적 경륜을 따라 오묘한 섭리 가운데 한 치의 오차도 없이, 영원한 언약의 성취를 향하여 전진하는 대(大)파노라마인 것입니다. 지나온 모든 역사가 하나님의 예언대로 진행되었으며, 장차 다가올 모든 역사도 반드시 하나님께서 말씀하신 대로 이루어질 것입니다.

다니엘서는 궁극적으로 세상 역사의 끝에 관한 예언입니다. 예수님께서도 종말에 대하여 말씀하시면서, '다니엘서를 읽는 자는 깨달을진저'라고 경고하셨습니다(마 24:15, 막 13:14). 성경의 모든 교훈은 말세를 만난 성도의 경계와 거울로 기록된 것입니다(고전 10:11, 참고-사 46:10). 세계의 역사를 하나님의 구속사의 관점에서 조명할 때, 끝날에 어떠한 큰 환난의 바람이 불어 닥쳐도 신앙의 용기와 승리의 확신을 가지고 대처할 수 있는 지혜를 얻게 될 것입니다(단

8:17, 19, 10:14, 12:4, 13, 고전 10:11-13).

　바벨론 포로 귀환 후 예수 그리스도가 오실 때까지의 시기는 역사적으로 다섯 시대로 구분됩니다. 그것은 ① **느헤미야 개혁 이후의 바사 지배 시대**(주전 432-331년) ② **헬라 지배 시대**(주전 331-164년) ③ **마카비 혁명 시대**(주전 167-142년) ④ **하스몬 왕조 시대**(주전 142-63년) ⑤ **로마 시대**(주전 63-4년, 주전 4년 예수 그리스도의 탄생)입니다. 앞으로 살펴볼 바벨론 포로 귀환 후 예수 그리스도까지의 역사도 어김없이 하나님의 말씀대로 성취되었음을 확인할 수 있습니다.

I
느헤미야 후 바사 지배 시대
(주전 432-331년)
THE PERIOD OF PERSIAN DOMINATION (432-331 BC) AFTER THE TIME OF NEHEMIAH

주전 586년 남 유다가 바벨론에게 망하고, 주전 538년 바사 왕 고레스가 유다인들을 바벨론 포로에서 해방하는 칙령을 발표한 후, 유다는 계속 바사의 지배를 받았습니다. 이는 느헤미야가 마지막 종교개혁을 단행한 주전 432년 후에도 계속되었습니다.

유다가 바사의 지배를 받기 전부터 바사의 지배가 끝나기까지의 세계 역사는, 주전 722년 북 이스라엘이 앗수르에게 멸망한 후에, '앗수르 - 바벨론 - 바사'의 순서로 흥망성쇠가 거듭되었습니다. 바사 시대의 역사를 살펴보기 전에 먼저 앗수르와 바벨론의 역사를 살펴보겠습니다.

1. 앗수르의 전성시대와 멸망
The Golden Age of Assyria and its Fall

앗수르는 티그리스강 상류 지역을 무대로 주전 3000년경에 형성된 도시국가였습니다. 앗수르가 제국으로 세계 역사에 등장한 것은 사실상 디글랏 빌레셀 1세(Tiglath-pileser I: 주전 1115-1076년) 때였습니다. 그러나 그가 죽자 앗수르는 쇠퇴하기 시작하였습니다. 그로부터 약 300년이 지날 무렵, 앗수르는 다시 번성하기 시작하여 디글랏 빌레셀 3세 때 전성기를 맞이합니다. 디글랏 빌레셀 3세 이후 앗수르의 왕들은 성경에 자주 등장합니다.

(1) 디글랏 빌레셀 3세(Tiglath-pileser III: 745-727 BC)

디글랏 빌레셀 3세는 성경에서 '앗수르 왕 불'로 불리고 있습니다(왕하 15:19). 당시 북 이스라엘 왕 므나헴은 디글랏 빌레셀 3세와의 전쟁에서 패배한 후, 은 1천 달란트를 '앗수르 왕 불'에게 주고 그를 자기 땅으로 돌려보냈습니다(왕하 15:19-20).

남 유다 제12대 왕 아하스(주전 743(731)-715년) 때, 아람 왕 르신과 이스라엘 왕 베가가 연합하여 예루살렘을 공격하였습니다(왕하 16:5). 그때에 아람 왕 르신은 먼저 엘랏을 공격하여 남 유다 사람들을 쫓아내고 거기에 아람 사람을 거하게 했습니다(왕하 16:6). 이에 아하스는 디글랏 빌레셀 3세에게 여호와의 전과 왕궁 곳간에 있는 은금을 취하여 예물을 보내고 구원을 요청하였습니다(왕하 16:7-8). 그 청을 듣고 디글랏 빌레셀 3세는 북 이스라엘을 침공하여 사람들을 포로로 잡아갔으며, 아람 왕 르신을 죽였습니다(왕하 15:29, 16:9).

디글랏 빌레셀 3세는 아람과 북 이스라엘을 공격한 후에 남 유다에 도착하였지만, 마침 에돔과 블레셋의 공격을 받아 궁지에 몰린 남 유다를 돕지 않고 도리어 군박(窘迫)하였습니다(대하 28:20). 아하스가 앗수르 왕에게 많은 재물을 주었으나 아무 유익이 없었습니다(대하 28:21). 그런데 아하스는 곤고한 지경에 빠졌는데도 다메섹 신들에게 제사를 드리며, 하나님을 의지하기는커녕 그 앞에 더욱 범죄하였습니다(대하 28:22-23).

한편, 역대상 5장 족보에서 "그 아들은 브에라니 저는 르우벤 자손의 두목으로 앗수르 왕 디글랏 빌레셀에게 사로잡힌 자라"(6절)라고 기록하고 있으며, 또 "앗수르 왕 디글랏 빌레셀의 마음을 일으키시매 곧 르우벤과 갓과 므낫세 반 지파를 사로잡아 할라와 하볼과 하라와 고산 하숫가에 옮긴지라 저희가 오늘날까지 거기 있으니라"(26절)라고 기록하고 있는데, 이것은 디글랏 빌레셀 3세의 역사성을 증거해 줍니다.

(2) 살만에셀 5세(Shalmaneser V: 727/726-722 BC)

북 이스라엘의 마지막 왕 호세아는 앗수르의 도움으로 베가를 쳐죽이고 왕이 되어, 처음에는 앗수르에 복종하였으나 나중에는 반(反)앗수르 정책을 취하였습니다. 이에 살만에셀 5세가 북 이스라엘을 공격하여 3년간 사마리아를 포위하였습니다(왕하 17:3-5, 18:9-10).

(3) 사르곤 2세(Sargon II: 722/721-705 BC)

살만에셀 5세가 사마리아를 포위하고 함락하는 동안에, 그의 동생 사르곤 2세가 왕위를 빼앗고 북 이스라엘을 멸망시켰습니다(왕하 17:6, 18:11, 사 20:1).

(4) 산헤립(Sennacherib: 705/704-681 BC)

남 유다 제13대 왕 히스기야 14년에 산헤립은 유다 모든 견고한 성읍을 쳐서 취하였으며, 히스기야왕은 앗수르 왕에게 조공을 바쳤습니다(왕하 18:13-16). 산헤립이 남 유다를 침공한 것은 이사야 선지자를 통해 예언된 것이었습니다(사 7:17).

그 후에 산헤립의 제2차 침공이 있었지만(왕하 18:17-37, 대하 32:1-19), 밤에 여호와의 사자가 앗수르 진에서 큰 용사와 대장과 장관들을 포함하여 185,000명을 치므로, 아침에 일찍이 일어나 보니 모두 송장이 되었다고 기록하고 있습니다(왕하 19:35, 사 37:36).

남 유다 정복에 실패한 산헤립은 얼굴이 뜨뜻하여(בְּבֹשֶׁת פָּנִים, 베보쉐트 파님: 심한 수치심 때문에 얼굴이 붉어지며 달아오른 것) 고국으로 돌아갔으며, 후에 자기 신 니스록(앗수르의 불 신: god of fire)의 묘에 들어갔을 때에 그의 몸에서 낳은 아들 아드람멜렉(Adrammelech)과 사레셀(Sharezer)의 칼에 죽었습니다(왕하 19:36-37, 대하 32:21, 사 37:37-38). 산헤립이 자기 아들들에게 암살당한 비극적 사건은 이사야 선지자의 예언대로 이루어진 것입니다(왕하 19:7, 사 37:6-7).

산헤립의 1차 침공이 히스기야왕 14년인 주전 701년에 있었고(왕하 18:13) 그 후에 2차 침공이 있었습니다. 역사적으로 산헤립은 주전 681년경에 죽었으므로, 산헤립은 남 유다 정복에 실패한 후 바로 죽은 것이 아니라 약 20년 가까이 왕좌에 있다가 살해된 것으로 보입니다. 그런데 역대하 32:21에서 산헤립이 제2차 유다 침공 실패 후 고국으로 돌아가자마자 바로 살해된 것으로 기록한 이유는, 하나님의 이름을 더럽히는 자들의 비참한 결말을 부각시키고 하나님의 말씀대로 이루어진 사실을 강조한 것입니다.

(5) 에살핫돈(Esarhaddon: 681-669 BC)

산헤립을 죽인 아드람멜렉과 사레셀은 부왕(父王)을 죽인 죄목으로 아라랏으로 도망가야 했고, 산헤립의 후계자로 그들의 형제인 에살핫돈이 즉위하였습니다(왕하 19:36-37, 사 37:37-38). 산헤립을 죽인 아드람멜렉과 사레셀은 에살핫돈과 더불어 산헤립의 아들들이며(사 37:38), 그들이 도망간 아라랏(Ararat)은 티그리스강과 유브라데강 상부에 위치한 아르메니아(Armenia) 지역입니다.

에살핫돈은 왕이 된 후 자기 아버지 산헤립이 못다 한 정복 전쟁을 계속하여 앗수르를 크게 번영케 하였으며, 또한 유다와 베냐민 족속의 대적들을 포로로 잡아가거나 강제 이주시켰습니다(스 4:2). 역사 자료에 의하면, 에살핫돈은 앗수르 제국의 거대한 건축 사업에 필요한 비용과 재료를 무려 22명의 봉신국 왕들에게 바치도록 명하였는데, 그 명단에 남 유다 제14대 왕 므낫세의 이름도 들어 있습니다. 이렇게 하나님의 선민 이스라엘 백성을 괴롭힌 그는 애굽 안에서 일어난 반란을 진압하던 중 병사(病死)하였으며, 앗수르바니팔이 그 왕위를 계승했습니다.

(6) 앗수르바니팔(Ashurbanipal: 669/668-632 BC), 혹은 오스납발(Osnappar, 스 4:10)

앗수르에서 산헤립의 아들 에살핫돈(주전 681-669년)과 에살핫돈의 아들 앗수르바니팔(주전 669/668-632년)이 통치하는 동안, 남 유다에서는 므낫세가 통치하고 있었습니다(주전 696-642년). 앗수르바니팔은 성경에 기록된 앗수르 왕으로, 므낫세를 사로잡아 쇠사슬로 결박하여 바벨론에 끌고 간 왕으로 추정됩니다(대하 33:10-11). 앗수르 비문에 따르면 주전 648년에 앗수르가 남 유다를 침공했다는 기록이 나오는데, 이때 므낫세가 앗수르에 끌려간 것으로 보입니다. 므낫세가 끌려간 주전 648년은 므낫세 통치 49년째로, 그의 나이 60세였습니다.

므낫세의 부친 남 유다 제13대 왕 히스기야는 반(反)앗수르 정책을 취하였으나, 므낫세는 할아버지 아하스왕을 따라 친(親)앗수르 정책을 취하였습니다. 앗수르바니팔이 애굽 원정을 떠날 때 그 원정을 도운 봉신들 가운데 한 사람으로 므낫세의 이름이 있을 정도입니다. 이렇게 앗수르에 긴밀하게 협조한 므낫세임에도 불구하고, 그가 불순종을 거듭하자 하나님께서는 앗수르 왕의 마음을 움직여 므낫세를 사로잡고 쇠사슬로 결박하여 바벨론으로 끌어가도록 하셨던 것입니다(대하 33:10-11). 이때 앗수르 왕의 군대 장관들이 므낫세를 '바벨론'으로 끌고 갔다고 한 것은, 당시 바벨론이 앗수르 제국의 통치 아래 있었음을 보여 줍니다.

그러나 므낫세가 환난을 당하여 하나님께 간구하고 그 열조의 하나님 앞에 크게 겸비하여 기도한 고로, 하나님께서 그 기도를 받으시며 그 간구를 들으시고, 저로 예루살렘에 돌아와서 다시 왕위에 거하게 하셨습니다(대하 33:12-13). 그제야 정신을 차린 므낫세는 여호와께서 하나님이신 줄을 알았습니다(대하 33:13下). 그때부터 기혼 서편 골짜기에서부터 생선문 어귀까지 성벽을 쌓는가 하면, 유다 모든 견고한 성읍에 군대 장관을 두며, 여호와의 전에 세웠던 우상과 이방 신들을 제거하고, 여호와의 전이 있는 산과 예루살렘에 쌓았던 모든 단을 성 밖으로 내던지고, 여호와의 단을 중수하고 제사를 드리며, 백성에게 하나님만 섬기라고 명하였습니다(대하 33:14-16).

한편, 에스라 4:10에서는 "존귀한 오스납발이 사마리아성과 강 서편 다른 땅에 옮겨 둔 자들과 함께 고한다"라고 기록하고 있는데, 여기서 앗수르바니팔을 '존귀한 오스납발' (אָסְנַפַּר רַבָּא וְיַקִּירָא, 오스나파르 라바 베야키라)이라고 불렀습니다. '존귀한'에 해당하는 히브리어 '라바 베야키라'는 '크고 유명한'이라는 뜻으로, 앗수르바니팔의 군사력과 정치력이 탁월했음을 나타냅니다. 앗수르는 북 이스라엘을 멸망시킨 후 타민족들을 사마리아 지역으로 강제 이주시켰는데(왕하 17:24-26, 스 4:2), 앗수르바니팔은 그의 선왕인 에살핫돈에 의해 시작된 백성의 이주 정책을 계속 시행하였던 것입니다.

예루살렘 성벽 재건을 방해하기 위하여 유다 백성을 바사 왕 아닥사스다에게 고소하는 데 동조했던 사람들(스 4:7-10)은, 바로 앗수르바니팔왕에 의해서 사마리아로 옮겨진 자들이었습니다.

(7) 앗수르에틸일라니(Ashur-etil-ilani: 632-628 BC)

앗수르바니팔은 두 아들 가운데 앗수르에틸일라니에게 왕위를 물려주었습니다. 이후 앗수르는 심각한 내전이 이어졌으며, 앗수르바니팔의 다른 아들 신샬이쉬쿤은 바벨론에서 일어난 반란을 진압한 후 바벨론에서 왕이 되었습니다. 앗수르에틸일라니는 신샬이쉬쿤과 내전 끝에 결국 왕좌를 빼앗기고 죽임을 당하였습니다.

(8) 신샬이쉬쿤(Sinsharishkun: 628-612 BC)

앗수르는 앗수르바니팔의 통치 후에 국력이 급속히 기울어지기 시작하였습니다. 주전 612년에 앗수르의 수도 니느웨(Nineveh - 왕하 19:36, 사 37:37)가 바벨론과 메대의 연합군에게 점령되었으며, 이때 신샬이쉬쿤도 죽임을 당하였습니다.

(9) 앗수르우발릿 2세(Ashur-uballit II : 612-608 BC)

주전 612년 수도 니느웨를 빼앗긴 후, 앗수르는 하란 지역으로 밀려나 나라가 멸망할 위기에 빠졌습니다. 주전 609년 애굽 왕 바로 느고는 잔존한 앗수르 세력을 도와 신흥 강대국으로 급부상하던 신바벨론의 세력을 꺾기 위하여, 유브라데 강가의 갈그미스로 북상하였습니다. 당시 남 유다 제16대 왕 요시야는 앗수르의 재기를 원치 않았을 뿐 아니라, 팔레스타인 지역에 대한 애굽의 영향력 행사를 원치 않았습니다. 그리하여 요시야는 주전 609년 애굽의 바로 느고가 앗수르를 돕기 위하여 갈그미스로 북진할 때 바로 느고와 전쟁을 하였습니다.

이때 바로 느고는, 바벨론을 치는 것은 하나님의 명하신 일이므로, 요시야왕이 애굽과 싸움으로 하나님을 거스르지 말라고 말했습니다(대하 35:21). 그러나 요시야왕은 바로 느고의 말이 하나님의 입에서 나온 말씀인 것을 깨닫지 못하고 싸우기를 고집하다가, 므깃도 골짜기에 이르러 싸울 때 적군의 활에 맞아 중상을 입었습니다. 신복이 요시야를 버금 병거에 태워 예루살렘에 이르렀으나 안타깝게도 숨을 거두고 말았습니다(왕하 23:29-30, 대하 35:20-25).

그 후 앗수르는 주전 608년 앗수르우발릿 2세(Ashur-uballit II: 주전 612-608년) 시대, 곧 남 유다 여호아하스왕 말기와 여호야김왕 초기 어간에(참고-왕하 23:34), 바벨론의 나보폴라살(Nabopolassar)에게 완전히 멸망했습니다.

앗수르의 멸망은 모든 역사의 섭리자이신 하나님의 주권에 따라 나훔과 스바냐 선지자를 통해 예언하신 그대로 성취된 것입니다(나 1:1, 2:8-13, 3:7-19, 습 2:13-15).[45]

앗수르의 수도 니느웨는 '극히 큰 성읍'(욘 1:2, 3:2-3)으로, '좌우를 분변치 못하는 어린이가 12만여 명'(욘 4:11)이나 있었으며, 어른까지 합하면 인구 약 60만 명의 큰 도시였습니다. 오래 전 선지자 요나가 하나님의 심판 메시지를 선포하였을 때(욘 3:4), 니느웨 왕을 비롯하여 온 백성과 짐승까지 금식하고 굵은 베옷을 입고 회개하여 악한 길에서 돌이킴으로써, 하나님의 긍휼하심을 얻어 재앙을 받지 않았습니다(욘 3:5-10). 하나님께서는 심판을 계획하셨어도, 가슴 깊이 뉘우치고 진정으로 회개하고 돌아서면 그 죄를 사하시고 구원해 주시는 분이십니다(마 12:41, 눅 11:30).

참고로, 대다수 신학자들은 앗수르의 수도 니느웨를 향한 요나의 메시지가 선포된 시기에 대하여 주전 763년 6월 15일의 일식(日蝕, solar eclipse)이라는 자연 현상과 연관된다고 추정하고 있으며, 요나 선지자의 활동 기간은 주전 780년부터 주전 763년까지로 추정됩니다(왕하 14:25, ^{참고}마 12:38-41, 눅 11:29-32).[46]

니느웨는 천하를 호령하면서 자기밖에 없다고 뽐내고 흥청대던 도시였습니다(습 2:15). 그러나 막강한 힘을 자랑하던 니느웨는 요나의 메시지가 선포된 지 약 150년 후에 멸망하고 말았습니다. 요나 선지자를 통해 회개하고 용서를 받았던 니느웨성이 하루아침에 멸망한 원인에 대하여, 나훔 3:1-4에서는 이웃 국가들의 피를 흘리는 악행, 곧 궤휼과 강포와 늑탈을 자행하고, 마술과 음행과 우상 숭배를 일삼았기 때문이라고 말씀하고 있습니다.

우리는 앗수르의 멸망을 통해, 한때 회개했어도 하나님의 말씀에 끝까지 순종하지 않고 우상 숭배를 하면서 하나님을 대적하는 도시나 국가는 언젠가는 멸망을 받게 된다는, 역사의 준엄한 교훈을 배우게 됩니다.

2. 신바벨론의 등장과 멸망
The Rise and Fall of Neo-Babylonia

바벨론은 티그리스강과 유브라데강 사이의 지역으로, 메소포타미아 남쪽에 있는 평야 지대를 가리키며, '시날 땅'(창 10:10, 11:2, 사 11:11) 또는 '갈대아인의 땅'(렘 24:5, 25:12, 겔 12:13)으로 불렸습니다. 바벨론 제1왕조 시기에 가장 유명한 왕은 법전을 만든 '함무라비 왕'(Hammurabi: 주전 1792-1750년)이었습니다. 그 후 바벨론은 헷 족속, 카시트 족속, 앗수르, 엘람에게 지배를 받다가, 느부갓네살 1세 (Nebuchadnezzar I: 주전 1124-1103년)가 다시 중기 바벨론 시대를 열고 독립 국가 형태를 유지하였습니다.

그러나 그 후 앗수르 제국이 강해지면서, 바벨론은 나보폴라살 (Nabopolassar: 주전 626-605년)이 나타날 때까지 앗수르의 지배하에 있었으며, 므로닥 발라단이 왕으로 있을 때(주전 722-710, 704-703년) 잠시 독립하기도 했습니다. 이렇게 바벨론은 오랜 세월 앗수르의 영향 아래 있다가, 주전 608년 앗수르를 꺾고 독립하여 신바벨론 제국을 건설하였습니다. 나보폴라살은 애굽을 치기 위하여 당시 군대 사령관이었던 아들 느부갓네살을 갈그미스로 보내어(주전 605년), 그곳에 주둔 중이던 바로 느고의 군대를 대파하고 세계의 패권을 장악하였습니다(렘 46:2).

앗수르의 세력이 꺾이고 신바벨론 제국이 새롭게 등장하게 되는 역사적 배경은, 하박국 선지자(활동 기간: 주전 642-627년)가 자세히 예언하고 있습니다. 하박국 1:5-6에서는 "여호와께서 가라사대 너희는 열국을 보고 또 보고 놀라고 또 놀랄지어다 너희 생전에 내가 한 일을 행할 것이라 혹이 너희에게 고할지라도 너희가 믿지 아니하리라 보라 내가 사납고 성급한 백성 곧 땅의 넓은 곳으로 다니며 자기의 소유 아닌 거할 곳들을 점령하는 갈대아 사람을 일으켰나니"라고 말씀하고 있습니다. 여기 하나님께서 구속사를 이루시기 위하여 '너희 생전에 내가 한 일을 행할 것'은 '갈대아 사람을 일으켰나니'를 가리킵니다. 여기 '일으켰나니'는 '쿰'(קוּם)의 사역분사형으로, 과거가 아니라 아직 이루어지지 않은 임박한 미래의 사건을 나타냅니다. 아직 이루어지지 않았으나 임박한 일이며 또 사람이 예상치 못할 크고 놀라운 일이라는 것입니다. 하나님께서는 하나님의 백성을 징계하시기 위해 갈대아 사람들 즉 신바벨론 제국을 일으키셔서 남 유다를 멸망시키실 역사적 섭리를 하박국 선지자를 통해서 예고하셨던 것입니다.

바벨론 왕들 가운데 성경에 등장하는 왕들은 다음과 같습니다.

(1) 므로닥 발라단(Merodach-baladan: 722-710, 704-703 BC)

므로닥 발라단은 부로닥 발라단(왕하 20:12)으로 불리기도 하며, 고대 역사에는 '마르독엠파도스'(Mardokempados) 또는 '마르둑 아플라 이디나 2세'(Marduk-apla-iddina II)로 기록되어 있습니다.

므로닥 발라단은 앗수르 왕 살만에셀 5세의 사망 소식이 들리자 엘람으로부터 강력한 군사 원조를 받아 앗수르의 군주 통치에 반란을 일으켰습니다. 그리하여 주전 722년부터 주전 710년까지 독립 국가를 유지하다가 다시 앗수르 왕 사르곤 2세에게 잡혀 갔습니다. 그러나 므로닥 발라단은 자기를 사로잡았던 사르곤 2세가 죽고 산헤립이 앗수르의 왕이 되자, 주전 704년에서 703년까지 약 7-9개월간 다시 바벨론을 독립시켰습니다. 후에 그는 산헤립에게 다시 축출되어 엘람 서쪽 나기투에서 망명 생활 도중에 죽음을 맞이하였습니다.

성경에는 므로닥 발라단에 대하여, 히스기야왕이 병 들었다가 나았다 함을 듣고 그가 편지와 예물을 보내 왔다고 기록하고 있습니다(왕하 20:12, 사 39:1, ^{참고}대하 32:31). 이때는 히스기야가 병에서 회복된 주전 701년경이며, 므로닥 발라단은 이미 앗수르에게 왕위를 빼앗겨 물러난 때였습니다. 당시 바벨론은 벨 이브니(Bel-ibni: 므로닥 발라단의 가족의 일원으로 추정)가 앗수르에 의해 왕위에 올라 통치하고 있었습니다(주전 702-700년).[47] 그러나 므로닥 발라단은 여전히 막강한 권력을 가지고 앗수르에 대항하여 바벨론의 독립을 위해 활동했던 것으로 보입니다.[48] 그러므로 므로닥 발라단이 히스기야에게 사신을 보낸 것도 반(反)앗수르 동맹에 유다를 가담시키기 위함이었던 것입니다.

(2) 느부갓네살 2세(Nebuchadnezzar II: 605-562 BC)
(왕하 24-25장, 대하 36장, 렘 21:1-7, 25:1-12, 52장, 단 1-4장)

느부갓네살 2세는 신바벨론 제국의 창건자인 부왕 나보폴라살 왕(Nabopolassar: 주전 626-605년)과 함께 당시 최대 강대국이었던 앗수르의 수도 니느웨의 정복에 참여하였으며, 부왕에 이어 신바벨론 제국의 제2대 왕이 되었습니다. 그는 주전 605년 갈그미스 전투에서 애굽 왕 바로 느고를 격퇴하고 명실상부한 세계 최강국의 통치자가 되었습니다. 애굽의 바로 느고는 주전 609년 요시야왕과의 전쟁에서 승리한 후 갈그미스를 바벨론 공격을 위한 기지로 삼았으나, 주전 605년 느부갓네살 2세가 이끄는 군대에게 참패하였습니다. 그 후 느부갓네살 2세는 남 유다의 <여호야김과 여호야긴, 시드기야>왕들을 차례로 바벨론으로 잡아갔으며(왕하 24:1-25:7), 주전

586년에 남 유다의 예루살렘을 완전히 함락시켰습니다(왕하 25:1-17, 대하 36:17-21). 그러나 그는 다니엘 4장의 예언대로 말년에 정신질환을 앓아, 일곱 때 동안 왕위에서 쫓겨나기도 했습니다(단 4:25, 32-33).

(3) 에윌므로닥(Evil-merodach: 562/561-560 BC)

에윌므로닥은 느부갓네살 2세의 아들로, 느부갓네살을 이어 왕이 되었습니다. 에윌므로닥의 즉위 원년은 유다 왕 여호야긴이 사로잡힌 지 37년 되던 해입니다(왕하 25:27). 여호야긴의 사로잡힌 때는 '느부갓네살 통치 8년'(왕하 24:12), 주전 597년이므로 '여호야긴이 사로잡힌 지 37년 되던 해'는 주전 561년입니다. 에윌므로닥의 '즉위한 원년'은 히브리어 '비쉬나트 말레코'(בִּשְׁנַת מָלְכוֹ)이며, 원문에 입각하여 번역하면 '통치한 첫해'라는 뜻입니다. 따라서 에윌므로닥은 주전 562년에 느부갓네살 2세를 이어 왕이 되었으므로, 주전 561년은 에윌므로닥의 즉위한 원년, 곧 통치한 첫해입니다. 에윌므로닥은 여호야긴이 사로잡힌 지 37년 되던 해(주전 561년)에 여호야긴을 옥에서 내어 놓아 그 머리를 들게 하고, 평생에 항상 왕의 앞에서 먹게 하고, 매일 쓸 것을 공급받도록 배려하였습니다(왕하 25:27-30, 렘 52:31-34).

(4) 네르갈사레셀(Nergal-sar-ezer: 560-556 BC)

네르갈사레셀은 느부갓네살왕의 사위였으며, 느부갓네살이 통치하는 동안 박사장(博士長: 박사 중 우두머리)이라는 중직을 맡고 있었습니다(렘 39:3, 13). 주전 560년, 그는 처남인 에윌므로닥을 암살하고 왕이 되어 약 4년간 통치하였습니다.

I. 느헤미야 후 바사 지배 시대(주전 432-331년) | 463

성경에 기록된 네르갈사레셀이 왕 되기 전의 행적은 다음과 같습니다.

남 유다는 시드기야 제11년 4월 9일 바벨론에 의해 함락되었는데(왕하 25:2-3, 렘 39:1-2, 52:5-6), 당시는 주전 586년 느부갓네살 통치 제19년이었습니다(왕하 25:8, 참고-렘 32:1). 예루살렘성이 함락되자 바벨론의 핵심 권력층이었던 모든 방백이 예루살렘 중문(中門)에 앉았습니다(렘 39:3). 중문은 예루살렘 성내를 양분하는 출입구이자 예루살렘의 심장부라고 할 수 있습니다. 바벨론의 고위급 관리들이 그곳에 앉은 것은 예루살렘성이 바벨론의 수중에 완전히 넘어왔음을 나타내려는 것이었습니다. 이때 시위대 장관 느부사라단과 삼갈르보와 환관장(宦官長) 살스김과, 바벨론 왕의 기타 모든 방백들 가운데 박사장(博士長) 네르갈사레셀이 있었습니다(왕하 25:8, 렘 39:3).

한편, 느부갓네살왕은 시위대장 느부사라단에게 감금 중이던 예레미야 선지자를 석방하고 선대하라고 명령하였는데(렘 39:11-12), 그 명령을 시행할 때 바벨론의 모든 장관이 동참하였고, 박사장 네르갈사레셀도 있었습니다(렘 39:13-14^상). 네르갈사레셀을 포함한 장관들은 예레미야를 그다랴(사반의 손자, 아히감의 아들)에게 붙여서 집으로 데려가도록 선대하였으므로, 예레미야는 포로로 끌려가지 않고 그 땅에 남아 있는 백성과 함께할 수 있었습니다(렘 39:14^하, 40:1-6).

(5) 나보나이두스(Nabonidus: 556-539 BC)와 벨사살(Belshazzar: 553-539 BC)

네르갈사레셀 후에 라바시마르둑(Labashi-Marduk: 주전 556년)이 왕이 되지만 9개월 만에 제사장들에 의해 폐위되고, 나보나이두스가 왕이 됩니다. 나보나이두스는 주전 553년 전쟁 중에 병으로 레바논에서 요양하게 되자, 곧바로 장남인 벨사살에게 섭정으로 나라를 다스리게 하였습니다. 벨사살 원년에 다니엘은 큰 짐승 넷이 바다에서 나오는 이상을 받았으며(단 7:1-3), 벨사살 3년에 숫양과 숫염소의 이상을 받았습니다(단 8:1-14). 벨사살왕은 귀인 일천 명을 위하여 잔치를 베풀고 '예루살렘 하나님의 전 성소 중에서 취하여 온 기명'으로 술을 마시다가, 왕궁 분벽(粉壁)*에 사람의 손가락이 나타나서 글자 쓰는 것을 보았습니다(단 5:1-5). 그 글은 '메네 메네 데겔 우바르신'(מְנֵא מְנֵא תְּקֵל וּפַרְסִין)으로(단 5:25), 하나님께서 이미 왕의 나라의 시대를 세어서 그것을 끝나게 하셨으며(메네), 왕이 저울에 달려서 부족함이 뵈었고(데겔), 왕의 나라가 나뉘어서 메대와 바사 사람에게 준 바 되었다(베레스)는 뜻이었습니다(단 5:26-28). 분벽에 쓰인 글의 내용대로 이날 밤 바벨론 왕 벨사살이 갑자기 죽임을 당하고 바벨론은 몰락하였으며, 메대 사람 다리오가 나라를 얻었습니다(단 5:30-31).

신바벨론은 다니엘 2장에 기록된 느부갓네살이 본 큰 신상에서 정금으로 된 머리에 해당됩니다(단 2:31-32, 38). 성경에서 바벨론은 '금잔'으로 불리기도 하였습니다(렘 51:7). 또 신바벨론은 다니엘 7장에 기록된 네 짐승의 이상 중에서 첫째 짐승인 사자에 해당하는데(단 7:2-4, 렘 4:7, 49:19, 50:44), 실제로 바벨론의 여러 유적에서 날개 달린 사자의 조각이 발견되어 이러한 해석을 뒷받침해 주고 있

---

*가루 분(粉), 벽 벽(壁): 희게 꾸민 벽

습니다. 사자의 날개가 뽑히고 두 발로 서게 된 것은(단 7:4), 느부갓네살왕이 죽은 후에 나라가 서서히 쇠퇴하여 결국에는 메대와 바사 제국에 의해 멸망할 것을 나타냅니다.

3. 바사 제국의 등장과 멸망
The Rise and Fall of the Persian Empire

메대의 다리오왕(또는 키악사레스 2세, Cyaxares II: 주전 539-538년)과 바사의 고레스 2세(주전 539/538-530년)는 연합하여 바벨론의 벨사살왕을 죽이고 바벨론을 멸망시켰습니다. 바사의 고레스 2세는 바벨론을 멸망시킬 때, 자신의 외삼촌 다리오왕을 예우하여 메대와 바사 연합 제국의 왕으로 세웠습니다. 그래서 다니엘 5:30-31에서는 벨사살왕이 죽고 메대 사람 다리오가 나라를 얻었다고 기록하고 있습니다(단 9:1, 11:1).

다리오는 자기의 심원(心願)대로 방백 120명을 세워 전국을 통치하게 하고 그들 위에 총리 셋을 두었는데, 다니엘이 그 중의 한 사람이었습니다(단 6:1-2). 이처럼 다리오가 통치한 2년의 시기를 '메대와 바사의 과도(연합) 제국'이라고 부릅니다(단 5:28, 6:8, 15, 28). 메대와 바사의 과도(연합) 제국이 세력을 잡게 된 것은, "바벨론에서 칠십 년이 차면 내가 너희를 권고하고 나의 선한 말을 너희에게 실행하여 너희를 이곳으로 돌아오게 하리라"(렘 29:10, 참고-렘 25:11-12)라고 하신 말씀이 응한 것입니다(대하 36:21). 하나님께서는 메대와 바사 제국을 움직여서 하나님의 예언과 구속사적 경륜을 성취하셨던 것입니다.

다리오가 다스린 지 2년에, 당시 실제 권력자였던 고레스 2세는 다리오로부터 왕권을 이양받고 메대를 바사에 부속(附屬)시켰으며, 주전 538년에 새로운 바사 제국의 왕으로 공식 즉위하였습니다.

바사의 캄비세스 1세(Cambyses I: 주전 600-559년)는 메대의 제4대 왕 아스티아게스(Astyages)의 딸 만다네(Mandane)와 정략 결혼을 하였는데, 그 사이에서 태어난 아들이 바로 고레스 2세입니다. 캄비세스 1세와 만다네의 결혼을 통해 고레스 2세가 태어난 것은 이스라엘을 구원코자 하시는 하나님의 구속사적 경륜 속에 진행된 것입니다. 그것은 약 200년 전 이사야 선지자를 통해 고레스의 이름과 사역의 내용이 상세하게 예언되었던 점에서 더욱 명확해집니다 (사 44:28, 45:1-8).

고레스의 이름에는 '기름 부음 받은 자'라는 뜻(사 45:1)과, 바사 말로 '태양'이라는 뜻이 담겨 있습니다. 고레스는 바사에 흩어져 있던 유다 백성에게 고향으로 돌아가 성전을 건축하라고 선포하였습니다(대하 36:22-23, 스 1:1-4, ^{참고}사 44:28, 45:13). 이에 따라 고향으로 돌아온 유다 백성은 주전 536년에 성전 건축을 시작하였으나(스 3:8-13) 사마리아인의 방해로 주전 520년까지 약 16년간 중단해야 했습니다(스 4:1-6). 성전 재건은 다리오 1세(주전 522-486년) 제2년 (주전 520년) 6월 24일에 다시 시작하여 제6년(주전 516년) 12월 3일까지 약 4년 5개월 만에 완성되었습니다(스 6:15, 학 1:14-15).

포로민으로 소망 없이 살아가던 유다 백성에게 혜성처럼 나타나 해방을 안겨 준 고레스의 등장은, 결코 우연이 아니라 자기 백성을 사랑하시는 하나님의 작정된 섭리였습니다. 일찍이 이사야 선지자를 통해 장차 주전 700년경 바벨론을 무너뜨릴 고레스를 가리켜 '나의 모략을 이룰 사람'이라고 칭하시면서, "내가 말하였은즉 정녕 이룰 것이요 경영하였은즉 정녕 행하리라"(사 46:11)라고 말씀하셨습니다. 참으로 고레스왕을 통해 이스라엘을 포함한 전 인류의 역사를 주관하시는 하나님의 우주적인 통치, 그리고 말씀하신 그대로 정녕 이루시는 하나님의 절대 주권을 실감하게 됩니다.

후에 성경에 등장하는 바사의 여러 왕을 살펴보겠습니다.

(1) 다리오 1세(Darius I: 522-486 BC)

고레스 2세가 죽은 후 바사에서는 캄비세스 2세(Cambyses Ⅱ: 주전 530-522년), 바르디야(Bardiya: 주전 522년), 다리오 1세(Darius Ⅰ: 주전 522-486년) 등의 세 왕이 등장합니다. 이들은 다니엘 11:2에서 "이제 내가 참된 것을 네게 보이리라 보라 바사에서 또 세 왕이 일어날 것이요 ..."라고 예언된 자들이었습니다. 그들 중에 바르디야는 캄비세스가 애굽 원정에 나가 있는 동안 자신을 캄비세스의 동생인 스멜디스라고 속이고 왕위를 찬탈하였으므로 '거짓 스멜디스(Pseudo-Smerdis)'라고 불리었습니다.

다리오 1세는, 바벨론 유수에서 제1차로 귀환한 백성이 주전 536년에 시작된 성전 건축을 16년이나 중단하고 있을 때, 주전 520년에 공사를 재개하도록 허락한 왕이었습니다(스 4:24, 5:6-6:15, 학 1:14-15, 2:10, 슥 1:7, 7:1).

(2) 아하수에로(Ahasuerus, 크세르크세스 1세, Xerxes I: 486-465/464 BC)

아하수에로왕은 왕후 와스디를 폐위하고 유다인 에스더를 왕비로 맞이한 왕입니다(에 2:17).

다니엘 11:2 상반절에, "바사에서 또 세 왕이 일어날 것이요 그 후의 넷째는 그들보다 심히 부요할 것이며 ..."라고 기록되어 있는

데, 여기 '그 후의 넷째'에 해당하는 왕이 바로 아하수에로입니다. 아하수에로왕이 일어나기 전 세 왕이 다스리는 동안 리디아와 바벨론 그리고 애굽에 대한 성공적인 정복이 있었고, 특히 다리오 1세의 엄격한 세금 정책으로 아하수에로왕은 막대한 부를 축적하였습니다.

그가 왕위에 있은 지 3년에 모든 방백과 신복을 위하여 잔치를 베풀었는데 그 연회가 180일 이상 지속되었으며, 그 기간 동안 "그 영화로운 나라의 부함과 위엄의 혁혁함을 나타내니라"(에 1:4)라고 기록된 것을 볼 때, 그 부요함이 어느 정도였는지를 알 수 있습니다. 그는 부요함으로 점점 강하여진 후에 모든 사람을 격동시켜 헬라를 칠 정도가 되었습니다(단 11:2^{下}).

아하수에로왕은 주전 474년, 하만이 바사 제국 127도에 흩어진 유다인들을 몰살하려는 음모를 발견하고, 오히려 하만과 그 일족을 진멸하였습니다(에 7:10, 9:10).

아하수에로왕은 처음에 총리 하만의 뇌물과 교묘한 말에 완전히 속아 인장 반지를 빼어 하만에게 주었는데(에 3:10-11), 이때부터 하만은 모르드개를 비롯한 유다 민족 전체에 대한 몰살 계획을 거침없이 진행하였습니다(에 3:12-15). 아하수에로는 밤에 잠이 오지 않아 역대 일기를 읽던 중, 전에 자신을 모살하려던 음모가 모르드개의 고발로 발각되었다는 부분을 읽고(참고-에 2:19-23), 하만이 죽이려던 모르드개에게 오히려 큰 상을 베풀었습니다(에 6:1-11). 마침내 아하수에로는 왕비 에스더를 통하여 하만의 궤계를 밝히 알게 되었으며, 하만은 모르드개를 달려고 세운 그 나무에 제가 달려서 죽게 되었습니다(에 7:10). 아하수에로는 다시 조서를 내려 유다인을 진멸하려는 자들을 죽이라고 명령하였으며(에 8:9-14), 하만의 열 아들

(바산다다, 달본, 아스바다, 보라다, 아달리야, 아리다다, 바마스다, 아리새, 아리대, 왜사다)을 죽여(에 9:7-10) 그 시체를 나무에 달았습니다(에 9:13-14).

주전 474년, 전체 유다인을 몰살하려던 하만의 계획은, 아하수에로왕을 통한 하나님의 각별한 섭리 역사로 무산되었고, 이로 말미암아 16년 후인 주전 458년에 에스라를 지도자로 한 제2차 바벨론 포로 귀환 역사가 무사히 진행될 수 있었습니다.

(3) 아닥사스다 1세(Artaxerxes I, 롱기마누스, Longimanus: 464-423 BC)

아닥사스다 1세는 아하수에로왕의 셋째 아들로, 부왕을 암살한 아르파타나를 죽이고 왕위에 올랐습니다. 그는 에스라를 중심으로 유다 민족의 제2차 바벨론 포로 귀환을 허락하였는데(스 7:1-8), 한때 비슬람과 미드르닷과 다브엘과 그 동료들의 악의적인 글을 읽고 성벽 재건을 중단시키기도 하였습니다(스 4:7-23). 그러나 주전 444년 느헤미야로 하여금 성벽을 재건하도록 제3차 포로 귀환을 허락하였으며(느 1:1, 2:1-8), 마침내 예루살렘 성벽은 52일 만에 완성될 수 있었습니다(느 6:15).

그 뒤에 바사 제국을 이끈 왕들은 차례대로 다음과 같습니다.

다리오 2세(Darius II, 노투스, Nothus: 주전 423-404년)
아닥사스다 2세(Artaxerxes II, 므네몬, Mnemon: 주전 404-359년)
아닥사스다 3세(Artaxerxes III, 오쿠스, Ochus: 주전 359/358-338/337년)
아닥사스다 4세(Artaxerxes IV, 아르세스, Arses: 주전 338/337-336/335년)
다리오 3세(Darius III, 코도마누스, Codommanus: 주전 336/335-331년)

바사는 다니엘 2장에 나오는 큰 신상의 은으로 된 가슴과 팔에 해당하는 나라였습니다(단 2:32, 39). 은과 관련하여, 바사는 최초로 은을 화폐 단위로 한 징세(徵稅) 제도를 실시한 나라였습니다. 또 바사는 다니엘 7장에서 곰과 같은 짐승으로 표현되고 있습니다(참고-사 13:17-18, 렘 51:28). 이 곰은 몸 한 편을 들었는데(단 7:5), 이것은 메대 바사 제국이 처음에는 연합국이었다가, 나중에는 한 나라(바사)가 우세해져서 하나로 통일될 것을 예언한 것입니다. 또 그 입의 잇 사이에는 세 갈빗대가 물렸는데(단 7:5), 이것은 이 나라의 탐욕성을 나타냅니다. 실제로 바사는 세 갈빗대에 해당하는 리디아(주전 546년), 바벨론(주전 539년), 애굽(주전 525년)을 차례로 멸망시켰습니다.

다니엘 8장에서는 바사 제국을 숫양으로 표현하고 있습니다. 다니엘 8:3-4에서 "내가 눈을 들어 본즉 강가에 두 뿔 가진 숫양이 섰는데 그 두 뿔이 다 길어도 한 뿔은 다른 뿔보다도 길었고 그 긴 것은 나중에 난 것이더라 내가 본즉 그 숫양이 서와 북과 남을 향하여 받으나 그것을 당할 짐승이 하나도 없고 그 손에서 능히 구할 이가 절대로 없으므로 그것이 임의로 행하고 스스로 강대하더라"라고 말씀하고 있습니다. 여기 '두 뿔 가진 숫양'은 '메대와 바사 제국'을 가리킵니다. 다니엘 8:20에서 "네가 본바 두 뿔 가진 숫양은 곧 메대와 바사 왕들이요"라고 말씀하고 있습니다. 한 뿔이 다른 뿔보다 긴 것은, 메대와 바사가 연합국이었으나 바사가 메대보다 강성하여 메대를 장악하게 될 것을 의미합니다. 또 숫양이 서와 북과 남을 향하여 받는다는 것은, 동쪽에서 일어난 바사가 강력한 정복력으로 세 지역을 향해 뻗어 갈 것을 나타냅니다. 실제로 바사는 서쪽으로는 바벨론과 시리아와 소아시아를, 남쪽으로는 애굽(이집트)을, 북

쪽으로는 아르메니아와 카스피해 인근 지역 국가들을 정복하였습니다.⁴⁹⁾

이와 같이 바사 제국이 넓은 지역을 차지한 것은 이사야 선지자가 "나 여호와는 나의 기름 받은 고레스의 오른손을 잡고 열국으로 그 앞에 항복하게 하며 열왕의 허리를 풀며 성문을 그 앞에 열어서 닫지 못하게 하리라 내가 고레스에게 이르기를 내가 네 앞서 가서 험한 곳을 평탄케 하며 놋문을 쳐서 부수며 쇠빗장을 꺾고"(사 45:1-2)라고 말씀한 대로 된 것입니다.

바사는 이처럼 강력한 제국으로서 명성을 떨쳤지만, 아닥사스다 2세(주전 404-359년) 이후 계속된 내분과 무모한 전쟁으로 급격히 쇠퇴의 길을 걷다가, 마지막 왕 다리오 3세가 주전 331년에 헬라의 알렉산더 대왕에게 가우가멜라(Gaugamela) 전투에서 패하여 멸망하였습니다.

바사는 피지배국의 종교에 대해 관용적인 정책을 시행하였기에 바사 지배 아래에 있던 유다인들은 대제사장을 중심으로 자치적인 신앙생활을 할 수 있었습니다.

II
헬라 지배 시대(주전 331-164년)
The Hellenistic Period (331-164 BC)

    다니엘 11장에서는 거대한 바사 제국이 망하고 나서 약 200년 후에 있을 역사적 사건들이 아주 구체적이고 사실적으로 기록되어 있습니다. 성경에 많은 예언이 있지만 다니엘 11장만큼 역사적 상황을 자세하게 예언한 내용은 흔하지 않습니다. 다니엘 11:2에서는 "이제 내가 참된 것을 네게 보이리라"라고 말씀하였습니다. 여기 '참된 것'은 히브리어로 '에메트'(אֱמֶת)로, '확고함, 확실함, 진실, 진리'를 의미합니다. 앞으로 주어지는 예언은 진실로 참이며, 그것이 반드시 이루어질 사실임을 밝히 드러낸 것입니다. 다니엘은 '고레스 3년', 주전 536년에 힛데겔 강가에서 3주간의 금식 기도 중에 이 묵시를 받았습니다(단 10:1-6).

    다니엘 11장에는 정복자 알렉산더 대왕에 의한 헬라의 강력한 통치와 네 왕조로의 분열, 그리고 이스라엘을 포함한 팔레스타인과 애굽 지역을 차지한 남방 왕조(프톨레미)와 시리아 지역을 차지한 북방 왕조(셀류쿠스) 사이에 일어나는 여러 가지 사건과 전쟁, 그리고 안티오쿠스 4세(에피파네스)의 유다 민족 핍박과 그의 비참한 최후가 예언되어 있습니다.

장차 일어날 왕들의 존재와 구체적인 역할이 예언을 통해 아주 사실적으로 치밀하게 예언되어 있는 것은 참으로 놀라운 일이 아닐 수 없습니다. 복잡한 듯 보이지만 그 속에서, 하나님께서는 구속 계획을 성취하기 위하여 열강의 군주들과 열국의 역사를 그 작정하신 경륜대로 한 치의 오차도 없이 전개해 나가신다는 사실을 선명하게 확인할 수 있습니다.

1. 알렉산더 대왕과 제국의 분열(주전 331-320년)
Alexander the Great and the Schism in the Empire (331-320 BC)

주전 331년, 알렉산더는 바사의 다리오 3세와의 최후의 일전(가우가멜라 전투)에서 승리하고 마침내 세계를 호령하는 대왕이 되었습니다. 다니엘 11:3에서는 이러한 알렉산더를 가리켜 "장차 한 능력 있는 왕이 일어나서 큰 권세로 다스리며 임의로 행하리라"라고 말씀하고 있습니다. 그러나 그는 주전 323년 6월에 32세로 갑자기 죽었고,[50] 헬라 제국은 극심한 정치적 혼란에 빠져 들었습니다. 이때 시리아 지역을 다스리던 안티고누스(Antigonus)가 헬라 제국의 대부분을 차지하였고, 이것을 원치 않은 여러 장군은 연합하여 안티고누스에게 대항하였습니다. 결국 알렉산더 대왕의 후계자(Diadochi, 디아도키)를 자처하는 여러 장군이 피차간에 치열한 권력 다툼을 하였는데, 이 시기를 '디아도키 시대'(주전 323-301년)라고 부릅니다.

주전 301년 입수스(Ipsus) 전쟁에서 안티고누스가 죽은 후, 디아도키 시대는 끝나고 헬라 제국은 크게 네 왕조로 분열되었습니다. 셀류쿠스(Seleucus) 장군은 북부 시리아(수리아)와 메소포타미아 지역을 차지하였고, 프톨레미(Ptolemy) 장군은 애굽(이집트)과 팔레스타인 그리고 남부 수리아(시리아) 지역을, 리시마쿠스(Lysimachus) 장군은 소아시아 지역을, 카산더(Cassander) 장군은 본래의 헬라(마케도니아, 그리스) 지역을 차지하였습니다.

이러한 역사적 사건은 이미 성경에 여러 차례 예언된 것입니다.

헬라는 다니엘 2장 큰 신상의 예언에서 온 세계를 다스리는 놋과 같은 나라로 묘사되어 있습니다(단 2:32, 39). 실제로 고대 헬라 사람들은 세계적으로 구리 제련 기술이 탁월했습니다.

또한, 헬라는 다니엘 7장 네 가지 짐승의 이상에서는 표범과 같은 짐승으로 기록되어 있습니다. 다니엘 7:6에서 "그 후에 내가 또 본즉 다른 짐승 곧 표범과 같은 것이 있는데 그 등에는 새의 날개 넷이 있고 그 짐승에게 또 머리 넷이 있으며 또 권세를 받았으며"라고 말씀하고 있습니다.

실제로 헬라를 대표하는 알렉산더 대왕은 주전 336년부터 323년까지 표범과 같이 빠른 속도로 세계를 정복했습니다(참고-렘 5:6, 호 13:7, 합 1:8).

표범의 등에 있는 새의 날개 넷은 정복의 신속성을 나타내는 것입니다. 또한, 이 짐승의 머리 넷은 알렉산더가 32세의 나이로 죽은 후 영토가 네 사람에 의해 분열될 것을 나타낸 것이며, 실제로 알렉산더가 죽은 후에 헬라는 치열한 권력 다툼의 시기를 지나 네 지역으로 분열되었던 것입니다.

이것은 다니엘 8장에 나오는 숫양을 쳐서 엎어뜨리는 숫염소의 이상에서도 똑같이 나타나고 있습니다(단 8:5-8). 이 숫염소는 바사를 멸망시키고 세계를 지배하게 될 헬라를 가리키는데, 역사적으로도 숫염소는 헬라 제국을 상징하는 짐승이었으며 헬라인들은 '염소족'(goat people, 고트족)으로 불렸습니다. 다니엘 8:21에서 "털이 많은 숫염소는 곧 헬라 왕이요"라고 말씀하고 있습니다. 다니엘 8:5에서 이 숫염소가 온 지면에 두루 다니되 땅에 닿지 아니하였다고 말씀하고 있는데, 이것은 헬라의 알렉산더 대왕이 짧은 시일 안에 신속하게 세계를 정복할 것을 나타냅니다.

이 숫염소는 두 눈 사이에 현저한(큰) 뿔이 있었습니다(단 8:5). 이 뿔은 헬라의 첫째 왕으로(단 8:21), 가장 강력했던 알렉산더 대왕을 가리키는 것입니다. 그런데 이 큰 뿔이 꺾이고 네 뿔이 하늘 사방을 향하여 나온 것은 역시 알렉산더 대왕 후에 나라가 넷으로 쪼개질 것을 예언한 것입니다(단 8:22).

다니엘 11장에서는 알렉산더 대왕을 '한 능력 있는 왕'(단 11:3)으로, 그리고 알렉산더 사후에 일어날 나라의 분열을 '천하 사방으로 나누일 것'(단 11:4)으로 표현하고 있습니다.

이러한 예언대로 헬라는 알렉산더 사후에 디아도키 시대를 지나 네 왕조(프톨레미 왕조, 셀류쿠스 왕조, 리시마쿠스 왕조, 카산더 왕조)로 분열되었습니다. 이 가운데 리시마쿠스 왕조와 카산더 왕조는 다른 왕조들에 비하여 그리 오래 지속되지 못했습니다. 리시마쿠스는 소아시아 지역을 차지했지만 주전 281년 셀류큐스와의 전쟁에서 패배하며 전사하고 말았습니다. 카산더는 마케도니아와 그리스 지역을 차지하고 왕이 되었으며 주전 315년에 데살로니가를 창건하기도 했습니다. 그러나 그의 왕조는 주전 167년에 로마에 합병되고 말았습니다.

유다인들이 살고 있는 팔레스타인 지역을 중심으로 각축을 벌이면서 오래 지속된 왕조는 프톨레미 왕조와 셀류쿠스 왕조였습니다. 두 왕조는 이스라엘 땅을 서로 차지하기 위하여 여러 차례 전쟁을 치렀습니다. 유다인들은 주전 320년부터 프톨레미 왕조의 지배를 받다가 주전 198년부터는 셀류쿠스 왕조의 지배를 받았습니다.

헬라 제국의 분열된 네 왕조 중 팔레스타인 통치에 직접 관련이 있는 것은 프톨레미 왕조와 셀류쿠스 왕조입니다. 다니엘 11:5 이하에 예언된 남방 왕은 프톨레미 왕조(애굽)의 왕이며, 북방 왕은 셀류쿠스 왕조(시리아)의 왕을 가리킵니다.

역사적으로 프톨레미 왕조와 셀류쿠스 왕조 사이에는 여섯 차례의 전쟁이 있었는데, 이것을 '시리아 전쟁(Syrian War)'이라고 부릅니다. 다니엘 11장에는 제3차부터 제6차까지의 시리아 전쟁과 관련된 예언이 상세하게 기록되어 있습니다.

- 제1차 시리아 전쟁(주전 274-271년)
- 제2차 시리아 전쟁(주전 260-253년)
- 제3차 시리아 전쟁(주전 246-241년, 단 11:7-8)
- 제4차 시리아 전쟁(주전 221-217년, 단 11:10-12)
- 제5차 시리아 전쟁(주전 202-195년, 단 11:13-17)
- 제6차 시리아 전쟁(주전 170-168년, 단 11:22-30上)
    ① 제1차 전쟁: 프톨레미 6세가 안티오쿠스 4세를 공격(단 11:22-24)
    ② 제2차 전쟁: 안티오쿠스 4세의 제1차 애굽 원정(단 11:25-28)
    ③ 제3차 전쟁: 안티오쿠스 4세의 제2차 애굽 원정(단 11:29-30上)

2. 프톨레미 왕조의 지배 시대(주전 320-198년)
The Period of the Ptolemaic Reign (320-198 BC)

프톨레미 왕조의 지배는, 주전 323년 알렉산더 대왕이 죽은 후 여러 장군의 각축 속에서 프톨레미 1세가 주전 320년에 예루살렘을 완전히 점령하여 시작되었습니다. 그는 이방 종교에 관대하였기 때문에 많은 유다인이 알렉산드리아(Alexandria: 아프리카 대륙의 북부 지중해 연안에 있던 당시 왕국의 수도)로 이주하여 정착하였습니다. 이때에 이곳에 살던 유다인들은, 하나님의 섭리 가운데 프톨레미 2세의 지원을 받아 히브리어로 된 구약성경을 당시 세계적 공용어인 헬라어로 번역하였습니다. 이것을 '70인경(LXX, Septuagint: 실제로는 72명이 번역에 참여)'이라고 부릅니다. 프톨레미 왕조 시대에 유다인들은 번영을 누렸으며 대제사장의 지도하에 자치권을 행사하며 살았습니다.

성경에 등장하는 프톨레미 왕조의 왕들은 다음과 같습니다.

(1) 프톨레미 1세(Ptolemy I: 323-285 BC)

다니엘 11:5에서 "남방의 왕은 강할 것이나"라고 말씀하고 있는데, 이 남방의 왕은 애굽 지역을 통치한 프톨레미 1세입니다. 그는 알렉산더 사후에 넷으로 분할된 지역을 통치한 네 장군 출신 왕 가운데 가장 유능하고 강력하였습니다.

(2) 프톨레미 2세(Ptolemy II: 285-246 BC)

다니엘 11:6에서 "몇 해 후에 그들이 서로 맹약하리니 곧 남방 왕의 딸이 북방 왕에게 나아가서 화친하리라 그러나 이 공주의 힘이 쇠하고 그 왕은 서지도 못하며 권세가 없어질 뿐 아니라 이 공

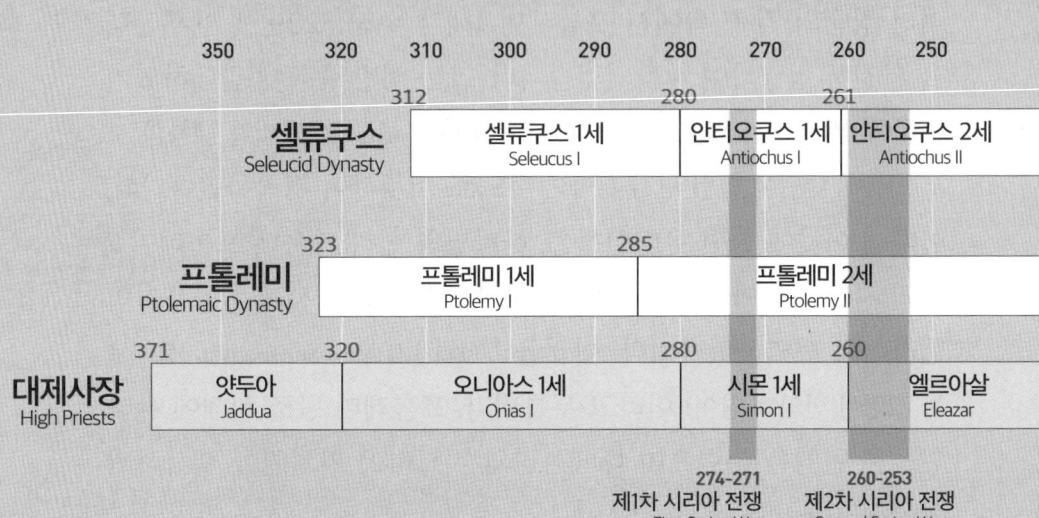

프톨레미 왕조와 셀류쿠스 왕조
The Ptolemaic and Seleucid Dynasties

주와 그를 데리고 온 자와 그를 낳은 자와 그 때에 도와주던 자가 다 버림을 당하리라"라고 말씀하고 있습니다. 여기 '몇 해 후에'라고 한 것은, 다니엘 11:5에서 프톨레미 1세와 셀류쿠스 1세가 권세를 떨치며 왕으로 선포된 후 많은 시간이 흘렀음을 나타냅니다. 여기 남방 왕은 프톨레미 1세의 아들 프톨레미 2세로, 그는 자기의 딸 베레니케(Berenice)를 셀류쿠스 왕조의 안티오쿠스 2세와 결혼시켜 화친하려 했습니다. 안티오쿠스 2세는 남방 왕 프톨레미 2세와 동맹을 맺기 위해 베레니케와 결혼하면서 본처인 라오디케(Laodice)와 이혼하였습니다. 주전 246년 프톨레미 2세가 죽자 안티

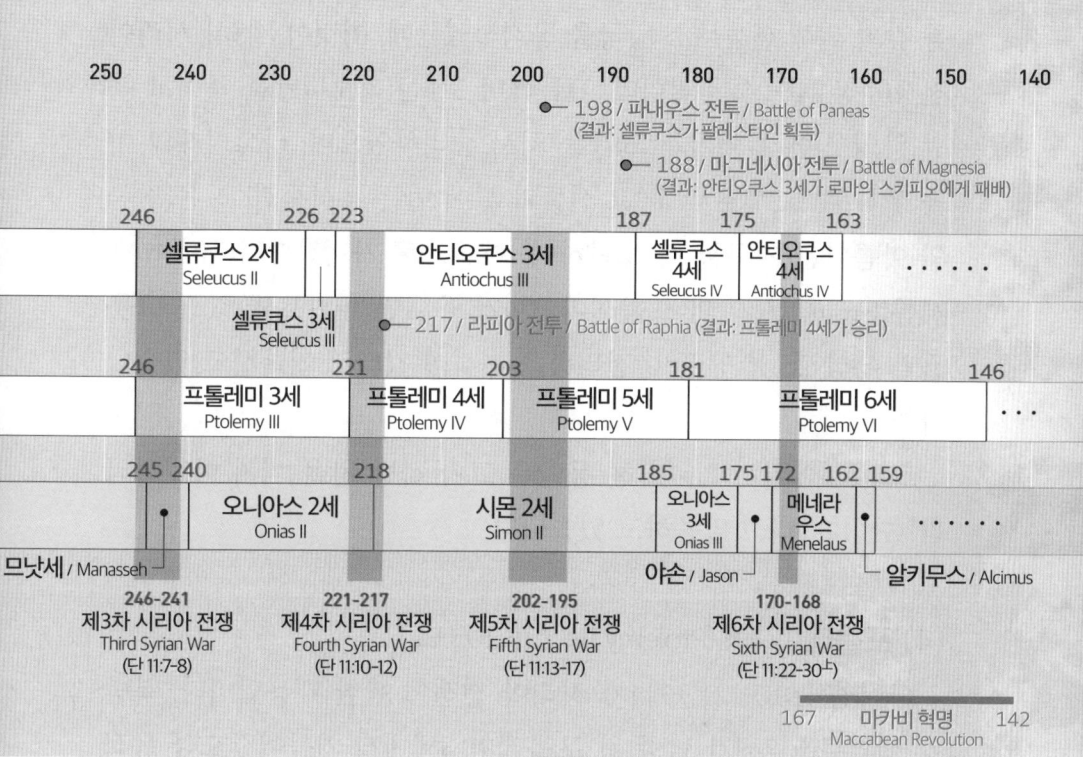

오쿠스 2세는 전처 라오디케를 합법적인 부인으로 다시 인정하고 그녀의 아들 셀류쿠스 2세를 후계자로 결정하였습니다. 얼마 후 라오디케는 베레니케와 그녀의 아들을 죽이고, 심지어는 안티오쿠스 2세까지 죽였습니다. 그리고 자기 아들 셀류쿠스 2세를 왕으로 세웠습니다.

(3) 프톨레미 3세(Ptolemy III: 246-221 BC)

다니엘 11:7에서 "공주의 본족에서 난 자 중에 하나"는 프톨레미 2세의 아들이자 베레니케 공주의 남동생 프톨레미 3세를 가리킵니다. 프톨레미 3세는 왕이 된 다음에 자신의 누이 베레니케의 원수를 갚기 위해 셀류쿠스 왕국을 공격하였는데, 이것이 제3차 시리아 전쟁(주전 246-241년)입니다. 프톨레미 3세는 라오디케를 죽이고 북방 왕의 성에 들어가서 그들을 쳐서 승리하였으며, 라오디케의 아들 셀류쿠스 2세로부터 '그 신들과 부어 만든 우상들과 그 은과 금의 아름다운 기구를 다 노략하여' 애굽으로 가져갔습니다(단 11:8). 제롬(Jerome)은 이때 프톨레미 3세가 은 4만 달란트와 값진 그릇들과 우상 2,500개 등의 전리품을 취하여 갔다고 기록하고 있습니다.[51]

그리고 이어서 "... 몇 해 동안은 그가 북방 왕을 치지 아니하리라"(단 11:8下)라고 말씀하고 있습니다.

(4) 프톨레미 4세(Ptolemy IV: 221-203 BC)

다니엘 11:10-12은 제4차 시리아 전쟁에 관한 내용입니다. 북방 왕 셀류쿠스 2세가 남방 왕 프톨레미 3세에게 쳐들어갔으나 목적을 달성하지 못하고 본국으로 물러간 후(단 11:9), 셀류쿠스 2세의 아들들이 전쟁을 준비하였습니다(단 11:10上). 그 아들들은 셀류쿠스 3세와 안티오쿠스 3세입니다. 두 아들 가운데 장남 셀류쿠스 3세가 먼저 왕위에 올랐으나 주전 223년 소아시아에서의 전쟁에서 전사한 후, 그의 동생 안티오쿠스 3세가 왕위를 이었습니다. 안티오쿠스 3세는 심히 많은 군대를 이끌고 물의 넘침같이 프톨레미 3세의 맏아들 프톨레미 4세를 공격하여 견고한 성을 빼앗았습니다(단 11:10). 그러나 프톨레미 4세는 전열을 가다듬고 역으로 안티오쿠스 3세를 공격하여 잃어버린 영토를 많이 회복하였습니다. 이것은 역사적으로 주전 217년 제4차 시리아 전쟁 끝에 있었던 라피아(Raphia: 팔레스타인 지역의 가사 근방) 전투입니다. 이 사실을 가리켜, 다니엘 11:11 에서 "남방 왕은 크게 노하여 나와서 북방 왕과 싸울 것이라 북방 왕이 큰 무리를 일으킬 것이나 그 무리가 그의 손에 붙인 바 되리라"라고 말씀하고 있습니다.

프톨레미 4세는 안티오쿠스 3세와의 전쟁에서 승리하고 수만 명을 죽일 정도로 세력을 떨친 후, 그 마음이 스스로 높아졌습니다. 마음이 교만해진 그는 제사장 외에는 들어갈 수 없는 지성소에 들어가서 하나님의 전을 더럽혔습니다. 이후 프톨레미 4세는 주전 203년에 원인 모를 병에 걸려 죽어, 세력을 더하지 못하였습니다 (단 11:12).

(5) 프톨레미 5세(Ptolemy V: 203-181 BC)

다니엘 11:13-17은 제5차 시리아 전쟁에 관한 내용입니다. 프톨레미 4세가 죽고 프톨레미 5세가 어린 나이로 즉위하자, 주변의 여러 나라가 연합하여 프톨레미 왕국을 공격하였습니다. 이것을 다니엘 11:14에서는 "그때에 여러 사람이 일어나서 남방 왕을 칠 것이요"라고 말씀하고 있습니다.

이때 유다인들 중에 셀류쿠스 왕조의 힘을 빌어 유다의 독립을 꾀하려는 자들이 있었는데, 다니엘 11:14에서는 이들을 '강포한 자'라고 했습니다. '강포한 자'는 히브리어로 '페리츠'(פָּרִיץ) '파괴하는 자'라는 뜻이며, 이들은 하나님의 율법을 파괴하고 교만한 자가 되어서 ("스스로 높아져서") 하나님을 무시하고 인간의 술책으로 셀류쿠스 왕조를 끌어들여 유다의 독립이라는 이상을 이루려 했습니다(단 11:14). 그런데 이 일을 계기로 유다는 그들에게 비교적 관대했던 프톨레미 왕조 대신에, 셀류쿠스 왕조의 가혹한 통치와 박해를 받게 되었습니다("그들이 도리어 넘어지리라" - 단 11:14).

주전 198년, 북방 왕 안티오쿠스 3세는 파내우스(Paneas) 전투 때 프톨레미 5세와의 전쟁에서 승리하고, 영화로운 땅 예루살렘을 점령하였습니다(단 11:15-16). 이때 안티오쿠스 3세는 토성을 쌓으면서 남방 왕을 공격하였으며, 남방 군대는 그를 당할 수 없었고 그 택한 군대(정예 병사)라도 그를 당할 힘이 없었습니다(단 11:15).

이때부터 팔레스타인은 셀류쿠스의 지배를 받기 시작하였는데, 이를 다니엘 11:16에서는 "오직 와서 치는 자가 임의로 행하리니 능히 그 앞에 설 사람이 없겠고 그가 영화로운 땅에 설 것이요 ..."라고 말씀하고 있습니다. 안티오쿠스 3세가 차지한 '영화로운 땅'(단 11:16)은 히브리어 '에레츠 하체비'(אֶרֶץ־הַצְּבִי)로, '아름다움의 땅, 광채의 땅'이라는 뜻이며, 예루살렘을 중심으로 한 이스라엘 땅을 가리킵니다(단 8:9, 11:45, 겔 20:6, 15).

3. 셀류쿠스 왕조의 지배 시대(주전 198-164년)
The Period of the Seleucid Reign (198-164 BC)

셀류쿠스 왕조의 가장 강력한 군주였던 안티오쿠스 3세는 팔레스타인 지역을 차지하기 위해 프톨레미 왕조와 자주 충돌하였는데, 주전 198년 안티오쿠스 3세가 프톨레미 5세와의 파내우스 전투에서 승리함으로써 팔레스타인 지역의 통치권을 획득하였습니다.

유다인들이 주전 198년까지 프톨레미 왕조의 지배를 받는 동안, 셀류쿠스 왕조의 왕들은 차례대로 다음과 같습니다.

셀류쿠스 1세*(Seleucus I: 주전 312-280년, 단 8:8, 22, 11:5)
안티오쿠스 1세(Antiochus I: 주전 280-261년)
안티오쿠스 2세(Antiochus II: 주전 261-246년, 단 11:6)
셀류쿠스 2세(Seleucus II: 주전 246-226년, 단 11:7-9)
셀류쿠스 3세(Seleucus III: 주전 226-223년, 단 11:10)

프톨레미 왕조는 유다 관습과 전통에 관용적이었던 반면에, 셀류쿠스 왕조는 유다인들에게 헬레니즘 문화를 강압적으로 이식하려 했습니다. 또한, 유다인에게 많은 세금을 부과하고 성전 보물을 약탈했습니다.

셀류쿠스 왕조 중에 유다인들을 통치한 왕들은 다음과 같습니다.

(1) 안티오쿠스 3세(Antiochus III: 223-187 BC)

북방 왕 안티오쿠스 3세는 프톨레미 5세와의 전쟁에서 승리하고 주전 198년 영화로운 땅 예루살렘을 점령하였습니다. 그 후 안티오쿠스 3세는 프톨레미 왕조를 다 점령하려고 자기 온 왕국의 힘을 동원하여 왔다가, 화친 정책을 써서 자신의 딸인 클레오파트라 1세(Cleopatra I)를 프톨레미 5세와 결혼시켰습니다(단 11:17상). 이는 당시 세계 강자로 떠오르고 있던 로마를 견제하고, 딸을 이용하여 프톨레미 왕조를 자기 지배하에 두려는 속셈이었습니다. 그러나 클레오파트라 1세는 프톨레미 5세와 결혼한 후, 남편을 사랑하여 프톨레미 왕조를 위해 헌신했고 그 왕국에 충성을 다 바쳤으며, 자기 남편

---

*다니엘 11:5에서는 "그 군들 중에 하나"로 기록되었습니다. 셀류쿠스 1세는 제국 분열 시기에 프톨레미 왕국의 장군이었으나 강성하여 따로 독립하여 셀류쿠스 왕조를 세웠다.

프톨레미 5세로 하여금 로마와 동맹을 맺도록 했습니다. 그 결과로 다니엘 11:17 하반절에서 "... 또 여자의 딸을 그에게 주어 그 나라를 패망케 하려 할 것이나 이루지 못하리니 그에게 무익하리라"라고 예언한 그대로, 안티오쿠스 3세의 계획은 완전히 무산되고 말았습니다.

그 후 안티오쿠스 3세는 지중해의 여러 섬들을 공격하여 많이 점령하였고(단 11:18상), 다니엘의 예언대로 이를 저지하기 위해 등장한 '한 대장'(단 11:18), 곧 로마의 '루키우스 스키피오'(Lucius Scipio) 장군을 심하게 모욕하였습니다. 그러나 스키피오 장군은 그 모욕을 무산시키고 오히려 그 모욕이 안티오쿠스 3세에게 돌아가게 했습니다(단 11:18하). 이것이 바로 마그네시아(Magnesia: 주전 190-188년) 전투입니다. 이 전투에서 스키피오 장군은 군사 3만으로 안티오쿠스 3세의 7만 군대를 격파하고, 안티오쿠스 3세의 아들 안티오쿠스 4세를 비롯한 20여 명을 로마에 볼모로 끌고 갔으며, 또한 해마다 막대한 배상금을 로마에 바치게 하였습니다.

안티오쿠스 3세는 로마에게 대패한 후 자기 나라로 돌아갔는데, 이에 대하여 다니엘 11:19에서 "그가 드디어 그 얼굴을 돌이켜 자기 땅 산성들로 향할 것"이라고 말씀하고 있습니다. 그는 땅에 떨어진 자신의 명예를 회복하려고 재기를 다짐하며 군비를 확장하였으나 반란군에게 살해되고 말았으니, "거쳐 넘어지고 다시는 보이지 아니하리라"(단 11:19하)라는 말씀대로 된 것입니다. 그의 거창했던 계획은 한순간에 물거품이 되고 말았습니다.

(2) 셀류쿠스 4세(Seleucus IV: 187-175 BC)

안티오쿠스 3세를 이어 그의 아들 셀류쿠스 4세가 왕이 되었는데, 그는 부친 안티오쿠스 3세가 로마와의 전쟁에서 패배하여 떠맡게 된 전쟁 배상금을 갚기 위해 백성을 착취하였습니다. 다니엘 11:20에 나오는 '토색하는 자'는 히브리어로 '나가스'(נָגַשׂ)이며, '세금을 징수하는 자'를 가리킵니다. 그는 재무장관 헬리오도루스(Heliodorus)를 시켜 '아름다운 곳'(팔레스타인)의 여러 지역을 순회하면서 강제로 세금을 징수하게 했습니다(단 11:20上, 참고-마카비하 3:7-40).

그 후 셀류쿠스 4세는 다니엘 11:20 하반절에서 "그는 분노함이나 싸움이 없이 몇 날이 못 되어 망할 것이요"라고 예언된 대로, 전쟁터에서 자기가 임명한 헬리오도루스에게 죽임을 당하였습니다.

(3) 안티오쿠스 4세 에피파네스(Antiochus IV Epiphanes: 175-163 BC)

셀류쿠스 4세를 계승한 왕은 그의 동생인 안티오쿠스 4세입니다. 그를 가리켜 다니엘 11:21에서는 "또 그 위를 이을 자는 한 비천한 사람이라 나라 영광을 그에게 주지 아니할 것이나 ..."라고 말씀하고 있습니다. '한 비천한 사람'은 '업신여기다, 멸시하다'라는 뜻의 히브리어 '바자'(בָּזָה)의 수동형으로, '누군가에게 업신여김을 받는 사람', '마땅히 경멸을 받을 만한 사람'이라는 의미입니다. 이것은 안티오쿠스 4세가 결코 왕으로 인정받을 위인이 되지 못한다는 뜻입니다. 그는 부친인 안티오쿠스 3세가 로마에게 패하였을 때 전쟁의 볼모로 로마에 끌려가 있었기 때문에, 왕이 될 수 없는 비천한 사람이었습니다. 그는 셀류쿠스 4세의 장자로 왕위에 오를 자였던 데메트리우스(Demetrius)를 자기 대신 로마에 볼모로 끌어들이는 간계를 부렸는가 하면, 또 셀류쿠스 4세의 둘째 아들 안티오쿠스를 지킨다는 명목으로 자기 부하 안드로니쿠스를 보내어 오히려 그를 암살했습니다. 그 사실이 알려지는 것이 두려워 안드로니쿠스까지 살해했으며, 형 셀류쿠스 4세를 죽인 헬리오도루스도 처단하였습니다.

이러한 상황을 다니엘 11:21 하반절에서는 "그가 평안한 때를 타서 궤휼로 그 나라를 얻을 것이며"라고 말씀하였습니다. 여기 '궤휼'은 '속일 궤(詭), 속일 휼(譎)'로, '교묘하고 간사스럽게 속임, 이상야릇한 속임'이라는 뜻입니다. 안티오쿠스 4세는 겉으로는 평안하여 아무 일도 없는 듯 보이게 하면서도 거짓과 온갖 교활한 속임수로 왕좌에 올랐던 것입니다.

안티오쿠스 4세는 프톨레미 6세와 세 번 전쟁을 하였는데, 제1차 전쟁의 내용은 다니엘 11:22-24, 제2차 전쟁의 내용은 다니엘 11:25-28, 제3차 전쟁의 내용은 다니엘 11:29-30 상반절에 각각 기록되어 있습니다.

- 제1차 전쟁: 프톨레미 6세가 안티오쿠스 4세를 공격

프톨레미 6세가 '넘치는 물 같은 군대'로 안티오쿠스 4세를 공격하였으나 패하였습니다(단 11:22). 그리고 "그와 약조한 후에 그는 거짓을 행하여 올라올 것이요 적은 백성을 거느리고 강하게 될 것이며"(단 11:23)라는 말씀에서 보듯이, 안티오쿠스 4세는 주변국과 동맹 관계를 맺으면서 상대를 방심하도록 만들고, 적은 군대로 나라를 점점 강력한 국가로 확장시켜 나갔습니다.

다니엘 11:24에서 "그가 평안한 때에 그 도의 가장 기름진 곳에 들어와서 그 열조와 열조의 조상이 행하지 못하던 것을 행할 것이요 그는 노략하며 탈취한 재물을 무리에게 흩어 주며 모략을 베풀어 얼마 동안 산성들을 칠 것인데 때가 이르기까지 그리하리라"라고 말씀하고 있습니다. 안티오쿠스 4세는 프톨레미 왕국의 가장 기름진 땅을 공격하여서 지금까지 그 누구도 하지 못했던 일을 행하고, 전쟁에 이끌고 나갔던 군사들에게 프톨레미 왕국에서 노략하며 탈취한 많은 물건을 나누어 주었습니다. 그 목적은 '모략을 베풀어 얼마 동안 산성(מִבְצָר, 미브차르: 요새나 요새화된 도시)들을 칠 것'이므로 군사들의 환심을 사고자 했던 것입니다. 한편, '때가 이르기까지 그리하리라'라는 말씀은, 얼마 후에 안티오쿠스 4세가 선심을 베푸는 정치를 끝내고 폭군의 정체를 드러내게 된다는 뜻입니다.

- 제2차 전쟁: 안티오쿠스 4세의 제1차 애굽 원정

안티오쿠스 4세는 주전 170년 프톨레미 6세를 공격하였습니다. 이것이 제6차 시리아 전쟁 중에 제1차 애굽 원정입니다(주전 170-169년, 단 11:25-28). 프톨레미 6세는 심히 크고 강한 군대를 거느리고 대적하였지만, 능히 당해 내지 못하여 군대는 흩어지고 많은 사람이 죽임을 당하였으며, 프톨레미 6세는 포로로 잡혀갔습니다(단 11:25). 그가 심히 크고 강한 군대를 가지고도 패한 이유는, 안티오쿠스 4세가 프톨레미 6세와 진미를 같이 먹던 가까운 신하들을 매수하고 모략을 베풀어 왕을 배신하게 만들었기 때문입니다(단 11:25ᵀ-26).

포로로 잡혀간 프톨레미 6세는 안티오쿠스 4세에게 화친을 청하여 두 왕은 한 밥상에 앉게 되었는데, 이를 다니엘 11:27에서는 "이 두 왕이 마음에 서로 해하고자 하여 한 밥상에 앉았을 때에 거짓말을 할 것이라 ..."라고 말씀하고 있습니다. 안티오쿠스 4세는 프톨레미 6세의 왕위를 회복시켜 준다고 하면서 프톨레미 왕국을 자신의 지배하에 두려 하였고, 프톨레미 6세는 포로에서 벗어나 왕위를 회복하기 위하여 충성하겠다고 거짓 조약을 했습니다. 실제로 프톨레미 6세는 왕위를 회복한 후 안티오쿠스 4세에게 다시 대항하였습니다. 다니엘 11:27 하반절의 "일이 형통하지 못하리니 이는 작정된 기한에 미쳐서 그 일이 끝날 것임이니라"라는 예언대로 두 왕의 조약은 결코 실행되지 않았고, 하나님께서 작정하신 시간이 이르자 그 실체가 드러나 그 조약은 완전히 깨어지고 말았습니다.

애굽 원정 후에 북방 왕 안티오쿠스 4세는 많은 탈취물을 가지고 본국으로 돌아갔는데, 그는 교만한 마음으로 가득 차서 거룩한 언약을 거스르며 임의로 행하였습니다(단 11:28). 이것은 안티오쿠스 4세가 시리아로 귀환하는 길에 유다로부터 많은 재물과 보화를 탈취해 간 사건을 가리킵니다. 안티오쿠스 4세는 오만하게도 이방인들이 들어갈 수 없는 성소에 들어가 황금 제단과 등대를 파괴하였으며, 이 일 때문에 이스라엘 방방곡곡에 큰 슬픔이 넘쳤고 방백과 장로들은 탄식하였습니다(참고 마카비상 1:20-28).

- **제3차 전쟁: 안티오쿠스 4세의 제2차 애굽 원정**

다니엘 11:29에서 "작정된 기한에 그가 다시 나와서 남방에 이를 것이나 이번이 그 전번만 못하리니"라고 말씀하고 있습니다. 이것

Ⅱ. 헬라 지배 시대(주전 331-164년)

이 제6차 시리아 전쟁의 마지막에 일어난 제2차 애굽 원정입니다 (주전 168년-단 11:29-30^上). '작정된 기한'이라는 단어는 안티오쿠스 4세의 제2차 공격도 하나님의 섭리적 계획에 의해 진행되었음을 보여 줍니다. 그러나 안티오쿠스 4세의 이번 애굽 원정은 전번처럼 성공적이지 못했습니다. 그 이유는 그가 프톨레미 왕국을 공격하자, 로마가 '깃딤의 배들'(마케도니아 함대)을 동원하여 안티오쿠스 4세로 하여금 프톨레미 왕국에서 철수하도록 만들었기 때문입니다 (단 11:30).

프톨레미 왕조와의 전쟁에서 실패한 안티오쿠스 4세는, 그 분풀이로 예루살렘에 대한 핍박을 더 강화하였습니다. 그는 전쟁에 패한 후 낙심하여 돌아가면서 거룩한 언약을 한(恨)하며 임의로 행하였습니다(단 11:30). '한하다'는 히브리어로 '자암'(זָעַם)이며, '혐오하다, 비난하다, 분노하다'라는 뜻입니다. 이것은 다니엘 11:28의 '언약을 거스른다'와 같은 의미입니다.

안티오쿠스 4세는 돌아가서 거룩한 언약을 배반하는 유다의 변절자들을 우대하여, 그들에게 권력과 힘을 주고 후한 물질로 우대하였습니다. 이에 대하여 다니엘 11:30에서는 "거룩한 언약을 배반하는 자를 중히 여길 것이며"라고 말씀하였습니다.

그리고 안티오쿠스 4세는 군대를 동원하여 '성소 곧 견고한 곳'을 더럽혔습니다(단 11:31^上). 그는 주전 167년 성전에서 매일 드리는 제사를 폐지하였으며, 12월 8일(기슬르월 15일)에는 성전의 제단에 제우스 신상("멸망케 하는 미운 물건")을 세우고 사람들로 하여금 숭배하게 하였습니다(단 11:31, ^{참고}마카비상 1:54, 마카비하 5:1, 6:2). 또한 그는 사신들을 예루살렘과 유다 여러 도시에 보내어 할례 예식과 안식일 규례를 금하는 등의 칙령을 공포하였습니다(참고마카비상 1:41-50). 심지어 율법을 지키는 자는 누구든지 사형에 처하였고, 왕의 생일을 기념하기 위해 매월 25일에 유다인들이 가장 싫어하는 돼지를 잡아 제단에 바치도록 하였습니다(참고마카비상 1:54-64, 마카비하 6:7).

유다 사람들이 차마 견딜 수 없을 만큼 그의 악은 날로 더해 갔으며, 이방인들은 성전 안에서 온갖 방종과 향락을 일삼고 거룩한 성전 경내에서 창녀들과 놀아나고 부녀자들을 농락하였습니다(참고마카비하 6:3-4). 더 나아가서 그는 스스로를 높여 모든 신보다 크다 하며 자신을 섬기게 하였습니다(단 11:37). 안티오쿠스 4세는 자신을 가리켜 스스로 '에피파네스'(Epiphanes)라고 불렀는데, 이는 헬라어로 '신이 현현(顯現)했다'라는 의미로, 자신을 신의 위치에 올려놓은 것입니다.

안티오쿠스 4세에 대하여, 다니엘 8장에서는 '네 뿔 중에 한 뿔에서 나오는 작은 뿔'이라고 기록하고 있습니다(단 8:8-9). 이 작은 뿔이 영화로운 땅 예루살렘을 공격하고(단 8:9), 하늘 군대인 이스라엘 백성을 쳐서 지도자인 별들을 떨어뜨리고(단 8:10), 스스로 높아져서 군대의 주재가 되시는 하나님을 대적하여 매일 드리는 제사를 제하고 성소를 헐어 버린다고 말씀하고 있습니다(단 8:11).

이렇게 더럽혀진 성소가 정결하게 회복될 때까지 2,300주야가 걸릴 것이라고 말씀하였습니다(단 8:14). 실제 역사적으로 안티오쿠스 4세의 유다 종교 말살 정책이 시작된 주전 170년부터 마카비 혁명으로 성전이 회복된 주전 164년 12월(기슬르월 25일, 참고마카비상 4:52)까지 약 2,300주야가 지나갔습니다. 이러한 안티오쿠스 4세의 행동은, 말세에 나타나서 하나님을 대적할 적그리스도의 모습을 보여 주기도 합니다(계 13:5-7).

안티오쿠스 4세(에피파네스)의 최후에 대하여 다니엘 8:25에서 "그가 꾀를 베풀어 제 손으로 궤휼을 이루고 마음에 스스로 큰 체하며 또 평화한 때에 많은 무리를 멸하며 또 스스로 서서 만왕의 왕을 대적할 것이나 그가 사람의 손을 말미암지 않고 깨어지리라"라고 예언하였습니다(^{참고}욥 5:12). 또 다니엘 11:45에서는 "... 그의 끝이 이르리니 도와줄 자가 없으리라"라고 말씀하고 있습니다. 안티오쿠스 4세(에피파네스)는 예루살렘을 점령하고 성전을 모독한 죄로 내장이 썩어 들어가면서 시름시름 앓다가 너무도 허무하게 죽고 말았습니다. 이러한 역사적 사실은 하나님을 대적하는 세상 나라는 아무리 그 권세가 강할지라도 결국에는 멸망한다는 것을 교훈해 줍니다.

그러나 "오직 자기의 하나님을 아는 백성은 강하여 용맹을 발하리라"(단 11:32^下)라고 말씀하고 있습니다. 또한, 다니엘 11:35에서는 "... 무리로 연단되며 정결케 되며 희게 되어 마지막 때까지 이르게 하리니 이는 작정된 기한이 있음이니라"라고 말씀하고 있습니다.

하나님의 백성을 대적하는 적그리스도의 세력이 아무리 강할지라도 그들의 활동 기한은 하나님의 작정과 섭리 속에 있으며, 오히려 하나님의 백성은 적그리스도의 핍박 속에서도 용맹을 발하고 연단 속에 정결케 되며 끝까지 기다려서 마침내 승리하게 될 것입니다(마 24:13, 눅 21:19, 요 16:33, 살후 1:4, 계 13:10, 14:12).

III
마카비 혁명(주전 167-142년)
The Maccabean Revolution (167-142 BC)

안티오쿠스 4세(에피파네스) 때, 유다인들은 두 부류로 나누어졌습니다. 언약을 배반하고 악행을 행하는 자들과 자기의 하나님을 아는 지혜로운 백성으로 나뉜 것입니다(단 11:32). 안티오쿠스 4세의 성전에 대한 모독은 경건한 유다인들의 감정을 결정적으로 자극하였고, 이것은 유다인의 독립 투쟁으로 이어졌습니다. 당시 셀류쿠스 왕조의 관리들은 제사장인 맛다디아에게 성소에 가증한 우상들을 세우고 그곳에 제물을 드리라고 명령하였고, 이에 맛다디아와 그의 가문(마카비家)이 반발하여 투쟁함으로써 혁명이 시작되었습니다.

다니엘서에 기록된 예언은 마카비 혁명의 동인(動因)이 되기에 충분했을 것입니다. 다니엘 선지자가 헬라의 멸망을 예언했기 때문입니다(단 8:23-25, 11:40-45). 당시 다니엘 선지자를 통해 주신 하나님의 말씀을 믿는 경건한 하나님의 백성은, 안티오쿠스 4세의 패망과 구원의 때가 임박했음을 확신하며, 철저한 신앙으로 예정된 승리를 위해 목숨을 바쳐서 싸웠을 것입니다.

1. 맛다디아(Mattathias: 167-166 BC)

주전 167년에 제사장 맛다디아는 예루살렘에서 39㎞ 떨어진 '모데인'에서 자기 아들 다섯 명(요한, 시몬, 유다 마카비, 엘르아살, 요나단)과 함께 이방 제단을 부수고 반란을 일으켜 투쟁을 시작했습니다. 맛다디아는 셀류쿠스와의 전쟁을 위해 산으로 들어가 게릴라 전투를 하였으며, 이때 많은 하시딤(경건한 자들)이 맛다디아에게 합류하였습니다. 그러나 맛다디아는 혁명 초기인 주전 166년에 사망하였습니다(참고-마카비상 2:70).

2. 유다 마카비(Judas Maccabeus: 166-160 BC)

맛다디아가 죽자, 그의 셋째 아들 유다 마카비('쇠망치'라는 뜻)가 유다인들의 지도자가 되었습니다(참고-마카비상 3:1). 유다 마카비는 탁월한 지도력으로 주전 164년 9월 25일(기슬르월 25일-참고-마카비상 4:52)에 마침내 예루살렘을 회복하였고, 성전을 율법의 규례대로 정화하며 모든 우상을 제거하였습니다. 성전을 정화한 뒤 8일간의 봉헌 축제를 열었는데, 이것이 바로 '하누카'(הֲנֻכָּה, Hanukkah: '봉헌'이라는 뜻 - 느 12:27) 또는 '수전절'(요 10:22)이라는 히브리 '광명제'(Festival of Lights: 빛의 축제)의 시초가 되었습니다.

유다 마카비는 주전 160년에 셀류쿠스 왕조와의 '엘라사(Elasa) 전투'에서 전사하였습니다. 한편, 맛다디아의 아들 가운데 엘르아살은 주전 163년에, 그리고 요한은 주전 161년에 각각 사망하였습니다.

3. 요나단 아푸스(Jonathan Apphus: 160-142 BC)

유다 마카비가 죽은 다음에 막내 요나단이 지도자가 되었습니다. 요나단은 혁명 운동을 재정비하여 셀류쿠스 군대와의 전쟁을 승리로 이끌면서, 이스라엘의 북동 지역과 '요단 저편'(Trans-Jordan: 요단 동편 고지) 지역들을 점령하였습니다. 셀류쿠스 왕조는 요나단을 포용하기 위하여 주전 152년에 그에게 대제사장직을 수여하였습니다. 그러나 요나단은 주전 142년에 셀류쿠스 왕조의 반대파 트리포(Trypho) 장군에게 살해되고 말았습니다.

4. 시몬(3세) 타시(Simon III Thassi: 142-134 BC)

시몬은 맛다디아의 아들들 가운데 마지막 생존자였습니다. 그는 주전 142년에 요나단에 이어 지도자가 된 다음, 다른 형제들처럼 셀류쿠스 왕조와 정면으로 대결하지 않고 외교적으로 협상을 하였습니다. 마침내 주전 142년에 유다는 셀류쿠스 왕조를 완전히 몰아내어 이방인의 속박에서 벗어났습니다(참고마카비상 13:41). 이때부터 유다는 비로소 완전한 독립을 쟁취하고 하스몬 시대를 열게 됩니다.

마카비 혁명은 안티오쿠스 4세의 최후에 대하여 예언한 하나님의 말씀이 성취된 것이며(단 8:23-26, 11:45), "오직 자기의 하나님을 아는 백성은 강하여 용맹을 발하리라"(단 11:32ᵈ)라는 하나님의 말씀을 믿고 따르는 자들의 승리를 보여 주었습니다.

IV
하스몬 왕조 시대(주전 142-63년)
The Period of the Hasmonean Dynasty (142-63 BC)

하스몬 시대는 시몬이 유다의 독립을 쟁취한 주전 142년부터 로마에 의해 예루살렘이 점령된 주전 63년까지의 기간을 가리킵니다. 마카비 가문을 하스몬 왕조(Hasmonean Dynasty)라고 불렀는데, '하스몬'이란 이름의 기원은 하스몬 지역 출신이기 때문이라고 보는 견해도 있고, 또한 제사장 24반열의 첫 번째인 여호야립(요야립) 가문의 '아사모나이오스'(Ant. 12.265)의 후손이기 때문이라고 보는 견해도 있습니다(마카비상 2:1, 대상 9:10, 24:7).

1. 요한 힐카누스 1세(John Hyrcanus I: 134-104 BC)

하스몬 시대를 연 시몬이 주전 134년에 사위의 손에 죽임을 당한 후, 그의 아들 힐카누스 1세가 왕이 되었습니다. 그는 할례를 장려하고 율법 준수를 고수하였으며, 다윗 왕국의 회복을 지상 목표로 삼아 솔로몬왕 후에 가장 넓은 영토를 확보하였습니다. 그러나 지배 영역이 확장되고 권력이 강화될수록 점점 부패하여 자녀들의 이름을 헬라식으로 바꾸고, 왕실 문화도 점점 헬라식으로 변모시켰습니다.

2. 아리스토불루스 1세(Aristobulus I: 104-103 BC)

힐카누스 1세가 죽고 그의 장자 아리스토불루스 1세가 왕이 되었습니다. 그는 영토를 레바논 북편까지 확장하였으며 스스로 왕의 칭호를 사용하였습니다. 아리스토불루스 1세가 죽자, 그의 아내인 살로메 알렉산드라는 아리스토불루스의 동생인 알렉산더 얀나를 왕으로 세우고 그의 아내가 되었습니다.

3. 알렉산더 얀나(Alexander Jannaeus: 103-76 BC)

알렉산더 얀나는 그의 형 아리스토불루스 1세가 주전 103년에 죽은 후 왕위를 계승하였습니다. 그는 폭력과 강압 정책으로 하스몬 왕가의 대제사장직 수행에 반대하는 바리새인들을 핍박하였습니다.

이에 바리새인들은 셀류쿠스 왕조를 끌어들여 반란을 자주 일으켰고, 알렉산더 얀나는 그 주모자 800명을 붙잡아 십자가형에 처하기까지 했습니다.

4. 살로메 알렉산드라(Salome Alexandra: 76-67 BC)

알렉산더 얀나가 죽자 그의 아내인 살로메 알렉산드라가 왕이 되었습니다. 그녀는 바리새인들과의 관계 회복을 위해 그들을 다시 산헤드린의 회원으로 세웠으며, 대제사장직을 맡은 그녀의 장남 힐카누스 2세는 그들의 지지를 받았습니다.

5. 아리스토불루스 2세(Aristobulus II: 67-63 BC)

살로메 알렉산드라가 죽은 후 치열한 권력 투쟁 끝에, 사두개인들의 지지를 받던 차자 아리스토불루스 2세가 형 힐카누스 2세를 몰아내고 대제사장직과 왕직을 차지하였습니다.

이렇게 유다가 극심한 내란으로 흔들리고 있을 때, 로마의 폼페이우스(Pompey)가 로마 군단을 이끌고 와서 손쉽게 유다를 점령해 버렸습니다.

V
로마 지배 시대
(주전 63-주전 4년 예수 그리스도의 탄생)
THE PERIOD OF ROMAN DOMINATION
(63 BC-BIRTH OF JESUS CHRIST IN AD 4)

로마는 다니엘 2장에 기록된 큰 신상의 예언에서 철로 된 종아리에 해당하는 나라입니다(단 2:33, 40). 로마는 철처럼 강력한 제국으로서 흔히 '철의 제국'(iron monarchy of Rome)으로 불리었습니다.

로마는 다니엘 7장 네 가지 짐승의 이상에서 넷째 짐승으로 등장하는데, '무섭고 놀라우며 또 극히 강하며 또 큰 철 이'가 있는 짐승으로 묘사되고 있습니다. 이 넷째 짐승의 머리에 있는 열 뿔은 로마가 망한 후 앞으로 세상에 일어날 열 왕을 가리키며(단 7:7, 24), 이 열 뿔 사이에서 일어날 작은 뿔은 장차 지극히 높으신 하나님을 대적하며 성도를 괴롭히는 적그리스도를 나타냅니다(단 7:8, 24-26).

이 로마의 역사를 개괄하면 다음과 같습니다.

주전 8세기경 로마는 이탈리아 반도 남부 티베르강 유역에 자리 잡은 에트루리아(Etruria)인들의 지배하에 있던 작은 민족이었습니다. 그러나 주전 270년경, 로마는 전체 이탈리아 반도를 통일하는 강력한 국가가 되었습니다. 그 후 로마는 카르타고(Carthage)와의

3차에 걸친 포에니 전쟁(주전 262-146년)과 동방 헬라와의 4차에 걸친 마케도니아 전쟁(주전 214-148년)에서 승리함으로써, 지중해 일대를 장악하게 됩니다.

로마는 주전 64년에 시리아 지역을 점령하고 마침내 주전 63년에 셀류쿠스 왕조를 병합하였으며, 주전 30년에는 프톨레미 왕조마저 로마의 속주로 만들었습니다. 정치적으로는 주전 60-45년에, 율리우스 카이사르(Julius Caesar), 폼페이우스(Pompey), 크라수스(Crassus)가 제1차 삼두(三頭) 정치를 하였습니다. 그러나 주전 53년에 파르티아와의 카레 전투(Battle of Carrhae)에서 크라수스가 전사한 후, 율리우스 카이사르와 폼페이우스가 권력 다툼을 하게 됩니다. 율리우스 카이사르는 주전 45-44년에 원로원(고대 로마의 정치기관)의 세력을 물리치고 단독으로 권력을 행사하였습니다. 그러나 율리우스 카이사르도 주전 44년에 그를 반대하는 공화파 귀족들에 의해 암살 당하였고, 곧이어 옥타비아누스(Octavian), 안토니우스(Antony), 레피두스(Lepidus)가 영토를 분할하여 다스리는 제2차 삼두 정치(주전 43-31년)가 시작되었습니다. 서로 권력을 장악하고자 했던 옥타비아누스와 안토니우스는 얼마 후 레피두스를 실각시키고, 격렬하게 대립하게 됩니다. 주전 31년에 옥타비아누스가, 안토니우스와 프톨레미 왕조의 마지막 여왕 클레오파트라 7세의 연합군을 악티움 해전(Battle of Actium)에서 무찌름으로써, 패권을 장악하였습니다. 그는 주전 27년에 아우구스투스(Augustus: 존엄한 자)라는 칭호를 받고 로마의 제1대 황제가 되어서 주후 14년까지 통치하였습니다.

로마 제국의 지배하에 유다 지방은 다음과 같이 통치를 받았습니다.

1. 요한 힐카누스 2세(John Hyrcanus II: 63-40 BC)

힐카누스 2세는 동생인 아리스토불루스 2세에게 왕위를 빼앗긴 것에 늘 불만을 가지고 있다가, 로마의 폼페이우스 장군을 불러들였고, 폼페이우스는 주전 63년에 예루살렘을 점령하였습니다. 그는 반(反)로마파였던 아리스토불루스 2세를 제거하고, 힐카누스 2세를 로마의 속국이 된 유다의 대제사장으로 세웠습니다.

한편, 힐카누스 1세 때 이스라엘에 합병된 이두매(에돔) 지역 총독이었던 안티파스(Antipas)의 아들 안티파터(Antipater)는, 예루살렘에서 반란이 일어날 때마다 로마를 지지했기 때문에, 로마의 신임을 얻어 주전 55년에 유다의 총독으로 임명받았습니다. 그리하여 안티파터는 비공식적인 유다의 통치자가 되었습니다. 그 후 주전 47년에 율리우스 카이사르가 프톨레미와의 알렉산드리아 전쟁에서 어려움을 당할 때, 안티파터와 힐카누스 2세가 율리우스 카이사르를 지지하였습니다. 율리우스 카이사르는 전쟁에서 승리한 후에, 힐카누스 2세에게는 왕이란 칭호를 사용하도록 허용하였고, 안티파터는 유다 지역 로마 집정관(執政官)*으로 임명하였습니다. 그러나 주전 44년에 율리우스 카이사르가 살해되었고, 주전 43년에는 안티파터도 말리쿠스라는 열심당원에 의해서 독살당했습니다.

2. 안티고누스(Antigonus: 40-37 BC)

주전 40년, 아리스토불루스 2세의 아들인 안티고누스가 로마에 반란을 일으켜서 예루살렘을 점령하고, 이스라엘을 주전 37년까지

---

*잡을 집(執), 정사 정(政), 관리 관(官): 고대 로마의 행정·군사 장관

다스렸습니다. 그는 자신의 큰아버지인 힐카누스 2세의 귀를 잘라 다시는 제사장이 될 수 없도록 하여 추방해 버렸습니다. 안티파터의 두 아들 중 유다 지역 사령관이었던 파사엘(Phasael)은 쇠사슬에 묶여 있던 중 스스로 머리를 바위에 부딪쳐 자결하였으며, 갈릴리 지역 사령관이었던 헤롯은 로마로 도망쳤습니다.

3. 헤롯 대왕(Herod the Great: 37-4 BC)

로마로 도망간 헤롯은 주전 37년에 로마 군대의 도움으로 안티고누스가 점령하고 있던 예루살렘을 함락시키고 유다의 왕이 되었습니다. 이때 헤롯 대왕은 안티고누스와 많은 사두개인을 안디옥에서 처형하였습니다. 헤롯 대왕은 유대인들의 환심을 사기 위하여 주전 20년부터 예루살렘 성전을 재건하기 시작하였습니다.

헤롯은 자기 왕권을 지키기에 아주 탁월한 능력을 가진 잔인하고 포악한 폭군이었습니다. 백성이 대제사장 아리스토불루스 3세를 좋아하여 그의 인기가 높아가자, 질투심과 위협을 느낀 헤롯은 자신의 처남이기도 한 그를 궁전 연못에 익사시켰습니다. 또한, 힐카누스 2세에게 누명을 씌워 처형했으며, 심지어 자기 아내 마리암네(Mariamne)까지 죽였습니다. 마리암네가 죽은 후, 그녀의 어머니이자 자신의 장모인 알렉산드라도 죽였으며, 신하들의 중상 모략에 속아 자기 자식들까지 닥치는 대로 죽였습니다. 심지어 아기 예수님이 베들레헴에 탄생하셨을 때 베들레헴과 그 모든 지경 안에 있는 사내아이를 두 살부터 그 아래로 모두 학살하였습니다(마 2:16).

무고한 자의 피를 수없이 흘린 폭군 헤롯의 최후는 너무도 비참했습니다. 그는 오랫동안 병을 심하게 앓다가 죽었습니다. 요세푸스의 역사 기록에는, "헤롯왕의 고질병은 몸 전체로 퍼지기 시작해서 그의 고통은 극도에 이르렀다. 고열은 아닐지라도 열이 있었으며, 온 몸은 피부 가려움증으로 견딜 수 없었고, 뱃속의 끊임없는 고통과, 발의 악성종양과 배의 염증, 그리고 은밀한 부분의 회저(懷疽: 악성 종기)로 벌레가 생기고, 천식으로 호흡조차 힘들어지며 사지에 경련이 있었다"[52]라고 기록되어 있습니다. 헤롯의 질병은 그 죄에 대한 하나님의 무서운 진노요, 징계였습니다.

주전 4년에 헤롯 대왕이 병으로 죽자, 이스라엘은 세 아들의 손에 분할됩니다. 헤롯 아켈라우스(Herod Archelaus: 주전 4년 - 주후 6년)는 유대와 사마리아와 이두매 지역의 분봉왕이 되고(마 2:22), 헤롯 안티파스(Herod Antipas: 주전 4년 - 주후 39년)는 갈릴리와 베뢰아 지역의 분봉왕이 되고(마 14:1-12, 막 6:14-29, 눅 9:7-9, 23:5-15), 헤롯 빌립 2세(Herod Philip II: 주전 4년 - 주후 34년)는 이두래와 드라고닛 지역의 분봉왕이 되었습니다(눅 3:1).

헤롯 대왕의 통치 말기에 예수님이 탄생하셨는데, 이때 헤롯을 찾아온 동방 박사들이 "유대인의 왕으로 나신 이가 어디 계시뇨"(마 2:2)라고 묻자 헤롯 대왕의 마음이 심히 격동되어 그와 온 예루살렘이 소동하였고(마 2:3), 결국 그는 베들레헴과 그 모든 지경 안에 있는 두 살 이하 사내아이들을 모두 죽이는 피비린내 나는 살육을 자행하였습니다(마 2:16).

정치적으로 헤롯 대왕의 폭군 정치가 최고조에 달하여 모든 사람들이 공포에 떨었고, 하나님을 향한 신앙은 형식화하여 영적 암흑이 깊어 가고 있었습니다. 헬라 문화가 유대 사회 안에 깊숙이 들어와 있었고, 선민 이스라엘이 극도로 세속화하였던 바로 그때, '때가 차매'(갈 4:4) 창세기 3:15에서 약속하신 여자의 후손 예수 그리스도가 이 땅에 오셨습니다. 여기 '때가 차매'는 헬라어로 '호테 데 엘덴 토 플레로마 투 크로누'(ὅτε δὲ ἦλθεν τὸ πλήρωμα τοῦ χρόνου) 입니다. 이것을 직역하면 '그러나 때의 충만함이 이르렀을 때'입니다. 여기 '때'(χρόνος, 크로노스)는 본래 일반적인 시간이지만, 갈라디아서 4:2에서 '아버지의 정한 때'라고 표현한 것을 볼 때, 하나님께서 작정하신 특별한 시간을 가리킵니다. 여기 '정한'이라는 단어는 헬라어 '프로데스미오스'(προθέσμιος)로, '미리 정해진, 작정된'이라는 뜻입니다.

하나님께서는 죄로 인해 사망과 율법의 종노릇한 데서 그리고 세상의 온갖 압제 속에서 자기 백성을 구원하시기 위해 예수 그리스도를 이 땅에 보내시는 때를 미리 작정하셨으며, 그 작정대로 예수 그리스도께서 오신 것입니다. 그러므로 이 '때'는 하나님의 구속사적 경륜 속에서 가장 완벽하고 적절한 때였으며, 자기 백성을 향한 하나님의 뜨거운 사랑이 쏟아지는 때였던 것입니다. 참으로 예수 그리스도의 오심은 400여 년 지속된 유다의 기나긴 암흑 시대를 끝맺는 소망의 빛이었습니다. 더 나아가, 사망의 어두운 그늘 속에서 죄에게 종노릇하며 살던 전 인류에게 영원한 생명의 빛이었습니다(요 1:4-5, 9, 8:12, 9:4-5).

우리는 지금까지, 유다 백성이 바벨론 포로에서 3차에 걸쳐 귀환한 이래 때가 차매 예수 그리스도께서 여자의 후손으로 오시기까지, 이스라엘과 관련된 세계의 역사를 개괄적으로 살펴보았습니다.

구약성경을 마무리하는 마지막 책인 말라기 4:5-6에서는 "보라 여호와의 크고 두려운 날이 이르기 전에 내가 선지 엘리야를 너희에게 보내리니 그가 아비의 마음을 자녀에게로 돌이키게 하고 자녀들의 마음을 그들의 아비에게로 돌이키게 하리라 돌이키지 아니하면 두렵건대 내가 와서 저주로 그 땅을 칠까 하노라 하시니라"라고 말씀하고 있습니다.

여기 '여호와의 크고 두려운 날'(great and dreadful day of the Lord)은 구원자 메시아가 오시는 날입니다. 이날은 예수 그리스도의 초림의 날을 의미할 뿐만 아니라, 궁극적으로 모든 악의 세력을 최종적으로 심판하실 재림의 날을 바라보게 합니다. 이처럼 구약의 마지막은 구원자 메시아를 대망(待望)하는 메시지로 마무리되고 있으며, 아울러 메시아의 길을 예비할 '선지 엘리야'에 대한 기대가 함께 표현되고 있습니다(참고-마 11:14, 17:10-13, 눅 1:17).

그리고 신약성경의 첫 책인 마태복음 1:1은 '예수 그리스도의 족보'로 시작하고 있습니다. 이는 신구약의 중심이 예수 그리스도이시며, 구약과 신약을 연결하는 다리가 예수 그리스도이심을 알려 줍니다. 나아가, 이스라엘 백성이 바벨론 포로에서 돌아온 이래 바사, 헬라, 로마의 무수한 압제를 겪으면서 그토록 고대하고 소망했던 메시아(구원자), 곧 구속사적 경륜의 최종 성취자가 바로 예수 그리스도이심을 선포하고 있는 것입니다.

4대 제국의 영토 (바벨론, 바사, 헬라, 로마)
TERRITORIES OF THE 4 GREAT EMPIRES (NEO-BABYLON, PERSIA, GREECE, AND ROME)

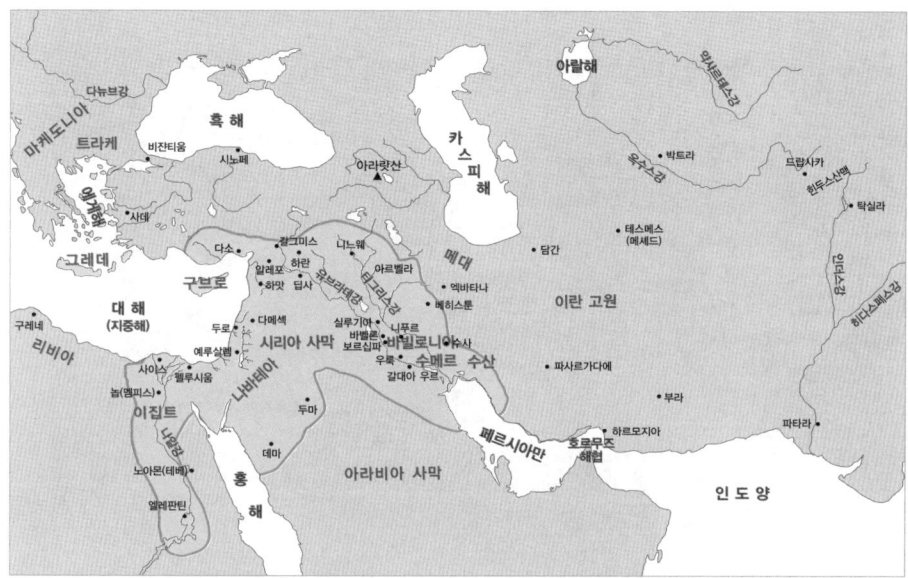

바벨론 / 느부갓네살 2세 시대(주전 605-562년)

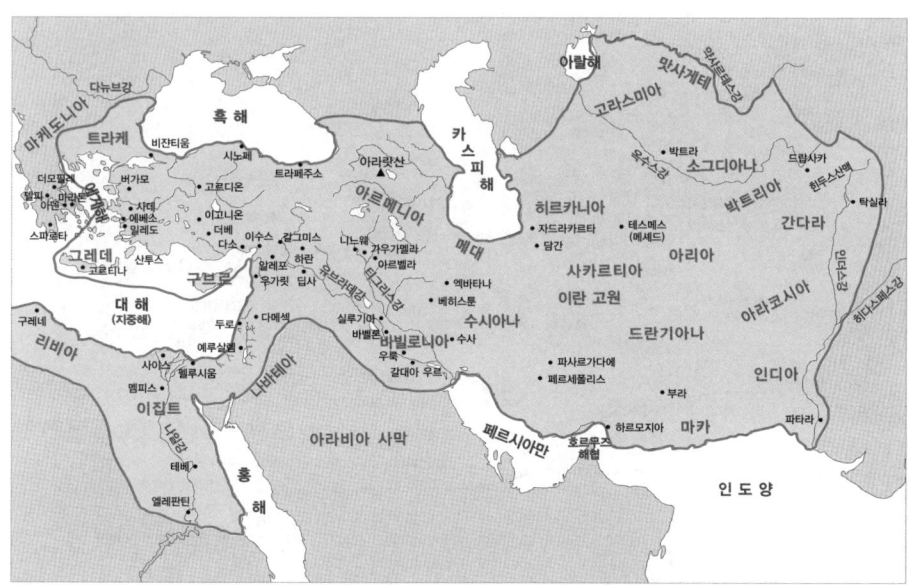

바사 / 아닥사스다 1세 시대(주전 464-423년)

이해도움 5 4대 제국의 영토(바벨론, 바사, 헬라, 로마)

헬라 / 알렉산더 대왕 시대(주전 336-323년)

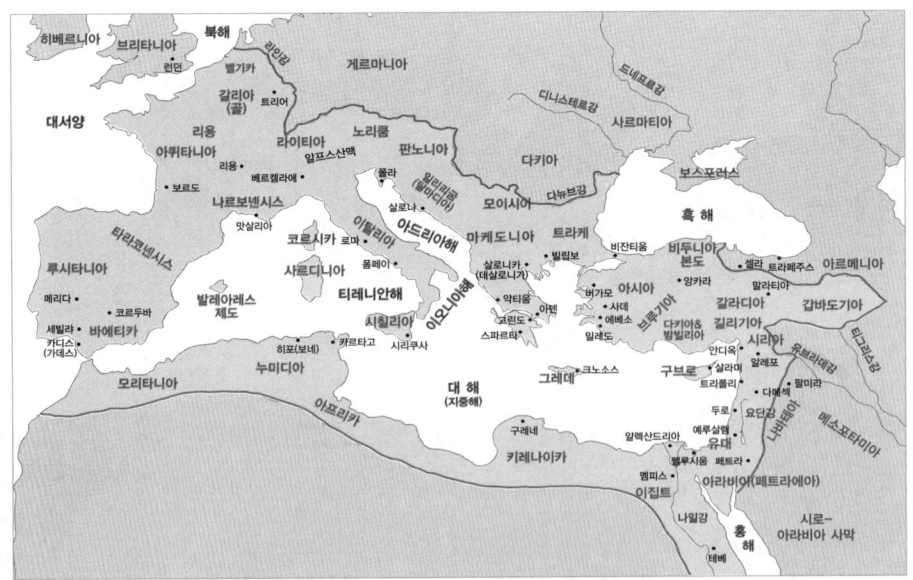

로마 / 아우구스투스 시대(주전 31- 주후 14년)

결론

구속사적 경륜의 성취자 예수 그리스도와 영원한 언약의 약속

Jesus Christ, the Fulfiller of the Administration of
Redemptive History and the Promise of the Eternal Covenant

구속사적 경륜의 성취자 예수 그리스도와 영원한 언약의 약속
Jesus Christ, the Fulfiller of the Administration of Redemptive History and the Promise of the Eternal Covenant

구속사는 하나님의 작정과 예정에 따라 진행되며, 하나님의 경륜대로 펼쳐집니다. 예수 그리스도의 족보는 하나님의 경이로운 구속사적 경륜이 담겨 있는 축도(縮圖)입니다. 구약의 모든 역사는 예수 그리스도의 족보 속에 압축되어 있으며, 신약의 모든 역사는 예수 그리스도의 족보로 시작됩니다. 예수 그리스도의 족보는 신구약의 모든 역사가 구속사의 중심에 계신 예수 그리스도에게 초점이 맞추어져 있음을 선명하게 선포하고 있습니다.

이제 구속사적 경륜으로 본 예수 그리스도의 족보에 대한 연구를 마치면서, 지금까지 살펴본 모든 내용들의 결론을 내리고자 합니다.

먼저 모든 언약의 시발점인 '여자의 후손'의 약속(창 3:15)과 예수 그리스도 족보와의 관계를 정리하고, 예수 그리스도에 대한 마태복음의 족보와 누가복음의 족보를 구속사적으로 비교한 후, 마지막으로 구속사적 경륜의 성취자 예수 그리스도에 대하여 살펴보겠습니다.

끝으로, 영원한 언약의 약속을 받은 성도의 자세에 대해 정리해 보겠습니다.

1. '여자의 후손' 약속과 예수 그리스도의 족보
The promise of the "seed of the woman" and the genealogy of Jesus Christ

성경의 모든 언약의 최종 목표는 예수 그리스도를 통한 구속사의 완성입니다.

창세기 3:15은 여자의 후손으로 오실 메시아가 뱀의 머리를 상하게 할 것에 대한 약속이었습니다. 그것은 궁극적으로 아담 타락 이후 인류 구원의 소망이신 '여자의 후손', 그 실체이신 예수 그리스도가 오심으로 완성되었습니다.

마태복음 1장 예수 그리스도 족보에 담긴 역사는 이 '여자의 후손' 약속이 성취되는 과정이며, 이 약속을 발전시킨 다른 언약들의 성취 과정이기도 합니다. 더 나아가, 예수 그리스도의 족보는 바로 예수 그리스도께서 '여자의 후손'의 약속을 성취하시는 분으로 오셨음을 당당하게 선포하고 있습니다.

첫째, 예수 그리스도는 '처녀 마리아'에게서 나셨습니다.

엑스	헤스	에겐네데	이에수스	호	레고메노스	크리스토스
ἐξ	ἧς	ἐγεννήθη	Ἰησοῦς	ὁ	λεγόμενος	Χριστός
에게서	마리아	나시니라	예수가		칭하는	그리스도라

아브라함에게서 시작되어 다윗을 거쳐 내려온 족보는 마침내 예수 그리스도께로 이어졌습니다. 마태복음 1:16 하반절에서 "... 마리아에게서 그리스도라 칭하는 예수가 나시니라"라고 말씀하고 있습니다. 여기 예수님의 탄생 부분은 일반적인 족보 기록 방식과 다르

게 기록되어 있습니다. "아브라함이 이삭을 낳고 이삭은 야곱을 낳고"처럼 '요셉은 예수를 낳고'라고 하지 않고, "마리아에게서 그리스도라 칭하는 예수가 나시니라"라고 기록하고 있습니다. 예수님에게는 아버지가 없는 것처럼 표현되어 있는 것입니다. 이는 예수 그리스도를 직접 마리아와 연결시킴으로써, 예수님께서 '여자의 후손'으로 오신다고 약속하신 창세기 3:15 말씀의 성취를 보여 주는 것입니다. 갈라디아서 4:4에서는 "하나님이 그 아들을 보내사 여자에게서 나게 하시고"라고 말씀하고 있습니다. 예수 그리스도께서 약속대로 사단의 머리를 부수고 사단을 멸하기 위하여 이 땅에 오셨습니다. 그래서 히브리서 2:14에서는 "... 그도 또한 한 모양으로 혈육에 함께 속하심은 사망으로 말미암아 사망의 세력을 잡은 자 곧 마귀를 없이하시며"라고 말씀하였습니다(참고-요일 3:8).

둘째, 예수 그리스도는 '성령으로' 잉태되신 분입니다.

마태복음 1장 족보에서는 아브라함부터 마리아의 남편 요셉까지 40명의 인물들이 총 15절(마 1:2-16)에 걸쳐 '낳고 … 낳고'를 반복합니다. 39번의 경우에서, '낳다'에 해당하는 헬라어 '겐나오'(γεννάω)의 능동형인 '에겐네센'(ἐγέννησεν)을 사용하고 있습니다. 그러나 예수 그리스도의 탄생에 대해서만은 '나시니라'(마 1:16), 즉 '겐나오'의 신적 수동형 '에겐네데'(ἐγεννήθη)를 사용하고 있습니다.

이것은 마리아가 자기 힘으로 예수님을 낳은 것이 아니라는 것입니다. 예수 그리스도의 탄생은 인간의 의지와 상관없고, 요셉의 혈통과도 무관하며, 다만 처녀인 마리아의 몸을 빌어 하나님의 주권적인 성령의 역사로 잉태된 것임을 보여 줍니다(마 1:18, 20, 눅 1:35).

성령 잉태는 성령 하나님의 전능하시고 직접적인 역사로 된 것이기에, 인간의 이성으로는 도저히 이해할 수 없는 일입니다. 그러나 참신앙은 이성을 초월하여, 하나님의 말씀이면 반드시 그대로 이루어질 줄 믿는 것입니다. 바랄 수 없는 것을 바라며 믿을 수 없는 것을 믿는 것입니다(롬 4:18, 히 11:1).

가브리엘 천사가 마리아에게 '성령으로' 인한 수태(受胎)를 고지(告知)했을 때, 마리아는 "말씀대로 내게 이루어지이다"라고 대답하였습니다(눅 1:38).

마리아는 정혼한 요셉에게 버림받을지도 모르며, 사람들에게 돌에 맞아 죽을지도 모르는(신 22:23-24) 위험을, 믿음으로 감수하며 목숨 걸고 순종했습니다. 마리아는 무에서 유를 창조하시는 하나님의 말씀이 역사하신다면(요 1:3, 10) 성령으로 잉태하는 것이 가능하다는 것을 의심 없이 믿은 것입니다.

또한, 마리아는 가브리엘 천사의 수태 고지를 듣고(눅 1:32-33), 다윗 언약이 자신을 통하여 성취된다는 것을 믿었습니다. 그래서 세례 요한의 어머니 엘리사벳은 마리아에게 "믿은 여자에게 복이 있도다 주께서 그에게 하신 말씀이 반드시 이루리라"(눅 1:45)라고 말하였습니다. 이처럼 마리아가 예수 그리스도를 성령으로 잉태한 사건은 창세기 3:15의 '여자의 후손' 약속이 예수 그리스도를 통해 성취되었음을 분명하게 증거하고 있는 것입니다.

셋째, 예수 그리스도는 '사람들의 아는 대로는' 요셉의 아들입니다.

누가복음 3:23에서 "예수께서 가르치심을 시작할 때에 삼십 세쯤 되시니라 사람들의 아는 대로는 요셉의 아들이니 요셉의 이상은 헬리요"라고 말씀하고 있습니다. 이것은 사람들이 일반적으로 예수님을 요셉의 아들로 알고 있으나, 실제로는 성령으로 잉태되어 동정녀 마리아를 통해서 태어난 하나님의 아들이라는 사실을 분명히 밝힌 말씀입니다. 이 사실은 예수님의 상향식 족보가 하나님에게까지 올라가는 것에서 더욱 확실해집니다(눅 3:38).

이처럼 마태복음의 족보와 누가복음의 족보는 각각 기록된 방식도 다르고 기록된 세대 수와 인물 구성도 다르지만, 구속사적 경륜 속에서 창세기 3:15의 '여자의 후손' 약속의 성취를 밝히는 데 있어서 하나가 되어 예수 그리스도 한 분을 증거하고 있는 것입니다.

2. 마태복음 족보와 누가복음 족보의 만남
The convergence of the Matthean and Lucan genealogies

마태복음 1장의 족보는 요셉 가문의 족보이고, 누가복음 3장의 족보는 예수님의 모친 마리아 가문의 족보로 알려져 있습니다.[53]

마태복음 족보에서는 요셉의 아버지를 '야곱'으로, 누가복음 족보에서는 '헬리'로 기록하고 있습니다(마 1:16, 눅 3:23).

누가복음 3장의 족보를 헬라어 원문으로 찾아보면 매우 독특한 점을 발견할 수 있습니다. 그것은 긴 족보 속에 나오는 모든 이름 앞에 정관사 '투'(τοῦ)가 붙어 있는데, 오직 요셉의 이름 앞에만 그것이 빠져 있다는 사실입니다. 이것은 이 족보가 요셉의 것이 아니라 헬리의 것임을 나타내며, 요셉이 실제로는 헬리의 족보에 속하지 않았음을 나타냅니다. 요셉은 헬리에게 속해 있는 아들이기는 하지만, 혈통적인 아들이 아니라 법적인 아들입니다.

개역성경에서도 이것을 반영하여 번역하고 있습니다. 누가복음 3:24-38에 나오는 아들과 아버지의 사이에는 모두 '그 이상은'이라는 표현을 쓰고 있는데, 누가복음 3:23에서 요셉과 헬리 사이에만 유일하게 '그'라는 정관사가 생략되어, 그냥 "요셉의 이상은 헬리요"라고 기록하고 있습니다. 이것은 요셉과 헬리 사이는 혈통적 부자 관계가 아니라 그냥 법적으로만 부자 관계라는 것이며, 요셉과 헬리의 관계가 족보에 나오는 다른 인물들 사이의 관계와는 다르다는 것을 강조한 것입니다.[54]

그렇다면 어떻게 요셉은 헬리의 법적인 아들이 되었습니까?

헬리는 마리아의 부친으로서 아마도 아들이 없었을 것입니다. 상속자로서 아들이 없는 경우에 딸에게 적용되는 가문 계승의 법에 따라(민 27:8, 36:6-9), 마리아가 요셉과 결혼한 후, 헬리의 사위인 요셉이 헬리의 양자가 되었을 것입니다.[55]

그러므로 요셉은 실제로는 야곱의 아들이면서(마 1:16) 동시에 마리아의 부친 헬리의 상속자인 것입니다(눅 3:23). 그리하여 두 족보(야곱의 족보와 헬리의 족보)는 오묘하게도 요셉과 예수 그리스도에게서 만나, 하나로 통합되고 있습니다.

마태복음 1장에 나오는 예수 그리스도의 족보와 누가복음 3장에 나오는 예수 그리스도의 족보는, 아브라함부터 다윗왕까지는 한 가지 족보입니다. 그런데 마태복음 족보에서는 다윗왕 다음이 솔로몬으로 이어지고(마 1:6), 누가복음 족보에서는 나단으로 이어집니다(눅 3:31). 솔로몬과 나단은 형제입니다. 역대상 3:5에서 다윗과 밧수아(밧세바) 사이에 출생한 네 아들이 나오는데, 시므아(삼무아)와 소밥과 나단과 솔로몬입니다(삼하 5:14, 대상 14:4).

결론 구속사적 경륜의 성취자 예수 그리스도와 영원한 언약의 약속 | 515

　마태복음 족보는 다윗왕 후에 솔로몬으로 연결되며, 예수 그리스도의 족보상 아버지인 요셉까지 이어졌습니다(마 1:16). 반면에, 누가복음 족보는 다윗왕 후에 나단으로 연결되어 마리아의 부친 헬리와 헬리의 법적 아들인 요셉으로 이어졌습니다(눅 3:23-31). 다윗왕 후에 전혀 다른 길을 가던 두 족보가 요셉에서 하나로 연결된 것은 참으로 신비한 만남이며 하나님의 오묘한 섭리입니다.

　놀라운 것은 요셉의 혈통적 아버지인 야곱의 가문이 다윗의 자손일 뿐만 아니라, 요셉의 법적 아버지(마리아의 부친)인 헬리의 가문 역시 다윗의 자손이라는 사실입니다.
　하나님께서는 여자의 후손이면서 다윗의 자손으로 오시는 메시아를 약속하시고, 그것을 성취하시기 위하여 다윗의 두 가문(솔로몬과 나단)을 보존하셨습니다. 마침내 목수 요셉과 마리아의 결혼으로 두 가문이 이어지게 하시고, 마리아의 몸에서 예수 그리스도가 성령으로 잉태되어 '여자의 후손'으로 나게 하시는 구속사적 경륜을 이룩하신 것입니다. 참으로 예수 그리스도의 족보는, 하나님의 구속 경륜 속에 세워진 모든 언약과 그 언약의 약속들이 성취되는 '구속사의 축소판'이요 '구속 성취의 절정'입니다.

　하나님께서는 창세기 3:15에서 여자의 후손으로 메시아가 오신다는 약속을 하시고, 그 약속을 이루시기 위하여 예수님이 오실 때까지 예수 그리스도의 족보를 보존해 오신 것입니다.
　이 기간은 여자의 후손이 나올 때를 기다리신 하나님 자신의 인고(忍苦)의 세월이었습니다.

이 기간은 사람들의 불신 속에서도 하나님의 언약 성취를 위하여 언약의 백성을 보존하시고 거룩하신 예수 그리스도의 계보를 잇게 하시려는, 하나님의 안타까운 눈물의 세월이었습니다.

이 기간은 타락한 인간들의 패역과 하나님의 징계 그리고 다시 반복되는 패역 속에서도, 끝까지 용서하시는 하나님의 사랑의 세월이었습니다.

이 기간은 구속사를 끊어짐이 없이 이어 가시는 하나님의 노심초사(勞心焦思)*의 세월이었습니다.

이 기간은 하나님의 언약을 파괴하려는 사단의 음모에 맞서 힘을 다하여 싸우신 하나님의 성전(聖戰)의 세월이었습니다.

이 기간은 약속대로 '여자의 후손'을 낳게 되는 '동정녀' 마리아와 '의로운 자' 요셉을 찾기 위해서 동분서주하신 하나님의 수고와 열심의 세월이었습니다.

'여자의 후손'은 '때가 차매' 오셨습니다(갈 4:4). '여자의 후손'은 한 치의 오차도 없이 하나님께서 정해 놓으신 구속사적 경륜 속에서 오신 것입니다. 완전한 하나님이신 예수 그리스도는, 타락한 인간을 구원하시기 위하여 완전한 인간으로 이 땅에 성육신하셨습니다(롬 1:3-4). 이처럼 성자 하나님이신 예수 그리스도의 족보는, '여자의 후손'으로 오신 예수 그리스도께서 '신성과 인성'의 인격적 연합을 통하여 온 우주의 진정한 구원자가 되심을 만천하에 선포하고 있습니다.

---

*힘쓸 노(勞), 마음 심(心), 그을릴 초(焦), 생각 사(思): 몹시 마음을 쓰며 애를 태움

3. 구속사적 경륜의 성취자 예수 그리스도
Jesus Christ, the fulfiller of the administration of redemptive history

아담과 하와가 에덴동산에서 타락한 후에 하나님께서 주신 최초의 구원 약속은 창세기 3:15의 '여자의 후손'에 대한 약속입니다. 이 약속은 '아브라함의 한 자손으로 오시는 예수 그리스도'에 대한 약속으로 구체화되었습니다(창 12:3, 13:15, 18:18, 22:17-18). 지금까지 살펴본 족보가 구속사적으로 중대한 이유는 '여자의 후손'과 '아브라함과 다윗의 한 자손'의 약속이 성취되는 과정을 기록한 것이 바로 족보이기 때문입니다. 그러므로 우리는 족보를 통하여 구속사적 경륜의 성취자이신 예수 그리스도를 만나게 됩니다.

(1) 아브라함의 참자손 예수 그리스도

구약과 신약을 연결하는 예수 그리스도의 족보는 마태복음 1:1에서 "아브라함과 다윗의 자손 예수 그리스도의 세계라"라는 말씀으로 시작되고 있습니다. 예수 그리스도가 '아브라함의 자손'으로 왔다는 사실은 아브라함과 세우신 언약의 성취이며, 구약과 신약을 연결하는 가장 중요한 고리가 되는 것입니다.

① 아브라함과의 언약

메시아가 아브라함의 자손으로 오신다는 약속은 이미 구약에서 계시된 아브라함과의 언약 가운데 여러 번 나타나고 있습니다. 그러므로 예수 그리스도께서 아브라함의 자손으로 오신 것은 구약 언약의 성취입니다.

창세기 12:3에서 "땅의 모든 족속이 너를 인하여 복을 얻을 것이니라"라고 말씀하고 있습니다. 이 말씀에는 아브라함 때문에 땅의 모든 족속이 복을 받는 것 이상의 고차원적 의미가 있습니다. 여기 '너를 인하여'는 히브리어 '베카'(בְּךָ)로, '네 안에'라는 의미로 해석될 수 있습니다. 그러므로 땅의 모든 족속이 아브라함 안에서 복을 받는다는 의미는, 궁극적으로 아브라함의 한 자손으로 오실 예수 그리스도로 인하여 땅의 모든 족속이 복을 받는다는 것입니다. 땅의 모든 족속이 피조물인 인간 안에서 복을 받을 수는 없습니다. 땅의 모든 족속은 오직 예수 그리스도 안에서 복을 받게 되는 것입니다.

창세기 13:15에서 "보이는 땅을 내가 너와 네 자손에게 주리니 영원히 이르리라"라고 말씀하고 있습니다. 하나님께서는 아브라함과 그의 자손에게 땅을 주시겠다고 여러 번 약속하셨습니다(창 15:18, 26:3-4, 28:13-14, 35:12). 여기에서 '네 자손'은 일차적으로 이삭과 그 후손들을 가리킵니다. 그러나 우리는 '영원히 이르리라'라는 표현에 주목해야 합니다. 사람은 그 누구도 이 땅을 영원히 소유할 수 없습니다. 실제로 아브라함의 육적 자손들도, 바벨론 포로기나 주후 70년에 예루살렘이 로마에 패망하였을 때는 가나안 땅을 계속 소유하지 못하고 빼앗겼던 것입니다. 그러므로 이 땅을 영원히 소유하실 수 있는 분은 바로 예수님이시며, '네 자손'은 궁극적으로 예수님을 가리키는 것입니다(갈 3:16).

창세기 18:18에서 "아브라함은 강대한 나라가 되고 천하 만민은 그를 인하여 복을 받게 될 것이 아니냐"라고 말씀하고 있습니다. '그를 인하여'는 히브리어 '보'(בוֹ)로, '그 안에서(in him: KJV)'라는 뜻입니다. 그러므로 천하 만민이 아브라함 안에서 복을 받는다는 말씀은, 궁극적으로 아브라함의 한 자손으로 오실 메시아이신 예수 그리스도 안에서 영적 아브라함 자손들이 복을 받게 될 것이라는 약속입니다(갈 3:7-9, 29). 따라서 아브라함은 자식과 권속에게 명하여 여호와의 도를 지켜 의와 공도를 행하게 함으로써, 그의 자손들이 예수 그리스도를 영접할 수 있도록 교육할 사명이 있었습니다(창 18:19).

또 창세기 22:18에서 "또 네 씨로 말미암아 천하 만민이 복을 얻으리니 이는 네가 나의 말을 준행하였음이니라"라고 말씀하고 있습니다. 여기 '네 씨로 말미암아'는 히브리어로는 한 단어로, '베자르아카'(בְזַרְעֲךָ)입니다. 이것은 '한 자손 안에서'라는 뜻으로, 궁극적으로 예수 그리스도를 가리킵니다. 왜냐하면, 천하 만민에게 복을 주시는 분은 사람이 아니라 하나님이시기 때문입니다.

이상에서 보듯이, 하나님께서 아브라함과 맺으신 언약 속에 나타난 '한 자손'은 궁극적으로 예수 그리스도를 나타내고 있습니다. 아브라함에게 약속하신 한 자손은 오직 예수 그리스도 한 분뿐인 것입니다(갈 3:16, 19).

② 오직 한 자손 예수 그리스도

사도 바울은 갈라디아서 3:16에서 "이 약속들은 아브라함과 그 자손에게 말씀하신 것인데 여럿을 가리켜 그 자손들이라 하지 아니하시고 오직 하나를 가리켜 네 자손이라 하셨으니 곧 그리스도라"라고 말씀하고 있습니다. 이로 볼 때, 아브라함의 육적 자손들이 아무리 많을지라도 하나님께서 인정하시는 아브라함의 참자손은 오직 예수 그리스도 한 분뿐이십니다. 그러므로 아무리 혈통적인 아브라함의 자손일지라도(사 41:8, 요 8:33, 39), 아브라함의 참자손인 예수 그리스도를 믿지 않으면 아브라함의 자손으로 인정받을 수 없는 것입니다.

이제는 혈통적 유대인이나 이방인이나 상관없이, 오직 예수 그리스도를 믿음으로 아브라함의 영적 자손이 될 수 있습니다(갈 3:14). 갈라디아서 3:7에서는 "그런즉 믿음으로 말미암은 자들은 아브라함의 아들인 줄 알지어다"라고 말씀하고 있으며, 갈라디아서 3:29에서는 "너희가 그리스도께 속한 자면 곧 아브라함의 자손이요"라고 말씀하고 있습니다. 마태복음 족보는 예수 그리스도께서 아브라함의 한 자손으로 오신 메시아라는 사실을 온 천하 만민에게 힘있게 선포하고 있습니다(마 1:1). 예수 그리스도께서는 '약속하신 자손'(갈 3:19)이며, 그분을 믿음으로써 아브라함의 영적 자손이 되는 것입니다. 전 세계 만민은 예수 그리스도께 속하기만 하면 곧 아브라함의 자손이 되고, 나아가 아브라함과 함께 복을 받습니다(갈 3:9).

(2) 아브라함의 영적 자손이 받는 복

예수 그리스도를 믿음으로 아브라함의 자손이 된 자들이 아브라함과 함께 받는 복에 대하여 자세히 살펴보면 다음과 같습니다.

첫째, 모든 저주에서 해방을 받습니다.

갈라디아서 3:13에서 "그리스도께서 우리를 위하여 저주를 받은 바 되사 율법의 저주에서 우리를 속량하셨으니 기록된바 나무에 달린 자마다 저주 아래 있는 자라 하였음이라"라고 말씀하고 있습니다. 율법의 행위로 구원을 받는다고 주장하는 자들은 율법의 저주 아래 놓이게 됩니다. 갈라디아서 3:10에서 "무릇 율법 행위에 속한 자들은 저주 아래 있나니"라고 말씀하고 있습니다. 여기 '아래'는 헬라어 '휘포'(ὑπό)로, 갈라디아서에서 종이나 노예와 같이 무엇에 속박된 상태를 나타내고 있습니다(갈 3:22, 25).

그러므로 영적으로 아브라함의 자손이 되지 못한 자들은 전부 저주 아래 있는 노예가 되는 것입니다. 그러나 예수님께서는 십자가에서 인간의 모든 저주를 대신 받으시고 우리를 속량하셨습니다(갈 3:13).

사도 바울은 '저주 아래 있나니'의 상태를 갈라디아서 3:22에서는 '죄아래 가두었으니'라고 표현하였습니다. 여기 '가두었으니'의 헬라어 원형은 '슁클레이오'(συγκλείω)로, '사면이 완전히 닫혀 있는, 완전히 에워 싸인' 상태를 나타냅니다. 우리는 죄와 사망의 저주 아래 놓인 존재이지만, 예수님께서 십자가의 피로 우리를 속량하셨으므로 모든 저주에서 완전히 해방된 것입니다(롬 8:2).

둘째, 하나님의 의를 선물로 받습니다.

예수 그리스도를 믿으면 하나님의 의를 선물로 받게 됩니다. 로마서 3:22에서 "곧 예수 그리스도를 믿음으로 말미암아 모든 믿는 자에게 미치는 하나님의 의니 차별이 없느니라"라고 말씀하고 있습니다. 갈라디아서 3:24에서도 "... 우리로 하여금 믿음으로 말미암아 의롭다 함을 얻게 하려 함이니라"라고 말씀하고 있습니다.

이것이 곧 이신칭의(以信稱義, justification by faith)이며, '구원'은 인간의 선한 행위(good works)에 의한 것이 아니라 오직 하나님의 은혜와 믿음으로 받는 것임을 가리키는 것입니다.

로마서 3:28 "그러므로 사람이 의롭다 하심을 얻는 것은 율법의 행위에 있지 않고 믿음으로 되는 줄 우리가 인정하노라"

갈라디아서 2:16 "사람이 의롭게 되는 것은 율법의 행위에서 난 것이 아니요 오직 예수 그리스도를 믿음으로 말미암는 줄 아는 고로 우리도 그리스도 예수를 믿나니 이는 우리가 율법의 행위에서 아니고 그리스도를 믿음으로써 의롭다 함을 얻으려 함이라 율법의 행위로써는 의롭다 함을 얻을 육체가 없느니라"

셋째, 하나님의 자녀가 됩니다.

예수 그리스도를 믿는 자는 의인이 될 뿐만 아니라 하나님의 아들이 되는데(갈 3:26), 이것이 곧 양자(養子, adoption)입니다. 성경에서 양자는 예수 그리스도의 보혈로 구속함을 받고 하나님의 자녀가 된 자를 뜻합니다. 본질상 진노의 자녀요 어두움의 자녀요 사단의 자식(엡 2:3, 요 8:44)이었던 자들이 축복의 자녀요 빛의 자녀요 하나님의 자녀가 되는 것입니다(사 65:23, 요 1:12, 12:36, 엡 5:8, 빌 2:15, 살전 5:5, 요일 3:1, 참고-롬 8:14, 16-17). 이제 양자에게는 아들로서의 신분과 특권이 주어지며, 양자는 하나님을 아바 아버지라 부를 수 있게 됩니다(롬 8:15, 갈 4:5-6, 참고-웨스트민스터 신앙고백서 12:1, 소요리문답 34문). 하나님의 아들은 그리스도 예수 안에서 하나가 되며(갈 3:28), 약속대로 유업을 이을 자가 됩니다(갈 3:29).

갈라디아서 4:7에서도 "그러므로 네가 이 후로는 종이 아니요 아들이니 아들이면 하나님으로 말미암아 유업을 이을 자니라"고 말씀하고 있습니다. 여기 '유업을 이을 자니라'는 헬라어 '클레로노모스'(κληρονόμος)로, 종과 반대되는 개념인 '상속자'라는 뜻입니다.

이 상속자는 장차 하나님의 나라에서 누리게 될 모든 영광과 축복과 특권을 소유한 자입니다. 상속자는 하나님을 '아바 아버지'로 부르는 참아들입니다(롬 8:15, 갈 4:6).

오늘날 예수 그리스도를 믿는 모든 아브라함의 자손들은, 죄로 인한 모든 저주에서 해방되고 의롭다 함을 받고 하나님을 아바 아버지로 부르는 하나님의 자녀, 그 나라의 상속자인 것입니다.

넷째, 믿음으로 살게 됩니다.

갈라디아서 3:11에서 "또 하나님 앞에서 아무나 율법으로 말미암아 의롭게 되지 못할 것이 분명하니 이는 의인이 믿음으로 살리라 하였음이니라"라고 말씀하고 있습니다.

믿음으로 사는 자의 모습은 어떠합니까?

믿음으로 사는 자는 예수 그리스도와 함께 십자가에 못 박힌 자입니다(갈 2:20). 예수 그리스도의 사람들은 육체와 함께 그 정과 욕심을 십자가에 못 박은 사람들입니다(갈 5:24).

우리가 왜 예수님과 함께 십자가에서 죽어야 합니까?

먼저, 우리 옛사람이 십자가에 못 박힘으로 죄의 몸이 멸하여 다시는 죄에게 종노릇하지 않게 하기 위함입니다(롬 6:6). 몸의 사욕에 순종치 않고(롬 6:12), 우리의 지체를 불의의 병기로 죄에게 내어주지 않고 오직 의의 병기로 하나님께 드리기 위함입니다(롬 6:13). 우리는 자신을 종으로 드려 누구에게 순종하든지 그 순종함을 받는 자의 종이 됩니다. 그러므로 죄의 종으로 사망에 이르거나, 순종의 종으로 의에 이르게 됩니다(롬 6:16-19).

다음으로, 우리가 예수님과 함께 죽음으로써 예수님과 함께 다시 살기 때문입니다(롬 6:8). 로마서 6:5에서는 "만일 우리가 그의 죽으심을 본받아 연합한 자가 되었으면 또한 그의 부활을 본받아 연합한 자가 되리라"라고 말씀하고 있습니다. 그리하여 예수님과 함께 십자가에 못 박히고 예수님과 함께 다시 산 자들은 새 생명 가운데 행하게 됩니다(롬 6:4). 새 생명 속에서 날마다 주님과 함께 살게 됩니다. 찬송가 493장(새찬송가 436장) 1절의 가사처럼 영생을 맛보며 오늘도 내일도 주님과 함께 사시기를 바랍니다.

> 나 이제 주님의 새 생명 얻은 몸 옛것은 지나고 새사람이로다
> 그 생명 내 맘에 강같이 흐르고 그 사랑 내게서 해같이 빛난다
> 영생을 맛보며 주 안에 살리라 오늘도 내일도 주 함께 살리라

(3) 다윗의 참자손 예수 그리스도

마태복음 1장의 족보는 예수 그리스도께서 '여자의 후손'과 '아브라함과 다윗의 자손'으로 오시는 과정을 구속사적으로 압축하여 기록하고 있습니다. 예수님께서 '다윗의 자손'으로 오신 것 역시 구약에 나오는 영원한 언약 약속의 성취입니다.

① 다윗의 자손에 대한 구약 언약의 약속들

하나님께서는 다윗 언약을 통하여 '한 자손'을 약속하셨습니다. 사무엘하 7:12-13에서 "네 수한이 차서 네 조상들과 함께 잘 때에 내가 네 몸에서 날 자식을 네 뒤에 세워 그 나라를 견고케 하리라 저는 내 이름을 위하여 집을 건축할 것이요 나는 그 나라 위를 영원히 견고케 하리라"라고 말씀하고 있습니다. 하나님께서는 '다윗의 몸에서 날 자식'을 세우시고 그 위를 영원히 견고케 하시겠다고 약

속하셨습니다(대상 17:11-14).

여기 '네 몸에서 날 자식'은 일차적으로 다윗의 아들인 솔로몬왕을 가리킵니다. 그러나 사람의 위(位)가 영원히 견고케 될 수는 없으므로, 이 약속은 영원한 하나님의 나라를 세우실 메시아에 대한 약속으로 보아야 합니다. 또 여기에 사용된 '자식'은 단수형으로, 아들을 뜻하는 일반적인 히브리어 '벤'(בֵּן)이 아니라, 씨나 자손을 뜻하는 히브리어 '제라'(זֶרַע)입니다. 이것은 창세기 3:15에서 예언된 '여자의 후손'과 똑같은 형태로, '다윗의 몸에서 날 자식'은 바로 '여자의 후손'으로 오실 메시아임을 알려 줍니다.

다윗 언약에서 약속된 '한 자손'은 구약에서 계속해서 약속되었습니다. 시편 132:11-12에서도 "여호와께서 다윗에게 성실히 맹세하셨으니 변치 아니하실지라 이르시기를 네 몸의 소생을 네 위에 둘지라 네 자손이 내 언약과 저희에게 교훈하는 내 증거를 지킬진대 저희 후손도 영원히 네 위에 앉으리라 하셨도다"라고 말씀하고 있습니다. 시편 89:4에서도 "내가 네 자손을 영원히 견고히 하며 네 위를 대대에 세우리라"라고 말씀하고 있습니다.

② 다윗의 자손에 대한 다른 표현들

메시아를 가리키는 다윗의 자손은 구약에서 다양한 다른 표현으로 나타납니다. 이사야 9:7에서는 '다윗의 위에 앉아서 공평과 정의로 영원토록 다스릴 분'으로 말씀하고 있습니다. 그분은 이사야 9:6에서 '한 아기, 한 아들'이며, 바로 "기묘자라 모사라 전능하신 하나님이라 영존하시는 아버지라 평강의 왕이라"라고 말씀하고 있습니다.

다니엘 7:13-14에서도 영원한 권세를 가지고 영원한 나라를 다스릴 분으로 하늘 구름을 타고 오실 '인자 같은 이'를 말씀하고 있습니다.

에스겔 37:25에서도 "내 종 다윗이 영원히 그 왕이 되리라"라고 약속했는데, 에스겔은 여호야긴왕 때에 바벨론에 포로로 끌려간 선지자로(겔 1:1-2), 에스겔이 예언할 때 다윗왕은 이미 죽고 없었습니다. 그러므로 여기에서 말씀하고 있는 '내 종 다윗'은 메시아를 가리킵니다. 에스겔 37:24에서는 '내 종 다윗'을 '한 목자'라고 말씀했는데, 이 목자 역시 영원한 왕이 되실 메시아를 가리킵니다(요 10:11, 14, 벧전 5:4, ^{참고}히 13:20, 계 7:17).

이처럼 구약에서 공통적으로 묘사하고 있는 '다윗의 참자손'에 대한 다른 표현들은 '영원한 나라의 영원한 왕이신 메시아'를 가리킵니다.

③ 다윗의 자손으로 오신 예수 그리스도

다윗의 자손에 대한 언약이 성취되어 메시아로 오신 분은 예수 그리스도입니다. 누가복음 1:32-33에서 가브리엘 천사는 마리아에게 예수님의 성령 잉태를 고지하면서, "주 하나님께서 그 조상 다윗의 위를 저에게 주시리니 영원히 야곱의 집에 왕 노릇 하실 것이며 그 나라가 무궁하리라"라고 말씀하였습니다(^{참고}행 2:29-31).

예수님께 병 고침 받기를 소망한 환자들은 예수님을 향하여 '다윗의 자손'이라고 불렀습니다(마 9:27, 15:22, 20:30-31 등). 예수님께서 예루살렘에 입성하실 때, 메시아를 고대해 온 백성과 아이들도 예수님을 향하여 '다윗의 자손'이라고 불렀습니다(마 21:9, 15).

예수님께서 '다윗의 자손'으로 오신 것은 구약의 모든 언약의 약속들의 성취입니다. 또한 말씀이 육신이 되어 오신 것과 동시에 다윗과 같은 왕권을 가지고 '영원한 왕적 메시아'로 오신 것을 나타냅니다. 초림 때 천국의 영원한 왕으로 오신 예수님께서는 십자가에서 대속의 주가 되셨습니다. 이제 예수님께서 재림하시면 '다윗의 자손이 하나님 나라의 영원한 왕이 되신다'라는 약속이 완전히 성취될 것입니다. 그래서 요한계시록 22:16에서는 광명한 새벽별로 오시는 재림하실 주님을 '다윗의 뿌리요 자손'으로 표현하고 있습니다.

결국 마태복음 1장에 나오는 예수 그리스도의 족보는 예수님을 '다윗의 자손'으로 선포함으로(마 1:1), 예수님께서 구약의 약속과 언약대로 오신 '영원한 왕적 메시아'(겔 37:24-28)이심과, 나아가 장차 재림으로 그것을 온전히 완성하시는 분이심을 만방에 알리고 있는 것입니다.

4. 영원한 언약 약속의 전망
The outlook on the promise of the eternal covenant

(1) 영원한 언약의 약속에 대한 자세

성경에 나타난 모든 영원한 언약들은 예수 그리스도 안에서 완전히 성취되며, 우리가 그 약속에 '아멘' 할 때 하나님께 영광을 돌리게 됩니다. 고린도후서 1:20에서 "하나님의 약속은 얼마든지 그리스도 안에서 예가 되니 그런즉 그로 말미암아 우리가 아멘 하여 하나님께 영광을 돌리게 되느니라"라고 말씀하고 있습니다.

약속에 대해 '아멘' 하는 것은 약속을 믿는 삶을 의미합니다. 갈라디아서 3:22에서는 "믿음으로 말미암은 약속"이라고 말씀하고 있습니다. 그러므로 하나님께서 영원한 언약의 약속을 능히 이루실 것을 확신할 때(롬 4:21), 우리는 그 약속에 참여하게 됩니다.

히브리서 11:39-40에서 "이 사람들이 다 믿음으로 말미암아 증거를 받았으나 약속을 받지 못하였으니 이는 하나님이 우리를 위하여 더 좋은 것을 예비하셨은즉 우리가 아니면 저희로 온전함을 이루지 못하게 하려 하심이니라"라고 말씀하고 있습니다. 여기에서 '약속을 받는 것'을 '더 좋은 것'이라고 표현하고 있습니다. 하나님의 영원한 언약의 약속을 받은 성도들은 '더 좋은 것'을 선물로 받은 자들입니다.

세상에 많은 성도가 있지만, 이 영원한 언약의 약속을 깨달아 믿고 사는 성도가 있는가 하면, 이 약속을 아예 알지도 못하고 사는 성도가 있습니다. 오늘도 '더 좋은 것'을 선물로 받는 영원한 언약의 약속이 머물러 있는 성도와 교회가 되시기를 바랍니다.

이 영원한 언약의 약속을 간직하며 사는 성도는 '인내'하는 성도입니다. 성도는 어떠한 핍박과 환난과 어려움 속에서도 하나님의 영원하신 약속이 주의 재림으로 완전히 이루어질 때까지 끝까지 참고 견디는 인내가 필요합니다.

히브리서 10:36에서 "너희에게 인내가 필요함은 너희가 하나님의 뜻을 행한 후에 약속을 받기 위함이라"라고 말씀하고 있으며, 히브리서 6:15에서도 "저가 이같이 오래 참아 약속을 받았느니라"라고 말씀하고 있습니다(히 6:12, ^{참고}마 24:13). 영원하신 하나님의 약속을 이루시려고 행하시는 하나님의 구속사적 경륜과 섭리는 그 어떤 악한 세력의 방해에도 불구하고 결코 중단되지 않고 날마다 전진하여, 마침내 하나님께서 약속하신 그대로 이루어질 것입니다(욥 23:13-14, 사 46:10, 합 2:3-4). 하나님께서 약속하신 모든 영원한 언약의 약속들이 이루어지는 그날까지, 끝까지 참고 견디며 인내로 승리하는 모두가 되시기를 바랍니다.

(2) 영원한 언약의 약속과 피

성경은 약속의 경(經)입니다. 구약(舊約: 옛 언약)과 신약(新約: 새 언약)으로 이루어져 있는데, 이것은 옛 약속과 새 약속으로도 표현할 수 있습니다. 성경 전체는 가히 영원한 언약의 약속으로 이루어진 것입니다.

이 영원한 언약의 약속의 핵심이 무엇입니까? 바로 피입니다.

옛 언약의 핵심은 피였습니다. 모세는 시내산에서 언약을 체결할 때 제물의 피를 취하여 백성에게 뿌렸습니다. 그리고 "여호와께서 이 모든 말씀에 대하여 너희와 세우신 언약의 피니라"(출 24:8)라고 말하였습니다. 히브리서 9:19을 볼 때, 피를 언약의 책과 온 백성에게 뿌렸다고 말씀하고 있습니다. 그러므로 이 피는 '언약의 피'가 되었습니다(히 9:20). 이 피는 장차 십자가에서 흘리실 예수 그리스도의 피를 예표하였습니다. 새 언약의 중보이신 예수님께서는(히 8:6, 9:15, 12:24), 최후의 만찬에서 자신의 피를 상징하는 포도주를 '언약의 피'라고 말씀하셨습니다(마 26:28, 막 14:24). 그러므로 옛 언약 위에 뿌려진 피는 새 언약의 성취를 위해 뿌려질 예수 그리스도의 십자가의 피를 예표하는 것입니다.

이 피는 단번에 영원한 속죄를 이루시는 피이며(히 9:12), 영원하신 성령으로 말미암아 흠 없는 자기를 하나님께 드린 피입니다(히 9:14). 그러므로 우리는 이 영원한 언약의 피를 힘입어 성소에 들어갈 담력을 얻게 됩니다(히 10:19-20).

결국, 영원한 언약의 핵심이 십자가의 피라면, 영원한 언약의 성취를 선포하는 예수 그리스도의 족보 역시 십자가의 피를 증거하고 있는 것입니다.

> 십자가의 피는 모든 영원한 언약의 성취입니다.
> 십자가의 피는 모든 영원한 약속의 실행입니다.
> 십자가의 피는 모든 저주를 종식시켰습니다.
> 십자가의 피는 모든 죄와 사망을 완전히 도말하였습니다.
> 십자가의 피는 모든 구원의 능력입니다.
> 십자가의 피는 모든 족보를 통한 구속사적 경륜의 마침입니다.
> 십자가의 피는 모든 영생과 행복의 보장입니다.
> 십자가의 피는 모든 패배의 종결이요, 영원한 승리의 출발입니다.
> 십자가의 피는 모든 어둠의 끝이요, 빛의 시작입니다.
> 십자가의 피는 모든 구속사적 경륜의 절정이요, 중심입니다.
> 십자가의 피는 모든 악의 세력의 심판과 성도의 최후 승리입니다.

그러므로 우리는 평생 십자가만 알고(고전 2:2), 십자가만 자랑해야 합니다. 사도 바울은 갈라디아서 6:14에서 "그러나 내게는 우리 주 예수 그리스도의 십자가 외에 결코 자랑할 것이 없으니 그리스도로 말미암아 세상이 나를 대하여 십자가에 못 박히고 내가 또한 세상을 대하여 그러하니라"라고 고백하였습니다.

우리도 각자 자신의 정과 욕심을 오직 십자가에 못 박고(갈 5:24), 이제는 우리 안에서 오직 예수 그리스도만이 살아서 역사하도록 해야 합니다(갈 2:20). 예수 그리스도의 남은 고난을 그의 몸 된 교회를 위하여 날마다 우리의 육체에 채워야 합니다(골 1:24). 나의 영혼과 육체의 모든 구석구석마다 예수 그리스도의 흔적이 가득한 삶을 살아야 합니다(갈 6:17).

  평강의 하나님께서는 영원한 언약 약속의 피로 예수님을 죽은 자 가운데서 이끌어 내셨습니다(히 13:20). 이 평강의 하나님께서 모든 선한 일에 우리를 온전케 하시고(히 13:21), 우리 주 예수 그리스도 강림하실 때에 우리의 온 영과 혼과 몸이 흠이 없도록 보전하실 것입니다(살전 5:23).

  이제 하나님께서 십자가에서 성취하신 영원한 언약의 피가 전 세계와 우주와 열방 구석구석마다 뿌려지기를 간절히 소망합니다. 그리하여 영원한 언약의 피에 담긴 생명을 통하여, 모든 죽었던 자들이 회개하고 다시 살아 일어나 하나님의 극히 큰 군대를 이루고(겔 37:10), 새생명 부흥의 역사가 온 누리에 충만하게 되기를 바랍니다.

  하나님의 오묘한 섭리 속에 담긴 모든 영원한 언약의 약속이 완전히 성취되는 그날까지, 우리의 남은 생애 가운데 오직 예수 그리스도만이 존귀하게 되기를 간절히 소원합니다(빌 1:20). 할렐루야!

각 장에 대한 주(註)

제1장 구속사와 하나님의 언약

1) 손석태, 「창세기 강의」 (성경읽기사, 1993), 33.
2) 조영엽, 「신론·인죄론」 (생명의 말씀사, 2007), 207-208.
3) 나용화, 「명쾌한 기독교 신학과 생활」 (기독교문서선교회, 2010), 128.

제2장 성경 족보에 대한 고찰

4) 뿌리찾기운동 본부, 「나의 족보」(부록편) (민예사, 2005), 21.
5) 정성희, 「조선의 성 풍속」 (가람기획, 1998), 81.
6) Joachim Jeremias, 「예수 시대의 예루살렘」 (한국신학연구소, 1991), 352-353.
7) 최종진, 「역대기의 족보 의미와 기록 형식에 대한 고찰」, 교수 논총(제18집) (서울신학대학교 출판부, 2006), 350.
8) James T. Sparks, *The Chronicler's Genealogies* (Atlanta: Society of Biblical Literature, 2008), 29.
9) 이상진, 「한국 족보학 개론」 (민속원, 2005), 35.
10) 이수건, 「한국의 성씨와 족보」 (서울대학교출판부, 2008), 59.
11) 김미영, 「가족과 친족의 민속학」 (민속원, 2008), 62, 66.
12) 김미영, 「가족과 친족의 민속학」, 65.
13) 박윤식, 「영원히 꺼지지 않는 언약의 등불」 (휘선, 2010), 103-106.
14) 최종진, 「역대기의 족보 의미와 기록 형식에 대한 고찰」, 369.
15) 최종진, 「구약성서의 족보적 연구」 (서울신학대학교 출판부, 2010), 97-98.
16) 최종진, 「에스더」, 대한기독교서회 창립 100주년 성서주석 시리즈 15 (대한기독교서회, 2005), 130-131.

제 3 장 예수 그리스도의 족보 제3기(期)의 인물

17) '하나님의 선물'이라는 뜻이며, 유명한 마카비 계열의 제사장이었습니다. 그 다섯 아들들과 함께 안티오쿠스 4세(에피파네스)(주전 175-163년)에 대항하였고, 주전 142년 마침내 유다는 실질적인 독립 국가로 인정받았으며, 그로부터 주전 63년까지 79년간 독립을 유지하였습니다 [Bo Reicke, 「신약성서 시대사」 한국신학연구소 번역실 (한국신학연구소, 1995), 75.].
18) William Hendriksen, 「누가복음(상)」, 김유배 옮김 (아가페출판사, 1984), 322.
19) Norval Geldenhuys, 「누가복음(상)」, NIC 성경주석 시리즈, 이장림 역 (생명의 말씀사, 1983), 168.

제 4 장 예수 그리스도의 족보 제3기(期)의 공백

20) 박윤식, 「영원히 꺼지지 않는 언약의 등불」, 94.
21) 룻기 4:20(히브리어 원문)과 역대상 2:11에서 기생 라합과 결혼한 살몬의 이름 대신에 '살마'라는 이름이 나옵니다.
    וְנַחְשׁוֹן הוֹלִיד אֶת־שַׂלְמָא וְשַׂלְמָא הוֹלִיד אֶת־בֹּעַז (대상 2:11)
    살몬(שַׂלְמוֹן)은 '의복, 겉옷'을 의미하며, 살마(שַׂלְמָא)는 '강함, 힘'을 의미합니다.
22) 박윤식, 「영원히 꺼지지 않는 언약의 등불」, 214.
23) 박윤식, 「영원히 꺼지지 않는 언약의 등불」, 99.
24) 박윤식, 「영원한 언약 속의 신비롭고 오묘한 섭리」 (휘선, 2010), 261.
25) Joachim Jeremias, 「예수 시대의 예루살렘」, 353.

26) 스룹바벨의 자녀 7남 1녀 중에 다섯 사람이 따로 구분된 이유는(대상 3:20) 정확히 알 수 없으나, 족보에서 어머니가 다를 경우 구분하여 기록하는 습관을 볼 때(대상 2:19, 21-24, 3:1-9, 4:5-7), 아마도 '다섯 사람'으로 묶인 그룹은 앞에 언급된 므술람, 하나냐, 슬로밋(딸)과 어머니가 다를 것으로 추정됩니다[C. F. Keil & Delitzsch, 「역대기(상, 하)」, 카일 델리취 주석 구약 시리즈 9, 최성도 역 (기독교문화협회, 1994), 97.].

27) Samuel Fallows, ed., *The Popular and Critical Bible Encyclopedia and Scriptural Dictionary*, vol. 2 (Chicago: The Howard-Severance Company, 1907), 820.

28) 참고로 역대상 3:21의 마지막이 "스가냐의 아들들이니"로 끝나고 역대상 3:22의 시작이 "스가냐의 아들은 스마야요"로 기록된 것을 볼 때, 역대상 3:21의 하나냐와 그 아들 스가냐 사이에 나오는 인물들은 하나냐의 다른 자손들로 보는 것이 보다 합리적입니다.
Roddy Braun, *1 Chronicles, Word Biblical Commentary* (Waco: Word Books, 1986), 52.

29) 임태수, 「역대상」, 대한기독교서회 창립 100주년 기념 성서주석 12 (대한기독교서회, 2007), 37.

30) 스룹바벨은 주전 537년 제1차 바벨론 포로 귀환 시에 지도자였습니다(스 2:2, 5:2). 그런데 구약에서 성막에서 봉사할 수 있는 최소의 나이를 30세로 규정하고 있습니다(민 4:3, 23, 30, 35, 39). 이것은 30세가 대사를 행할 수 있는 성숙한 나이임을 나타냅니다. 스룹바벨이 포로 귀환의 지도자로 있을 때 최소 30세 이상이었을 것이므로 스룹바벨은 대략적으로 주전 570년경 태어난 것으로 볼 수 있습니다.

31) Lord A. C. Hervey, *The Genealogies of Our LORD and Savior Jesus Christ* (Cambridge: Macmillan And Co., 1853), 123.

32) J. A. Bengel, *Gnomon of The New Testament* (Philadelphia: Perkinpine & Higgins, 1864), 54.

33) Norval Geldenhuys, 「누가복음(상)」, 170.

34) Joachim Jeremias, 「예수 시대의 예루살렘」, 373.

35) Roddy Braun, 1 Chronicles, 52.

제 5 장 바벨론 포로와 귀환

36) 예레미야 28:1에서는 예레미야가 27장의 예언을 준 때가 유다 왕 시드기야 즉위 제4년인 주전 593년이라고 말씀하고 있습니다(렘 27:3, 12). 그런데 예레미야 27:1은 이 시대를 '여호야김' 시대라고 말씀하고 있습니다. 대다수의 히브리어 사본은 예레미야 27:1을 '여호야김'으로 기록한 반면에, 표준새번역, 현대인의성경, 공동번역은 선포 시기에 맞추어 '시드기야'로 수정하여 번역하고 있습니다. 이러한 차이는 하나님의 말씀이 예레미야에게 주어진 시기가 여호야김 시대이고(렘 27:1), 다시 선포된 시기가 시드기야 시대이기(렘 27:3, 12) 때문입니다.

37) 「하바드판 요세푸스 4(유대고대사 II)」, 성서자료연구원 역 (도서출판 달산, 1991), 436.

38) J. D. Douglas, 「새 성경 사전」, 나용화, 김의원 역 (기독교문서선교회, 1996), 582.

39) Edwin R. Thiele, *The Mysterious Numbers of the Hebrew Kings* (Grand Rapids: Kregel, 1983), 187.

40) 여호야긴이 사로잡혀 포로로 끌려간 것은 니산(Nisan, 1월) 10일이며 (^{참고}대하 36:10, 겔 40:1), 티쉬리 기준 방식으로는 주전 597년이지만 니산 기준 방식으로는 주전 596년입니다. 그러므로 '사로잡힌 지 12년

10월 5일'을 계산할 때, 티쉬리 기준으로는 주전 586년 10월 5일이요, 니산 기준으로는 주전 585년 10월 5일이 됩니다. 그런데 에스겔 33:21-22에서는 사로잡힌 지 12년 10월 5일이 예루살렘이 멸망한(시드기야왕 11년 4월 9일 - 왕하 25:3, 렘 39:2, 52:6) 후라고 정확하게 말씀하고 있습니다. 여기서 우리가 주목해야 할 것은 만약 에스겔 말씀을 티쉬리 기준 방식으로 계산한다면, 예루살렘 함락 소식을 들은 '사로잡힌 지 12년 10월 5일'은 예루살렘 함락 이전이 됩니다. 이는 에스겔이 니산 기준 방식으로 연대를 표기하고 있다는 증거가 됩니다.

41) 이학재, 「에스겔 어떻게 읽을 것인가」 (한국성서유니온선교회, 2008), 31.

42) Gleason Archer, Jr., *A Survey of Old Testament Introduction*, 3rd ed. (Chicago: Moody Press, 1994), 472.

43) Edwin R. Thiele, 「히브리 왕들의 연대기」, 한정건 역 (기독교문서선교회, 1992), 69.

44) S. H. Horn and L. H. Wood, "The Fifth-Century Jewish Calendar at Elephantine," Journal of Eastern Studies 13 (1954): 1-20.

제 6 장 바벨론 포로 귀환 후 예수 그리스도까지의 역사

45) 나훔이 니느웨의 멸망(주전 612년)을 예언하면서 비교한 노아몬(나 3:8)은 이집트 제18왕조의 수도였던 테베(Thebes)를 가리키며, 주전 663년경 앗수르 제국의 앗수르바니팔에 의해 멸망했습니다. 그러므로 나훔 선지자의 사역 기간은 노아몬과 니느웨의 멸망 사이의 기간인 주전 663년부터 612년까지로 볼 수 있습니다.

46) J. D. Douglas, 「새 성경 사전」, 나용화, 김의원 역, 300.

47) Marc Van De Mieroop, 「고대 근동 역사」, 김구원 역 (CLC, 2010), 448.
48) Edwin R. Thiele, *The Mysterious Numbers of the Hebrew Kings*, 176.
49) Stephen R. Miller, *Daniel* (Broadman & Holman Publishers, 1994), 222.
50) A.B. Bosworth, "Alexander the Great pt. 1: The Events of the Reign," in Cambridge Ancient History, vol.6 (Cambridge: Cambridge University Press, 1994), 844-845.
51) St. Jerome, Jerome's Commentary on Daniel, trans. Gleason L. Archer, Jr. (Grand Rapids, Michigan: Baker Book House, 1958), 123.
52) 「하버드판 요세푸스 1 (유대전쟁사 I)」, 257-258.

결론 구속사적 경륜의 성취자 예수 그리스도와 영원한 언약의 약속

53) J. A. Bengel, 「마태복음 (상)」, 신약 주석 시리즈, 고영민 역 (도서출판 로고스, 1990), 54-55.
54) Norval Geldenhuys, 「누가복음(상)」, 169.
55) John Nolland, 「누가복음 (상)」, WBC 주석 시리즈, 김경진 옮김 (도서출판 솔로몬, 2003), 361.

찾아보기

원어
히브리어·헬라어

ㄱ

가난 / 55
가달 / 332
가라쉬 / 73
간 에덴 / 55
게네시스 / 107
게네아 / 107
게네알로기아 / 107
게달야 / 332
겐나오 / 107, 511
기노스코 / 95, 201
깁보레 하하일 / 300

ㄴ

나가스 / 240, 485
나사그 / 340
나아르 / 416
나타 / 55
나탄 / 193
나할 / 438
네게드 / 57
네샤마 / 54
네페쉬 하야 / 54
네호쉐트 / 155
네후쉬타임 / 246
노라오트 니플레티 / 41
노모스 / 81
니쉬마트 하임 / 54

ㄷ

다라 / 114
다르다 / 114
다마 / 49
다바크 / 340
달라트 / 301
데겔 / 361, 464
데둘로메노이 / 84
데무트 / 49
둘로오 / 84
디아 / 39
디카이오마 / 180

ㄹ

라드라 / 200
라바 / 70, 438
레고 / 45
로고스 / 107
로쉬 / 290
로헤비우 차바람 / 411
루아흐 / 40, 165
리쇼니 / 290

ㅁ

마쉬아흐 / 205
마스게르 / 300
마코르 / 379
마탄 / 193, 258
마히르 / 397
말라크 / 373
메네 / 361, 464
메오드 / 38
멜레크 / 122
모트 타무트 / 66
미브차르 / 487

ㅂ

바라 / 37, 42
바라크 / 371
바이크라 하아담 / 76
바자 / 485
바카 / 331
바카쉬 / 119
베네 마홀 / 114
베보쉐트 파님 / 453
베에네 예호바 / 259
베에메트 / 440
베자르아카 / 519
베차 / 292
베찰메누 키드무테누 / 48
베카 / 518
베헤아파르 / 415
벤 / 113, 114, 254, 525
보 / 411, 518
부르 / 387, 393
부림 / 393
비쉬나트 말레코 / 462
비쉬나트 아하트 / 362
비쉬나트 하다 / 357

ㅅ

사르 / 300
사룩스 / 206
사발 / 411
사파르 / 398
샤마 / 164
샤마르 / 63
샤알 / 157
샬람 / 238
샴 / 327
세페르 톨도트 / 109
셈 / 139, 140
셰나트 아하트 / 293

찾아보기

셰아르 야슈브 / 434, 436
셍클레이오 / 82, 521
슈브 / 267, 268, 440
슈크 / 70
스토이케이온 / 83

ㅇ

아가페 / 43, 46, 61, 123, 332
아단 / 55
아롬 / 64
아리리 / 159
아마스 / 411
아멤프토스 / 88
아바드 / 63
아바르 / 437
아비후드 / 167, 169, 226
아예카 / 77
아자르 / 174, 187
아카브 / 196
아파르 민 하아다마 / 53
아프 / 64
아하레켐 / 340
아호트 / 168
알마 / 204
야드 / 327
야레 / 41
야사프 / 199
야샤브 / 182
야아츠 / 353
야하스 / 105, 106
야흐 / 332
얄라드 / 106
에가페셴 / 43
에겐네데 / 203, 510, 511
에겐네셴 / 203, 511
에레츠 하체비 / 482
에메트 / 472
에제르 / 57
에크 / 39
에피트로포스 / 83
엑사고라조 / 89
엘 깁보르 / 436
엘레겐 / 45
엘로힘 / 38, 42
오이코노모스 / 83
우르 / 165, 346, 435
우바르신 / 361, 464
이차본 / 72
임 / 162

ㅈ

자라브 / 161
자암 / 489
자하브 자하브 /311
제라 / 158, 333, 525
제라흐 / 114
제케르 / 139
조트 / 60
지므리 / 114

ㅊ

차라르 /430
차바르 /411
체데크 /122, 248
첼렘 / 48
추르 / 298

ㅋ

카이논 안드로폰 / 50
카이로스 / 439
카이 엔 토 뉜 카이로 /439
케세프 카세프 / 311
케토네트 / 79
콜 / 65, 121
퀴리유오 / 82
크로노스 / 503
크리스토스 / 205, 510
크리스티아노스 / 143
클레로노모스 / 522
클레로노미아 / 98
킬르야 / 52

ㅌ

타바 / 254
타우타 / 200
탓시그 / 340
테슈카 / 70
테스 알레데이아스 / 50
토라 / 81
톨레다 / 106
톨레도탐 / 106
톨레도탐 레미쉬페호 탐 레베트 아보탐 / 104
톨도트 / 106, 107, 109
투 / 513
티트 / 254

ㅍ

파라 / 437
파라르 / 353
파라클레토스 / 96
파르데노스 / 204
파이다고고스 / 83
팔라 / 41
페라스 / 361
페리츠 / 481
프로데스미오스 / 503
프로퀴로스 / 87
피스토스 / 93

ㅎ

하가이 / 367
하고르 / 79
하누카 / 493
하라쉬 / 300, 373
하르바 아르베 / 70
하이 / 54
호드 / 167, 169, 170, 184, 185, 186, 226
호탐 / 166
호테 데 엘덴 토 플레로마 투 크로누 / 503
휘포 / 521

숫자

4년 5개월 / 149, 345, 354, 380, 466
7이레 / 364
12월 13일 / 135, 381, 387, 392, 393
50규빗 / 389, 391
62이레 / 364
70년 / 111, 121, 147, 161, 251, 263, 267, 269, 284, 305, 332, 341, 347, 348, 362, 376, 380, 441, 442, 518
70이레 / 362, 364, 365
70인경 / 477
190명 / 137

주요단어

ㄱ

가감 / 65, 277
가레아 / 333, 334
가우가멜라 전투 / 471, 473
가죽옷 / 78, 79, 80, 435
갈그미스 전투 / 245, 266, 286, 290, 291, 461
갈빗대 / 36, 59, 61
거룩한 신들의 영 / 361
게르만족 / 295
결혼 / 58, 102, 116, 141, 190, 191, 198, 204, 217, 278, 398, 426, 466, 478, 483, 514, 515
계대결혼법 / 149, 160
고니야 / 148, 155, 266, 302
고레스 / 162, 263, 267, 293, 342, 344, 346, 347, 348, 351, 352, 353, 362, 364, 365, 431, 442, 450, 465, 466, 467, 471, 472
고멜 / 276
고지기 / 351, 424
골라야 / 305
공회 / 118, 119
교차 구조 / 111
구스 / 134, 254, 276, 317, 391, 434, 440
군대 장관 / 308, 312, 334, 455
궤휼 / 439, 458, 486, 491
그마랴 / 243, 244, 305
그일라 / 412, 417
근심 중에 / 430, 431
금령 / 62, 363
기름 부음 / 205, 364, 466
기브온 / 175, 334, 412, 417
기브온 앗술 / 175, 270, 313
기슬르월 / 402, 404, 489, 490, 493
꿈꾸는 것 / 431
끓는 가마 / 324

ㄴ

나무 멍에 / 250, 270, 271, 313
나보나이두스 / 357, 463, 464
나보폴라살 / 360, 457, 459, 461
낙성식 / 173, 403, 419, 420, 422, 423
남은 자 / 110, 272, 301, 303, 332, 333, 339, 340, 434, 436, 437, 438, 439, 440, 441, 442, 444
네르갈사레셀 / 462, 463
네 장군 / 359, 477
네 짐승 / 357, 464
노심초사 / 412, 516
노아댜 / 191, 418
노예 / 89, 207, 282, 429, 521
놉 / 335
놋문 / 431, 471
눈물을 흘리며 씨를 / 442
느부갓네살 / 148, 155, 172, 245, 247, 249, 255, 266, 286, 289, 291, 293, 294, 297, 298, 299, 302, 305, 307, 310, 313, 314, 318, 329, 330, 335, 338, 348, 351, 354, 358, 360, 459, 505
느부사라단 / 256, 257, 307, 308, 310, 312, 332, 334, 339, 463
느헤미야 / 104, 117, 130, 172, 175, 178, 191, 349, 402, 404, 407, 409, 413, 416, 417,

443, 447, 449, 450, 469
느후스다 / 154, 155, 302
늑봉 / 240
니느웨 / 456, 457, 458, 461
니산월 / 299, 387, 402, 403, 404, 419

ㄷ

다니엘 / 139, 239, 248, 286, 289, 291, 293, 312, 328, 352, 353, 354, 357, 359, 361, 362, 364, 365, 448, 464, 465, 472, 484, 492
다리오 / 149, 165, 166, 170, 345, 352, 353, 354, 362, 363, 364, 365, 367, 369, 370, 371, 372, 373, 376, 380, 386, 406, 464, 465, 466, 467, 468, 469, 471, 473
다바네스 / 335
다윗의 자손 / 94, 107, 115, 123, 124, 200, 203, 444, 515, 517, 524, 525, 526, 527
달력 / 15, 404
대사 / 432
데레스 / 389
도비야 / 119, 403, 410, 414, 417, 418, 423, 424
도탄 / 242
독처 / 57
동물들 / 58
드고아 / 411, 412, 417
디글랏 빌레셀 / 451, 452
디아도키 / 473, 475
땅 / 35, 48, 49, 53, 54, 73, 87, 97, 98, 109, 128, 141, 270, 274, 281, 296, 332, 338, 339, 347, 359, 370, 371, 372, 375, 432, 433, 435, 442, 444, 482, 483, 490, 503, 511, 516, 518
땅의 약속 / 332
땅 중앙에 있는 한 나무 / 354
뜨인 돌 / 294, 295

ㄹ

라기스 / 319
라피아 전투 / 479
레피두스 / 499
로마 / 264, 295, 358, 359, 448, 449, 475, 479, 483, 485, 489, 495, 497, 498, 500, 501, 505, 506, 518
로마 지배 시대 / 264, 498
루키우스 스키피오 / 484
룻기의 / 115, 216, 217
르훔 / 407, 408, 409
리시마쿠스 / 359, 474, 475
립나 / 224, 234, 237, 245, 248, 287, 307, 308, 310, 312

ㅁ

마그네시아 / 479, 484
마리암네 / 501
마아세야 / 249, 305, 423
마카비 혁명 시대 / 194, 264, 449
마케도니아 전쟁 / 499
만국의 보배 / 370
만다네 / 466
맛다니야 / 148, 214, 235, 248, 257, 266, 297, 301
맛단 / 152, 187, 193, 194, 196, 214, 233, 253
매국노 / 252, 317
매매증서 / 318, 338, 339
메네 메네 데겔 우바르신 / 360, 361, 464
메삭 / 139, 296, 329, 330, 331
멜기세덱 / 122, 123
명성 / 140, 141, 392, 471
모르드개 / 135, 301, 387, 401, 468
모압 / 191, 270, 289, 291, 314, 424
몰수히 / 121, 403, 423
무화과 두 광주리 / 269, 303
므깃도 / 237, 266, 286, 457
므레못 / 191, 396
므로닥 발라단 / 459, 460, 461
미가야 / 243, 423
미드르닷 / 351, 469
미쁘신 하나님 / 93, 94
미스바 / 333, 334, 412, 417
믹돌 / 335
민장 / 118, 416, 423, 424
밀알 / 443

ㅂ

바드로스 / 335, 336, 434, 440

바로 느고 / 147, 236, 239, 245, 266, 290, 456, 459, 461
바로 호브라 / 250, 335
바룩 / 243, 244, 245, 318, 335, 339
바르디야 / 386, 467
바사 지배 시대 / 264, 449, 450
바사(페르시아) / 173, 183, 295, 342, 386
바스훌 / 249, 252, 253, 314, 317
발뒤꿈치 / 140, 152, 196, 198
백향목 / 164, 241, 292
버금 / 424, 457
벙어리 / 323
벧학게렘 / 417
벨사살 / 357, 359, 360, 463, 464, 465
보감 / 103
보배로운 피 / 45, 89, 207
보아스 / 115, 116, 141, 212, 217, 307, 311
부르 / 387, 393
부르짖는 소리 / 430
부림절 / 135, 381
분벽 / 360, 361, 464
불멸성 / 51, 52
불월 / 298
비천한 사람 / 485
빅단 / 389

ㅅ

사독 / 150, 151, 174, 177, 181, 214, 233
사드락 / 139, 296, 329, 330, 331
사람의 손을 대지 않은 뜨인 돌 / 295
사람의 씨 / 442
사르곤 2세 / 452, 460
사반 / 243, 304, 332, 463
산발랏 / 403, 410, 412, 413, 414, 417, 418, 425
산헤립 / 315, 452, 453, 454, 460
살로메 알렉산드라 / 496, 497
살룸 / 178, 213, 223, 224, 225, 234, 235, 237, 266
살만에셀 5세 / 452, 460
삼두 정치 / 499
삼위 / 38
상가 / 277
상징적인 행동 예언 / 322, 323
상한 갈대 / 247, 285
새사람 / 50, 51, 524
새 언약 / 80, 84, 85, 87, 88, 89, 98, 149, 159, 427, 529
생략된 대 / 116, 215, 220, 226
생수 / 96, 274, 275, 350, 351
생축 / 350, 351
설만 / 331
섭리 / 59, 61, 98, 101, 121, 123, 126, 132, 134, 138, 142, 198, 204, 233, 258, 264, 284, 305, 331, 351, 365, 366, 386, 388, 394, 410, 431, 435, 443, 447, 448, 457, 460, 466, 469, 477, 489, 491, 515, 528, 531

성령의 약속 / 95, 96
성문 / 189, 280, 377, 402, 404, 409, 417, 419, 422, 424, 471
성벽 재건 / 178, 402, 403, 404, 409, 410, 411, 412, 413, 415, 416, 417, 419, 456, 469
성육신 / 123, 206, 516
세 갈빗대 / 470
셀레먀 / 244, 253, 272, 316
셀류쿠스 / 194, 359, 366, 448, 472, 473, 475, 476, 478, 479, 480, 481, 482, 483, 492, 493, 494, 496, 499
셀류쿠스 4세 / 479, 485, 486
소도 / 242, 244
소출 / 282
쇠 멍에 / 250, 271, 313, 314
쇠빗장 / 431, 471
수전절 / 493
수행자 / 39
숫양과 숫염소 / 359, 360, 448, 464
스가랴 선지자 / 163, 166, 170, 354, 371, 372, 379, 380, 438
스라야 / 244, 287, 308, 312, 397
스룹바벨 / 147, 149, 157, 159, 160, 161, 163, 165, 167, 168, 169, 171, 173, 178, 211, 220, 222, 223, 226, 227, 228, 229, 231, 264, 344, 349, 354, 369, 370, 371, 374
스마야 / 178, 214, 222, 226, 227, 232, 242, 305,

306, 384, 418, 422, 423
스바냐 / 249, 287, 305, 306, 308, 312, 315, 457
스알디엘 / 149, 154, 157, 158, 159, 160, 161, 163, 164, 166, 214, 228, 229, 231, 303
스톨게 / 46
슬로밋 / 167, 168, 169, 222, 223, 229, 394
시날 땅 / 291, 375, 459
시드기야 / 147, 154, 175, 194, 211, 214, 220, 232, 235, 248, 266, 286, 297, 461
시리아 전쟁 / 476, 478, 479, 480, 481, 487, 489
시몬 / 478, 493, 495
시완월 / 391
시위대장 / 334, 339, 463
신묘막측 / 41
신살이쉬쿤 / 456
심새 / 407, 408, 409
십일조 / 122, 179, 285, 424, 427
십자가의 피 / 89, 521, 529, 530
씨 흐름 / 131, 135

ㅇ

아나돗 / 305, 318, 319, 338
아닥사스다 / 381, 383, 386, 395, 397, 402, 404, 407, 408, 419, 456, 469, 471, 505
아달랴 / 131, 133, 134, 193, 194, 213, 218, 219
아달월 / 134, 165, 298, 380, 381, 387, 392
아람 / 276, 289, 291, 434, 451
아리스토불루스 1세 / 496
아리스토불루스 2세 / 497, 500
아리옥 / 294
아멘 / 351, 527
아미나답 / 116, 212, 216
아벳느고 / 139, 296, 329, 330, 331
아비훗 / 149, 161, 167, 169, 170, 171, 172, 211, 214, 220, 222, 223, 226, 227, 228, 231, 232, 233
아세가 / 319
아소르 / 150, 171, 174, 176, 177, 214, 233
아스다롯 / 335, 337
아스티아게스 / 362, 466
아우구스투스 / 499, 506
아킴 / 151, 177, 181, 182, 183, 184, 214, 233
아하수에로 / 132, 362, 381, 386, 467, 469
아하와 강가 / 382, 395
아합 / 131, 193, 218, 305
아히감 / 243, 332, 334, 463
악티움 해전 / 499
안식년 / 274, 275, 280, 281, 282, 283, 347, 348, 429, 441
안식일 / 274, 275, 280, 281, 285, 348, 424, 429, 490
안토니우스 / 499
안티오쿠스 2세 / 478, 479, 483
안티오쿠스 3세 / 479, 480, 482, 483, 485
안티오쿠스 4세 / 194, 359, 366, 472, 476, 479, 484, 485, 486, 487, 489, 492, 494
안티파스 / 500, 502
안티파터 / 500, 501
알렉산더 / 359, 366, 471, 472, 473, 477, 506
알렉산더 얀나 / 496
알렉산드리아 / 477, 500
암몬 / 217, 246, 270, 289, 291, 314, 333, 334, 414, 424
앗수르 / 172, 245, 265, 286, 315, 413, 434, 440, 441, 448, 450, 451, 452, 454, 455, 456, 459, 460, 461
앗수르바니팔 / 454, 455, 456
앗수르에틸일라니 / 456
앗수르우발릿 2세 / 456, 457
앗술 / 150, 174, 175, 176, 270, 313
야긴 / 307, 311
언약의 피 / 44, 89, 529, 531
에덴동산 / 44, 49, 55, 56, 57, 61, 62, 63, 64, 65, 67, 71, 73, 79, 435, 517
에로스 / 46
에벨 / 128, 137
에벳멜렉 / 254, 317
에살핫돈 / 453, 454, 456
에스겔 선지자 / 81, 118, 237, 297, 301, 310, 312, 322, 323, 324, 325, 326, 327, 328

에스더 / 301, 386, 387, 388, 389, 390, 391, 392, 394, 401, 467, 468
에스라 / 104, 105, 117, 119, 120, 130, 190, 191, 227, 349, 381, 382, 383, 384, 385, 386, 394, 396, 397, 398, 399, 400, 403, 419, 422, 443, 469
에스라의 족보 / 117, 120
에윌므로닥 / 148, 156, 302, 462
에피파네스 / 194, 359, 366, 472, 485, 490, 491, 492
엘르아살 / 151, 152, 184, 187, 188, 189, 190, 191, 192, 193, 214, 233, 423, 478, 493
엘리사마 / 244, 333
엘리세바 / 116, 187
엘리아김 / 150, 167, 171, 172, 173, 174, 213, 214, 225, 233, 235, 237, 239, 240, 245, 290, 423
엘리아십 / 227, 399, 423, 425
엘리웃 / 151, 181, 184, 185, 186, 187, 214, 233
여고냐 / 148, 149, 154, 155, 157, 158, 159, 211, 214, 218, 220, 221, 223, 225, 228, 229, 231, 232, 302
여리고 / 116, 217, 412, 417
여자의 후손 / 69, 77, 80, 98, 108, 115, 126, 130, 135, 153, 204, 264, 435, 503, 509, 510, 512, 513, 517, 524
여호사닥 / 164, 397
여호사브앗 / 133
여호아하스 / 147, 148, 211, 213, 220, 223, 224, 225, 232, 234, 235, 236, 239, 245, 248, 258, 259, 260, 266, 291, 457
여호야긴 / 147, 148, 154, 155, 156, 157, 158, 211, 214, 220, 223, 224, 225, 234, 239, 248, 266, 292, 297, 298, 301, 302, 303, 314, 322, 323, 461, 462, 526
여호야김 / 147, 148, 154, 172, 211, 213, 220, 223, 225, 232, 234, 235, 237, 239, 240, 242, 245, 246, 248, 258, 259, 260, 266, 268, 286, 289, 291, 292, 293, 298, 302, 348, 457, 461
여호와 보시기에 / 148, 155, 172, 225, 236, 240, 247, 259
여호와 삼마 / 328
여호와의 동산 / 56
여후디 / 243, 244
역대기 족보 / 110, 111, 112, 113, 115, 137, 140, 216, 217, 218, 222, 225, 226, 227, 229, 238
염소족 / 475
영생의 약속 / 94, 95, 96
영원한 기업의 약속 / 88, 97, 98
영육 단일체 / 55
영장 / 40, 48
영적 형상 / 49, 51
예레미야 / 81, 148, 156, 159, 194, 237, 239, 241, 242, 246, 249, 251, 265, 267, 292, 301, 308, 312, 322, 332, 333, 342, 346, 352, 362, 366, 380, 422, 437, 441, 463
예루살렘 / 110, 117, 162, 172, 242, 249, 251, 256, 263, 279, 284, 292, 298, 299, 300, 305, 309, 310, 314, 316, 320, 325, 326, 328, 334, 340, 342, 343, 346, 348, 351, 352, 363, 364, 373, 377, 378, 380, 383, 386, 395, 400, 404, 406, 407, 412, 416, 419, 422, 423, 430, 431, 432, 435, 440, 451, 455, 461, 463, 464, 482, 483, 490, 491, 493, 495, 500, 501, 502, 518, 526
예수 그리스도의 족보 / 101, 102, 104, 110, 121, 130, 131, 136, 143, 147, 159, 176, 179, 182, 192, 196, 203, 211, 212, 215, 220, 258, 263, 264, 504, 509, 510, 514, 517, 527, 530
예수아(여호수아) / 349, 397

옛사람 / 50, 523
오도아케르 / 295
오묘 / 40, 41, 59, 61, 98,
　　　101, 123, 126, 132,
　　　138, 142, 143, 144,
　　　215, 233, 330, 366,
　　　448, 514, 515, 531
오지병 / 279
옥타비아누스 / 499
완성자 / 40, 84, 136
요김 / 151, 181, 182
요나단 / 120, 252, 272, 317,
　　　400, 493, 494
요다 / 214, 231, 232
요사밧 / 191
요세푸스 / 104, 236, 293,
　　　502
요셉 / 86, 132, 152, 153,
　　　196, 197, 198, 199,
　　　200, 201, 202, 203,
　　　206, 213, 214, 221,
　　　511, 512, 513, 514,
　　　515, 516
요시야 / 147, 148, 172, 213,
　　　220, 224, 225, 226,
　　　232, 235, 240, 241,
　　　243, 259, 260, 266,
　　　268, 286, 290, 291,
　　　308, 314, 322, 335,
　　　337, 457, 461
요야김 / 397
요야다 / 425
요하난 / 223, 224, 225, 227,
　　　235, 333, 334, 335
우고 / 433
우리야 / 131, 172, 213, 239,
　　　242, 243
우주적 신사 / 51
원년 / 148, 156, 289, 290,
　　　293, 302, 344, 346,
　　　348, 352, 353, 357,
　　　358, 362, 462, 464
원시복음 / 69, 135
월권행위 / 64
위경 / 431
위엄 / 150, 151, 167, 169,
　　　170, 184, 185, 186,
　　　226, 356, 468
유갈 / 253, 317
유다 마카비 / 493, 494
유브라데강 / 349, 454, 457,
　　　459
유삽헤셋 / 167, 168, 169,
　　　222, 229
율리우스 카이사르 / 499,
　　　500
율법 아래 / 81, 82, 83, 84,
　　　89
이리야 / 252, 272, 316, 317
이방 여인 / 120, 382, 398,
　　　400, 426
이사야 / 172, 276, 301, 311,
　　　342, 352, 434, 435,
　　　437, 452, 453, 466,
　　　471
이세벨 / 193
이스마엘 / 109, 257, 333,
　　　334
인도 / 134, 391
인자 같은 이 / 358, 526
인장 반지 / 166, 302, 468
일곱 때 / 355, 356, 462
일식 / 458
일월성신 / 337

ㅈ

자손의 약속 / 94
잡혼 / 103
재림의 약속 / 96
적몰 / 385, 400
적장자 / 126
절세미인 / 61
젊은 사자 / 155, 236
점진적인 이정표 / 129, 130
정수 / 156
정죄의 직분 / 88
제1차 바벨론 포로 / 286,
　　　289, 291
제1차 바벨론 포로 귀환
　　　/162, 354, 355, 357,
　　　359, 363, 383
제2차 바벨론 포로 / 299,
　　　303
제2차 바벨론 포로 귀환
　　　/190, 191, 386, 405,
　　　406, 469
제3차 바벨론 포로 / 312
제3차 바벨론 포로 귀환 /
　　　406
제우스 / 359, 489
존귀한 오스납발 / 455
종가 / 126
죄 아래 / 82, 521
죄악 중에 쇠패 / 325
지능적인 형상 / 49, 51
지키게 / 49, 56, 63, 73, 121,
　　　424
진흙 / 182, 242, 254, 294,
　　　295, 317, 335
짐승의 씨 / 442
집정관 / 500

ㅊ

창설 / 36, 55, 56, 57, 61
창시자 / 38
창씨개명 / 138
천한 파기 / 302
초등 학문 / 83, 84
초막절 / 165, 345, 353,

403, 419, 420
칙령 / 162, 263, 342, 442, 450, 490
칠거지악 / 103

ㅋ

카레 전투 / 499
카산더 / 359, 474, 475
카이사르 / 499, 500
캄비세스 1세 / 466
캄비세스 2세 / 386, 467
크라수스 / 499
큰 전쟁 / 365
큰 짐승 넷 / 357, 358, 464
클레오파트라 1세 / 483
클레오파트라 7세 / 499
키악사레스 2세 / 362, 465

ㅌ

태초 / 37, 39, 122, 206, 435
태후 / 361
토색하는 자 / 485
통치 원년 / 293, 352, 358, 362
통혼 / 120, 382
티쉬리월 / 143, 298, 299, 404

ㅍ

파내우스 전투 / 479, 482
판벽한 집 / 164, 369
포에니 전쟁 / 499
폼페이우스 / 497, 499, 500
프톨레미 / 359, 366, 448, 472, 474, 475, 476, 477, 482, 489, 499, 500
프톨레미 1세 / 477, 478
프톨레미 2세 / 477, 478, 479
프톨레미 3세 / 479, 480
프톨레미 4세 / 479, 480, 481
프톨레미 5세 / 479, 481, 482, 483, 484
필레오 / 46
필적 / 114

ㅎ

하감 / 433
하나냐 / 139, 167, 168, 169, 175, 176, 214, 222, 226, 227, 229, 232, 250, 270, 271, 272, 313, 314, 316, 423
하나님의 감동 / 118, 126, 162, 346, 352
하나님의 인 / 166, 371
하나멜 / 318, 338, 339
하누카 / 493
하늘 여신 / 335, 337
하르보나 / 391
하만 / 132, 134, 135, 381, 387, 388, 389, 390, 391, 392, 393, 468, 469
하만의 열 아들 / 392, 468
하맛 / 245, 310, 349, 434, 440
하스몬 왕조 / 264, 449, 495
학개 선지자의 메시지 / 367
한 능력 있는 왕 / 366, 473, 475
함므다 / 132, 134, 387, 391
항복 / 148, 155, 156, 194, 249, 250, 251, 260, 265, 267, 268, 269, 270, 271, 272, 303, 305, 308, 309, 312, 314, 315, 316, 317, 318, 332, 471
행구 / 323, 324
헤롯 대왕 / 501, 502
헤롯 아켈라우스 / 502
헤롯 안티파스 / 502
헬라 지배 시대 / 264, 449, 472
헬리오도루스 / 485, 486
호다위야 / 222, 226, 227, 228
호론 / 413, 414, 425
호세아 / 276, 452
회개할 기회 / 279, 356
후견인과 청지기 아래 / 83
훼파 / 255, 256, 271, 287, 297, 299, 364, 402, 404, 408, 409
흥분 / 164, 165, 346, 354, 369, 390
힌놈 / 279
힐카누스 1세 / 495, 496, 500
힐카누스 2세 / 497, 500, 501

수정증보판

하나님의 구속사적 경륜으로 본 예수 그리스도의 족보 Ⅲ
하나님의 오묘한 섭리 속에 담긴 **영원한 언약의 약속**

초판 1쇄   2010년 7월 17일
3판 11쇄   2024년 8월 6일

저 자	박윤식
발행인	유종훈

발행처	휘선
주 소	08345 서울시 구로구 오류로 8라길 50
전 화	02-2684-6082
팩 스	02-2614-6082
이메일	center@huisun.kr

ⓒ 저자와의 협약 아래 인지는 생략되었습니다.
이 책은 저작권법에 의해 보호를 받는 저작물이므로 저작권자의 허락 없이
이 책의 일부 또는 전체를 무단 복제, 전재, 발췌하면 저작권법에 의해 처벌을 받습니다.
저작권 등록번호: 제 C-2010-004996호

등록 제 25100-2007-000041호
책값 20,000원

Printed in Korea
ISBN 979-11-964006-0-6 04230
ISBN 979-11-964006-3-7 (세트)

※ 낙장·파본은 교환해 드립니다.
이 도서의 국립중앙도서관 출판예정도서목록(CIP)은 서지정보유통지원시스템 홈페이지(http://seoji.nl.go.kr)와
국가자료공동목록시스템(http://www.nl.go.kr/kolisnet)에서 이용하실 수 있습니다.
(CIP제어번호: CIP2016023893)

휘선은 '사단법인 성경보수구속사운동센터'의 브랜드명입니다.

휘선(暉宣)은 예수 그리스도의 복음의 참빛이 전 세계 속에 흩어져 있는 수많은 영혼들에게
널리 알려지고 전파되기를 소원하는 이름입니다.